Joachim Kaiser
Erlebte Literatur

Joachim Kaiser

Erlebte Literatur

Vom ‚Doktor Faustus' zum ‚Fettfleck'. Deutsche Schriftsteller in unserer Zeit

Mehr über unsere Autoren und Bücher:
www.piper.de

Neuauflage einer früheren Ausgabe
ISBN 978-3-492-50101-9
Mai 2017
© Piper Verlag GmbH, München 2017
© der deutschsprachigen Ausgabe Piper Verlag GmbH, München 1988
Covergestaltung: zero-media.net, München
Covermotiv: SZ Photo/Regina Schmeken/Bridgeman Images
Printed in Germany

Inhalt

Einleitung

Über Auswahl und Aufbau 11
Über die kontrollierte Schizophrenie beim Lesen zeitgenössischer Texte 15

I. DIE VÄTER

1. Thomas Mann
   Gedanken als musikalische Ereignisse 25
   »Doktor Faustus«, die Musik und das deutsche Schicksal 28

2. Hermann Hesse
   Bereit zum Opfer, anti-intellektuell, grandios vernünftig 57
   Sennenknabe unter Nordkaffern? 59
   »Das Glasperlenspiel« – Science-fiction der Innerlichkeit 68

3. Ernst Jünger
   Ein ahnungsvoller Preuße 73
   Schreckliche und wunderbare Bilder 75
   »Die Zwille« – Alptraum von der Mühe des Werdens 83

4. Bertolt Brecht
   Langweiliges Dogma – faszinierende Mehrdeutigkeit 89
   »Die Maßnahme« – und die linke Angst 92

5. Gottfried Benn
   Rausch und Güte 135
   »Ithaka« – Beglaubigt Leidensdruck den terroristischen Rausch? 137

II. BEISTAND VON DRAUSSEN

6. Max Frisch
   Unauffälliges und Tödliches 147
   Das brüderliche Genie 151
   »Stiller« 170

7. Friedrich Dürrenmatt
   Die Kraft des Skandalösen 177
   Die »Physiker« als Weltuntergangs-Libretto 178
   »Der Meteor« 180

8. Ingeborg Bachmann
   Weder Metaphern noch politischer Müll? 183
   Prosa aus dem Nachlaß 188
   »Malina« – Liebe und Tod einer Prinzessin 192
   Glanzvolle Wahrheiten – Gespräche und Interviews 196

9. Ilse Aichinger
   Außenseiterin im Zentrum 199
   *»Laudatio« auf Ilse Aichinger – gehalten vor Schülern,
   die der Dichterin 1988 den Weilheimer Literatur-Preis verliehen* . . 200

III. BEGINN DER DEUTSCHEN NACHKRIEGSLITERATUR

10. Heinrich Böll
    Der unterschätzte Nobelpreisträger 211
    Seine Sensibilität 214
    »Ein Schluck Erde« 224
    *»Gruppenbild mit Dame« – Mitleidiger Naturalismus,
    mystische Vision* 227
    »Frauen vor Flußlandschaft« – Absurdes Theater in Bonn 232

11. Günter Eich
   Leiser Anarchist 239
   Zwischen Hörspiel-Eichmaß und »Maulwurfs«-Unsterblichkeit 240
   Streit um Witze – Antwort auf Reich-Ranickis
   »Maulwurf«-Rezension 244

12. Arno Schmidt
   Ein Autor für Spezialisten? 251
   DES SENGERS PHALL – Assoziation, Wortspiel, Spannung
   und Tendenz in der Orpheus-Erzählung »Caliban über Setebos«.
   Eine Nachprüfung 254

13. Günter Grass
   Kultfigur und Haßobjekt 273
   Gelassene Gedichte 276
   Der »Butt« – ein Danziger »Zauberberg«? 280
   In Zukunft nur Ratten noch? 285
   »Wartezeit« – ein ganz ungewöhnlicher Roman . 291

14. Hans Magnus Enzensberger
   Genialisch unverkrampft 295
   Spannende Wandlungen eines Poeten 298

15. Martin Walser
   Ein Ich und seine witzigen Ängste 307
   »Das Einhorn« – Schwimmen und Untergehen im Sprachozean 309
   »Fiction« – Ein Romancier fällt sich ins Wort 316
   »Seelenarbeit« – Zwischen den Stühlen ist Welt 320

16. Uwe Johnson
   Unbestechlich, pedantisch, besessen 325
   Die »Jahrestage«-Tetralogie. Für wenn wir tot sind 328

17. Peter Weiss
   Revolutionärer Sozialist auf Dantes Spuren? . 339
   Stichworte zum Marat/Sade-Drama 342

Das Ich und der Schmerz. Über die Sprache der »Ästhetik des Widerstands« 346

IV. GEBRAUCHSSCHRIFTSTELLER UND AUSSENSEITER

18. Johannes Mario Simmel
Inwiefern er nicht manipuliert und doch Erfolg hat 353
»Mit den Clowns kamen die Tränen« und »Die im Dunkeln sieht man nicht« – Wirklichkeit als Alptraumstoff 355

19. Gert Ledig
Ein allzu kurzer Wahrheitsmoment 361
»Die Stalinorgel« – ein Zwölftonakkord 363

20. Hans Scholz
Pfiffiger Berliner Fachmann fürs Überleben 369
»Am grünen Strand der Spree« – So gut wie ein sehr guter UFA-Film 370

21. Gregor von Rezzori
Bunter Vogel 377
»Memoiren eines Antisemiten« 378

22. Alexander Kluge
Mimikri und bizarre Partikel 383
»Schlachtbeschreibung« 386

V. DIE ZWEITE NACHKRIEGSGENERATION

23. Peter Handke
Das Wagnis, Poet zu sein 393
»Die Wiederholung« – respektgebietende, hohe Heimatkunst . . . 397

24. Thomas Bernhard
   Verzweifelter Rhetor 407
   »Der Untergeher« 409

25. Botho Strauß
   Wortmächtige Scheuheit eines sich entziehenden Ich 413
   »Rumor« 416
   »Paare, Passanten« – Meisterstück zwischen Tagebuch
   und Kunstprosa 418
   »Der junge Mann« – Roman ohne Mitte 424

26. Reiner Kunze
   Vom reinen Deutsch mancher DDR-Autoren 431
   »Die wunderbaren Jahre« 432
   »auf eigene hoffnung« – Ahnungen und Deutlichkeiten 435

27. Diana Kempff
   »Fettfleck« als traumatische Schreibherausforderung 441
   Rede auf meine »Kleist«-Preisträgerin 442

Zu den Autoren 452
Quellenverzeichnis 465

Einleitung

Über Auswahl und Aufbau

Dieses Buch – »Erlebte Literatur« – möche ein Gegenstück sein zu meinen beiden Bänden: »Erlebte Musik«. Es enthält die Summe, die Dokumentation meiner Bemühungen um die werdende deutschsprachige Nachkriegsliteratur.

Der Titel meint nicht bloß das Leseerlebnis, sondern auch das Miterleben. Alle Autoren, von deren Büchern oder Gesamtwerken hier die Rede sein wird, habe ich persönlich kennengelernt, gesehen, gesprochen, als Vortragende oder Zelebritäten erlebt. Thomas Mann begegnete ich einst in Frankfurt, hörte seine berühmt gewordenen Reden (wagte aber als blutjunger Literat auf einer S.Fischer-Party leider nicht, ihn anzusprechen, obwohl ich ihn so bewunderte und er sich wahrscheinlich über die Verehrung eines jungen Deutschen, der ihn wirklich gelesen hatte, gefreut hätte). Bertolt Brecht sah ich im Hause Suhrkamp... »Wie geht es Ihnen, Brecht?« fragte der alte Suhrkamp den Besucher aus der DDR etwas maliziös. »Sehr gut, denn ich habe ein gutes Gewissen«, antwortete Brecht spitz und wie aus der Pistole geschossen. Auch Gottfried Benn trat während der fünfziger Jahre, freilich immer sehr leise, als Redner oder Rezitator öffentlich auf – und ich hörte ihn.

Mit Max Frisch bin ich fast befreundet, seit ich ihn, Mitte der fünfziger Jahre – ich war damals Hörspieldramaturg –, in Zürich besuchen durfte, und zwar um ihn zu bitten, er möge doch aus seiner Tagebuchparabel »Der andorranische Jude« einen Hörspieltext machen. Das tat er dann zwar nicht – wohl aber brachte ihn mein Verlangen vielleicht doch auf die Idee, sein später so berühmtes »Andorra«-Drama zu schreiben. Und daß ich mit vielen jüngeren

Autoren gut bekannt oder gar befreundet war oder bin, zumal wenn sie der Gruppe 47 nahestanden, zu deren Tagungen H. W. Richter mich seit 1953 einlud, ließ eine Tuchfühlung entstehen, auf die man als Kritiker nicht verzichten sollte, falls sie nicht zur Befangenheit oder zu falscher Kameraderie führt.

So behandelt dieses Buch nur Schriftsteller, die nach 1945 in der deutschsprachigen Literatur eine Rolle spielten. Selbstverständlich »wirkte« auch ein Kafka, ein Musil oder ein Rilke in die Nachkriegszeit hinein. Aber diese Großen waren 1945 bereits tot.

Für mein Bestehen auf Gegenwärtigkeit möchte ich folgenden Grund nennen: So häufig auch in einer Person literarische und musikalische Interessen vereinigt sind – nie habe ich beobachten können, daß solche Doppelt-Engagierten sich auf die gleiche Weise verhalten zu Musik und Literatur! Im Bereich der Musik reagiere ich leidenschaftlich »museal«, nämlich traditionszugewandt, der großen Klassik ergeben. *Bei der Literatur ist es genau umgekehrt.* Da interessierte und interessiert mich die zeitgenössische Produktion unmittelbar, ja weit heftiger als die große Vergangenheit. Natürlich habe ich bedeutender Musik, die im 20. Jahrhundert und nach 1945 komponiert worden ist, immer aufgeschlossen zu begegnen versucht. Schönberg und Strawinsky, Hindemith und Schostakowitsch, Karl Amadeus Hartmann und Benjamin Britten, Henze und Prokofjew, Kagel und Bernd-Alois Zimmermann, Nono und Ligeti (um nur Komponisten zu nennen, die nach 1945 noch lebten und produzierten) sind ja wahrlich keine Sektierer gewesen, sondern Repräsentanten unserer Welt: Sie lösten dem die Zunge, was viele Zeitgenossen erfüllt oder bedrängt... Trotzdem vermochten mich all die Werke, die sie einer schwierigen Kompositions-Situation erfolgreich abtrotzten, nie auch nur annähernd so zu bewegen, zu fesseln, wie die Musik der großen Vergangenheit zwischen Bach, Brahms und Bruckner. Doch ein neuer Roman von Frisch oder Grass, ein neues Stück von Beckett oder Ionesco, ein neuer Essay von Sartre, Hans Magnus Enzensberger oder Reinhard Baumgart waren und sind mir nach wie vor wichtiger als alle weiß Gott unbezweifelbare Größe des Weimarer Gestern oder des Elisabethanischen Vorgestern. Darum diese offenkundig inkonsequenten, einander widersprechenden Auswahlprinzipien. Ich bevorzuge einerseits die „tote" Musik (die überwältigend lebt) und andererseits die „lebendige" Literatur (die keineswegs immer überwältigt).

*

Allen hier gebotenen Einzeltexten oder Gesamtdarstellungen sind Standortbestimmungen der jeweiligen Autoren vorangestellt. Knappe Thesen, Hinweise, Interpretationshilfen, 1988 formuliert. Sie sollen dem interessierten und aufgeschlossenen Leser – damit sind weder Berufsliteraten oder Buchkritiker noch jene Germanistik-Professoren gemeint, die solcher Unterstützung nicht bedürfen, sondern vielmehr neugierige Liebhaber, Anfänger, von allzu vielem »Stoff« Überforderte – ermöglichen, sich in einen Autor hineinzudenken, hineinzufinden. Zu Beginn meiner Würdigung der Schriftstellerin Diana Kempff habe ich darzustellen versucht, in welcher (ach so unerzwingbaren) Weise literarisches Fasziniertsein sich ergibt – eine Beziehung, deren plötzliches Entstehen sich vielleicht plausibel machen, deren »Gesetzmäßigkeit« oder gar Notwendigkeit sich aber unmöglich beweisen läßt.

Alle Standortbestimmungen und auch einige der größeren, hier mitgeteilten Beiträge sind unveröffentlicht; sämtliche neueren Texte wurden im Hinblick auf dieses Buch geschrieben, wenn auch gelegentlich vorher gesendet oder gedruckt, und dann für die »Erlebte Literatur« überarbeitet. Viele der hier mitgeteilten Rezensionen standen zuerst in der »Süddeutschen Zeitung«. Die ausgewählten Texte haben den Ehrgeiz, durch geduldiges, Einzelheiten ernst nehmendes Erwägen der literarischen Qualitäten hauptsächlich moderner Romane den Zugang zu deutschsprachiger Nachkriegsliteratur zu erleichtern, ihren Rang plausibel zu machen. Da Theater-Aufführungen und Literaturerlebnisse doch sehr verschiedene Dinge sind, werden Dramen etwas seltener behandelt. Ausnahmen: Bölls zu früh erschienenes, ökologische Schicksalsfragen antizipierendes, leider vergessenes Stück »Ein Schluck Erde« sowie Dramen von Dürrenmatt und Peter Weiss. Auch auf Lyrikinterpretationen ließ ich mich nur ausnahmsweise ein.

Weil das Buch »Erlebte Literatur« heißt, enthält es keinerlei radikale Negativurteile oder Verrisse. Ganz schlechte oder hoffnungslos mißlungene Bücher »erlebt« man nicht. Selbst kritisch wirkende Analysen, wie der »Maßnahme«-Essay, den ich für die »Neue Rundschau« schrieb, oder die Nachprüfung eines Arno-Schmidt-Textes, die im »Bargfelder Boten« erschien, sollten nicht verhehlen, daß ich Brechts »Maßnahme«-Lehrstück für einen genialen Theater-Text und Arno Schmidts »Caliban über Setebos« für ein brillantes, wenn auch durchschaubares, entzauberbares Prosastück halte.

Wäre dieses Buch eine Literaturgeschichte der Nachkriegszeit, hätte auf Vollständigkeit Wert gelegt werden müssen. Literaturgeschichten geben Gesamtübersichten, fassen Entwicklungen zusammen, widmen jedem irgendwie in Frage kommenden Autor einen Hinweis und jedem Werk einen oder mehrere Absätze. Dabei erscheint das einzelne Buch meist als Beleg für eine literarische Strömung, als literarische Antwort auf eine politische, gesellschaftliche oder ästhetische Gestimmtheit. Gesamtdarstellungen können und dürfen sich beim einzelnen unmöglich so ausführlich aufhalten, wie wir hier etwa bei Thomas Manns »Doktor Faustus« oder bei Peter Handkes »Wiederholung« verweilen.

Eine Sammlung von lauter Einzelanalysen freilich läßt den Leser im Stich, läßt ihn mit der Würdigung allein, sagt ihm nicht oder zu wenig, wo und wie das einzelne Buch situiert ist in der Entwicklung des Œuvre oder gar in der Gesamtheit einer literarischen Epoche.

Um das einzelne zu entfalten, aber auch um dem berechtigten Verlangen nach der Darbietung von Zusammenhängen und Entwicklungen zu entsprechen, biete ich über die Autoren, die hier vorgestellt werden, manchmal mehrere verschiedenartige Texte an. Im Anhang stehen kurze Werkbiographien aller hier behandelten Autoren.

Über Schriftsteller, die in der DDR leben, findet der Leser nichts. Sie gehörten und gehören bedauerlicherweise nicht zu den Künstlern, deren Werden, Irren, Wirken, Existieren mir in lebendiger Tuchfühlung mitzuerleben möglich war. Daß Siegfried Lenz, Alfred Andersch und Wolfgang Koeppen auch fehlen, bedarf gewiß der Erklärung. So sehr ich die Lauterkeit, Heiterkeit und Distanz meines masurischen Landsmannes Lenz auch schätze: Zum »Leseerlebnis« wurden mir seine Romane nicht hinreichend. Ihre sprachlich-artistische Qualität betraf mich nicht derart, daß ich sie in einen Zusammenhang stellen könnte mit Thomas Mann oder auch mit Uwe Johnson, Hans Magnus Enzensberger, Diana Kempff. Bei Alfred Andersch, dessen freundliche Unterstützung mir einst sehr half, vermag ich die Fülle, die Vieldeutigkeit, das gleichsam Böllsche Unterholz nicht zu erkennen. Bei Wolfgang Koeppen hinwiederum scheinen mir artistischer Rang und phantasievolle, beziehungsreiche Assoziationskunst unleugbar, aber Koeppens Romanfiguren wirken auf mich seltsam starr, allegorisch, leblos, requisithaft. Darum überraschte mich der Erfolg von Koeppens Reisebeschreibungen wirklich nicht. Koeppens Menschen aber schienen mir – pointiert formuliert – immer nur visuelle Bestandteile einer epischen Szenerie zu sein.

Selbstverständlich wollen diese kurzen Pauschalsätze über respektable Schriftsteller nicht und niemanden zu einer Verwerfung folgenreicher deutscher Schriftsteller animieren – sie möchten vielmehr dartun, warum Andersch, Koeppen und Siegfried Lenz für mich nicht zur »Erlebten Literatur« gehören und darum hier fehlen. Weshalb sich indessen die mehr oder weniger umfänglich diskutierten Poeten hier finden – das sollen die ihnen geltenden Texte plausibel machen...

Über die kontrollierte Schizophrenie beim Lesen zeitgenössischer Werke

Will man gewisse zeitgenössische Buchererfolge oder Uraufführungs-Sensationen erklären, dann muß man einen Urteilsfaktor, ein Motiv der Anteilnahme bedenken, das mit Qualitätserwartungen teils zu tun hat, teils ihnen absichtsvoll ausweicht: Es ist die kontrollierte

Schizophrenie der neugierigen, literaturversessenen Zeitgenossen.

Wie war einst die enorme Wirkung eines so begrenzten, so mühelos kritisierbaren, eines in seinem Stil so gefährlich fanatisch-pathetischen (dies alles nur eben ins Bitter-Grelle gewendet) Autors wie Wolfgang Borchert zu erklären? Die Öffentlichkeit, die Rundfunkhörer, Theaterbesucher und Leser, die sich 1947 vom Drama »Draußen vor der Tür« erschüttern ließen, sie waren doch weder so blind noch so ahnungslos, um nicht auch damals schon erkennen zu können, was sich später leichthin über des unglücklichen, tapferen Wolfgang Borchert Grenzen ausmachen ließ. Oder »belog« sich im Falle Borchert die Öffentlichkeit? Jene Öffentlichkeit, für die damals etwa Thomas Manns Spätwerk wichtig werden sollte, die in ihren wohlerhaltenen Bücherschränken Shakespeare-Ausgaben und Lesering-Lederbände stehen hatte – Paul Kellers »Ferien vom Ich« neben Gottfried Kellers »Grünem Heinrich«, Sieburg neben Carossa, Bergengruen neben Rilke, Kolbenheyer neben Ina Seidel, Deeping neben Shaw?

Sollte ein solches Publikum nicht haben spüren, ahnen, sehen können, wie schmächtig sich Wolfgang Borcherts Dichtung ausnahm? Es war ja eine sehr kulturgierige Öffentlichkeit, die begeistert Zeitungen wie die »Neue Zeitung« mit ihrem reichen Feuilleton, Zeitschriften wie den »Merkur«, die »Neue Rundschau« und die »Frankfurter Hefte« verschlang... Und trotzdem Borcherts unbezweifelbare »Wirkung«, die doch keineswegs nur mit Unterhaltungsbedürfnissen, Bequemlichkeiten, oder den damals ohnehin nicht wesentlichen Werbekampagnen zu erklären wäre...

Wenn ein Stück, ein Kunstwerk, die Probleme unmittelbar betroffener Menschen, einer bestimmten Gruppe oder eines »Kollektivs«, in der Sprache dieses Kollektivs abzuhandeln vermag, dann erscheint jedem an den Stromkreis des allgemeinen Problematisierens und Leidens angeschlossenen Betrachter jenes Stück, das von eben diesem Stromkreis gespeist wird, durchaus geschlossener, als es tatsächlich ist. »Künstlerische Schwächen« – alles Synthetische, Potpourrihafte, Paraphrasierende, Deklamatorische – nimmt man nur nebenher zur Kenntnis, weil die eigene Betroffenheit auch die schwach oder kaum verbundenen Bestandteile des Dramas zusammenzwingt. Der Kunstkosmos braucht also gar nicht nur aus eigener Konstruktionskraft zu leben. Zeitgenössische Anteilnahme, nach Antworten lechzend, fordert einem solchen Werk, einem solchen Drama, zwar transästhetisch »Lebenshilfe« ab, aber sie verhilft dem Werk auch zum Leben, schweißt es zusammen.

Wolfgang Borcherts »Draußen vor der Tür« – die Grellheit des Textes, seine erhitzte Parteilichkeit – kam einem unbewußten und tiefgefühlten Bedürfnis entgegen. So stellte sich der »Stromkreis« her, der über Brüchiges hinwegtrug. Als im November 1947 Borcherts Stück uraufgeführt wurde (der Untertitel von »Draußen vor der Tür« lautete schmerzvoll-emphatisch: »Ein Stück, das kein Theater spielen und kein Publikum sehen will«), schien die Figur des jungen, schwerkranken, fieberhaften Poeten Deutschlands »Ecce homo«-Situation zu symbolisieren, so wie es auch die Gestalt des ersten westdeutschen SPD-Parteichefs Kurt Schumacher tat: Beide verkörperten, physisch und psychisch lädiert, Deutschlands Niederlage und den Willen, aus der verbrannten Erde der bösen Vergangenheit etwas Neues entstehen zu lassen. Die Borchert-Uraufführung fand einen Tag nach dem Tod des jungen Dichters in den Hamburger Kammerspielen statt.

Zum Erfolg trugen nicht nur der alles elektrisierende Problemstromkreis und die Aktualität bei. Sondern: nach nationalen Katastrophen oder einschneidenden historischen Zäsuren wird die Gegenwart immer zum besonders strengen Gericht und Verdikt über jene Literatur, deren Formen und Schönheiten eben noch vorher mit jener schlimmen Katastrophe im Bunde war, neben ihr existierte oder gegen sie allzu wenig ausrichtete. Deshalb hat alle gerade entstehende, noch nicht versehrte, nicht fügsam gewesene oder mitschuldig gewordene Literatur es nach geschichtlichen oder politischen Wenden relativ leicht. Außerdem (das ist kein unauflösbarer Widerspruch) wollen die Menschen laut Hofmannsthal nach verlorenen Kriegen Operetten sehen...

Die Schizophrenie des zeitgenössischen Lesers besteht darin, durchaus auch zu durchschauen, daß er dem aktuellen Werk offenbar etwas Nicht-Literarisches zugute zu halten im Begriff ist. Bei

»Draußen vor der Tür«, aber auch bei Bölls frühem Roman »Wo warst du, Adam?«, bei Thornton Wilders allzu traulicher »Kleiner Stadt« ebenso wie bei Forestiers (der Autor hieß in Wahrheit Krämer) ein paar Jahre später erflunkerten, herrlich europamüden Gedichten »Ich schreibe mein Herz in den Staub der Straße« (deren Verlogenheit übrigens Hans Egon Holthusen als erster folgenreich durchschaute, bevor schließlich der ganze Schwindel lustig-ärgerlich herauskam): Bei alledem wußte man doch – halbbewußt, schuldbewußt, unbewußt – immer, daß diese Texte keine »große Literatur« darstellten – so wie man es später bei H. C. Artmann oder beim sektiererischen, genial verbiesterten Arno Schmidt auch zu ahnen begann... Alles das gehört zum durchaus lebendigen Krankheitsbild zeitgenössischer Lese-Schizophrenie. Zeitgenossen sind nie so unvernünftig, wie es den Nachgeborenen scheinen will, die schadenfroh gewisse hochgeputschte Urteile von damals, gewisse extreme Behauptungen und Diskussionsbeiträge als Ausdruck sinnverwirrter Maßstablosigkeit, Problembesoffenheit, Kritikunfähigkeit und Distanz-Armut belächeln. Nähe übertreibt. Trotzdem bleibt bei fast allen Beteiligten, auch mitten im Meinungskampf, die Hellsicht fürs tatsächlich Außerordentliche und Wichtige bewahrt. Es gibt eine Koexistenz von wildem Ernst-Nehmen – und doch Bescheid-Wissen.

*

Zeitumstände sind nie mildernde Umstände. Äußere Bedingungen können vieles erklären, aber alle diese Erklärungen ändern wenig am Gehalt, an der Kunstqualität der Werke.
 Heißt das, man dürfe literarische Qualität so fordern, wie man früher von einer jungen Dame sittsame Manieren verlangt hat? Wer kann beim Kunstwerk so zynisch sein, die Schreie von Opfern auf ihre musikalische Substanz hin zu testen?
 Zugegeben: Auf solche rhetorischen Fragen läßt sich theoretisch, bei einer Kunst-Diskussion, leichter und entschiedener mit radikal ästhetischen Forderungen antworten – als unmittelbar vor den Werken und Autoren. Auch des Mitleids Stimme kann fesseln, beeindrucken. Gleichwohl: weder die Triftigkeit einer gemachten Erfah-

rung noch die Wahrhaftigkeit einer erkämpften Entscheidung, noch auch die Darstellung der Veränderbarkeit schlimmer gegebener Verhältnisse reicht hin für literarisches Kunstgelingen. Dergleichen kann immer nur Voraussetzung solchen Gelingens sein.

Günther Weisenborn schrieb 1942 im Zuchthaus Moabit sein Gedicht »Ahnung«. Die persönliche, tief erfahrene Wahrheit des Gedichtes steht jenseits aller Diskussion. Aber die Kunstqualität?

> Wer am Tisch sitzt und ißt,
> hört schon vor der Tür
> die Schritte derer,
> die ihn hinaustragen werden...
>
> Der die Lampe andreht, weiß,
> seine Hand wird kalt
> wie die Klinke sein
> eh der Nächste die Lampe andreht...
>
> Wer sich früh anzieht,
> ahnt, daß er Ostern
> mit diesem Anzug
> unter der Wiese liegt...
>
> Wer den Wein trinkt, weiß,
> dieser Rausch wird
> sein Hirn nicht mehr erreichen...
> sondern auslaufen wie ein Ei...
>
> Leicht ist der Schrei
> der eiligen Schwalben,
> Sie sind rasch, aber rascher
> als sie ist das Ende...

Günther Weisenborn, sein »Memorial« verriet es, hat bestimmt mehr und Härteres durchgemacht als je Mörike. Doch sein Gedicht, dem Mörikeschen »Denk es, o Seele« nachgebildet, entgeht der Versuchung zum Selbstmitleid nur auf Kosten peinlicher Banalität. Aber: diese Banalität äußert sich nun leider nicht so mittelbar, als hätten irr machende Angst und Entsetzen gleichsam des Autors Worte beschädigt. »Wer den Wein trinkt, weiß, dieser Rausch... wird auslaufen wie ein Ei«: Eine solche Sequenz – zwischen Wein, auslaufen, Rausch und Ei prekär vermittelnd – hält die beklemmende Wahrheit der »Ahnung« Weisenborns nicht fest. Das Gedicht redet nur von der Todesahnung, aber seine Worte vibrieren nicht von ihr. Weniger, weil es zu »karg« wäre, wohl aber, weil Weisenborn wahllos am Eigensinn der Wörter vorbeiformuliert, zwischen frühem Sich-Anziehen und eiligen Schwalben.

Als Heinrich Böll, drei Jahre nach dem Krieg, in »Wo warst du, Adam?« die Angst vor dem so bald nahenden Ende (gewiß auch nicht besonders »kunstvoll« und »literarisch«) zu beschreiben unternahm – das »bald« ist ein Leitmotiv, ein Leidmotiv seines ersten Romans –, da vermochte der junge Autor das ängstliche, wahnhafte Kreisen um den bald bevorstehenden Tod eindringlicher in eine kanonhafte, gebetsmühlenartige Sprache hineinzuholen.

> Bald. Bald. Bald. Bald. Wann ist Bald? Welch ein furchtbares Wort: Bald. Bald kann in einer Sekunde sein. Bald kann in einem Jahr sein. Bald ist ein furchtbares Wort. Dieses Bald drückt die Zukunft zusammen, es macht sie klein, und es gibt nichts Gewisses, gar nichts Gewisses, es ist die absolute Unsicherheit. Bald ist nichts und Bald ist vieles. Bald ist alles. Bald ist der Tod.
> Bald bin ich tot. Ich werde sterben, bald. Du hast es selbst gesagt, und jemand in dir und jemand außerhalb von dir hat es dir gesagt, daß dieses Bald erfüllt werden wird. Jedenfalls wird dieses Bald im Kriege sein. Das ist etwas Gewisses, wenigstens etwas Festes.

Die ausweglose, an ängstliches Herzpochen gemahnende Verzweiflung des »Bald... Bald... Bald...« (man hört mit, wie der Eisenbahnzug, in dem ein junger, der Front entgegenfahrender Soldat ängstlich sinniert, monoton rhythmisch über die Schienen rattert) hat eine Empfindung fixiert, die sich bei Weisenborn nicht in Bilder umsetzen wollte, sondern – vielleicht sogar wegen allzu akuter Todesnot und Angst! – nicht zum Gedicht wurde.

Nun ist es überheblich und grausam, dergleichen vom sicheren Port gemächlich zu kritisieren – selbst Bölls spärliche Freiheit zur Angst war nach 1945 unendlich größer als das Vokabular, das Weisenborn 1942 im Zuchthaus Moabit zur Verfügung stand. Vielleicht versuchte Weisenborn in seinem Gedicht, der heroischen Nazi-Sprache zu entkommen – aber eine eigene sich zu erschaffen, erlaubte ihm sein Schicksal nicht. Im Bezirk der Kunst sind solche schrecklichen Handikaps gleichgültig. Zum Gelingen helfen mildernde Umstände nicht.

Zeitgenossenschaft heißt, Literatur als spezifische Qualität erfahren wollen – sie aber kaum ohne politisch-persönlichen Kontext verstehen können. Lese-Schizophrenie heißt, dem »Zeitgenössischen« einen Unmittelbarkeitsvorsprung, ja einen Unschuldsvorsprung einräumen wollen – und doch die großen Ansprüche und Rangordnungen nicht aus dem Auge verlieren können. »Qualitätsansprüche« mögen, als bloße im Bewußtsein sicherer Resonanz erhobene Ansprüche, recht abstrakte, unverschämte Forderungen sein. Auf lebendige Werke bezogen, können sich derartige Forderungen als hilfreiche Prinzipien erweisen. Sie meinen dann kunstsprachliche Konsequenz, Erfindungskraft, Genauigkeit und Eindringlichkeit.

I. DIE VÄTER

1. Thomas Mann

Gedanken als musikalische Ereignisse

Kein Überdruß, kein erdrückender Welterfolg, keine daraus unvermeidlich resultierende hochmütige Abwendung der jeweiligen Avantgarden hat verhindern können, daß Thomas Mann nach 1945 die leidenschaftlich interessierte Zuwendung des lesenden Publikums (der Germanisten und der Spezialisten ohnehin) unwandelbar intensiv erhalten blieb.

Sollte er gleichwohl wirklich nur gewesen sein, was ihm manchmal die gereizte »linke« – aber auch die existentiell engagierte und die christliche – Intelligenz vorwarf: nämlich ein Klassiker des deutschen Spätbürgertums, der zwar gebildet und subtil künstlerische Leidenssituationen beschrieb, aber doch keinerlei Zukunftswege wies? Also, mit Martin Walser zu reden, ein »Klassenverklärer«? Dergleichen träfe nur dann zu – und zwar in offenkundigem Gegensatz zur Position von formal fortschrittlicheren Künstlern, wie Kafka, Joyce, Faulkner –, wenn sich Thomas Manns Leser allzu ausschließlich gefangennehmen ließen von den Stoffen der Thomas Mannschen Romane und Novellen. Von den Antithesen (Bürger: Künstler). Von den schönen, allzu gut zitierbaren Fazitsätzen. Etwa aus dem »Vorspiel« zur »Joseph«-Tetralogie »Höllenfahrt«: »Fest der Erzählung, du bist des Lebensgeheimnisses Feierkleid ... Aber auch der Geist sei mit dir und gehe in dich ein, damit du gesegnet seiest mit dem Segen oben vom Himmel herab und mit dem Segen von der Tiefe, die unten liegt«.

Man kann offenbar auch beim berühmtesten »Ironiker« der deutschen Literatur fündig werden, wenn man ein ausgesprochenes »Weltbild« sucht, den alles sternbildhaft zueinander ordnenden

Himmel einer Anthropologie, einer sittlich-humanistischen Ordnung. Im »Schnee«-Kapitel des »Zauberbergs« heißt es sogar ausdrücklich kursiviert (und wie für emsige spätere Interpreten hineingefügt): »*Der Mensch soll um der Güte und Liebe willen dem Tode keine Herrschaft einräumen über seine Gedanken*«.

Fast scheint es, als wollte hier Hans Castorp, ja als wollte sein Schöpfer Thomas Mann sich selbst zu irgend etwas überreden, von irgend etwas Lebensfreundlichem überzeugen.

Doch die Lektüre Thomas Manns wird spannender, wird auf eine geheimnisvolle Weise ergiebiger, falls der Lesende es fertigbringt, solche Wahrheiten anders und weniger direkt zu verstehen: als Kunst-Wahrheiten nämlich, als Thesen und Antithesen eines epischen Parallelogramms mannigfaltiger Kräfte und Tendenzen. Es lohnt durchaus, auf handfest heimtragbare Resultate zu verzichten, zumindest solche Fazitsätze nicht als des Pudels Kern begreifen zu wollen.

Im Brief an Bruno Walter (vom 15. September 1946) macht Thomas Mann dem Musikerfreund ein Geständnis, das nicht als Schmeichelei fürs Metier des Dirigenten, sondern doch als Offenbarung einer elementaren Kunstvoraussetzung Thomas Manns gelesen werden muß: »Beim Schreiben, ich versichere dich, ist der Gedanke sehr oft das bloße Produkt eines rhythmischen Bedürfnisses: um der Kadenz und nicht um seiner selbst willen – wenn auch scheinbar um seiner selbst willen – wird er eingesetzt. Ich bin überzeugt, daß die geheimste und stärkste Anziehungskraft einer Prosa in ihrem Rhythmus liegt – dessen Gesetze so viel delikater sind, als die offenkundig metrischen...«

Sollte die wohlklingende Erweiterung einer Aufzählung, die immer feiner sich differenzierende Schilderung, die tönende Gravitation gewichtig abschließender Worte oder Silben, der gleichsam luxuriös, wie aus dem Überfluß hinauszutretende Gedanke – sollte dergleichen bei Thomas Mann wirklich (auch) die Folge eines schwer definierbaren und konkretisierbaren rhythmischen Bedürfnisses sein? Eines Bedürfnisses, das ja nicht vom Himmel fällt, nicht zu-»fällig« entsteht, sondern seinerseits zu tun haben müßte mit der Kunst-Wahrheit!

Es ist spannend, beunruhigend und wahrhaft lehrreich, Thomas Mann auch auf diese Weise zu lesen. Seine Perioden so zu begreifen, daß die Gedanken auch als musikalische Ereignisse zu respektieren sind und daß Beschreibungen in Wahrheit um des Rhythmus willen (der ja nichts »Unwahres« zu sein braucht, selbst wenn er mit logisch-begrifflichem Denken schwer in Verbindung gebracht werden kann) so dastehen, wie sie dastehen.

Als Demonstrationsbeispiel soll uns nichts besonders Manieriertes oder Routiniert-Spätes dienen, sondern ein Absatz aus dem ersten Kapitel des neunten Teils der »Buddenbrooks«. Die Konsulin, die Mutter des Senators Thomas Buddenbrook, stirbt.

Um halb sechs Uhr trat ein Augenblick der Ruhe ein. Und dann, ganz plötzlich, ging über ihre gealterten und vom Leiden zerrissenen Züge ein Zucken, eine jähe, entsetzte Freude, eine tiefe, schauernde, furchtsame Zärtlichkeit, blitzschnell breitete sie die Arme aus, und mit einer so stoßartigen und unvermittelten Schnelligkeit, daß man fühlte: zwischen dem, was sie gehört und ihrer Antwort lag nicht ein Augenblick – rief sie laut mit dem Ausdruck des unbedingtesten Gehorsams und einer grenzenlosen angst- und liebevollen Gefügigkeit und Hingebung: »Hier bin ich!«... und verschied.

Sucht man dieser Beschreibung mit dem »inneren Ohr« zu folgen, dann spürt man doch: die »*entsetzte* Freude«, die »*schaudernde, furchtsame* Zärtlichkeit«, die verdoppelnde Koppelung »Gefügigkeit und Hingebung« – alles das scheint, einerseits, grandios-wahrhaftig beobachtet und gesehen, andererseits aber unverkennbar auch rhythmisch motiviert. (Es scheint so, als seien gerade die oxymoron-artigen gleichsam dissonanten Zusammenstellungen, eben die *entsetzte* Freude, die *schaudernde* Zärtlichkeit, einem rhythmisch den Satz ausweitenden Bedürfnis des Autors entsprungen.)

Wahrscheinlich erklären solche Kunstkühnheiten Thomas Manns Faszinosum. Seiner eigentümlichen Wahrheit kommt man gewiß nur nahe, wenn man ihn nicht bloß wie einen Chronisten liest, sondern wie einen literarischen Musiker, den der Strom rhythmischer Notwendigkeiten manchmal auch zum Verfertigen von Gedanken animierte.

»Doktor Faustus«, die Musik und das deutsche Schicksal

Kein deutscher Roman ist nach dem Zweiten Weltkrieg im akademischen und im publizistischen Bereich auch nur annähernd so intensiv diskutiert, kritisiert und analysiert worden wie Thomas Manns »Doktor Faustus«. Der Freiburger Philologe Johannes Werner hat für die Zeit von 1953–1968 »450 Abhandlungen gleich 30000 Seiten allein über den ›Doktor Faustus‹« gezählt. Zwischen 1947 und 1983 müssen es, so entnehme ich erschüttert Rudolf Wolffs Dokumentation »Thomas Manns Doktor Faustus und die Wirkung«, wohl mehr als tausend Beiträge gewesen sein, mit – man kann das nur schätzen, aber wirklich nicht lesen – etwa 70000 Seiten Sekundärem.

Doch mittlerweile liegen aus Thomas Manns Hand ja nicht nur der Roman selber, sowie der »Roman eines Romans«, also »Die Entstehung des Doktor Faustus« vor – sondern auch die Briefe, die der unermüdliche Korrespondenzpartner Thomas Mann geschrieben hat, als der »Doktor Faustus« in ihm, und dann auf dem Papier, wuchs. Und erst in den achtziger Jahren ist eine weitere wichtige Quelle allgemein zugänglich geworden, nämlich die Tagebücher, die Thomas Mann führte, als er den »Faustus« konzipierte. Mithin müßte eigentlich und beängstigenderweise ein beträchtlicher Teil der 70000 Sekundärseiten entweder radikal neu geschrieben oder doch modifiziert, verbessert werden. Welch ein Spielraum für germanistische Emsigkeit ...

Freilich, die Probleme, die der »Faustus«-Roman aufwirft, lassen sich nicht mit spitzfindigem, jungakademischem Bienenfleiß lösen, auch nicht mit einem wohlfeilen Gegeneinander-Ausspielen von Begriffen erledigen. Ohne den Mut zur leidenschaftlichen Anspannung ästhetischer Urteilskraft, ohne beträchtliche Lebens- und Lese-Erfahrung wird man diesem gewichtigen, erfüllten und reichen Buch schwerlich gerecht. Vier Fragen drängen sich nach wie vor auf:

1. Kann Adrian Leverkühns Schicksal, kann das Leben und der Zusammenbruch eines unselig-genialen, paralyse-kranken Komponisten in irgendeiner zwingenden oder plausiblen Weise den Zusammenbruch Hitler-Deutschlands symbolisieren?
2. Was steckt dahinter, daß zwar nahezu alle Thomas-Mann-Bewunderer kritisch-betroffen oder enthusiastisch-betroffen auf den Roman reagierten, daß aber die allermeisten nicht-professionellen, nicht-musikologischen Leser bekennen, sie hätten den komplizierten musiktheoretischen Erörterungen nicht zu folgen vermocht? Selbst Carl Friedrich von Weizsäcker, wahrlich ein spekulativer Kopf, bemerkte in seinem »Faustus«-Aufsatz von 1978 lapidar: »Die musikalische Bedeutung des Buches entzieht sich meinem Urteil«. Wie kommt das? Nichtmedizinische »Zauberberg«-Leser fühlten sich von den intensiven Tuberkulosebeschreibungen und Exkursen des Sanatoriumsromans doch offenbar keineswegs so überfordert!
3. War Theodor W. Adorno, an den sich Thomas Mann gewandt hatte, weil er Hilfe im Exakt-Musikalischen und beim konkreten Entwurf der Leverkühnschen Kompositionen benötigte, war dieser Theodor W. Adorno wirklich nur ein sachlicher Berater und Mitarbeiter, oder hat Adornos Kulturkritik nicht auch die Tendenz des Romans beeinflußt?
4. Vom 23. Kapitel bis zum Schluß bezieht sich der Roman unverkennbar auch auf viele in München lebende Verwandte und Bekannte des Dichters. Wie verträgt sich nun Thomas Manns München-Sehnsucht mit seiner München-Schelte?

*

Um alledem auf den Grund zu kommen, wollen wir nicht gleich mit dem Maisonntag des Jahres 1943 einsetzen, an dem Thomas Mann, 68jährig, in Kalifornien die Niederschrift des »Doktor Faustus« begann. Treten wir ein wenig, nämlich zehn Jahre, zurück. Am 27. April 1933, zu Beginn der Hitler-Ära, schrieb Klaus Mann aus Frankreich, wo er seit einigen Wochen als Emigrant in Hotels lebte, einen verzweifelt munteren Brief nach Amerika, an die Zeichnerin und Karikaturistin Eva Herrmann, mit der er befreundet war. Natürlich berichtet der 26jährige Jungemigrant zuerst erregt von sich, von der »Verbannung«, in der er sich befand:

»Es ist eine merkwürdige Lage. An Deutschland denkt man als an ein ekelhaftes Irrenhaus, aber man hat keine Ahnung, wie sich uns das Leben außerhalb Deutschlands gestalten wird. So hängt man schon auf eine phantastische Weise in der Luft. Am meisten werde ich mich natürlich auf Paris konzentrieren, wo ich auch bis jetzt war und wo ich ohne Frage einige Chancen habe. Aber gerade dort ist die Konkurrenz der ›Emigranten‹ untereinander so erschreckend groß; (und ich fürchte, in Prag, Zürich usw. ist es noch ärger).«

Das klingt besorgt, gespannt, keineswegs wehleidig, mehr verwirrt als verstört, und soll die liebe Eva Herrmann dazu animieren, doch in Amerika, wohin Klaus am liebsten möchte, etwas für ihn zu tun, für ihn »eine bescheidene Chance« ausfindig zu machen. Im nächsten Briefabsatz kommt der Schreiber ziemlich salopp auch auf das Schicksal der »armen Eltern« zu sprechen, die sich in Südfrankreich etwas mieten wollen. Und dann macht er, in Klammern nur, um nicht allzuviel Aufmerksamkeit wegzunehmen, eine lässige, gespenstisch treffsichere Bemerkung über den weltberühmten Papa. Nachdem Klaus Mann Deutschland eben noch als »ekelhaftes Irrenhaus« charakterisiert hat, schreibt er der Freundin über den Vater, den die Mann-Kinder »Zauberer« nannten: »(für den Zauberer ist es ja besonders scheußlich – er kann nicht umhin, sich irgendwie für Deutschland verantwortlich zu fühlen, und eigentlich kann er ja auch ohne Deutschland nicht leben).«

Klar: dem zornigen jungen Klaus Mann lag es verdammt fern, mit dem völkisch delirierenden Deutschland irgendeine Solidarität zu empfinden. Aber Klaus spürte, daß der berühmte Vater, der als

58jähriger aus seiner Heimat ausgestoßen worden war, sich für alles, was die Landsleute und zumal die Münchner verübten, »irgendwie« verantwortlich fühlte. Und daß der Vater »eigentlich« ohne Deutschland nicht leben könne – wobei die sonst immer so unangenehm vagen Flickwörter »irgendwie« und »eigentlich« hier seltsamerweise die Aussage bestärken, sie nämlich hinausheben übers präzis Faktische, Vernünftige, Juristische – in eine mystische Sphäre geistig-künstlerischer Gemeinsamkeit.

Klaus Manns Bemerkung über die scheußliche, unaufhebbare Solidaritätssituation des Vaters sollte sich ein Jahrzehnt später als prophetisch erweisen, als Thomas Mann sich schweren Herzens dem deutschen Tonsetzer Adrian Leverkühn verschrieb. Zunächst, nach 1933, hatte der Vater, in die Schweiz emigriert, ja noch mit seiner »Josephs«-Tetralogie zu tun. Da fällt eine höchst seltsame Analogie auf zwischen dem Lebensweg Thomas Manns und der Biographie seines Kunstidols Richard Wagner. Wagner hat die vier Musikdramen der »Ring«-Tetralogie noch in Deutschland begonnen, sie in der Schweiz weitergeführt, schließlich unter königlich-märchenhaften Umständen in Bayreuth beendet. Genauso hatte auch Thomas Mann seine »Josephs«-Tetralogie in Deutschland begonnen, in der Schweiz fortgesetzt. Die Analogie reicht bis ins einzelne: Wagners »Rheingold«-Vorspiel beginnt mit dem berühmten raunenden, tiefen Kontra-Es, Thomas Manns »Höllenfahrt«-Vorspiel zu den »Geschichten Jaakobs« mit dem Wort »Tief«: »Tief ist der Brunnen der Vergangenheit«. Thomas Mann schrieb also in der Schweiz an seiner Tetralogie weiter, schob freilich als verklärendes Deutschland-Intermezzo eine märchenhaft heitere Goethe-Vergegenwärtigung dazwischen: »Lotte in Weimar«. Wagner wiederum, bevor er den »Ring« zu Ende schmiedete, trug sich während hektischer Emigrations- und Reisezeit mit dem »Tristan« und den »Meistersingern von Nürnberg«, einem Traum von Deutschlands Jugend, ja er notierte die Idee zum Allerdeutschesten, zum »Wacht auf«-Chor, tatsächlich in einer Pariser Kneipe. Nach den Nürnberger »Meistersingern« kehrte Wagner wieder zum »Ring« zurück, so wie Thomas Mann nach der »Weimarer Lotte« wieder in die Patriarchenluft des »Joseph« eintauchte. 1943, unter kalifornischen

Umständen, beendete er die »Josephs«-Tetralogie. Und bereits wenige Wochen später begann er den »Faustus«. Er schrieb damals dem Sohn Klaus über den »Faustus«: »Es wird mein Parsifal«. Das alles gemahnt ziemlich gespenstisch an eine Thomas Mannsche »Imitatio dei«, an eine Nachahmung seines Kunstgottes Richard Wagner, den er tief-romantisch in sich hatte und über den er hochdemokratisch hinaus wollte. So ging es mit dem »Faustus« auch. Über den geplanten Roman teilte er dem Sohn weiter mit: »eine Künstler(Musiker)- und moderne Teufelsverschreibungsgeschichte ... kurzum das Thema der schlimmen Inspiration und Genialisierung, die mit dem Vom Teufel Geholt Werden, d. h. mit der Paralyse endet. Es ist aber die Idee des Rausches überhaupt und der Anti-Vernunft damit verquickt, dadurch auch das Politische, Faschistische, und damit das traurige Schicksal Deutschlands. Das Ganze sehr altdeutsch-lutherisch getönt.«

Nun hatte sich Thomas Mann während der Emigrationsjahre natürlich immer mit deutschen politischen Problemen essayistisch und propagandistisch herumschlagen müssen. Es gab den grimmig selbstkritischen Essay »Bruder Hitler« von 1939, es gab 1945 die berühmt gewordene Ansprache »Deutschland und die Deutschen«, in welcher Thomas Mann die Problematik seines »Faustus«-Romans auf sinnfällige Thesen zu bringen versuchte, die dann im Nachkriegs-Deutschland fast so heftig diskutiert wurden wie Inhalt und Gehalt des Leverkühn-Buches selber. Zumal unsere betroffenen evangelischen Theologen konnten sich nach 1945 beim besten Zerknirschungswillen überhaupt nicht abfinden mit dem Bild eines ebenso musikalischen wie brutalen, eines ebenso innigen wie an weltlicher Freiheit uninteressierten Martin Luther, das Thomas Mann in seinem Deutschland-Vortrag entworfen hatte ...

Alle diese Essays, Rundfunkreden und prodemokratischen Bekenntnisse, diese Hilfeleistungen und Hilferufe, die Thomas Mann als prominentester deutscher Emigrant gleichsam hinter dem Rükken seiner dichterischen Arbeit hervorbrachte: sie kamen wahrlich müheloser und glatter zustande als der »Doktor Faustus«. In ihnen unterdrückte Thomas Mann vieles, was dann doch im Roman rumorte. Ja 1952, als der Dichter bitter enttäuscht war vom Hexenjagd-Amerika des Senators McCarthy und sanft enttäuscht wohl auch von der »größtenteils miserablen Presse«, die der »Faustus« in Amerika hatte, 1952 machte sich Thomas Mann sogar selbstironisch lustig über sein demokratisches Wanderrednertum in der Zeit von seines »demokratischen Optimismus Maienblüte«. Maienblüte? Wem aber fiele bei diesem schönen Wort »Maienblüte« nicht jener Schlegel/Tiecksche »Hamlet« ein, wo ein Sohn Klage führt, daß der Vater »in seiner Sünden Maienblüte« ermordet ward? Seltsame Thomas Mannsche Assoziationsuntertöne: »demokratischer Optimismus« und »Sünde« unversehens nebeneinander.

Aber Essays, Reden, Rundfunkvorträge, Briefe und dergleichen sind keine Romane. Keine Erzeugnisse der Einbildungskraft und Kunst. Essays stellen Behauptungen auf, widerlegen falsche oder gefährliche Thesen, sind spekulative Nachprüfungen wie die »Betrachtungen eines Unpolitischen«, kommen der »Forderung des Tages« nach, was keineswegs etwas Verächtliches sein muß. Beim Roman, bei dieser erzählten Spannungswelt aus Inhalt, Form, Spiel, Dokument, zeitgeschichtlichem Ambiente und Gehalt geht es nicht so eindeutig und eingleisig zu, zumal bei einem »Doktor Faustus« nicht, der Deutschland aus kalifornischem Exil sehnsüchtig beschwört, der sich auch als Thomas Mannsche Autobiographie lesen läßt, der ein kunstvoller Künstlerroman ist, wo die Entstehung und Verlockung archaisierender Begierden in Münchner Intellektuellenzirkeln vorgeführt wird.

Was immer man über den »Faustus« auch sagen oder klagen mag: das Buch erregte, kraft der ungeheuerlichen Fülle dessen, was es an Wahrheits- und Bekenntnisenergien enthielt, Betroffenheit. Thomas Mann selbst war so betroffen, daß er während der Arbeit immerfort ächzte und beinahe starb. Als das Buch in seiner deutschen Originalgestalt dann endlich in der Schweiz herauskam, zeigten sich die Schweizer Kritiker enthusiastisch-betroffen. Thomas Mann war, nach ärgerlichen amerikanischen Rezensionen, dankbar dafür und schrieb: »So, wie in dem kleinen Alpenlande, wird das Buch wohl nirgends gelesen werden, auch in Deutschland nicht, wo es jetzt gedruckt wird. Ich fürchte« – so Thomas Mann am 31. 12. 1947 – »der geistige Blutdruck ist einfach zu niedrig dort.«

Da irrte Thomas Mann. Er meinte, der Zusammenbruch Hitler-Deutschlands habe lauter apathische, zerstörte, triste Figuren hinterlassen – während doch in der unmittelbaren Nachkriegszeit zwischen 1945 und 1952 der geistige Blutdruck, die geistige Leidenschaft, in Deutschland enorm, ja fast krankhaft hoch war: unendlich höher als während der Nazizeit oder auch gegenwärtig. Adorno hat das 1949 in seinem schönen, dankbar überraschten Essay »Auferstehung der Kultur in Deutschland« verblüfft geschildert. Übrigens gab Thomas Mann ein paar Monate später zu, daß er den deutschen Blutdruck unterschätzt hatte: »Das Echo des Romans aus Deutschland ist stärker, als ich erwartet hatte... Ich bin recht froh, darauf gedrungen zu haben, daß eine inner-deutsche Ausgabe so bald wie möglich erscheint.«

Die Heftigkeit des Echos auf einen eigentlich doch schwierigen, mühsamen, zunächst überhaupt nur in eingeschmuggelten Exemplaren vorhandenen Roman im damaligen Deutschland läßt sich den heute Jüngeren kaum vermitteln. Ich studierte damals in Göttingen, verkehrte viel im Kreis um den Schriftsteller und Faulkner-Übersetzer Hermann Stresau, der übrigens später bei S. Fischer auch ein Buch über »Thomas Mann und sein Werk« publizierte. Wir waren – als 1945 das finstere Reich des Fanatismus zerschlagen schien und eine schöne, neue Welt des Geistes wieder im Werden – wir waren begierig, ja heißhungrig auf diesen Thomas-Mann-Roman über Deutschland, die Musik und das Schicksal. Ich erinnere mich noch, wie glühend ich meinen Freund und Studienkollegen Carl Dahlhaus, der übrigens kürzlich noch einen profunden Essay über Thomas Mann, Adorno, Schönberg und die »Fictive Zwölftonmusik« veröffentlicht hat – wie glühend ich ihn beneidete, nicht nur, weil er 1947 in die an Lebensmitteln und Süßigkeiten reiche Schweiz reisen durfte, sondern vor allem, weil er dort während seines Herbstaufenthaltes den »Doktor Faustus« lesen konnte, den es in bundesdeutschen Buchhandlungen noch nicht gab. Und er las in Zürich den ganzen Roman, mußte sich allerdings von Bertolt Brecht, dem er dort begegnete, dazu sagen lassen, der »Faustus« enthalte »seniles Altersgeschwätz«. Als Dahlhaus zurückkam, fragte ich ihn begierig nach dem »Faustus« aus und stellte den Freund empört zur

Rede, weil er in der Schweiz nicht auch die »Josephs«-Tetralogie – die es bei uns gleichfalls nicht gab – gelesen hatte. Wirklich schuldbewußt gestand Dahlhaus, in dieser einen Schweizer Woche sei er leider nicht imstande und eben doch irgendwie zu schwach gewesen, neben dem »Doktor Faustus« auch noch die vier Bände der »Josephs«-Tetralogie durchzuarbeiten . . .

Übrigens waren wir 19- oder 20jährigen Göttinger Studenten ehrlich empört über die hierzulande allmählich erscheinenden Rezensionen. Den Unterschied zwischen akademisch-öffentlicher und publizistisch veröffentlichter Meinung empfanden wir damals als ärgerlich groß. Wie lang ist das alles her – und doch immer noch so gegenwärtig! Die in München erscheinende »Zeitschrift für Europäisches Denken« – also der »Merkur« – veröffentlichte von Walter Böhlich eine vernichtend scharfe, von Hans Egon Holthusen eine anspruchsvolle, herb theologische Kritik am »Doktor Faustus«. »Welt ohne Transzendenz« hieß Holthusens heftiger Angriff, den Hans Paeschke, der Herausgeber, dann gegen erbitterte Proteste vieler Thomas-Mann-Bewunderer verteidigen mußte.

Thomas Mann, der unter Holthusens Aufsatz litt, konnte nicht wissen, daß viele junge deutsche Intellektuelle ganz anders über ihn dachten als jene Arrivierten, die in der Öffentlichkeit das Wort führen durften. Er konnte nicht wissen, daß er andererseits vielen geschockten, älteren deutschen Intellektuellen damals als Symbol genau jener spätbürgerlich-dekadenten und selbstverliebten Vernünftelei erschien, die Ende der zwanziger Jahre das Nazi-Unheil nicht aufzuhalten vermochte. Er konnte nicht wissen, daß die deutsche Intelligenz sich nach der Katastrophe eifrig mit Seins-Fragen und Grenzsituationen beschäftigte, daß existentiell-theologisches Engagement – eine Mischung aus Eliot, Sartre, Camus, Anouilh, Langgässer, Bergengruen, Kasack, Kafka – damals herrschend war. Und er konnte schon gar nicht wissen, daß Hans Egon Holthusen seine Meinung über den »Doktor Faustus« sehr bald radikal ändern und 1963 in einem Poetikkolleg in München zwar die deutsche Nachkriegsliteratur tadeln, dafür aber einen gerührten Hymnus auf Thomas Manns »Doktor Faustus« vorbringen würde! Ich traute meinen Ohren nicht und war Holthusen für die Aufrichtigkeit seiner Kehrtwendung dankbar... Auch die katholisch engagierten, für einen radikal-demokratischen Wiederaufbau plädierenden »Frankfurter Hefte« ließen einen schwungvollen Feind Thomas Manns sein Verdammungsurteil sprechen: Ulrich Sonnemann, selber Emigrant, aus berühmter Zeitungsfamilie gebürtig, schrieb klirrend scharf über »Thomas Mann oder Maß und Anspruch«. Während also der bürgerliche »Merkur« Thomas Mann mit *quasi-theologischen* Argumenten attackierte: »Welt ohne Transzendenz« – räsonierten die katholischen »Frankfurter Hefte« *gesellschaftskritisch fortschrittlich.* Sie hatten ihre Schwierigkeiten mit diesem Klassiker des Spätbürgertums, diesem hochgebildeten Artisten, der doch keinerlei Zukunftswege wies. Natürlich erschien auch manches Begeisterte von Sieburg, Bruno E. Werner, Peter de Mendelssohn und vielen anderen. Bald ging es schon gar nicht mehr um schlechte oder gute Zensuren für ein Buch, sondern aus dem Echo wurde eben ein Betroffenheitschor. Da der Roman selber nicht widerspruchsfrei »logisch« argumentiert, gerieten unvermeidlich auch die Betrachter im Laufe der Zeit und der Kontroversen in mannigfache Widersprüche.

Wir haben das ja soeben noch staunend miterlebt. Der verehrte Hans Mayer kam in seinem Vorwort zu Kolbes schönem Thomas Mann/München-Buch »Heller Zauber« auf den »gereizten, scheinbaren Antisemitismus« Thomas Manns zu sprechen. Und er fuhr dann fort, dieser Antisemitismus sei »immerhin manifest im ›Wälsungenblut‹, wie später noch in der Teufelsfigur des jüdischen Impresarios Fitelberg« aus dem »Doktor Faustus«. Daran mag ja etwas sein. Nur als derselbe hochverehrte Hans Mayer in Ost-Deutschland lehrte und dort das Werk des großen Realisten und sozialen Humanisten Thomas Mann gebührend zu beleuchten suchte, las man es bei ihm ein wenig anders über Fitelberg: »Von jenen Polemikern soll man nicht sprechen, die behaupten, hier habe der große deutsche Autor im fernen Kalifornien ein ›antideutsches‹ Buch geschrieben«, befand Mayer. Und fuhr fort: »Das ist ebenso absurd wie der Vorwurf, die Gestalt des Konzertagenten Fitelberg, die Deutschtum und Judentum miteinander konfrontiert, besitze judenfeindliches Gepräge.« Wird also im jüdischen Impresario ein scheinbarer und gereizter Antisemitismus, den man unerfreut beurteilen muß, manifest – so Hans Mayer heute; oder ist ein solcher Vorwurf absurd? – So Hans Mayer damals... Wir haben die Wahl.

Wer sie nicht hatte, war Thomas Mann. »Ich habe es nicht gewollt und habe es doch wohl wollen müssen«, verteidigte er sich, als man ihn auf die Konsequenzen aufmerksam machte, die sich aus der Parallelisierung von Adrian Leverkühns Schicksal und deutschem Schicksal ergäben. Herbert Marcuse faßte das schon 1948 im New Yorker »Aufbau« schneidend witzig zusammen: »so schillert Adrian ein wenig faschistisch und das Dritte Reich ein wenig genialisch. Das Buch entgeht nicht ganz der Gefahr, das Dritte Reich noch nachträglich mit einem Leverkühn zu beschenken«.

Als Thomas Mann den »Doktor Faustus« 1943 in Kalifornien begann, spürte er beklommen, worauf er sich einließ. Früher waren ihm seine großen Romane erst bei der Arbeit groß oder gar riesengroß geworden. Weder die »Buddenbrooks« noch der »Zauberberg« oder die »Josephs«-Romane hatte er so umfänglich und bedeutungstief geplant, wie sie dann gleichsam aus eigenem Antrieb wurden. »Habent sua fata libelli« – Kunstwerke entwickeln sich nach ihrem eigenen Willen, nehmen ihren eigensinnigen, aus den Forderungen der Sache sich ergebenden Verlauf. So ging es sonst immer. Aber beim »Faustus« nicht. Wir ermessen von heute – nachdem wir wissen, wie die Weltgeschichte verlaufen ist – ohnehin kaum, wieviel Thomas Mann riskierte, als er am 23. Mai 1943 einen deutschen Musikerschicksalsroman begann. Serenus Zeitblom, der Chronist und Biograph, macht sich nämlich seinerseits auch genau an diesem Tage an die Arbeit.

Was für ein Wagnis! Thomas Mann verbündet sich mit dem Verlauf der Zeit und eines Krieges, lange bevor feststand, was diese Zeit zeitigen, wie dieser Krieg enden werde. Gewiß, die Alliierten hegten damals die ziemlich sichere Überzeugung, daß Nazi-Deutschland militärisch verloren sei – aber sie wußten es wahrlich nicht genau und hatten viel zu befürchten. Thomas Mann riskierte es also, einen Erzähler im fernen, imaginierten Freising in eine ungewisse Zukunft losschreiben zu lassen. Dabei fürchtete er durchaus immer, daß die

Deutschen »noch Schreckliches anrichten« werden; ahnte allerdings im August 1944, »bis zum Ende des Krieges in Europa werde ich doch nicht mehr fertig«.

Nun haben große Autoren häufig die »offene Form«, das Chronikalische gewählt, um mit ihrer Schriftstellerei den unmittelbaren Tagesereignissen auf der Spur bleiben zu können. Aber daß ein Roman, der dazu keineswegs auf ein offenes Ende, sondern auf den Tod eines Komponisten und das Überleben oder Fertigwerden seines Chronisten hin angelegt ist, sich der unbekannten Zukunft aussetzt – dafür gibt es so leicht keine Parallele.

Gewiß, als Uwe Johnson 1967 an den »Jahrestagen«, jenem großen, vierbändigen Epos zu arbeiten begann, das im August 1967 beginnt und am 20. August 1968 endet – da konnte auch der »Jahrestage«-Autor nicht wissen, daß der 20. August 1968, an dem Gesine eigentlich in Prag, im Lande des Sozialismus mit menschlichem Gesicht ihre neue Arbeit aufnehmen sollte –, daß dieser 20. August sich als ein tragisches, den Roman zwingend abschließendes historisches Datum erweisen werde. Doch in Form eines chronologischen »Jahrestage«-Buches wäre der Roman natürlich auch dann pünktlich und sinnvoll zu Ende zu bringen gewesen, wenn die Russen darauf verzichtet hätten, Prag zu besetzen.

Thomas Mann aber verbündete sich – im Vertrauen auf den Sieg der besseren Sache – mit der unbekannten Zukunft. Er baute die aktuelle Gegenwart, den spannenden Verlauf der Weltgeschichte ein, ließ seinen Zeitblom am 23. Mai 1943 losschreiben, weil er fasziniert war nicht nur vom Stoff des Künstlerromans, sondern weil ihm der schuldhafte Zusammenbruch des genialischen Einzelnen zugleich Bild und Symbol bedeutete für den schuldhaften Zusammenbruch des Deutschen Reiches. Er glaubte an die Zukunft. 1951 erschien im Kohlhammer-Verlag des englischen Autors Randolph Robbins zynischer, sehr geschickt konstruierter Roman »Wenn Deutschland gesiegt hätte«. Da gewann Adolf Hitler den Krieg, weil seine Wissenschaftler die Atombombe erfanden und seine Luftwaffe sie als erste einsetzte. In Frankreich wimmelte es also von strahlenden Kollaborateuren; Hitler, Mussolini und Hirohito waren die Herren der Welt – freilich wurden die Spannungen zwischen Berlin und Tokio immer bedrohlicher. Das Buch war eine spielerische Verwandlungskomödie, es kehrte eine historische Entscheidung um, die glücklicherweise längst gefallen war.

Thomas Mann aber spielte überhaupt nicht, sondern machte die Zukunft zum Stoff des epischen Teppichs, den er gerade zu knüpfen begann. Zeitgeschichtliche Betroffenheit ging unmittelbar in Leverkühns Biographie ein. Aber warum konnte oder sollte das Schicksal eines genialischen Komponisten für Deutschlands Schicksal stehen? Thomas Mann, als zweifle er selber in der Tiefe seines Herzens oder seines Unbewußten an der Triftigkeit dieses Symbols, behauptete es fast zwanghaft wieder und wieder. Wie jemand, der ahnt, sein *Thema* verfehlt zu haben, beteuert Thomas Mann unablässig, er rede von nichts anderem als eben diesem. So wie Shakespeare oft »Sympathie-Lenkung« vornimmt, betreibt Thomas Mann »Bedeutungslenkung«. Das Symbolische wirkt hier nicht nur aus sich selbst, sondern es wird zudem übereifrig beschworen. »Es war ein Künstlerleben«, so erzählt der Chronist Zeitblom einführend über seinen Freund, »und weil mir beschieden war, es aus solcher Nähe zu sehen, hat sich alles Gefühl meiner Seele für Menschenleben und Menschenlos auf diese *Sonderform* menschlichen Daseins versammelt... Diese Sonderform gilt mir« – und jetzt führt Thomas Mann die Parallelisierungsthese noch ganz unauffällig ein – »als das Paradigma aller Schicksalsgestaltung...« Das klingt ziemlich unfänglich. Später geht Thomas Mann weiter. Wenn Leverkühn und Zeitblom im tiefsinnigen 22. Kapitel über die Mischung aus Altmodischem und Kühnem in der Zwölftontechnik reden, dann behauptet Leverkühn plötzlich, alle interessanteren Lebenserscheinungen seien »progressiv und regressiv in einem«. Und nun, um die Brücke vom Künstler zur Politik, vom Kompositionsprinzip zum Triumph des Faschismus bauen zu können, fragt Zeitblom, der eigentlich harmlose Studienrat, raffiniert schlau, ob diese Gleichzeitigkeit vom Regressiven und Progressiven nicht eine Verallgemeinerung von häuslichen, also deutsch-nationalen Erfahrungen sei...

Natürlich hat auch Thomas Mann gewußt, daß die Arbeiten und die Lebensumstände eines elitären, kühlen, an öffentlicher Wirkung uninteressierten, kunstehrgeizigen, paralyse-kranken Komponisten bei Licht besehen wirklich so gut wie nichts zu tun haben mit dem Zusammenbruch Deutschlands. Immerhin spricht Zeitblom von der »Biederkeit, der Gläubigkeit, dem Treue- und Ergebenheitsbedürfnis des deutschen Charakters« – was ja nun alles wirklich auf niemanden weniger zu beziehen wäre als auf Leverkühn. Gleichwohl beharrt Thomas Mann wie gebannt auf seiner Parallelaktion. Er scheut keine Kühnheit, läßt sogar aussprechen, daß die Deutschen aus *Einsamkeit* und *Hochmutsdünkel* den Durchbruch zur Welt notfalls kriegerisch erzwingen wollten. Da erinnern wir uns der gleichermaßen forcierten These Fritz Kortners über den Juden Shylock aus Shakespeares »Kaufmann von Venedig«. Shylock suche, laut Kortner, eigentlich ja die Freundschaft, suche im Grunde den Weg zum Herzen Antonios. Und weil er diesen Weg auf humane Weise nicht finden kann, wählt er das andere, blutige Mittel: er will dem Antonio die Brust aufschneiden – weniger, um sich an ihm rächend zu morden, sondern vielmehr, um so zum Herzen des heimlich Geliebten durchstoßen zu können ... Was für eine aufregende schöne und absurde Konstruktion. Für ein grandioses Shakespeare-Märchen darf ein Regisseur sich dergleichen einfallen lassen: aber sind Hitler-Krieg und Faschismus, diese schlimmen Konsequenzen von Arbeitslosigkeit, verhetzter Massengesellschaft, deutschem Ressentiment, falscher Politik, Versailles und Schwarzem Freitag irgendwie mit Durchbruchssehnsucht und Künstlersorgen zu erklären? Der »Doktor Faustus«-Roman besteht darauf. Er setzt gleich, was sich nicht gleicht. Und hält die These durch bis zum Schluß. Wenn man genau hinschaut, sogar noch demonstrativ im Fazit, in den letzten Worten. Sie lautet:»Ein einsamer Mann faltet seine Hände und spricht: Gott sei eurer armen Seele gnädig, mein Freud, mein Vaterland«.

Dieser symbolisierende Gleichsetzungszwang, diese Aufwertung des syphilitischen Genies Leverkühn, dem – wie Thomas Mann später forderte – »Mitleid zukomme, denn schließlich ist er ein Mensch, der das Leid der Epoche trägt«, das alles stellt keinen tragischen Tick dar, keine generalisierende Dichtermarotte – sondern eher eine Regression Thomas Manns zu seinen Anfängen. Thomas Mann warf die verhängnisvolle Mixtur aus Altertümlichkeit und Avanciertheit ja nicht nur den Deutschen und der teuflischen Zwölftontechnik vor, sondern der »Doktor Faustus« vibriert als Werk, als Parodie und als Bekenntnis, wahrlich auch selber von dieser Mischung. So wenig nämlich diese Gleichheitsbeschwörung sich ergibt, wenn man mit modernem Zeitgeschichtlerblick das Dritte Reich, den Zweiten Weltkrieg betrachtet, die Machtergreifung Hitlers und die Banalität des Bösen, sowie die Zwänge einer von Arbeitslosigkeit bedrohten proletarischen Massengesellschaft – so stimmig wird die Verbindung, wenn eine dichterisch empfindsame Wahrnehmung, wenn eine poetische und romantische Seele den Zusammenbruch von 1945 vergegenwärtigt. Der Zusammenbruch einer faschistischen Diktatur hat nichts mit Teufelspakt und genialer Leverkühnscher Tragik zu tun – doch falls 1945 jenes »ewige Deutschland«, wie es der junge Thomas Mann der »Betrachtungen eines Unpolitischen« von 1918 gegen den Geist westlicher Zivilisationsdemokratie gefeiert und zweifelsvoll-pessimistisch verteidigt hat, höllisch zugrunde gegangen wäre, dann wäre die symbolische Parallele sinnfälliger! Der »Doktor Faustus« ist schon ein vertracktes Schicksalsbuch: Betrachtet man den Leverkühn und Deutschland mit aufgeklärtem, nüchtern-demokratischem Blick, dann stimmt die Gleichung nicht. Dann wirkt sie trüb und schicksalsgläubig forciert. Nimmt man jedoch jene Haltung ein, über die Thomas Mann intellektuell hinaus war, über die er aber gefühlsmäßig nicht hinauskam, hängt man an der romantischen Idee des ewigen Deutschlands, dann stellt Leverkühn, der sich zur schöpferischen Enthemmung dem Teufel verschreibt, zwar nicht logisch, wohl aber poetisch als plausible Metapher für den scheiternden Genius unseres Volkes dar. Diese Metapher ist wahrlich mehr dichterisch als realistisch aufklärerisch. Sie war uns Deutschen freilich nach dem Zweiten Weltkrieg noch viel selbstverständlicher als heute, da ein ziemlich materialistisches Klima es nahelegt, den Staat eher mit einer GmbH zu verwechseln. Damals, 1948, schrieb Karl Krolow ein Gedicht mit dem Titel »Lied, um sein Vaterland zu vergessen«, wo das »alte herbe Wort *Deutschland*« mächtig durchtönt. Damals dichtete Ingeborg Bachmann im »Frühen Mittag«:

Wo Deutschlands Himmel die Erde schwärzt,

braucht sein enthaupteter Engel ein Grab für den Haß und reicht dir die Schüssel des Herzens.

Auf solche Weise unternahm es also Thomas Mann, im zugrundegehenden Musiker seine unaustilgbare Idee des ewigen Deutschland weniger zu gestalten als zu beschwören. Damit stellte er sich als Autor die schwerste Aufgabe seines Dichterlebens: Deutschlands Untergang einerseits im Spiegel eines Komponistenlebens als rührendes Schicksal und andererseits als entsetzlich barbarisches Dummheitsschicksal zugleich erscheinen zu lassen. Logisch war das nicht lösbar. Mit logischer Rechthaberei aber kommt man dem Kunstprodukt einer solchen spannungsvollen Aporie, einer derartigen Erkenntnis- und Gefühlsnot überhaupt nicht – oder bloß triumphal-töricht bei.

Alles bisher Angedeutete läuft aufs betroffene »Aufwiegeln« eines Künstlerromans hinaus. Adrian Leverkühns Leben, das von 1885 bis 1941 dauerte, wird im Flammenschein der letzten beiden Kriegsjahre berichtet und gesteigert zum Symbol für den Zusammenbruch des ewigen, weltscheuen, stolzen, sich mit dem Hitler-Teufel verbündenden Deutschland. Was wird nun ein 68jähriger Autor zu tun versuchen, der seinen Stoff so ungeheuerlich zum deutschen Menschheitsdrama aufwiegeln wollen muß? Nun, er wird nach Mitteln Ausschau halten, die Sache auch irgendwie »*abzuwiegeln*«, und er wird nach Helfern suchen für seine Riesenarbeit. Die Abwiegelung hat im »Doktor Faustus« einen Namen, sie heißt: Serenus Zeitblom. Und auch der Helfer hat einen Namen: Theodor Wiesengrund Adorno.

Fangen wir mit Zeitblom an. Lange vor dem »Doktor Faustus« hat Thomas Mann, bemerkenswerterweise ohne die Zwischenschaltung eines liebenswürdig-harmlosen Erzählers, ein Künstlerschicksal beschrieben, nämlich den Tod des pflichtgetreuen, aber der platonischen Liebe zu einem Knaben und der Cholera erliegenden Gustav von Aschenbach. Es war die Geschichte der Auflösung einer Haltung, einer produktiven Selbstdisziplin. Es war die Tragödie des künstlerischen Leistungsethos. Auch Aschenbach durfte keinen wahren Freund, kein Du, keine unbeschwerte Jugend haben. Sondern nur die Kunst, und dann den Tod. Kein Wunder, daß dieser

»Tod in Venedig« auch als hellsichtige Kritik an preußischer Haltung begriffen werden konnte, geschrieben zu einer Zeit, da Preußens Gloria strahlte. Im »Tod in Venedig« ergab sich das Symbolische von selbst, es war ein Schatten der Gestalt, des Gestalteten. Bei der Gegenüberstellung dieser Todeserzählung und des »Faustus«-Romans erkennen wir: die Wirkung der frühen Novelle hing mit der herben Ernsthaftigkeit der Darbietung zusammen. Gewiß, es gab auch beim »Tod in Venedig« hohen Ton und Rausch. Jede Begebenheit fügte sich fast zu gut in einen Bedeutungs- und Symbolkosmos ein, führte gleichsam ihr Maskierungsleitmotiv wie eine Lizenz, eine Visitenkarte vor. Doch dem »Tod in Venedig« fehlte die Ironie, die Durchheiterung, die gut gemachte, sei's nachsichtige oder unnachsichtige Verspottung von Eitelkeiten, Affektiertheiten, Gebrechen. Die Novelle war das erste große Thomas-Mann-Werk ohne alles drollig Christian-hafte der »Buddenbrooks«, ohne allen Spinell-Klöterjahn-Witz, ohne Tonio-Kröger-Anekdoten, Zauberberg-Brillanz oder heitere Joseph-Gelassenheit... Also ohne jene ausführlich malende, amüsant treffsichere, behagliche Ironie, an die Thomas Mann sein Publikum gewöhnt hatte. Dafür vollzog sich Aschenbachs Schicksal als Exemplum antikisch *tragischer* Ironie.

Im »Doktor Faustus« fühlte sich Thomas Mann gezwungen, nach soviel Stoff-»Aufwiegelung« bei der Darbietung abzuwiegeln. Darum erfand er den Serenus Zeitblom und ließ ihn erzählen. Thomas Mann beteuerte immer wieder, es wegen des heiteren Kontrastes zu tun, sonst werde die Sache zu düster. Doch diese Erklärung befriedigt nicht. Näher liegt eine andere: Thomas Mann ging es darum, den dämonischen Vorgang von einem erschrockenen Humanisten vortragen zu lassen, ihn auf diese Weise zu humanisieren, so wie Thomas Mann selber als heiterer Erzähler im »Joseph« den Mythos zu humanisieren versucht hatte. Der alte Dichter traute sich eben nicht unmittelbar an den schicksalhaft aufgewiegelten Stoff heran und wiegelte ihn nun wieder planvoll, meisterhaft, aber manchmal auch allzu nett-verharmlosend ab. Der gutmütige, gutartige Dr. phil. Serenus Zeitblom mag für die Entstehung des Romans unumgänglich gewesen sein, aber eine bildungsbeflissene Zumutung ist er halt auch. Gewiß, der sinnt erfindungsreich den Worten nach, berichtet ergreifend, wie sein Freund von der tiefen Nacht in die tiefste – nämlich vom Wahnsinn in den Tod gegangen. Aber wie reimt sich das mit Zeitbloms karikaturnah umständlichem Gerede – seine Hochzeit und Ehe beispielsweise erläutert unser Freund ein wenig seltsam: »Frühzeitig... habe ich mich vermählt. – Ordnungsbedürfnis und der Wunsch nach sittlicher Einfügung ins Menschenleben leiteten mich bei diesem Schritt. Helene, geb. Ölhafen, mein treffliches Weib...« Und in dieser Art weiter. Zugegeben, ein sanft karikierter betagter Oberlehrer mag vielleicht so reden. Doch wenn eben dieser Oberlehrer dann im Verlauf des Romans über Thomas Mannsche Differenziertheit und Psychologie verfügt, wenn er Figuren wie den Schildknapp ungeheuer sinnfällig und treffend zu durchschauen und zu charakterisieren vermag, dann scheint die Einheit der Figur nicht nur strapaziert, sondern zerstört. Dann hört die Rollenprosa, die gewiß nicht als allzu enge Verpflichtung begriffen sei, ganz auf. Die Alternative ist ärgerlich: entweder haben wir es mit einem halbwegs stimmigen, biederen Langweiler zu tun, oder mit einem brillanten Stilbruch, der schreiben kann wie Thomas Mann. In seltsame Verlegenheit gerät Thomas Mann, wenn Zeitblom, der einerseits kein Nazi, andererseits doch ein vom Luftkrieg betroffener Deutscher ist, blödsinnig maniriert über den Fortgang der Katastrophe salbadert: »Unsere zerschmetterten und zermürbten Städte fallen wie reife Pflaumen. Darmstadt, Würzburg, Frankfurt gingen dahin, Mannheim und Kassel, Münster gar, Leipzig bereits gehorchen den Fremden.« Das ist eine trotz der vielen Ortsnamen ortlose Sprechweise. Auch als pointierte Stilisierung macht diese Ausdrucksart niemanden und nichts erkennbar oder glaubhaft: weder den betroffenen Philologen noch den Anti-Nazi, noch den verwirrten Konservativen.

Man spürt nicht ohne Mitgefühl, wie Thomas Mann sich anfangs beim Zeitblom in hilfreiche, ironische Umständlichkeit flüchtet. Je weiter aber der Roman fortschreitet, desto ergriffener gibt Thomas Mann die Rollenprosa auf, desto sympathischer, herzbewegender wird Zeitbloms Leiden und Mitleiden. Die Darstellung von Schwerdtfegers Freundschaftsbetrug, von Leverkühns Ende, ist Prosa großen Stils. Übrigens: Jene Höllenschilderung, die allerdings

Leverkühn selber bei seiner Aufzeichnung des Teufelsgespräches entwirft, scheint mir nicht nur im »Doktor Faustus«, sondern im Gesamtwerk von Thomas Mann ohne Vergleich.

Es ist aufregend, nachzukonstruieren, wie Thomas Mann es sich möglich machte, in beträchtlichem Alter den schwersten und gewichtigsten Stoff seines Lebens zu bewältigen. Offenbar benötigte er die Abwiegelung durch einen lieben Humanisten, um sich an die hochaufgewiegelte Komponistenstaatsaktion überhaupt heranzutrauen. Weil aber der »Faustus«-Roman trotz aller kunstvollen Symbolik ein realistisches Buch ist, das von gewaltiger Lebenserfahrung, von Durchdachtem und Erlittenem vibriert, wirken die umständlichen Pretiositäten dieses Zeitblom allzu absichtsvoll und amüsierwillig. Sie sind genauso pedantisch und heiter-verspielt wie die gleichfalls nicht übermäßig komischen Parodien des groben Luther-Deutsch im Munde kraftstrotzender Theologen. Gewiß läßt sich entgegnen, auf das traditionelle Kunstziel der »Einheit des Charakters« käme es in einem solchen Endzeitroman nicht an. Doch warum eigentlich nicht? In einem Werk wie dem »Doktor Faustus« mag essayistische Fülle die Lebensäußerungen mancher Gestalten überwuchern – trotzdem müßten die wichtigen Gestalten des Romans grundsätzlich kenntlich und konsistent sein. T. S. Eliot durfte in der »Cocktail Party«, einer Komödie mystisch-surrealistischer Art, seine Hauptfiguren antinaturalistisch gespalten und verdoppelt vorführen. Doch der späte Thomas Mann hatte und äußerte im Zusammenhang mit Hatfields Realismus ein anderes Credo: »Wir mögen stilisieren und symbolisieren so viel wir wollen – ohne Realismus geht's nicht. Er ist das Rückgrat und das, was überzeugt.« Aber an diesem Rückgrat fehlt es Zeitblom, weil er zugleich Mensch, Hilfskonstruktion und Sprachrohr sein muß.

*

Der »Doktor Faustus« ist der musikerfüllteste und intelligenteste Künstlerroman der deutschen Literatur, wenn nicht der Weltliteratur. »Das Städtchen Eschenbach liegt ganz flach in der Ebene. Es ist ein übriggebliebenes Stück Mittelalter, aber die Fremden kennen es nicht, es ist stundenweit von der Bahnlinie entfernt ...« – so beginnt allerdings nicht der »Doktor Faustus«, sondern, atmosphärisch erstaunlich ähnlich, Jakob Wassermanns Musikerroman »Das Gänsemännchen«. Vergleicht man nun Wassermanns schönes, im Hinblick auf die Rolle der Musik eher verschwommenes und unkonkretes Buch, von dessen Ungenauigkeit sich Thomas Mann distanzierte, mit dem »Doktor Faustus«, dann tritt überwältigend zutage, um wie vieles näher Thomas Mann der Musik stand, um wie vieles eindringlicher er Musikverläufe zu verbalisieren wußte, wie unvergleichlich viel reicher sein dreißig Jahre nach Wassermanns Musikerroman erschienenes Spätwerk ist.

In den ersten sieben Kapiteln des »Doktor Faustus« wird eine deutsche, provinzielle Jugend geschildert: das Erwachen eines musikalischen Menschen. Rasch wird ein mächtiges Musik-Crescendo, ein vielbesagender Höhepunkt erreicht: die Vorträge des stotternden Wendell Kretzschmar über Beethovens Opus 111, über Beißels archaisch primitive Musik. Damit haben der Erzähler und Adrian viel Stoff, charakteristische Gespräche zu führen und Leitmotive für den ganzen Roman zu exponieren. Im elften Kapitel erfolgt der erste große Einschnitt: Adrian beginnt sein Theologiestudium in Halle an der Saale. Nun tritt die Gottesgelehrsamkeit und die mit ihr eng verknüpfte Existenz des Teuflischen beherrschend hinzu. Der junge Student Adrian holt sich im Bordell eine tödliche Infektion. Nach dem herausragend intensiven Musikgespräch im 22. Kapitel beginnt Adrians Leben in und dann bei München. Er ist ein sich langsam durchsetzender Avantgarde-Komponist. Sein ästhetischer Scharfblick, sein, wie Zeitblom es meisterhaft nennt, ästhetisches »Scharfgefühl« läßt ihn immer gewagtere Kunstabenteuer bestehen. Fürs riesige, alles entscheidende Teufelsgespräch erträumt sich Adrian in Italien einen Mephisto, der anfangs so aasig glatt spricht, als erinnere sich Thomas Mann da an seinen einstigen Schwiegersohn Gustaf Gründgens. Während des Zwölftondialoges aber verwandelt sich der theoretisierende Teufel unverkennbar in den Professor Adorno. Diesem Teufel vermacht also Adrian alles mitmenschliche Alltagsglück und sein ewiges Leben – um der radikal befreiten künstlerischen Produktionsfähigkeit willen.

Adrian bleibt stets am Rande der Münchner Gesellschaft, die nach 1918 gewisse archaische, antidemokratische Faschismus-Haltungen immer anziehender und origineller zu finden als schick erachtete. Zwei unglücklich endende Liebesepisoden, die nicht eigentlich stattfinden dürfen, ein geliebtes Kind, das sterben muß, eine Reihe von bedeutenden Werken, endlich Wahnsinn und Tod: das ist – hier kurz und als oberflächliche Erinnerungshilfe zusammengefaßt – der äußere Ablauf, den Zeitblom in seiner Freisinger Klause seit 1943 chronikalisch zu Papier bringt. Daß die Musik den weitaus wichtigsten Kontrapunkt bildet zum historischen und menschlichen Geschehen in Kaisersaschern, München und Pfeiffering, macht bereits eine so knappe Rekapitulation deutlich. Warum aber beklagen sich auch die geduldigsten und gebildetsten Thomas-Mann-Leser, sie hätten bei aller Bewunderung im einzelnen die Bedeutung und Stichhaltigkeit der musiktheoretischen Erörterungen im Ganzen nicht wirklich verstehen oder nachvollziehen können?

Meine Antwort lautet: Weil die Musikphilosophie im »Doktor Faustus« in sich selbst nicht völlig stimmig ist, nicht schlüssig: weder als Theorie modernen Komponierens, noch auch als einleuchtende poetische Metapher für einen Welt- und Seelenzustand. In dem Buch stehen überwältigende Passagen über Beethoven oder über den Charakter des jungen Geigenvirtuosen Schwerdtfeger, den Thomas Mann so genial produktiv anzuschauen und so liebevoll zu durchschauen wußte, daß wir den Eindruck haben, in diesem einen Geiger habe Thomas Mann nicht nur seinen einstigen Münchner Freund, sondern auch den typischen Habitus heutiger Konzertmusiker wie Thomas Brandis oder Kurt Guntner rätselhaft getroffen. An wunderbaren Schilderungen musischer Details fehlt es nicht. Und es beeinträchtigt die Herrlichkeit der innigen Seiten über Beethovens Opus 111 kaum, daß die Begründung der Spätstil-Exegese eher stilistisch als sachlich beeindruckt. Von kahlen, stehengebliebenen, den Tod verkündenden Konventionen ist da grandios die Rede. Doch diese erbaulichen Einsichten, die Thomas Mann von Adorno geschenkt worden waren, stimmen mit dem Sachverhalt bei Beethoven eigentlich wenig überein. In der klassischen Periode, zur Zeit des Violinkonzertes, der 5. Symphonie und der Appassionata kam Beethoven wahrlich mit noch viel simplerem, kahlerem Material aus – mit noch viel konventionelleren Dreiklangsbrechungen und Akkordumspielungen als in der durchaus widerborstigen, rhythmisch und harmonisch tiefsinnig durchkalkulierten Sonate Opus 111, deren Geheimnisse Heinrich Schenker so faszinierend materialnah entschlüsselt hat.

Nun ist es in einem Roman ziemlich irrelevant, ob sich Interpretationsspekulationen musikologisch anfechten lassen oder nicht. Aus den Beethoven-, Schubert- oder Wagner-Beschwörungen Thomas Manns spricht unverkennbar hellsichtiges Interesse, passionierte Liebe. Wenn dergleichen im Roman zur erkenntnisvermittelnden Huldigung umgeschmolzen wird, dann findet Musik eben ihr Echo in Dichtung...

Doch wie verhält es sich mit der modernen Musik Leverkühns? Auch da wäre zunächst einzuräumen, daß ein Roman nicht der Ort zu sein braucht, wo man sich exakte Informationen über die Entstehung und Bedeutung der Zwölftontechnik holt. Die Dodekaphonie, also die Reihentechnik, spielt im »Doktor Faustus« die Rolle eines Befreiungselixiers, gewonnen gleichsam aus der Wiener atonalen Hexenküche. Anfangs war Leverkühns Komponieren bedroht von klassizistischer und parodistischer Unfruchtbarkeit. Nach der teuflischen Infektion, nach der Entdeckung der Dodekaphonie, findet er erregende und selbständige Wege.

So war es nun bei Schönberg überhaupt nicht – aber darauf kommt es gewiß kaum an. Schönberg entwickelte die Dodekaphonie als ein formales Bewältigungsmittel des vorangehenden freien hochdramatischen Expressionismus: Er setzte also dem *Überdruck* und *Überausdruck* sein zähmendes System entgegen. Leverkühn indessen setzt dieses System einem *Mangel an Druck* entgegen, einer klassizistischen Klangspielphase – wie sie eher beim mittleren Strawinsky zu beobachten wäre. Das heißt, in Leverkühn verbindet sich sanft paradox und verwirrend eine Phase Strawinskys mit einer Konsequenz Schönbergs. Doch wie gesagt: Der Roman braucht ja nicht als Einführung in die Neue Musik gelesen zu werden und auch nicht als Beethoven-Buch. Als noch problematischer stellt sich folgendes heraus: Thomas Mann liebte und bewunderte zwar die große deutsche

Weltanschauungsmusik zwischen Beethoven und Wagner aus Vertrautheit und Eingeweihtheit; aber die moderne Musik, die Wiener Schule, sagte seiner Seele nichts. Dafür ließen sich massenhaft Zitate beibringen. »Ich verstehe mich auf die neue Musik nur sehr theoretisch«, schrieb er sogar noch nach der Entstehung des »Doktor Faustus«. »Ich weiß wohl etwas davon, aber genießen und lieben kann ich sie eigentlich nicht. Ich habe ja offen erklärt, daß die Dreiklangwelt des ›Ringes‹ im Grunde meine musikalische Heimat ist.«

»Wenigstens ehrlich« – hätte Schönberg auf dieses Geständnis sarkastisch antworten können.

Aber eben weil er nicht liebte und nicht genießen konnte, war er natürlich auf seinen intellektuellen Informanten, der ihm nicht bloß Fakten liefern, sondern auch alles das von der Neuen Musik sagen sollte, was sein eigenes Gefühl ihm verschwieg, hilflos angewiesen. Er war der Adornoschen Klugheit gleichsam wehrlos ausgeliefert. Das hatte Folgen für den Roman. Zwar bemühte sich Adorno, in selbstloser Weise Tonstücke Leverkühns, »fiktive Zwölftonmusik«, so zu erfinden, daß sie zum Verlauf des Buches paßten. Doch wollte und konnte der genialisch gescheite Adorno natürlich keineswegs vermeiden, daß Thomas Mann nicht bloß Adornos Gelehrsamkeit dankbar in Anspruch nahm, sondern auch die von dieser Gelehrsamkeit unabtrennbare, scharfsinnige, punktuelle, dem Veralten rasch ausgesetzte Kulturkritik.

Der Zwölftontechnik, wie Leverkühn sie vom Teufel, der Teufel sie von Adorno und Adorno sie von Schönberg lernte, wird im »Doktor Faustus«-Kosmos eine wichtige Funktion aufgebürdet! Sie ermöglicht Befreiung, gleicht einer Droge zum Durchbruch der Produktivität – was man als These des Romans hinzunehmen und zu verstehen hat. Darüber hinaus, und das glaubt man nur zu verstehen, wird diese Technik aber auch als Teufelswerk, ja noch Schlimmeres ausgegeben. Wie geht das zu? In »Deutschland und die Deutschen« schrieb Thomas Mann, ganz im Banne seines Musikromans, die Musik gehöre nun einmal zum Typisch-Deutschen. Und dann heißt es: »Wo der Hochmut des Intellektes sich mit seelischer Altertümlichkeit und Gebundenheit gattet, da ist der Teufel.« Ein tiefsinniger Satz. Eine Zusammenfassung gleichsam der so plastisch beschriebenen Musikstücke des »Faustus«-Romans. Leverkühn stellt im 21. Kapitel fest: »Wer wollte in der quasi-geistlichen Musik seiner späten Jahre, der Apokalypse und dem ›Dr. Faustus‹, den stilistischen Einfluß jenes Madrigalismus [aus der Monteverdi-Zeit] verkennen? Das Element eines zum Äußersten gehenden Ausdruckswillens war immer herrschend in ihm, zusammen mit der intellektuellen Leidenschaft für herbe Ordnung, das niederländisch Lineare. Mit anderen Worten: Hitze und Kälte walteten in seinem Werk und zuweilen, in den genialsten Augenblicken, schlugen sie ineinander, das Espressivo ergriff den strikten Kontrapunkt, das Objektive rötete sich von Gefühl, so daß man den Eindruck einer glühenden Konstruktion hatte, die mir, wie nichts anderes, die Idee des Dämonischen nahebrachte«...

Herrliche, unübertreffliche Formulierkunst. Da ist er wieder, der Teufel. Grandios beschrieben – aber dürfen wir an ihn glauben? Was Thomas Mann für teuflisch ausgibt, die intellektuelle Verbindung von selbstbewußter Modernität mit Uraltem – stellt immerhin eine unveräußerliche Voraussetzung so mancher großen Musik dar. In Bachs »Kunst der Fuge« wird mit Hilfe archaischer kontrapunktischer Techniken avancierteste Reizharmonik geboten. Beim späten Beethoven, bei Brahms, Reger, Strawinsky, Webern, eigentlich überall begegnen wir immer wieder dem Zusammenstoß zwischen enormer intellektueller, vielleicht sogar selbstgewiß hochmütiger Bewußtheit einerseits und uraltem Formenbestand andererseits. Doch Thomas Mann benötigt im »Faustus«-Roman Teuflisches. So oft wir in früheren Thomas-Mann-Werken Totenmasken begegnen, so häufig begegnen wir im »Faustus« den Verkleidungen des Teufels. Weil in den »Faustus«-Kosmos halt um jeden Preis ein Mephisto gehört, bringt Thomas Mann die (historisch ebenso triumphale wie verhängnisvolle) Regression faschistischer Deutschtümelei, die sich bei den Nazis mit technischer Modernität verquickte, auf einen Nenner mit Leverkühns modernen und zugleich archaisierenden Kompositionen. Alles teuflisch.

Das ist nun aber eher faszinierend als überzeugend. Doch Adorno genügte es immer noch nicht. Die Zwölftontechnik, wie Leverkühn sie handhabt, sieht er, sieht Thomas Mann, sieht der Roman als

Ausdruck von Zahlenmystik, als Ausdruck abergläubischer, ganz irrealer Zwölftonrationalität... In Adornos »Philosophie der Neuen Musik« ist bei Zwölftonanalysen ja ausführlich die Rede von jenem sinnlosen Sinn, von jener Zwölftonstimmigkeit, die *nicht* stimmt, sondern umschlägt in Schicksalhaftigkeit. Als Thomas Mann am »Doktor Faustus« schrieb, lag ihm sogar bloß die viel schärfere Schreibmaschinenfassung des damals noch ungedruckten Adorno-Buches vor! Im Typoskript war Adorno bei seiner Charakterisierung von Zwölftonrationalität noch einige boshaftere Schritte weitergegangen. Er brachte die Zwölftonrationalität direkt und ausdrücklich mit »Astrologie« und »Aberglauben« in Verbindung. Das kommt nun alles – den Roman in gefährliche Essaynähe bringend – im »Doktor Faustus« wieder: jener im Zwölftonsystem beschlossene »Glauben an die Sterne, die Zahlen«.

Aber wenn Adorno das Wort »Astrologie« benutzte, meinte er etwas nicht nur Sektiererisches, sondern Schlimmeres. Er hat das in seiner Musikphilosophie vorsichtshalber nicht deutlich ausgesprochen, wohl aber in einem recht entlegenen, späteren Vortrag »Zur Bekämpfung des Antisemitismus heute«. Da heißt es klipp und klar: »Ich könnte Ihnen den Nachweis erbringen, daß bis ins einzelne eine strukturelle Übereinstimmung, der, lassen Sie mich sagen, ›astrologischen Stereotypen‹ und der ›antisemitischen Stereotypen‹ vorliegt.« Punkt. Diesen finsteren Unterton müssen wir mithören, wenn Leverkühns Technik im »Faustus« mit Astrologie in Verbindung gebracht wird! Arnold Schönberg hatte ein wenig recht, ergrimmt zu sein über die Konsequenzen, die nicht *ihm* – Leverkühn hat mit Schönberg nichts zu tun, mehr mit Nietzsche –, wohl aber dem von ihm erschaffenen Kompositionssystem hier zugesprochen werden. Übrigens haderte der stets gereizte, mißtrauische Schönberg nicht nur mit Thomas Mann, sondern er bestimmte, daß neben vielen anderen auch Adorno nicht an seinen Nachlaß heran dürfe...

Alle diese bestürzenden und wohl auch für Thomas Mann kaum durchschaubaren Implikationen der »Zwölftontechnik« müssen gutwillige Normalleser einigermaßen verwirren. Und das taten sie auch. Adorno hat Thomas Mann mit aller Kraft unterstützt, kein

Zweifel. Aber er hat Thomas Mann, der zur Neuen Musik keine liebend produktive Beziehung besaß, sozusagen die Musik aus der Hand genommen, hat geholfen und hat dabei den Geist der in den Roman eingegangenen Musikspekulation unaustilgbar beeinflußt. Und als Thomas Mann – was vielleicht gar nicht so schlecht zu Leverkühn und Schönberg paßt, denn die Ausdruckskraft des Schönbergschen Spätwerkes kann für *ungebrochen religiös fundiert gehalten werden* und ist auch so bezeichnet worden –, als Thomas Mann am Ende des Romans einen offenbar metaphysischen Schluß dichtete, da redete Adorno dem Alten, er hat es selbst in seinem »Porträt Thomas Mann« mitgeteilt, die Positivität des ungebrochen Theologischen flugs wieder aus! »Ich fand«, so Adorno, »die höchst belasteten Seiten zu positiv, zu ungebrochen theologisch. Ihnen schien abzugehen, was in der entscheidenden Passage gefordert war, die Gewalt bestimmter Negation als der einzig erlaubten Chiffre des anderen. Thomas Mann war nicht verstimmt, aber doch etwas traurig.«

Kein Wunder. Aber er ließ sich überreden und schrieb einen berühmt gewordenen neuen Schluß. Wie konnte er auch seinem klugen Helfer widerstehen, der so beneidenswert genau wußte, was einzig erlaubt ist und was nicht ... Das war für Adorno fabelhaft klar: Unerlaubt ist eben das Positive. Erlaubt hingegen ist einzig die bestimmte Negation. Nun standen solche Gedankengänge Thomas Mann keineswegs völlig fern. Sonst hätte er sich ihnen wohl doch nicht gefügt. Ihm lag nämlich auch daran, deutsche Musik zum Symbol der Weltfremdheit, der elitären Bedrohlichkeit zu machen. Dergleichen ist nicht falsifizierbar. Dabei läßt sich mit einigem Recht einwenden, daß große deutsche Musik zwischen Bach, Mozart, Beethoven, Schubert, Schumann, Brahms in ihren Menuetten, Walzern, Scherzi, Chören und Konzerten wahrlich viel menschenverbindender, gemütlicher tönt als etwa die meist anstrengendere hohe deutsche Literatur, auch als die meist so erlesene, subtile französische Musik. Manchmal scheint es, als wollte Thomas Mann die große deutsche Musik, die er liebte, literarisch kränken, weil Deutschland, das er auch liebte, ihn so tief gekränkt hatte.

Womit wir beim heiklen Verhältnis des alten Herrn auch zu München wären. Gerade weil er sich – wie sein Sohn 1933 ja so hellsichtig geschrieben hatte – für Deutschland *verantwortlich* fühlte und ohne Deutschland eigentlich nicht leben konnte –, gerade darum verhielt er sich so starr und so inkonsequent wie nur je ein Coriolan, ein Verbannter, Liebender und Zugehöriger. Er war entsetzt und tief gekränkt. Schob den ersten München-Besuch nach 1945 immer wieder auf, würdigte, als er dann endlich kam, seine alte ausgebrannte Villa in der Poschingerstraße keines Blickes, ging gar nicht hin. War er so hart geworden, so tödlich tief verletzt? Nun, im »Doktor Faustus« kommt die Münchner Lebensart, die »töricht harmlose Lebensstimmung, die sinnlich-dekorative und karnevalistische Kunstgesinnung dieses selbstverliebten Capua« im allgemeinen recht schlecht weg. Daß Thomas Mann, wie er Agnes Meyer, seiner amerikanischen Freundin, nach einem schweren Luftangriff auf München schrieb, »immer eine Ahnung von diesem Dummheits-Schicksal der ›Wiege der Bewegung‹« hatte, ging in manche München-Passagen des »Faustus« ein. Und manche, die einst mit ihm befreundet gewesen waren, dann aber im Hitlerstaat mitgemacht hatten, mußten im »Faustus« dafür zahlen. Emil Preetorius zum Beispiel. »Daß eine ehrbarere Beschäftigung denkbar war, als für Hitler-Bayreuth Wagner-Dekorationen zu entwerfen – sonderbar, es scheint dafür an jedem Gefühl zu fehlen«, grollt Thomas Mann 1945 in Amerika, nach Kriegsende. 1944 spottete er im Brief noch: »Daß der enorm gescheite Preetorius ausgerechnet jetzt nach Ungarn fährt, um über« – nun parodiert Thomas Mann sogar den Dialekt des ehemaligen Akademiepräsidenten –, »um über die Feunheite der ostasiatischen Kunst zu schwätze – zeugt von der Abgestorbenheit der Begriffe«.

Preetorius wurde zum kleinen Pilatus des »Faustus«-Romans. Es ist gefährlich, mit einem Genie befreundet zu sein. Der Kridwiß, in vielem Preetorius nachgebildet, hält fest für alle Zeiten, wie heftig sich gewisse Intellektuelle einst an antidemokratischem Gerede, an theoretischen Gewaltorgien, an jenem schönen Terror berauschten, der ihnen interessanter dünkte als schäbiger demokratischer Alltag. Das war dann später für den liebenswert eitlen Preetorius bitter, und Thomas Mann mußte sich noch 1953 in der Preetorius-Festschrift sehr gewunden bemühen, durch Abwiegelung freundschaftlich wiedergutzumachen, was der Roman unaustilgbar aufgewiegelt hatte.

Aber so war er: Wenn er vertraut und vertraulich im einzelnen auf München und Münchner kam, wenn er im »Doktor Faustus« Straßennahmen erwähnt, das Hotel »Vier Jahreszeiten« einführt, die Konzerte beschreibt, wenn die arme Clarissa als Schauspielerin im westpreußischen Elbing engagiert wird, was von München aus wirklich der tiefsten und fernsten Demütigung gleichkam – dann schlägt unverkennbar altmünchnerische Sympathie durch. Gleichwohl: Thomas Manns Kunstkraft hat die Sünden der Münchner Intelligenzia und Schickeria gegeißelt, so wie halt Chaplin den Hitler, Goethe den Nicolai hernahm oder Wagner den Hanslick – und eine Berufung dagegen gibt es nicht. Er zürnte der Heimat auch dafür, daß er sie nicht zu vergessen vermochte.

Wir aber konnten – als er die innere Emigration zu Ofenhockern ernannte, über denen der Ofen zusammenbrach –, wiederum nicht wissen, wie namenlos stolz er in der Ferne auf München war, wenn sich Gelegenheit dazu bot. Thomas Mann schrieb 1943 in Amerika: »Ich habe vor dem, was die europäischen Völker durchgemacht haben, zuviel Respekt, auch vor dem, was die Deutschen durchgemacht haben, als daß nicht der Gedanke der re-education von außen mich in Verlegenheit setzen müßte. Die sind durch ein Fegefeuer gegangen, durch das wir nicht gegangen sind, und in gewisser Weise sind sie uns voraus...« Schreibt so ein erbarmungsloser, verbitterter Hasser? Und weiter: »Die Nachrichten von der Münchner Universität haben mich tief bewegt, – umso mehr, als ich es immer als besonders traurig empfunden habe, daß gerade die Jugend durch eine Reihe von Jahren von Nazi-Lügen-Revolution verblendet war. Und nun! Zehn Studenten und ein Professor hingerichtet – mit dem ausdrücklichen Hinzufügen, es gäbe viele von ihrer Art! Die wenigstens scheinen es nicht nötig gehabt zu haben, von den Angelsachsen in die Schule genommen zu werden.« Wie leuchtet da der jubelnde Patriotismus, auch München-Patriotismus des 68jährigen Emigranten auf! Das war eine Saite in ihm, die er mal laut tönen ließ, die er lange Zeit gar nicht mehr anspielte, dann wieder leise anstrich oder nur in ironischem Flageolett. Aber sie ganz aus sich herauszureißen – das bekam er nicht fertig. So ging es ihm mit vielen Denkbildern, Zuneigungen. Er kam über vieles hinaus bis wer weiß wohin, und blieb alledem verhaftet, wer weiß wie tief.

Darum kann kein zusammenfassender Begriff gleichsam oberhalb des »Doktor Faustus«-Bezugs-Systems existieren. Die herrliche Genauigkeit des bannenden Autorenblicks birgt in jeder Weise Unermeßliches: ob es nun die Beschreibung eines Geigers ist, die Beschreibung einer mittelalterlichen Verbrennung, die Beschreibung des höllischen Konzentrationslagers. Anderseits verrät Thomas Manns *Abwiegelungstechnik* zweifellos Schwäche. Aber mit Hilfe dieser Schwäche machte der Dichter sich und uns diesen Roman möglich. Was die Welt des »Doktor Faustus« als offenbares weltanschauliches, sagen wir, antifaschistisches oder ideologiekritisches Fazit erbringt, erlaubt, nahelegt – das liegt tief und banal unterhalb ihrer eigentlichen begriffslosen Kunstwahrheit. Kafka, der Thomas-Mann-Bewunderer, durchschaute die Natur der Thomas Mannschen Vielfalt souverän: Das Neue liege »in dem eigentümlichen nutzbringenden Verliebtsein in das Gegensätzliche«.

Der »Doktor Faustus« lebt nicht von der eventuellen Richtigkeit seiner Behauptungen, stirbt also auch nicht an deren eventueller Widerlegbarkeit. Dieses Buch ist nicht reinlich auf Tendenzen oder Begriffe reduzierbar. Gerade darum macht es auch heute noch betroffen. Denn immerhin soviel begreifen wir nun: selbst am unsinnigsten und irrendsten Menschendasein kann, wie Thomas Mann schrieb, etwas Liebenswertes sein, während am Nichts, am Ewig-Leeren des Mephisto, auch nichts zu lieben ist. Der »Doktor Faustus« wurde ein schwer erkämpftes und heftig verletztes Lebensbuch. Er ist ein wahrlich nicht fehlerlos-unwidersprüchlicher Roman des *Selbstmitleids* wie des *Mitleids* – mit dem schlimmen Leverkühn, mit der schlimmen Musik, mit dem schlimmen Deutschland und dem schlimmen München.

2. Hermann Hesse

Bereit zum Opfer, anti-intellektuell, grandios vernünftig

Für Karl Kraus war Hesse, laut »Fackel« N. 398 einer, der »das ganze Jahr in Lederhosen herumgeht«. Also offenbar nicht gerade ein Salonlöwe, sondern – vom mondänen Wien aus gesehen – eine Art alpenländischer Rübezahl mit literarischem Talent.

Um Hesse Gerechtigkeit widerfahren zu lassen, muß man nun keineswegs heftig protestierend eine solche Charakterisierung für maliziös, falsch, diffamierend ausgeben. Wahrscheinlich hätte sie sogar dem Meister von Montagnola ganz gut gefallen.

Nur steckte in diesem Hesse mehr. Wie wenig der auf Provinzialität oder spießige Bürgerlichkeit oder helvetisch-kapitalistische Selbstgerechtigkeit festzulegen ist, belegt beispielsweise Hesses Urteil über die satirische Zeitschrift »Simplicissimus«, die so viel für die neuere deutsche Literaturgeschichte bedeutet hat, und seine Charakterisierung des Ludwig Thoma. Hesse schrieb: »Es waren zweierlei Geister, die das Blatt schufen und stark machten. Der eine war international, aufklärerisch, pazifistisch, dabei kultiviert und etwas genießerisch – dieser an Paris geschulte Geist wurde durch Albert Langen repräsentiert. Der andere Hausgeist, dargestellt durch Ludwig Thoma, war national, voll Freude am Heimatlich-Volkstümlichen, künstlerisch oft urteilslos, aber gesund, froh, jugendlich, kraftvoll, stets geneigt zu Impertinenzen gegen alle Autoritäten, aber auch zu bloßem Krakeelen. Mit Albert Langens Tode begann jener internationale Geist abzusterben, und bei Kriegsbeginn siegte Thoma gegen die ursprünglichen und besten Tendenzen des Blattes. Ich habe, obwohl ich Thoma sehr gern hatte, diesen Sieg vom ersten Tage an tief bedauert.«

Wägt man in diesem (wahrscheinlich nur so nebenher hingeschriebenen) Text Hesses die Adjektive sorgfältig ab, die keineswegs langweilig antithetisch verteilt sind, sondern bewunderungswürdig differenziert, so daß eine gewisse Sympathie gerade beim Einschränkenden mitzuschwingen scheint (sowohl das »Genießerische« des internationalen Langen hat etwas für sich, wie auch das fabelhaft »Impertinente« und kraftvoll *Krakeelende* des Ludwig Thoma), dann erkennt man, aus welch einer Höhe und Ferne des Zuschauens oder Durchschauens dieser Hermann Hesse Menschen beurteilte. Seine politische Vernunft war nicht minder unbestechlich. »Ich habe Anno 1919 die Revolution mit aller Sympathie begrüßt, meine Hoffnungen auf eine ernst zu nehmende deutsche Republik sind seither längst zerstört. Deutschland hat es versäumt, seine eigene Revolution zu machen und seine eigene Form zu finden. Seine Zukunft ist die Bolschewisierung, mir an sich gar nicht widerwärtig, aber sie bedeutet doch eben einen großen Verlust an einmaligen nationalen Möglichkeiten ... und so sympathisch mir die kleine Minderheit der gutwilligen Republikaner ist, ich halte sie für vollkommen machtlos und zukunftslos ...«

Seltsame Ansichten eines Lederhosenburschen. Offenbar hatte sich Karl Kraus davon täuschen lassen, daß Hesse den intellektuellen Jargon nicht mitmachte.

Im Zusammenhang mit Hesses ruhiger Skepsis, mit seiner klaren Endzeitstimmung, seiner Achtung für Haltung und Charakterfestigkeit (»Einer, der sich für die naivsten Ideale der Welt hinzugeben bereit ist, ist mir viel lieber als jemand, der über alle Gesinnungen und Ideale klug zu reden versteht«), begreift man die Echtheit von Hesses Innerlichkeit und die Legitimität seiner Weltflucht, seiner Weltverachtung. Bei anderen Autoren könnte dergleichen süßlich, sentimental, unverbindlich wirken.

Hesse stand dem Gedanken, ja der Idee, daß man (notfalls auch sich selbst zum) »Opfer« bringen müsse, nah – doch jeder Schwärmerei fern. Das haben manche Intellektuellen der zwanziger und der fünfziger Jahre nicht verstehen wollen. Das haben die fanatischen »Völkischen« nicht verstehen können – wohl aber jene späten Hesse-Bewunderer in Kalifornien mitzufühlen vermocht, die den Dichter wiederentdeckten und ihn zu ihrem Guru stilisierten.

Sennenknabe unter Nordkaffern?

> *Der berühmte Hesse ist verschwunden*
> *Bloß der Verleger lebt noch von*
> *seinen Kunden.*
> *(Hesse: »Sterbelied des Dichters«)*

Der phantastische Auflagenerfolg, den Hermann Hesses Werke nach dem Tode des Dichters in aller Welt erzielten, zur vollkommenen Überraschung sowohl der Hesse-Verächter wie auch seiner Bewunderer und Verleger – sollte dieser weltweite Erfolg nichts oder fast nichts zu tun haben mit dem Kunstrang, mit der poetischen Qualität von Hesses Dichtung? Gewiß, Schriftsteller, die den allgemeinen Wunschvorstellungen, den Träumen oder Alpträumen von Zeitgenossen Gestalt zu geben vermögen, ohne dabei streng systematisch zu verfahren, solche Schriftsteller und ihr Werk wandeln sich unvermeidlich zu einer Art Selbstbedienungsladen. Die Kunden – Menschen in Not, in Dunkelheit, Ratlosigkeit – kümmern sich begreiflicherweise weder um Stilfragen noch um Kontext-Probleme, weder um literaturkritische Besserwisser noch um das dürre Ideal zweckfreier wissenschaftlicher Kenntnisnahme. Sondern sie spüren: der da, dieser kluge alte Einsiedler, dieser Betriebsverächter und Menschenfreund H. H., krankte wie wir an den Dummheiten der Supermächte, er verachtete die Verlogenheiten der Konjunkturdemokraten oder die Verlegenheiten der ängstlichen Opportunismus-Marxisten. Er führte Auswege vor: Wege nach Innen, nach Indien, in die Unbehaustheit des Steppenwolfs, die zivilisationsferne dämonische Einzelgängeranarchie. Er ahnte, daß die Glasperlenspielerei mit feinen Kulturkugeln zu wenig zum Leben und kein Trost beim Sterben sei.

Wären demnach Hesse-Worte, Hesse-Erfahrungen für seine Gemeinden in aller Welt eine Art Überlebensmedizin? Machte man sich aus dem phrasenfernen, von keiner Werbung, keiner Eitelkeit, keiner eleganten Klugschwätzerei beschädigten Hermann Hesse ein nostalgisches Paradies, eine anti-parteiliche, anti-totalitäre Religion?

Selbstverständlich spielen nicht-literarische Komponenten bei der internationalen Rezeptionsgeschichte Hesses mit. Kein Erfolg, kein Millionenerfolg in den USA, Japan, der Sowjetunion gar, ohne massive Mißverständnisse, ohne Differenzierungsverlust und Verzerrung.

Aber wenn dieser Ruhm nur Summe von massiven Umfunktionierungen und willkürlichen Verzerrungen wäre (allein die ungelesene, dem öffentlichen Zugriff versperrte, »objektiv« analysierte Dichtung, hübsch hermetisch verschlossen im papierenen Massengrab kritischer Gesamtausgaben, bleibt vielleicht von derartigen Verzerrungen verschont), ist damit auch etwas über die eigentümliche Qualität Hesses ausgesagt? Wie gern würden viele Hesse-Leser, Hesse-Bewunderer auf eine solche Frage nun den wahren, unbezweifelbaren Rang Hessescher Prosa, Hessescher Lyrik festrednerhaft entfalten. Und besonnen zwischen den genialen und den vielleicht zeitgebundenen, zeitbedingten Schriften jenes Hermann Hesse unterscheiden, der immerhin im Jahre 1946 den Nobelpreis für Literatur erhielt.

Aber: das geht nicht. Wer Hesses Werke unmittelbar vergleicht mit dem Kunstanspruch der größten Prosa und Lyrik unseres Jahrhunderts wie ihn Kafka und Proust, Eliot, Faulkner und Bekkett, aber auch der Rilke des Malte und der Thomas Mann der Buddenbrooks, des Tod in Venedig erhoben, der kann schwerlich übersehen, daß Hermann Hesses Verse keineswegs in diesen Bezirk gehören und seine Prosa – auch deren Schönstes – nicht ohne weiteres.

In dieser Verlegenheit bleiben zwei Argumentationsrichtungen übrig. Entweder man sagt, bei Hesse sei nicht die Sprache entscheidend, sondern der Charakter dieses unvergleichlich couragierten, unvergleichlich anti-heroischen, genial selbständigen Einzelgängers mache aus seinen Schriften etwas Singuläres. Oder aber man fordert Hesses wegen eine Überprüfung des schweigend vorausgesetzten Kategoriensystems der Literatur- und Geschmackskritik, welches darauf hinausläuft, daß es zu jeder Zeit einen gewissen Kanon verbotener und erlaubter, erlesener oder eben kitschiger Konstruktionen und Wendungen gebe. Also: »möglich« – »nicht mehr möglich«; »triftig« – »eklektisch«. Muß Hermann Hesses Wirkung ein Anlaß zu dieser Überprüfung sein?

Die Thomas-Mann- und Rilke-Feiern des Jahres 1975 waren respektvolle »Zwar-aber«-Veranstaltungen gewesen. Da wurden keineswegs nur immer einschränkungslos preisende Jubiläumsreden gehalten, Jubiläumsartikel geschrieben. Bei Rilke und Thomas Mann und George wurde vielmehr erwogen: Was bleibt? Was an Vollendetem hat der Autor sich abgetrotzt? Inwiefern beeinflußte sein Werk Mitwelt und Nachwelt? Und natürlich auch: Was wurde vielleicht überschätzt, was scheint aus diesem oder jenem Grund weniger gelungen zu sein, ästhetisch anfechtbar, mittlerweile von der Furie des Verschwindens ereilt... Und wie verhält es sich bei Hesse?

Hesses Werk wird zu seinem 100. Geburtstagsjahr in schönen, wohlfeilen Ausgaben, in beängstigender, mannigfacher, auch aufdringlicher Fülle vorgelegt. Bewunderungswürdig tritt dabei Hesses *Haltung* hervor. Hesses klares, soviel Courage und ruppige Subjektivität erforderndes, illusionsloses *Konzept politischer Beteiligung* (oder vielmehr, was die allgemeinen, überprivaten Aktivitäten angeht, *Nicht-Beteiligung*) wird zumal aus den von Volker Michels herausgegebenen »Politischen Schriften« 1914–1962 erkennbar. Darüber hinaus ist die Öffentlichkeit im Jubiläumsjahr förmlich umzingelt von Kommentaren und Materialien, von so ziemlich allem, was Hesse schrieb und was je über ihn geschrieben wurde. Aber wird mit Hilfe aller dieser Dokumente nun der Zwar-aber-Jubiläums-Test gewagt? Stellt man unbefangen die Frage, wie viele Gedichte sich als haltbar erweisen über die »Stufen« hinaus, welche Romane und Erzählungen trotz oder vielleicht sogar wegen mühelos nachweisbarer neo-romantischer, konservativ revolutionärer, vielleicht sogar aufklärerischer oder sperrig privatistischer Tendenzen zu Klassikern des 20. Jahrhunderts, wenn nicht sogar der gesamten Weltliteratur geworden seien?

Um diesen Test machen gerade die wohlwollenden Lobredner einen Bogen, so als ob auch Hesse ihn scheuen müsse. Es gibt hübsche Indizien schlecht verdrängter Hesse-Abneigung. Ein untrügliches: wenn jemand Nebenwerke wie zum Beispiel die doch harmlosen, von Hamsun inspirierten (aber dem Hamsunschen Weltingrimm fernen) »Knulp«-Geschichten als Hesses Bestes bezeichnet, wenn jemand die heiteren »Kurgast«-Betrachtungen als Ausnahmeereignis feiert. Von da führt ein rascher Weg zur radikal antiliterarischen Umfunktionierung des Jubilars. Plötzlich ist Hesses Bedeutung nurmehr mit der Bedeutung seiner Ansichten und vorbildlichen Weisheitslehren identisch. Der »Siddharta«-Autor als Guru, als Vorbild für Europa-, Amerika- und Zivilisationsmüde – während Hesse selber befand, »Vorbilder sind etwas, was es nicht gibt, was du dir nur selber schaffst und vormachst. Vorbildern nachzustreben, ist Tuerei«. Uneingeschränkter Sympathie darf auch die pazifistische und antinationalistische Gesinnung Hesses sicher sein, nach Stalingrad und Vietnam. Er aber befand: »auch die besten und edelsten Gesinnungen machen einen Menschen nicht wirklich wertvoller, als er eben ist. Ich beurteile die Menschen nie nach ihren Gesinnungen, sondern nur nach ihrem Charakter...«

Charakter. Was vermag Charakter künstlerisch? Oder, um die Frage nicht aus den Augen zu verlieren, die hier im Hinblick auf die Kunstqualität der Hesseschen Werke umkreist wird: Kann Charakter, kann »Haltung« eine ästhetische Situation konstituieren, die »Ungleichzeitigkeit« erlaubt? Anders ausgedrückt: kann es sein, daß in bestimmtem, mittels prägender und durchdringender charaktervoller Haltung geschaffenem kunstsituativem Kontext Wendungen, Gefühle und Gestalten, die anderswo durchaus banal wären und nichts als banal, plötzlich zu Ausdrucksträgern und Wahrheitssymbolen geraten? Diese Frage mag sich kompliziert lesen. Trotzdem dürfte sie historisch geschulten Literaturbedenkern kindisch und simplifizierend vorkommen.

Denn üblich ist doch, dem Problem des unerlaubt Naiven, des Kitschigen, Banalen, Harmlosen in Hesses Werk mit Überlegungen auszuweichen, die entweder unüberzeugend darauf hinauslaufen, daß ein starker Geist ruhig schwach schreiben darf, oder, wenigstens ehrlich, daß ein schwach schreibender Autor halt auch nicht zugleich ein guter Schriftsteller sein könne. Bekannt wurde Gottfried Benns diesbezügliches Verdikt über Hesse aus dem Jahre 1950: »Den empfand ich immer nur als einen durchschnittlichen Entwicklungs-Ehe- und Innerlichkeitsromancier – eine typisch deutsche Sache.« Tucholsky führte 1931 ein überraschendes Zwar-Aber vor: »Ich halte Hesse für einen Schriftsteller, dessen Qualitäten als Essayist weitaus größer sind als seine dichterischen Eigenschaften. In seinen Dichtungen ist er entweder weitschweifig zuckersüß, wenn es auch wirklicher, guter Kristallzucker ist und keine Melasse, manchmal weich und dann wieder säuerlich. Seine Buchkritiken dagegen haben zur Zeit in Deutschland kein Gegenstück.« Und in unseren Tagen befindet der fleißige Zeremonienmeister des 100. Geburtstages, der Suhrkamp-Herausgeber und Kommentator Volker Michels, vermeintlich wohlwollend über Hesses Deutsch: »Auch an der Sprache Hesses ist diese Erosion nicht spurlos vorbeigegangen. Gerade das Einfache, Sinnlich-Deutliche verlockt leichter zum Mißbrauch als eine distanziert-intellektuellere Optik...« Und dann führt Volker Michels wörtlich aus, so als könne die Übersetzung kranke Prosa heilen: »Hier haben es die Amerikaner leichter: sie lesen Hesse übersetzt. Die Übertragung ins Englische nimmt manchen seiner Wendungen die Dissonanz historisch hinzugekommener Nebendeutungen... Vokabeln wie: das Gute, das Wahre, Seele, Geist, Weisheit sind uns unerträglich geworden durch Verzerrungen in Werbung, Schlager, Wort zum Sonntag und so weiter... Die Übersetzung findet dafür – weil der Zusammenhang, in dem solche Worte bei Hesse stehen, dazu nötigt – aktuellere Synonyme.«

Mit vernichtenderen, tödlicheren Argumenten hat wohl noch nie ein Advokat seinen Mandanten, ein Kommentator seinen geliebten Schriftsteller umgebracht. Dabei braucht im Falle Hermann Hesse nun wirklich nicht eine Übersetzung die abgenutzte, beschädigte Sprache zu erneuern und zu heilen. Hermann Hesse wäre kein, oder ein sehr schwacher Schriftsteller, wenn es ihm nicht gelänge, einen Prosaraum herzustellen, in dem Worte wie »das Gute« oder »Seele«

so rein und lebendig ertönten, wie sie in den Werken großer, einfacher (was nicht heißt: naiver) Prosaschriftsteller zwischen Matthias Claudius und Bertolt Brecht eben ertönen. Brächte Hesse diese Wandlung vom Verweslichen ins Haltbare nicht fertig, dann wäre er nichts anderes gewesen als irgendein Prophet mit schlechtem Deutsch...

Hermann Hesse aber war – jenseits seiner genial selbständigen, bewunderungswürdig originellen, kritischen Aufspürfähigkeit, die ihn abseits der Trends zahlreiche Schriftsteller finden und preisen ließ, deren Rang die Literaturintellektuellen meist erst viel später erkannten (Robert Walser, Franz Kafka, Anna Seghers, Peter Weiss; im Jahre 1949 Arno Schmidt und so weiter) – Hesse war ein vom flotten Jargon des neuzeitlichen Fühlens, Schreibens und Argumentierens so namenlos unbefleckter, unangekränkelter Mensch, daß in seiner Prosa, in seinen Sätzen Worte redlich und schön wirken, die sonst nicht so leicht jemand gebrauchen dürfte.

Während der letzten Monate habe ich den leider ziemlich unbekannt gebliebenen, unterschätzten Musikerroman »Gertrud« gelesen (aus dem Jahre 1910, dem ein Menschenalter später herausgekommenen, kulturkritisch ehrgeizigeren »Dr. Faustus« von Thomas Mann nicht unverwandt), habe ich mich fasziniert in den »Demian«, bei der neuerlichen Lektüre ein wenig enttäuscht in »Klingsors letzten Sommer«, überwältigt in den »Steppenwolf«, verwundert in die kunstlose, ehrgeizlose Lyrik und kalt bewundernd in das »Glasperlenspiel« verloren, vertieft. Mein Fazit: was dem Lyriker Hesse – es ließe sich viel zitieren – fast nie gelingt, das bringt der Epiker zuwege. Ein Biedermeier-Revoluzzer, ein Genie im Schlafrock, ein die Idylle suchender Neo-Romantiker: das alles ist Hesse nicht. Dazu bleibt er zu herb, bei aller Sanftheit zu unbestechlich entschieden. Auch: zu katastrophenkundig. Nicht nur als junger Mann, sondern eine Künstlerexistenz lang hat er ohne jede Sentimentalität den Selbstmord immer wieder als mögliches Ende, als erwägbare Lösung bedichtet, beschrieben, auch bedacht. (Dabei war doch die klassische Kunst seine Heimat und gewiß nicht die romantische, wagnerianische Todesverklärung.)

Hesse versteht es, in seiner Kunstprosa einen Ton herzustellen, der rettet, der wahrhaftig macht. Hesses bitterer Anarchismus hat viel zu tun mit alemannischer, antipreußischer Grantelei (1948 an Goes: ».. . Horst Lange, früher hat er begabte, aber etwas ›seltsame‹, morbide und schwüle Geschichten geschrieben. Jetzt hat er uns Sennenknaben mit jener ruhig überlegenen, sorgfältig artikulierenden und salbungsvollen Stimme, die wir früher an den Nordkaffern bald belachten, bald haßten . . ., darüber belehrt, daß die Literatur vor allem religiös sein müsse. Er hat, einmal wieder, Jeremias Gotthelf entdeckt und ihn uns wohlwollend ans Herz gelegt, und warum die Leutchen im Zürcher Studio ihn das alles von hoch oben herab predigen ließen, statt ihm einen Tritt zu geben, begreift man nicht«).

Hesses bittere antimodische Mischung also aus alemannischer Widerborstigkeit und künstlerischem Elitedenken schafft für seine Prosa einen Schonraum. Einen Freiraum. Die Lust an der Anarchie radikalen Einzelgängertums, die Ferne von eleganter Vermarktung der Sprache und des Denkens ist in keinem Autor unseres Jahrhunderts produktiver, schöpferischer geworden als in Hesse. »Er litt, er trug einen schweren Schmerz, und er war von Einsamkeit ausgehungert wie ein Wolf.« Bei Hesse klingt das, 1910 geschrieben, lange vor dem »Steppenwolf«, authentisch. Simples hat bei Hesse den Stempel nicht nur des Wahrhaften, sondern auch des künstlerisch Wahren: »Was ein Mensch für sich ist und erlebt, wie er wird und wächst und krankt und stirbt, das alles ist unerzählbar. Das Leben arbeitender Menschen ist langweilig, interessant sind die Lebensführungen und Schicksale der Taugenichtse.« – Worüber jeder moderne Literat grinst: In Hesses Kontext klingt es nicht albern, nicht banal, sondern bis zur ästhetisch gefährlichen, aber nicht zerstörenden Kindlichkeit »direkt«. – Oder doch peinlich? »Da schaute sie mir wieder neugierig in die Augen, mit einer gütigen Klugheit wie eine reife Frau, und sagte ganz fein: ›Sie wissen es also selber‹. . .«

Hier wird ein Zweiklassenschreib-Recht konstituiert. Ich behaupte, daß es einen Prosaton (den Hesseschen) geben könne, der so getränkt ist mit Antibürgerlichkeit, mit der Verachtung des lauten Heroismus und mit Achtung für die leise Courage des Man-selbst-Seins, daß ein solcher Ton erlaubt, ja gebietet, was den Geschickten, den Gelenkigen längst verboten ist. Was Matthias Claudius – in dem übrigens Karl Kraus einen differenzierten, raffinierten Literaten zu erkennen glaubte – auf dem Felde der Lyrik gelang, das brachte Hesse als Prosaiker heim. Hesses bedeutende Zeitgenossen, Autoren wie André Gide und Henry Miller, wie Annette Kolb und Ricarda Huch, wie Martin Buber und Thomas Mann haben sich darum bewundernd verneigt vor dem »ungleichzeitigen« Genius Hesses.

Hesses Beziehung zum bäurischen Peter Suhrkamp, sein freimütiger Satz, er könne schon mal (obwohl mit einer Jüdin verheiratet) einen Witz über die Juden machen, aber doch nicht in einer Zeit entsetzlicher Judenverfolgung, seine Unfähigkeit, Partnern zu schmeicheln und sich dadurch Annehmlichkeiten oder zumindest konfliktfreie Zeit zu erschleichen (an Klaus Mann: »In Ihrer Antwort an mich haben sie das Unglück, lauter Töne anzuschlagen, die mir wehtun ... Keineswegs war es aber meine Absicht, Sie um Rat für mein ferneres Verhalten oder um Ihre Korrektur für meine Urteile über die heutige deutsche Literatur zu bitten«): alle diese Haltungen, Unfreundlichkeiten, Unbeugsamkeiten rechtfertigen Hesses Sprache. Er breitet sein Inneres nicht clever aus, sondern er schafft, und schützt, erbittert einen Bezirk für sein reines, simples, keineswegs simplifizierendes Deutsch. Bei Hesse spätestem großem Kunstvorhaben, dem »Glasperlenspiel«, reichte diese Haltung vielleicht nicht. Hesse behauptete immer nur die Voraussetzung der Glasperlenspielereien, nämlich die fraglos und altmeisterlich unterstellte Qualität der überlieferten schönen Werke und Gedanken, die da zum Objekt der Glasperlenspielereien wurden. Aber seine Sprache konkretisierte diese Behauptungen nicht ...

Hesses Verhaltenheit, seine Lebensart, die aller Angeberpose, Literateneitelkeit und Ruhmsucht fern war, darf uns nicht täuschen. Er war kein »Bescheidener«. Er verachtete die Öffentlichkeit zu sehr, um eine Berühmtheit, die sie stiftet, achten zu können. Dieser scheinbar bäuerliche Künstler hat nicht viel weniger »elitär« gefühlt und gedacht als Stefan George oder Oscar Wilde. Hesse war reizbar, war überempfindlich – nur eben nicht feierlich, eitel oder kokett dabei. Heftiges, radikales Angewidertsein verraten die allermeisten Reaktionen Hesses auf Journalistisches, auf Tagespolitisches, auf demokratische Gespreiztheiten. Diesen massenhaften Wichtigtuereien sah er auch selber mit dem »tiefen Blick« seines Harry Haller zu. Es sei ein Blick, der »die ganze Zeit, das ganze betriebsame Getue, die ganze Streberei« erfaßt und bis ins »Herz alles Menschentums« reicht. Hesse verachtete Boulevardzeitungen, kaum weniger die »feinen« journalistischen Erzeugnisse (mit deren Redakteuren er freilich gewichtige Briefe wechselte), wie er überhaupt allen einzelnen gegenüber überwältigend human und den Institutionen gegenüber unüberredbar mißtrauisch, ressentimenterfüllt blieb. So mochte er auch mit dem P.E.N., mit Akademien, mit den demokratischen oder marxistischen Propagandaapparaten nichts zu tun haben.

Diese öffentliche Verachtung für den modernen Betrieb war etwas anderes als Kauzigkeit, krankhafte Zurückhaltung, Sektierertum. Sie war für Hesse Antrieb. Der Antrieb, ein großes Werk zu schaffen. Und keiner Zeile dieses Werkes – auch wo vielleicht Verbiesterung oder Überprivatheit verbindliches Gelingen gefährden – brauchte er sich zu schämen bis auf den heutigen Tag. Es gibt nichts Schnödes, Gefälliges, auf niederem oder hohem Niveau Taktierendes oder Intrigierendes aus seiner Hand. Im Vers, im Witz ließ er, nichts weniger als ein »feierlicher Esel«, sich manchmal gehen. Angst hatte er nicht, weder um seinen Ruhm noch um seinen Ruf. Oder wagt es sonst ein sowohl von fabelhaften Kulturträgern wie auch von feinsinnigen Stillen im Lande geschätzter Poet, wenn er nicht gerade Hermann Hesse heißt, beispielsweise Folgendes zu reimen:

> Traurig bin ich davongezogen,
> Um irgendwo ein kleines Mädchen zu kaufen.
> Das nicht Klavier spielt
> Und sich nicht für Kunst interessiert,
> Doch ich fand keines und begann wieder zu saufen.

Hesses Beispiel lehrt, wie die Integrität eines Charakters sogar im Kunstbezirk, wo sogenannte menschliche Werte gegenüber den Formforderungen der Sache normalerweise nicht *zu Buche schlagen*, zu Büchern zu werden vermag. Er schuf sich einen Bezirk reiner

Anschauung von rein Erfahrenem. Hermann Hesses Prosa ist große, manchmal verführerische Dichtung, weil ihr Schöpfer sich von niemandem und nichts verführen ließ.

»Das Glasperlenspiel« – Science-fiction der Innerlichkeit

Es hat wohl etwas Besonderes zu bedeuten, wenn der Titel eines Buches oder Dramas ins allgemeine Bewußtsein eingeht. Vom »Glanz und Elend der... (Kurtisanen)« reden und schreiben auch Leute, die nie Balzac gelesen haben. Der Titel »Warten auf... (Godot)« ist zum Symbol geworden für alles, was verzweifelt erhofft wird. Und »den Aufstand proben...« mittlerweile nicht nur die Plebejer.

In diese Titelreihe gehört auch der von Hermann Hesse ins öffentliche Bewußtsein gehobene Begriff des »Glasperlenspiels« beziehungsweise des *Glasperlen-Spielers*. Das ist jemand, der seiner Gegenwart keine Produktivkraft mehr zutraut oder zubilligt, sondern der mit den Werken, Werten, Methoden und Einsichten einer riesigen Vergangenheit – nachdem alles das erst einmal kunstvoll gleichnamig gemacht worden ist – spielt wie mit Glasperlen.

Hermann Hesse hat diesen wohl umfangreichsten und ehrgeizigsten seiner Romane in den zwölf Jahren zwischen 1931 und 1943 geschrieben. In Deutschland kam der »Versuch einer Lebensbeschreibung des Magister Ludi Josef Knecht samt Knechts hinterlassenen Schriften« 1946 auf den Markt. 1949 war bereits die 35. Auflage gedruckt, und zwar, wie es damals noch hieß, im »Suhrkamp Verlag Berlin vorm. S. Fischer«.

Als »wir« – und dieses »wir« umfaßte damals nicht nur eine knappe, altersmäßig begrenzte Generation, sondern die 17jährigen ebenso wie die 35jährigen: denn sie alle hatten nach 1945 erstmals wieder Zugang zur weiten Weltliteratur, gingen alle in eine neue

Schule des Nachholens und des Sich-neu-Orientierens – dem »Glasperlenspiel« begegneten, da mischte sich mit hohem Respekt für die intellektuelle Konstruktion des Buches eine zarte Langeweile. Man bewunderte gewiß die Brillanz des »Feuilletonismus«-Kapitels, man respektierte den durchgehaltenen Bildungsromancharakter des zweibändigen Werkes. Lyrische Schönheiten blieben ebenso haften wie pseudo-mystische Einzelheiten. (Etwa das pädagogische Sich-Opfern Knechts, seine Wunderkindkarriere in Kastalien, der Schrecken des Ordensmeisters bei Knechts wilder Flucht aus dem Orden, die Begegnung der beiden hilfesuchenden Weisen im Lebenslauf vom »Beichtvater«.)

Aber alles in allem schien uns dieses empfindsame Buch doch auch seinerseits in den großen Bereich fast müßiger Glasperlenspielereien zu gehören. Von der Warte einer elitär-asketischen Zivilisationsverachtung griff es, halb mystisch, halb spöttisch, eben jene demokratisch-tatenfrohe Öffentlichkeit an, die sich uns Deutschen 1945 gerade wieder erschlossen hatte. Wäre nicht der Nobelpreis gewesen, den Hesse 1946 erhielt, wäre nicht die lebhafte Fürsprache des weitaus gegenwärtiger, aktueller, konkreter, politischer und bedeutender scheinenden Thomas Mann gewesen, das Buch wäre mit einem »Gewiß sehr schön, aber leider doch etwas spätromantisch nebulos« sogleich vergessen worden. Und ich zweifle daran, ob es damals so oft zu Ende gelesen worden ist, wie es gekauft wurde.

Die Kritik, die Hermann Hesse am unverbindlichen Kulturbetrieb übt, am »Personenkult« (das Wort steht ganz am Anfang des »Glasperlenspiels«, damals hatte es noch längst nicht seinen heutigen Sinn), an den unfruchtbaren Zerstreuungen des Drüber-hin-Schwätzens und des gebildeten Tändelns, an der Eitelkeit der Ordinarien, am Ehrgeiz der Fachleute, der universellen konjunkturdemokratischen Halbbildung: diese Kritik trifft weitaus härter, richtiger und unerbittlicher zu, als ich es damals – geblendet von der frischen Bildungsfülle, von neu hereinbrechender westlicher, östlicher, amerikanischer Literatur – auch nur entfernt ahnte.

Weiter: die Glasperlenspiel-Technik selber hat, als universale Methode, zwar einerseits gewiß zu tun mit der anfechtbaren romantischen Theorie von der Ursprungsähnlichkeit aller Künste, aller wissenschaftlichen Aktivitäten. Doch andererseits steckt in ihr auch ein phantastisches, ja utopisches Element. Wenn man weiß, daß es analoge Science-fiction-Systeme gerade in der Subkultur des vergangenen Jahrzehnts gab, daß Informationstheorien oder Synthesizer oder mit notwendig einander vergleichbaren Daten gefütterte Elektronenhirne existieren – dann liegt es nahe, auch in der Glasperlen-Kultur eine Science-fiction des Immateriellen, des »Geistigen«, des Innenlebens zu erkennen.

So blaß die Figuren auch bleiben: der Roman zehrt offenkundig sowohl vom Superioritätsgefühl wie auch vom Inferioritätsgefühl des Geistes gegenüber der Materie, des Theoretikers gegenüber dem Praktiker – was sich im Konflikt zwischen Knecht und Plinio deutlich darstellt. Nichts kann weniger zufällig sein als das Opfer, das Knecht dem Sohn des zugleich bewunderten und belächelten Skeptikers Plinio bringt.

*

Wer wichtige und prägende Leseerlebnisse noch in der Zeit des Dritten Reiches haben mußte, der las etwa 1944 Hermann Hesse als faszinierenden, nicht-völkischen, nicht optimistischen, nicht-strammen Autor eines großen, melancholischen Protestes. Die gelbe S.-Fischer-Ausgabe des »Knulp«, des »Demian«, des »Steppenwolf«, mehr noch »Klingsors letzter Sommer« und »Siddharta«: an dergleichen konnte sich ein bestimmt unpolitisches, aber doch heftiges Aufbegehren gegen die stramme »Kraft durch Freude«-Mentalität berauschen.

Als es dann aber die kleinen und großen Freiheiten wieder gab für die Nachkriegsgeneration, rückte Hesses indische Weltflucht fern. Thomas Mann, Sartre, die großen Amerikaner, Eliot, Anna Seghers, Brecht, Adorno, Musil und viele, viele andere wurden uns wichtiger.

Mittlerweile verdrängt man, wie sehr man Hermann Hesse zwischen 1950 und 1960 verdrängt hat. Verdrängt man, daß beispielsweise der Suhrkamp-Chef und Hesse-Dissertant Siegfried Unseld nur mit niedergeschlagenen Augen zugab, sich für diesen 1960 nahezu unverkäuflichen Autor einst ein wenig interessiert zu haben. Als mir im Gespräch 1960 der damals für unanständig geltende Henry Miller sagte, er schätze Hesse, hielt ich das für ein Zeichen offenbarer Senilität, erzählte es in Hamburg weiter, und alle, alle grinsten über den alten Miller. Schließlich hatte in der weiten Welt kein Mensch begriffen, warum man diesem typisch deutschen Gegenstand den Nobelpreis verlieh, schließlich hatte ja Karlheinz Deschner nachgewiesen, daß der Hesse überhaupt nicht schreiben kann, und der Unseld verständnisvoll zugegeben, daß kein Mensch mehr Hesse kauft.

Aber dann kam die Wendung und das Rätsel. Nicht nur Henry Miller schwärmte offenbar für Hesse, sondern der amerikanische LSD-Professor Timothy Leary schrieb lang und breit über Hesses Bücher und fragte 1965 in einer Kapitelüberschrift seiner »Politics of Ecstasy« in aller Unschuld: »Did Hesse Use Mind-Changing Drugs?« (Nahm Hesse bewußtseinsverändernde Drogen?). Und: »Wir lesen das hier, ich kann's auswendig. Jedes verdammte Wort davon«, sagte alsbald ein Mädchen in der Jugendkolonie im Haight-Ashbury-Distrikt von San Francisco zu George Steiner und zeigte auf ein zerlesenes Exemplar des »Glasperlenspiels«.

Trotz der mittlerweile sichtbar gewordenen utopischen, intellektuellen und poetischen Qualitäten des »Glasperlenspiels« scheint nach wie vor fraglich, ob dieses Buch sich so halten wird wie die großen Romane der Weltliteratur. Die Gründe für diese Skepsis werden auch erst bei zweiter Lektüre deutlich. Obwohl Hesse von unverbindlich feuilletonistischer Kulturkritik abrückt und die »eigentlichen« Werte museal glasperlenspielhaft vorführt, bleibt er das Entscheidende schuldig: die Konkretion. Das »Glasperlenspiel« ist weite Strecken lang ein Roman über Musik. Doch während Thomas Mann genau weiß und plausibel macht, wovon er spricht, redet Hesse nebulos, ja fast dilettantisch über Kompositionen des 17., 18. und ganz selten des 19. Jahrhunderts. Im Namen von Gediegenheit und »Unbedingtheit« bleibt es bei vagem Musikgerede! Als oberstes Leitendes wird der geistige Bestand gefeiert. Kontrast dazu ist aber weniger die »Realität« als vielmehr eine träumerische Schwärmerei für Blut, Gefahr und Untergang – ähnlich wie in der Vision des

Schnee-Kapitels von Thomas Manns »Zauberberg« auch die Grausamkeit ihren Platz findet. Josef Knecht verläßt Kastalien weniger, weil er die nicht-elitäre *Wirklichkeit* sucht, als weil er so »eigentlich« (man erinnere sich an Adornos »Jargon der Eigentlichkeit«) ist, daß es ihn nach direktem Existenzrisiko gelüstet.

Pietistische Schwerfälligkeit kränkt den Stil. »Edles, vielleicht tragisches Leid«, feinsinniges »um« (»Es ist ja auch immer aufs neue etwas Wunderbares und rührend Schönes um die schweifende Entdeckungs- und Eroberungslust eines Jünglings...«) – daran leidet das Buch. Seltsam eklektisch wirken die Verse. Wer »Zu einer Toccata von Bach« dichtet: »Urschweigen starrt... Es waltet Finsternis... / Da bricht ein Strahl aus zackigem Wolkenriß«, der ist fast in Kitschnähe. Und wer gar reimt: »Denn sind die Unentwegten wirklich ehrlich, / Und ist das Tiefensehen so gefährlich, / Dann ist die dritte Dimension entbehrlich«, der muß sich den Vergleich mit Kästners humoristischen Versen (»Die Sache zerschlug sich. Und zwar weswegen? / Das Huhn ist auf Eier eingerichtet / So wurde schon manche Idee vernichtet«) gefallen lassen.

Trotz alledem: das »Glasperlenspiel« berührt im Augenblick zahlreiche Schriftsteller »irgendwie« verwandt. Es wird respektiert. Russische Künstler schreiben, es ließen sich lange Beispiele zitieren, umfangreiche Privatbriefe darüber, froh über die soeben in der UdSSR erschienene »Glasperlenspiel«-Übersetzung. Hermann Hesse hat, so scheint es, zu wirken noch lange nicht aufgehört.

3. Ernst Jünger

Ein ahnungsvoller Preuße

»Zu jeder Stunde im Kopf eine Assoziationsmühle« – so spottete der alte Jünger heiter über seine Verknüpfungsbesessenheit. In seinen Büchern läuft das hinaus auf eine oft spannende, oft auch sonderliche, subtil-verstiegene Mischung von einerseits makroskopisch zusammensaugender »Welt-Formel« (die aus Herodot und aus dem Untergang der Titanic mühelos etwas gemeinsames Drittes abzuleiten imstande ist) sowie andererseits auf mikroskopisch genaue Beobachtungen, die scharfäugig fixieren, was ein Faltenwurf oder eine Änderung der Frisuren über ein Zeitalter besagen. Und daß die vielen Science-fiction-Filme, die fortwährend fremde Gäste, Marsmenschen offerieren, obwohl uns unser Weltraumzeitalter doch gelehrt habe, wie unwahrscheinlich die Existenz von Lebewesen im All wäre, daß also alle diese fremden Wesen der billigen Utopien im Grunde stellvertretend stehen für jene »Engel«, an welche die Modernen nicht glauben mögen: Jüngers Assoziations-Mühle produziert solche jähen Bezüge wie etwas ganz Selbstverständliches.

Hört man ihn reden, ist man ein wenig enttäuscht. So brillant der Schreibstil, so elitär der Reflexionsbezirk: In der Stimme aber schwingt ein harmlos-preußisch-blecherner Kasinoton mit. *Kluger Stabsoffizier nach ein paar Gläsern Bordeaux* – denkt man betroffen. Und man muß sich dann brav daran erinnern, daß Jünger in Frankreich als respektgebietender Autor von Weltrang geschätzt wird...

Eigentlich liegt die Annahme nah, daß Jüngers einst so gefährliche Bücher – die in den zwanziger Jahren anti-demokratisch, anti-republikanisch, anti-liberal und *system*-bedrohend (das »Weimarer« *System*) wirkten – schärfer, »schneidiger« und in finsterer Weise besser geschrieben waren als das umfängliche Spätwerk. Diese Vermutung bestätigt sich nicht, wenn man die berühmten, frühen Titel wieder liest. Von heute aus gesehen, auch in Relation zu einigen großen Essays, die Jünger (der sich übrigens während der Nazi-Zeit überhaupt nicht kompromittierte) in den dreißiger Jahren und später verfaßt hat, erscheint das Frühwerk seltsam simpel, holzschnitthaft. Gewiß – und Karl Heinz Bohrer hat ja mit viel Insistenz den Versuch unternommen, aus Jüngers Frühwerk eine den französischen Surrealismus ins Deutsche transponierende »Ästhetik des Schreckens« herauszuanalysieren – wäre es falsch, die damals weltweite Wirkung der Weltkriegsbücher Jüngers zu leugnen, ihre Mixtur aus plötzlichem Schrecken und Ehrlichkeit zu unterschätzen. Doch es mußte die Hitler-Zeit, es mußten der schlimme Tod des Sohnes, die Diktaturerfahrung der »Marmorklippen«, die zweite Kriegsbegegnung mit Frankreich und Jüngers immer größere, humanere Gelassenheit kommen, um einen wahrhaft reichen, bereichernden Autor aus ihm werden zu lassen.

Man braucht die »Gefährlichkeit« gewisser Jüngerscher Positionen nicht zu leugnen (als nähmen nicht auch Brecht, Thomas Mann, Böll gelegentlich Positionen ein, deren Konsequenzen verdammt gefährlich sein könnten) und sollte doch die innere Freiheit aufbringen, ohne Ressentiment und Verkniffenheit an seinen Erfahrungen zu partizipieren. Manches in unserem Jahrhundert sieht eben doch nur er, der alte Magier mit vielen guten und einigen faulen Tricks. Seine Ahnungen haben manchmal Gewicht, seine Ängste Saugkraft, seine Beobachtungen mutige Originalität und seine Assoziationen Eleganz. Darauf unanfechtbar geschiet zu verzichten – wäre anfechtbar dumm.

Schreckliche und wunderbare Bilder

Die deutsche 45er-Generation war nie gut auf Ernst Jünger zu sprechen. Diejenigen, die während des Dritten Reiches Kinder waren oder Soldat werden mußten, hatten gegen Jünger mehr auf dem Herzen als nur Haß gegen die Vaterfigur. Es war, so unhöflich eine solche Formulierung klingen mag, eher Großväterhaß. Die sonst selbstverständliche Verbindung zwischen erster und dritter Generation (gegen die zweite) blieb aus. Viele von denen, die Jünger sogar privatim schmeichelnde und verehrungsvolle Briefe geschrieben haben sollen, nahmen öffentlich scharf gegen ihn Stellung. Von seinem *Stil* fasziniert gewesen zu sein – dessen schämten sie sich wie einer Kinderkrankheit.

1952 konnte in der Zeitschrift »Aufklärung« ein Essay mit dem Titel »Sprachproben aus der Jüngergrube – Notizen zur sprachlichen Verwahrlosung bei Ernst Jünger« erscheinen. Da stand dann, haßverzerrt: »Die Verwahrlosung, die moralisch im Opportunismus sich äußert, hat auch den sprachlichen Ausdruck befallen. Dessen verkniffene Konzisheit ist nicht weniger leere Gebärde als das Heldentum, von dem sie zeugen soll. Der Schein von Genauigkeit geht aus vom schnarrenden Rhythmus der kurzatmigen Kommandosätze, die stets apodiktisch mit einem endgültigen Punkt schließen, und von der Unzahl von Konjunktionen und Pronomina, die wahllos in den Text eingestreut sind. Jünger klammert sich an die logischen Partikel, ohne daß er die Konsequenz, die sie versprechen, auch erfüllte. Sein Prestige verdankt er allein dem Trick, solche Wörter und andere Male seiner sprachlichen Ohnmacht herauszukehren als das, was er eigentlich gewollt hätte. Sie erfüllen dann eine doppelte Funktion: sie signalisieren, daß im Gedanken unerbittliche Konsequenz herrsche, und verbieten zugleich barsch den Zutritt, damit der Schwindel nicht aufgedeckt wird...«

Als im Adorno-Seminar ein paar trotz allem von den »Strahlungen« begeisterte Studenten ihrem Professor diese Jünger-Tagebücher aufdrängten, antwortete Adorno, der wirklich ein Gegentyp zu

Jünger war, ein paar Tage später auf die Frage, was er denn dazu zu sagen habe, mürrisch beeindruckt: »Widerlicher Kerl. Träumt meine Träume!« Auf das maliziöse Gegenargument, es sei schon ganz hübsch eigensinnig, jemandem einerseits elitäres Gehabe vorzuwerfen und andererseits zu unterstellen, bestimmte Träume dürften nur von bestimmten Personen geträumt werden, auf dieses Argument kam damals niemand... Oder verrät diese Äußerung vielmehr den Schrecken jemandes, der sich im scheinbar Allerindividuellsten, nämlich dem »Traum«, einem anderen benachbart sah, von dessen Nachbarschaft er nichts wußte und nichts wissen wollte?

Das alles ist fast zwanzig Jahre her. Jünger, von Beruf Schriftsteller, hat weiterpubliziert. Doch mit alledem darf hier nun nicht der Eindruck erweckt werden, zwischen ihm und den damaligen oder heutigen Wortführern hätten »Ressentiments« geherrscht, die jetzt langsam zergehen. Falls Ernst Jünger überhaupt Ressentiments hegte und nicht nur Verachtung: er hat es für sich behalten. Am literarischen Wechsle-das-Bäumchen-Spiel nahm er nicht teil. Fernsehdiskussionen fanden ohne ihn statt. In der »Zeit« stritt man ohne ihn. Hans Werner Richter lud ihn wohl gar nicht erst ein. Heikle Spätwerke Jüngers wurden kritisch bespöttelt. Starr, aber gewiß nicht leidensunfähig, ließ er das über sich ergehen. Er antwortete nicht. Daß Bertolt Brecht (wie Teo Otto, kurz bevor er starb, erzählte), als wieder einmal alle Linken in schöner Gemeinsamkeit auf Jünger schimpften, die Kritiker zurückwies: »Laßt mir den Jünger in Ruhe. Ich bewundere und respektiere sein Deutsch« – Jünger konnte es schwerlich sogleich erfahren.

Was die Beziehungen zwischen Jünger und den neuen Demokraten, die hoffentlich keine Konjunkturdemokraten waren und sind, womöglich noch mehr erschwerte, war wohl, daß man ihm, gerade ihm nichts zu verzeihen hatte. Selbst ein Peter de Mendelssohn mußte in seinem Buch »Der Geist in der Despotie«, wo Benn, Hamsun, Giono und Jünger vor eine scharfsinnige Spruchkammer beordert wurden, zugeben, daß dieser Ernst Jünger ein mutiger Antifaschist gewesen sei. Gewiß, Jünger scheint vor der »Machtergreifung« zumindest in der Nähe der Naziterminologie argumentiert zu haben.

Doch auch bei solchen Behauptungen ist Vorsicht geboten. Wenn man heute beispielsweise Brechts und Dudows Film »Kuhle Wampe« sieht, dann unterscheiden sich absurderweise die kommunistischen Jugendsportverbände des alten Berlin (1931) in ihrem optimistischen, hellen, wandervogelhaften Habitus kaum von den ebenso hellen, optimistischen, bis in die Uniform hinein ähnlichen Pimpfen der dreißiger Jahre. Der Zeitgeist prägt mächtiger als man denkt. Wie dem auch sei: jener Ernst Jünger, der vor 1933 noch in edelfaschistischem Ton argumentiert zu haben schien, lehnte nach 1933 eine Berufung in die gleichgeschaltete Dichterakademie ab. Er verbot dem »Völkischen Beobachter« jeden Nachdruck, er nahm Verfolgte unter Lebensgefahr auf. Er konnte es sich darum, auf seinen europäischen Ruhm und Ruf gestützt, leisten, nach 1945 alle alliierten Fragebogen unausgefüllt zu lassen. Und Adornos Träume zu träumen.

Es gab für die Jüngeren also im Fall Ernst Jünger – und damit stand er ziemlich allein – nichts zu verzeihen. Außer der »Haltung«. Eben diese verübelte man ihm hundertmal mehr, als man ihm irgendwelche opportunistischen Aktivitäten in einem Dutzend verbrecherischer Organisationen übelgenommen hätte. Der Mann paßte nicht ins »Feind«-Bild. Er war offenbar immer zu fein, um mitzumachen.

Blickt man heute, nachdem die Ausgabe der Jüngerschen Werke im Klett-Verlag abgeschlossen vorliegt, in die soliden zehn Bücher hinein, dann fällt zunächst auf, wie maßlos wir uns im Hinblick auf Jüngers vielzitierte »Distanz« verschätzt und geirrt haben. Distanz: das war und ist doch der elitäre Gestus, das war Jüngers fast unbewegter Blick, der sorgfältig Menschen wie Käfer ins Auge faßte. Distanz, das war sein antiliberaler Hochmut, seine Sachlichkeit, das war seine klirrende, hochmütig aphoristische Kürze, die uns, stilistisch, manchmal wie eine Mischung aus Divisionsbefehl und Orakel dünkte. Aber bei dieser distanzierten Distanz-Definition bedachte man eines nicht mit, weil man unter der Intelligenz, dem gefaßten Lebensrausch, der vermeintlichen »Impassibilité« und der Unerschütterlichkeit dieser Figur, dieses Schriftstellers litt, der nach 1945 von französischen Literaturzeitschriften bereits freimütig abgedruckt wurde, als die Deutschen es noch längst nicht alle für opportun hielten: Man vergaß jene viel elementarere historische Distanz, die zwischen dem 1895 geborenen Ernst Jünger und der Enkelgeneration der 45er bestand. Sie haderten mit ihm, wie man mit jemandem hadert, von dem man unausgesprochen annimmt, er müsse doch so ungefähr die gleichen Denk-, Empfindungs- und Lebensvoraussetzungen haben wie man selber. Heute gehört kein sonderlich scharfer Blick dazu, aus Jüngers Schriften herauszulesen, herauszuinterpretieren und herauszuanalysieren, daß er ein Militär alten Stiles war und ist, ein Offizier aus dem Geist des 19. oder gar des 18. Jahrhunderts.

Aber vielleicht ist es doch zu festrednerhaft freundlich, das, was an Jünger unheimlich war und blieb, hier einfach historisch-historistisch abzuleiten. So leicht man gegen den etwas preziösen, strengkoketten Käferbetrachter, der leidende Menschen oder brennende Städte im Bilde biologischer Gegebenheiten erscheinen läßt, so daß aus einer von Bomben massakrierten Stadt ein Blütenkelch wird, der zu tödlicher Befruchtung überflogen wird – so leicht man also gegen eine solche Inhumanität Sturm laufen könnte, so wenig hätte man Jüngers Eigentümliches damit erklärt. Gerade weil Jünger ungerührt (nicht unberührt) hinsehen konnte und hinsah, fielen ihm Zusammenhänge und Konvergenzen auf, die den übereifrigen Humanisten nie eingefallen wären.

Gefährlich, beziehungsweise heimlich-unheimlich ist aber nicht Jüngers Forscherhaltung, die so manches Kritische heimbrachte über das Wesen des als Zivilisten oft peinlich-auffälligen deutschen Mannes, über die Grenzen des Individualismus, über die Figur dessen, der bereits in den fünfziger Jahren die große Verweigerung betrieb und Waldgänger wurde. Jünger hat nämlich gar nicht immer nur höhere Strukturen wie niedrigere betrachtet: er hat auch umgekehrt aus kleinen Vorgängen, scheinbar punktuellen Symbolen Kennzeichen planetarischer Entscheidungen zu machen versucht. Was aber dabei so verstört, ist der Gestus der Billigung. Jünger ist – als Schriftsteller, als lebendiger Autor, als geistige Person – gewiß kein Opportunist, gewiß kein Streber, kein Karrierist mit der leichten Hand. Daran hindert ihn vieles: ein Aristokratizismus, eine Mischung aus Vornehmheit und Scheu. Er marschiert sozusagen in dieser Welt nicht mit den stärkeren Bataillonen, aber er tut es fast selbstverständlich, wenn er welthistorische Sittengemälde malt. Auch wenn Jünger die Lyrik gegen Spengler verteidigt, wenn er den Rückzug der Kirche beobachtet und ihn als Verlust an Veredelung (dort, wo der Atheismus Raum greift) diagnostiziert, oder wenn er gar den Astrologieaberglauben gegen die Aufklärer in Schutz nimmt, weil die Menschen halt ein Schicksal brauchen – Jünger tut das alles so merkwürdig unbewegt, als hätte der historische Prozeß recht, als sei jeder Einwand, jeder musische oder sentimentale Einwand sozusagen billig, klein, literatenhaft, »liberal«. Er, der idealistische Soldat, ist ein Materialist des historischen Prozesses, als ginge es hauptsächlich um den Prozeß und nicht um tausend bedrohte Wahrheiten.

»Die Mittel des Arbeiters sind tabubrechend; ein heiliger Mann, eine heilige Stätte können nicht, ohne Einbuße zu erleiden, photographiert werden. Was die Kirche in dieser Hinsicht zuläßt, ist absurd. Da waltet in manchen Sekten ein viel schärferer Instinkt.« Eine solche Passage enthält Jüngers Intelligenz, seinen Blick. Und zugleich das Befremdende seines Rechthabens. Steht er auf seiten der Kirche? Der Photographen? Der Sekten? Gewiß nicht: dafür auf seiten des Instinktes – was immer dieser Instinkt auch verteidige.

Man kann also den mikroskopischen Blick kritisieren – aber der makroskopische ist viel aufschlußreicher. Bei Langemarck sei die Idee gegen die Kraft der Sache gescheitert. Im Untergang der »Titanic« sei etwas über die Zivilisation plastisch geworden. Jüngers Kriegsbücher bis über die Friedensschrift hinaus entdecken plötzlich Riesenentscheidungen. Die Welt wird dann zur Wagner-Oper ohne Rausch, ohne deutliches Mitgefühl für heimliches Elend, zur Bühne unumkehrbarer Entscheidungen, Götterdämmerungen. Eine solche Haltung ließe sich vielleicht von einem Künstler erwarten, einem Benn, einem Wagner, einem Nietzscheaner oder Baudelaire-Adepten. Aber daß sie ins Werk eines Offiziers paßt, passen soll, eines Leutnants, dem sittliche Gewißheiten eine Selbstverständlichkeit, eine Denk- und Seinsvoraussetzung waren, das macht Jünger so undurchdringlich. Wenn man die frühen Kriegsschriften Jüngers liest, ist ganz unübersehbar: Er könnte nie, trotz aller schrecklichen und genau beschriebenen Erlebnisse und Erfahrungen, aus seinem sittlichen und militärischen Sinn-Koordinaten-System herausfallen!

Wie war es nur möglich, daß man sich so ungeheuerlich in ihm täuschte? Man vergleiche beispielsweise einmal Gerd Ledigs mittlerweile schon halbvergessenes, aber extremes und extrem-interessantes Buch über den Rußlandkrieg – es heißt »Die Stalinorgel« – mit Jüngers Schriften über den Ersten Weltkrieg. Bei Ledig schmeckt der gehäufte Schrecken nach Kintop und Kolportage. Bei ihm gibt es keine Personen, sondern da wird krepiert. In der »Stalinorgel« verbrennen Panzersoldaten wie Streichhölzer, taumeln Dienstgrade namen- und eigentlich schicksallos hin und her, bis sie auch verbrennen. Da ist Krieg nichts anderes als Materialschlacht, Mord, Todesurteil. Eine Hölle, die Biographien zu Asche macht, aber nicht etwa prägt oder formt oder bereichert oder verdüstert oder Narben hinterläßt. Zwischen dem Verbrennen-Müssen, zwischen Stalingrad (auch Auschwitz) und einem individuellen Lebenslauf lassen sich eben keinerlei charakteristische oder charakterisierende Relationen herstellen. Man »lernt« nicht aus dem Krieg.

Dieses als »Literatur« notwendig gar nicht in Betracht kommende Buch stellt mithin einen vollkommenen, einen antipodischen Gegensatz dar zu jenem Ersten Weltkrieg, den der Leutnant Ernst Jünger gar nicht anders durchstehen und überleben kann denn als *inneres Erlebnis* in »Stahlgewittern«. Diese Haltung Jüngers hängt nicht zusammen mit persönlichem Mut. Über seinen »Mut« schreibt Ernst Jünger genauso uneitel wie er, noch mutiger, auch die Angst beschreibt. Aber Jüngers Haltung, das eigene Leben nüchtern und vollkommen zweifellos für etwas Höheres einzusetzen, ist – Jüngers Gegner werden sagen: leider – auch keine irgendwie heroische Pose. Sondern ein Mann und Leutnant, dessen heroischen Nihilismus vor allem diejenigen feiern, die aus lauter Nihilismus schon zu skeptisch sind, um sich auch nur noch Nihilisten zu nennen, ein solcher Mann stellt, anfangs literarisch durchaus naiv, ja unbeholfen, seine Beobachtungen und Empfindungen dar. Oder das, was er infolge Erziehung und Überzeugung für seine Beobachtungen und Empfindungen hält – wobei dieser scheinbar scharfsinnige Unterschied doch nahezu belanglos scheint. Es ist gleichgültig, ob jemand glaubt oder zu glauben glaubt...

Bis tief in den Stil des Erstlingswerkes »In Stahlgewittern« hat sich dieser nicht etwa krampfhafte, sondern selbstverständliche Schicksalsglaube Ernst Jüngers niedergeschlagen. Keine Wendung findet sich da häufiger und beziehungsvoller als diejenige, die zugleich die Zukunft *episch* vorwegnimmt und *soldatisch* als höheren Befehl begreift – die doppelsinnige Wendung vom »sollen«. Ein paar Beispiele: »Ahnten wir, daß fast alle von uns verschlungen werden sollten an Tagen, in denen das dunkle Murren dahinten aufbrandete...« Oder: »Unser erster Kriegstag sollte nicht vorübergehen, ohne uns einen entscheidenden Eindruck zu hinterlassen.« Oder: »Das sollte uns übrigens durch den ganzen Krieg begleiten, dieses Zusammenfahren...« Oder auch: »Hier knüpfte ich eine enge Freundschaft, die sich auf vielen Schlachtfeldern befestigen sollte, mit so manchem hervorragenden jungen Menschen an, so mit Clement, der bei Monchy, mit dem Maler Tebbe, der bei Cambrai, mit den Brüdern Steinforth, die an der Somme fallen sollten.«

In diesem ständigen, fast monotonen »sollten« spiegelt sich eine Schicksalsbeschreibung und zugleich eine Schicksalsergebung, die man bei einem sogenannten modernen Schriftsteller nicht für möglich halten, einem Ernst Jünger indessen, der ja weder im Nachkriegs-Göttingen noch gar an der Berliner FU studierte, aber auch nicht übelnehmen – sollte. Hat man sie überhaupt erst begriffen, dann hat man sie wohl auch entzaubert!

Die Entwicklung, die dieser sensible Schriftsteller nun nicht etwa nehmen *sollte*, sondern schlechthin nahm, ist einerseits grob oberflächlich erkennbar: von den Kriegsbüchern über die politisch-literarischen Studien, den »Arbeiter«, seine Frankreicherfahrungen bis hin zu »Zeitmauer« und ihrem beinahe etwas spökenkiekerigen Mystizismus. Man kann zwischen den brillanten Beobachtungen der »Arbeiter«-Typologie und den etwas weniger punktuellen Empfindungen der »Zeitmauer« Beziehungen herstellen, kann den zugegebenen Blutrausch der ersten Kriegsschriften mit dem angeblich (und kitschnah) alles versöhnenden Leidensmystizismus der »Friedensschrift« vergleichen, kann im späten Jünger den frühen wiedererkennen, Seminararbeit treiben.

Viel aufschlußreicher ist andererseits die Veränderung des Jüngerschen Empfindens, seine spürbare Humanisierung, seine Mischung aus Strenge, Anstand und immer stärker werdender Sympathie. Fernstenliebe und Nächstenliebe durchdringen sich nun, nietzscheanisch. Davon ist wenig zu spüren, wenn Jünger vage Riesenperspektiven entwirft. Am Sandkasten geben sich Strategen und Kulturkritiker oft unmenschlich, gott-ähnlich. Aber diese Humanität ist da und sie ist groß, wenn Ernst Jünger von seinen Makrovisionen zu den Mikroeinsichten hinüberfindet, wenn ihm Fixierungen gelingen, deren sich ein Pascal, ein Kierkegaard oder auch ein Walter Benjamin nicht schämen müßten. Am 24. Februar 1943 notierte Jünger in Paris:

> »Das ist der eigentliche Maßstab unseres Wertes: das Wachstum der anderen durch unsere Liebeskraft. An ihm erfahren wir unsere Schwere und auch das fürchterliche ›Gewogen, gewogen und zu leicht befunden‹, das uns im Versagen deutlich wird. Es gibt ein Sterben, das schlimmer ist als der Tod und das darin besteht, daß ein geliebter Mensch das Bild, mit dem wir in ihm lebten, in sich abtötet. Wir löschen in ihm aus...«

Welch ein Weg von den »Stahlgewittern« zu dieser Einsicht! Im Sanitätsunterstand war, so beschreiben es die »Stahlgewitter«-Notizen, auch ein Franzose untergebracht. Und während die deutschen Soldaten vorbildlich-diskret litten, stöhnten und starben, konnte man das, so demonstrieren es die Notizen wie eine Selbstverständlichkeit, von den Welschen nicht verlangen: »Ein Franzose stieß alle Augenblicke ein gellendes Geschrei aus, und neben mir brummte jemand verdrießlich: ›So'n Franzose. Na ja, wenn die nicht schreien können, sind sie nicht zufrieden.‹ Dann schlief er wieder ein.«

Jüngers »Sensorium« wirkt heute modern, nervös, von spitzer Originalität. Das hat viele verleitet, ihn als einen soziologisierenden, beweisenden, argumentierenden zeitgenössischen Autor zu verstehen und mißzuverstehen, als eine Mischung aus Toynbee und Gehlen, aus Saint-Exupéry und Beumelburg, aus Zehrer und Rommel... Aber alles das ist er nicht, zumindest nicht in erster Linie.

Denn es gibt unter den deutschen Schriftstellern keinen, der aus solcher Ferne wie Ernst Jünger in unsere Gegenwart hineinreicht.

»Die Zwille« – Alptraum von der Mühe des Werdens

Als 78jähriger hat Ernst Jünger sein Publikum mit einem neuen Roman überrascht. Tatsächlich *überrascht* – denn Ernst Jünger neigt, im Gegensatz zu vielen anderen Autoren, nach wie vor nicht dazu, die Öffentlichkeit mit mannigfachen Hinweisen auf ein gerade entstehendes Werk neugierig zu machen und branchenübliche Selbstreklame zu betreiben. Der gackert nicht über ungelegte Eier, sondern legt ohne weiteres einen sehr deutschen, sehr typischen Entwicklungsroman, eine Schülergeschichte, vor. Mit einem anderen Prinzip brach der alte Jünger freilich: Jahrzehntelang verachtete er die Tagespresse. Auf den journalistischen Meinungsbetrieb und Meinungsmarkt mochte er sich nicht einlassen. Mittlerweile scheint Jünger doch etwas freundlicher über die Presse zu denken: »Die Zwille« durfte in der »Frankfurter Allgemeinen Zeitung« vorabgedruckt werden.

Der seltsame Titel des Romans wird erst auf den letzten Seiten erklärt. Die »Zwille«, das ist eine Steinschleuder, deren Benutzung dem Helden des Buches – einem schüchternen, in Mathematik miserablen Schüler mit dem altmodischen Namen Clamor – Unglück bringt. Clamor muß die Schule verlassen. Schwerfällig und seltsam wie der Name Clamor mutet die ganze Figur an. Wir werden darüber ins Bild gesetzt, wie Clamor – Sohn eines Knechtes und sozial deklassiert – dank einer Erbschaft die Klasse 4b eines norddeutschen Gymnasiums besuchen darf. Phase für Phase wird beschrieben, teils in der Perspektive Clamors, teils in der distanzierteren Jüngers, welche Schwierigkeiten der versponnene Junge vom Lande in der gewiß nicht sehr großen »Großstadt« hat. Clamor gerät unter den Einfluß seines dämonischen und überlegenen Freundes Teo. Dieser Teo ist älter, hat seine *Afrikanischen Spiele* bereits hinter sich und eine bösartige Souveränität in sich. Teo wird nun Clamors Zuflucht und Unglück zugleich – Teos Befehle ausführend und über unbegriffene Fremdworte stolpernd, gerät Clamor in die »Katastrophe«. Aber das Ende mit Schrecken wird ihm vielleicht sogar zum Segen gereichen, weil er endlich aus der unheilvollen Schülerpension, deren Bann ihn umgab, in die Familie eines Lehrers darf, der ihm freundlicher gesinnt scheint.

Diese Schulgeschichten aus der Zeit um die Jahrhundertwende schließen ein Binnendrama ein: eine düstere und unheimliche Ehebruchsepisode. Denn Teo, ein Sohn jenes Geistlichen, der für den elternlosen Clamor sorgt, hatte sich mit Hilfe eines wüst-sexuellen Verzweiflungsaktes vom Einfluß seines Vaters wahrhaft losgebissen. Teo hatte mit dem Ehebrecher im Hause seines Vaters, einem jungen Vikar, sympathisiert, hatte den alten, zweifelnden, verzweifelnden, kraftlosen Geistlichen in Anfechtung gestürzt und war dann, zusammen mit dem Vikar und der ehebrecherischen Pfarrfrau, geflohen. Bis nach Ägypten. Das alles liegt zurück. Teo besucht mittlerweile jenes Gymnasium, in das auch Clamor darf. Der Geistliche schickt den jüngeren Clamor mit vielen Bedenken in die Pension, wo zwar des Superus Bruder Aufsicht führt, aber in Wahrheit Teo herrscht, eine dralle Haushaltshilfe ersten weiblichen Anschauungsunterricht erteilt und Clamor sich nicht einleben kann.

Schulgeschichten und Entwicklungsromane kann man nicht so lesen, als ob es sich um eine Literatur handle, der man gleichsam interesselos, ohne eigene Erfahrung, Urteile und Vorurteile zu begegnen vermag. Das Gymnasium, von dem Ernst Jünger (Jahrgang 1895) hier berichtet, entspricht bis ins einzelne und Atmosphärische dem, von dem die Väter meiner Generation geprägt waren, erzählten und erzählen – jene alten Herren, die noch vor 1914 »Pennäler« waren. Was nun das deutsche Gymnasium der Vorweltkriegszeit betrifft, also dasjenige Ernst Jüngers, so glichen sich offenbar nicht nur die Erlebnisse, die man in solchen Schulen hatte, die Alpträume, die Stärken und Schwächen der Lehrer, die Bräuche und Gebräuche zwischen »Andacht« und »Züchtigung«: sondern was von der Maas bis an die Memel fast identisch schien, war der prägende Charakter dieser Schulen, ihre lähmende, respekteinflößende, angsteinjagende, im Leistungs-Triumph-Falle Selbstbewußtsein schaffende Macht. Ein eklatantes Versagen in Geschichte oder Latein vergaßen die Gymnasiasten von einst ihr Leben lang nicht; von Karl Kraus weiß man, daß er die Namen seiner Mitschüler jederzeit alphabetisch hersagen konnte; Heinrich Mann hat sich im »Untertan« darüber beklagt, daß die Gymnasiallehrer von einst die Schule ohne weiteres mit der Welt verwechselten. Verstöße gegen die Schulordnung kamen einem ruchlosen Rütteln an der Weltordnung gleich. Dieser Schulernst prägt auch Jüngers Schulroman.

Hier liegt der Grund für die erste, verwirrende und produktive Spannung dieses Buches: obwohl Jünger sich von dem verfälschenden und hilflosen Wort »konservativ« schon ausdrücklich distanziert hat, gilt er als »Konservativer«. Und durchaus konservativ wirkt, wie Jünger hier an Kirchenlieder erinnert, die Clamor als trostreich empfand. Konservativ wirkt, wie das »Militär« als vernünftig sinnvoll Seiendes dargeboten wird – eine Gegenwelt, die Jünger derb schildert, aber keineswegs abwertet. Auch die Lehrer glauben unerschüttert an die Wichtigkeit der Humaniora. Entwirft also Ernst Jünger, wie es doch bei Erinnerungen naheliegt, das Bild jener »besonnten Vergangenheit«, die Carl Ludwig Schleichs Memoiren zum Bestseller machte? Nein, Clamors Vergangenheit darf nicht besonnt sein – das läßt Jüngers Ehrlichkeit nicht zu. Die »Zwille« schildert eine zwanghaft verfinsterte Gymnasialwelt. Dieser Roman macht Schülerselbstmorde verständlich, in ihm wird barbarische Gewalt ausgeübt. Jüngers Alterswerk gleicht einem Alptraum von der Mühe des Werdens.

Die »Stadt« ist, mit Clamors und Jüngers Augen gesehen, nämlich bereits Gefährdung, »Neuzeit« genug, aber das Dorf Oldhorst, aus dem Clamor kam, eignet sich auch nur schlecht zum positiven Gegenbild: zu bitter beeindruckt des Superus Familiengeschichte, die Ernst Jünger da ausbreitet. Bei alledem stellt sich etwas ein, was im Werke Jüngers ungewöhnlich, zumindest in so entfalteter Form neu ist: nämlich menschliches Mitleid für menschliche Schwäche. Ernst Jünger bezeugt Sympathie, zumindest ruhige Aufmerksamkeit für den, der sich nicht wehren mag! Es ist ein großer Augenblick nicht nur dieses Buches, sondern in Jüngers Gesamtwerk, wenn hier ein betrogener Ehemann, der pseudokräftig eine Entscheidung erzwungen und mit dem Zusammenbruch seiner häuslichen Existenz dafür bezahlt hat, darüber nachsinnt, ob es nicht doch falsch war, so kraftvoll zu handeln, wie es die Moral und die Öffentlichkeit von ihm erwarten. Wäre feiges Sich-darein-Fügen nicht angemessener, richtiger, weniger fatal gewesen? Und geradezu herb-zärtlich sympathisiert der alte Jünger hier auch mit Clamors versponnener Hilflosigkeit. Der Mutloseste, der Abenteuerunlustigste darf passiver Held einer Tragödie sein...

Nun war Jünger natürlich nie ein unsensibler Autor. Aber stand er nicht, selbst wenn die Formel vom »heroischen Nihilismus« das übertrieb, auf seiten der stärkeren historischen Bataillone? Jünger verhielt sich weithin affirmativ zum welthistorischen Vorgang, selbst wenn er diesen »Fortschritt« als momentan schädlich oder vernichtend durchschaute. Der Autor, der noch in seiner »Friedensschrift« geschrieben hat: »Mögen die Dome stürzen, wenn in ihnen nicht Andacht möglich ist«, gewährt in diesem Buch der kirchlichen Tradition nicht nur Daseinsrecht, sondern herzbewegende Macht; derselbe Schriftsteller, der den Satz wagte: »Wir besitzen in der Welt den Ruf, daß wir Kathedralen zu zerstören im Stande sind. Das will viel heißen zu einer Zeit, in der das Bewußtsein der Unfruchtbarkeit ein Museum neben dem andern aus dem Boden treibt«, errichtet das *pessimistische* Museum einer alten Stadt, eines alten Stadtgymnasiums.

Kenner des Jüngerschen Lebenswerkes haben dem bisher Mitgeteilten gewiß schon entnommen, wie viele Jünger-Motive sich in der »Zwille« wiederholen. Aber der junge Mann, der im »Abenteuerlichen Herzen« oder in den »Afrikanischen Spielen« zwar auch mit der Mathematik und der Schulde haderte, besaß doch forsche Fröhlichkeit: »Das uralte Städtchen, in dem ich damals lebte, war wohl dazu angetan, der Spiegel festlicher Gefühle zu sein.« Den Ausreißer der »Afrikanischen Spiele« trieb zumindest Unternehmungslust.

Von alledem ist, während Alterswerke doch sonst eher zum Vergolden der frühesten Jugend neigen, in der »Zwille« kaum mehr etwas zu spüren. Das Buch beginnt mit einem kunstvollen Muster über Angst. »Angst«, »Drohen«, »Schrecken«, »Gefährlich«, »Zwang«, ständig beschworene »Furcht«, bis hin zum Wörtchen »unheimlich«: das alles und ähnliches erscheint bereits auf den ersten vier Seiten (allzu) sorgfältig kombiniert und komponiert. Jünger, läßlicher geworden, beschreibt fast ohne Ironie die selbstbewußten Schreckensmächte der alten Ordnung. Zugleich deutet er aber auch die heillosen Entwicklungen an, die sich mit allem Neuen, Mechanischen verbinden.

Während Jünger im »Waldgang«, wie in der »Zeitmauer«, noch mythenbewußt war (»Daß unser Jahrhundert in den Mythen wieder Sinn findet, zählt zu den guten Vorzeichen«), scheint er in der »Zwille« darüber hinaus: »Die neuen Götter lebten und verbrannten in konzentrierter Gegenwart. Geschichte und selbst Mythos hielten hier nichts mehr zusammen, als zöge ein Magnetberg die Nägel aus dem Schiff.«

Ein solcher Satz ist aber auch von den unverkennbaren Schwächen dieses Buches gezeichnet. Spätwerkartig Formelhaftes, Geisterhaftes, Leeres und Blaß-Wiederholtes durchdringen sich hier seltsam. Und den Maximen, die reichlich über das Buch hingestreut sind, mangelt es denn doch an der blitzenden Entschiedenheit von einst.

Anfangs erzählt Jünger noch bemerkenswert zurückhaltend, er verzichtet auf welthistorische Perspektiven, auf Maximen und Maximen-Spielereien. Ja, es steckt sogar erstaulich viel Biederkeit, altherrenhafte Erinnerungsseligkeit in diesem autobiographisch getönten Buch. Man spürt, wie stolz Jünger ist, sich an deftige Redensarten und nicht ganz so deftige Unzüchtigkeiten von einst zu erinnern. Die direkte Rede fällt mitunter grob, ja plump und naiv aus dem feiner gesponnenen Prosazusammenhang heraus. Der Gestus des *Ich-erinnere-mich-gut*, *Das-kann-ich-auch* wirkt entwaffnend harmlos. Nach Grass' »Blechtrommel«, gar 45 Jahre nach Cocteaus »Kindern der Nacht« erscheinend, hat die »Zwille« gleichwohl den Stellenwert eines durchaus betulichen verspäteten Vorgängers jenes Cocteauschen Romans, wo einst der dämonische Dargelos zwei naive Geschwister in Bedrängnis brachte.

Charakteristisch scheint auch, daß das Element des Schreckens, wie es in »Stephen Daedalus« von Joyce weitaus panisch-religiöser herrscht, hier weder mit Weiblichem noch auch mit entschiedener Jugendhomosexualität verknüpft ist (auf Päderastie wird zwar vielfach angespielt, aber sie wird doch nicht als konkrete Gewalt beschrieben), sondern der Schrecken hängt wesentlich ab von Disziplin, Zwang, verbaler und gesellschaftlicher Unterlegenheit.

Diese merkwürdige Mixtur aus betulichem Erinnerungskult, melancholischer Sympathie mit der Geschöpflichkeit und riesigem Erzählerabstand erzwingt ein ebenso merkwürdiges Changieren der Sprache. Jünger schreibt ganz redensartlich »zu Gange«, »nachtmahlen«, »er kam nicht darüber klar« oder gar: »die Klasse högte sich«. Aber dann zitiert er das 27. Kapitel aus dem »Dr. Faustus« von Thomas Mann, wo von den »Natives« der Tiefe die Rede war, dann philosophiert er über »Haß« und ewige Strukturen und die Germanen, die »von oben, vom Kopf und von Norden« verfaulen, dann ordnet er ungerührt den Dichterfürsten und den Lustmörder nebeneinander (wie Goethe Halbgott und Ungeheuer). Oft läßt sich der Autor von kerniger Männerwelt imponieren, und er hat noch immer nicht verlernt, auch schlichte Gedanken auf Kothurnen darzubieten (etwa wenn es heißt: »Die Hunde beißen und werden gebissen; die Schafe zahlen mit dem Fell«; oder wenn wir erfahren: »An den Sonnabenden pflegten die Pläne Frucht zu tragen, die in der Woche heranreifen«).

Ein Alterswerk also, mit einigen ergreifenden neuen Stärken und alten, manchmal verstärkt zutage tretenden Schwächen. Ein Erinnerungsbuch, das den Zerfall aller menschlichen Einrichtungen ahnt und eben deshalb die Majestät gewisser als unveränderbar erkannter humaner Strukturen preist: weniger weil diese Strukturen *gut*, als eben weil sie *unveränderbar* sind. Ein Roman, der trotz aller Starrheit unbestechlich aufbewahrt, was einst das deutsche Gymnasium für Empfindsame war: nämlich Verheißung und Bedrohung. Ein lesenswertes, erschreckendes Buch.

4. Bertolt Brecht

Langweiliges Dogma – faszinierende Mehrdeutigkeit

»Ich diskutierte da mit meinen Freunden« – erzählt Hanns Eisler im Gespräch mit Hans Bunge (»Fragen Sie mehr über Brecht«) – »mit westdeutschen sogenannten Gelehrten. Und meine drei Freunde haben in einer ganz hervorragenden Weise immer darauf bestanden, daß der Brecht ein Marxist ist . . .
Bis ich zum Schluß protestierte.
›Wissen Sie‹, sagte ich zu den Studenten, ›ich . . . lese Brecht nicht, weil er ein Marxist ist. Ich denke gar nicht daran. Denn da lese ich Marx.‹
Ich sagte ihnen etwas ganz Plumpes.
Ich sagte: ›Erstaunen Sie nicht über diesen originellen Standpunkt: ich lese Brecht, weil er schön ist.‹«
Aber Brechts »Schönheit«, die Zartheit, der Reichtum und die Fülle seiner Prosa, sein lyrisches Genie, die Kunstqualitäten der Dramen (». . . große Grundlinien, großzügige Selbstverständlichkeit und langer Atem, Dinge, die nirgends zu leihen sind«) – das alles wurde von Brechts Bewunderern und Fürsprechern im Kampf gegen Brecht-Boykotte, wie man sie törichterweise während der fünfziger und sechziger Jahre nicht nur in Wien lancierte, eher unterbewertet. Man wollte vor allem den Marxisten, den Aufklärer, den Dramaturgen der Verfremdungseffekte und den Kritiker des Bürgertums im Westen durchsetzen, was auch gelang. Friedrich Torbergs Position, sein »Heißer Krieg gegen kühle Dramen« (so der Titel meiner Polemik gegen Torberg einst in der Zeitschrift »Der Monat«) war unhaltbar, ungewinnbar.

Trotzdem durften die Anti-Brechtler sich eines Triumphes freuen: die Gewinner trauten sich nicht unbefangen, nicht unternehmungslustig an ihren Brecht, an Brechts vieldeutige Dramen. Aufführungen, wie die berühmte Gründgens-Inszenierung der »Heiligen Johanna der Schlachthöfe« (Hamburg, 1959) oder wie Alexander Langs frech revuehafte Inszenierung des Stückes »Die Rundköpfe und die Spitzköpfe« (Deutsches Theater Berlin-Ost, 1983), wo Bertolt Brecht ohne strengen Sinn und Stil munter auf Ionesco gebracht schien, blieben Ausnahme. Meist spielte man im »Westen« Brecht so, wie es etwa Peter Steins »Schaubühne am Halleschen Ufer« bei der großen Eröffnungspremiere mit der »Mutter« tat: abstraktheiter, unkritisch. Mangel an Freiheit gegenüber den Texten führte zur Langeweile. Da spöttelte dann Max Frisch: »Ich muß gestehen, daß auch die besten Aufführungen, die uns die Brecht-Schule liefert, mich befriedigen wie Kunstgewerbe, nichts weiter, und wenn jetzt fünf Jahre vergingen, ohne daß ich, sei's deutsch oder italienisch oder englisch oder französisch, die Mutter Courage sehe oder Galilei oder Puntila, ich würde nicht darben«...

Brecht fiel nicht gerade in Ungnade bei den Theaterintellektuellen, die keine wilden Brechtianer waren, aber er kam in den späten siebziger Jahren ein wenig aus der Mode, wurde zum Erinnerungsautor. Man versetzte sich in die singende Wut von einst. Man lachte immer wieder in der befohlenen Richtung. Was blieb, zum Beispiel, von der »Dreigroschenoper«? Ein Uraufführungs-Erfolgs-Gerücht, Schlager-Unsterblichkeit. Der Haifisch hat, Armstrong und Sammy Davis machten es weltweit bekannt, Zähne; ein Schiff mit fünfzig Kanonen rächt ausgebeutete Abwaschmädchen; Soldaten wohnen auf den Kanonen. Und vor allem: Erst kommt das Fressen, dann kommt die Moral.

1807 schrieb Hegel, ihn habe die Wahrheit des Bibelworts überzeugt, »Trachtet am ersten nach Nahrung und Kleidung, so wird euch das Reich Gottes von selbst zufallen«. Hegel drehte also die Aussage des Matthäusevangeliums materialistisch um. Die *Inversion* war nun aber, wie Günther Anders gezeigt hat, eine bevorzugte Brechtsche Darbietungstechnik. Weil die Räuber sich verhalten wie Bürger, dränge sich der Schluß auf, Bürger seien auch Räuber.

Diese Inversionstechnik, bibelbezogen, führt nun in der »Dreigroschenoper« zu Konsequenzen, auf die noch keine Inszenierung hinreichend aufmerksam zu machen wagte! Der verratene Bandenchef sagt: »Ich blickte ihn an und er weinte bitterlich. Den Trick habe ich aus der Bibel«. Die Belohnung wird nicht ausgezahlt: »Ganz richtig, einen Dreck bekommt ihr und keinen Judaslohn«. Der Gefangene, vor der Hinrichtung: »Jetzt kommt und seht, wie es ihm dreckig geht!... Wollt ihr, daß seine Marter ewig währt?« (Überdeutliche Anspielung aufs »Ecce homo«-Motiv.) Der parodistische Erlösungsschluß findet mit Orgel statt. Einmal riskiert Brecht eine schamlose Inversion: Er übersetzt in der »Dreigroschenoper« *Passion* mit – *Sexuelle Leidenschaft!*

> Er ist schon sowieso verkauft mit Haut und Haar
> Er hat in ihrer Hand den Judaslohn gesehen
> Und sogar er beginnt nun zu verstehen
> Daß ihm des Weibes Loch das Grabloch war

Dergleichen ist nicht nur weit skandalöser als die harmlose Dirnenromantik dieses alle männliche Superiorität so berlinisch keß feiernden Stückes, sondern es ist viel gewichtiger. Das Passionsmodell, dem die »Dreigroschenoper« folgt (asozialer Chef mit Jüngern, die im entscheidenden Augenblick versagen, landet am Galgen), wird von Brecht zwar zynisch, aber auch traurig, zwar lässig schnöde, aber auch lyrisch-groß durchgeführt – »in diesem Tale, das von Jammer schallt«. Lotte Lenya erinnerte sich: »Fritz Kortner, Aufricht und Engel waren (bei der Generalprobe zur Uraufführung) allesamt gegen den Großen Schlußchoral. ›Der Choral muß weg‹, sagten sie. ›Das hört sich ja an wie Bach, und Bach hat in der Dreigroschenoper nichts verloren.‹« Da irrten die drei. Sie hatten nur eben von der Passionsinversion nichts bemerkt.

Wer unterstellt, daß Brechts Werke sich erschöpfen in ihren offen zutage liegenden Konflikten und Lösungsangeboten, wer bei Brecht nicht aufs Ganze zu gehen wagt, der verkleinert diesen Autor zum braven Dogmatiker und Parteimann. Bei alledem handelt es sich gewiß nicht darum, Brecht zum traditionalistischen, zum in der Wolle doch »bürgerlichen« Autor zurückzuverwandeln, der er wirklich nicht war, obwohl seine Ästhetik sich konservativ gibt: »Es ist klar, daß alle Kunst verschönert (was nicht heißt: beschönigt). Sie verschönert schon, weil sie die Realität dem Genuß zuführen muß. Aber diese Verschönerungen, Formulierungen, Stilisierungen dürfen nicht Fälschungen oder Entleerungen sein.« (Aus: »Anmerkungen zum ›Kaukasischen Kreidekreis‹«.)

Brechts aufregendstes Drama, das Lehrstück »Die Maßnahme«, lehrt, wie produktiv und unheimlich sich der Schriftsteller b. b. in sein Kunstmaterial vertiefte, verstrickte – und wie unmöglich es dann sogar dem klugen, unerwünschte Nebenwirkungen ausschließen wollenden Taktiker und Dramaturgen b. b. wurde, in Ordnung zu bringen, was über diese Ordnung hinausdrängte.

»Die Maßnahme« – und die linke Angst

Warum ein »Lehrstück« so viel Verlegenheit und Verlogenheit provozierte Vordergründe und Hintergründe

Wird in Bertolt Brechts »Maßnahme« ein Mord verherrlicht? Diese zugleich politisch und akademisch klingende Frage schafft unter Zeitgenossen, die »nur« interessierte Theaterbesucher sind (aber keine Germanisten, Brecht-Forscher, Gesamtausgabenleser, Politologen, marxistische Theoretiker, Berufsliteraten) eine gewisse Verlegenheit. Zwar hat man auch als »Nicht-Professioneller« von dem Stück schon gehört, meist etwas irgendwie Negatives, Abträgliches. Aber man hat es leider momentan nicht »gegenwärtig«. Man hat es nicht gesehen, nicht sehen können. Es wird anscheinend im Theater und sogar im stoffhungrigen Fernsehen doch sehr selten aufgeführt, das Mordsstück.

Nun erschien jüngst, im brechtbetreuenden Suhrkamp-Verlag, Frankfurt 1972, ein über 500 Seiten starker Band, der »Die Maßnahme – Kritische Ausgabe mit einer Spielanleitung von Reiner Steinweg« heißt, in aller Unschuld. Seite 483–485 wird der Untertitel ›kritische Ausgabe‹ vom gramvoll ehrlich veranlagten Herausgeber zurückgenommen. Da heißt es kleinlaut: »Die vorliegende Ausgabe ist ein Torso... bietet nur eine Auswahl... ist ein Kompromiß... wird nur als *Vorarbeit* von Wert sein...« Gleichviel: auch torsohafte 500 Seiten »Maßnahme«-Dokumentation sind keine Lektüre für Eilige, nicht zum Schmökern in den Ferien. Sondern geballte Philologie (wie immer, in solchen Fällen, mit einer heftigen Tendenz zur Selbstparodie, zu aufdringlichem methodischem Klimbim). Steinweg bietet den minutiösen, aber uninterpretierten Vergleich mehrerer Fassungen, seitenlange Zahlenkolonnen, welche Zeile des gewiß nicht unübersehbar langen Stückes welcher Zeile entspricht – ›Zeilensynopsis‹ – kurz: mannigfache Schikanen schweißtreibender, aber hilfreicher Wissenschaftlichkeit.

Im Klappentext heißt es, unverfänglich:

> Mit der kommentierten Ausgabe der »Maßnahme« setzen wir die kritische Edition von Brecht-Texten in der edition suhrkamp fort. Der Band dokumentiert sowohl die Textgeschichte (ab 1930) als auch die Eislersche Partitur, sowohl Brechts als auch Eislers Äußerungen zum Stück. Lesarten, Erläuterungen, eine Zeilensynopsis, ein Deszendenzschema und ›theoretische Textvorwürfe‹... machen Brechts wichtiges ›Lehrstück‹ sowohl philologisch als auch gesellschaftspolitisch durchsichtig. Kritiken und Aufsätze über die »Maßnahme«, eine Bibliographie, eine Spielanleitung des Herausgebers und ein Nachwort, in dem die Editionsprinzipien dargestellt sind, beschließen den Band.

Das klingt sehr gediegen; torsohaft kritische Ausgaben müssen so sein. Auch eine »Spielanleitung« wird versprochen im Jahre 1972. Wunderbar sind die Hervorbringungen Suhrkamps...

Aber etwas fehlt. Der waschzettelhaften Zusammenfassung über Brechts wichtiges »Lehrstück« fehlt in aller Unbescheidenheit ein Hinweis, daß Brecht und die Brecht-Nachfolger in Ost-Berlin (sowie unvermeidbar auch die in Frankfurt) trotz vielfacher Anfragen diesen Text bis auf den heutigen Tag den Theatern nicht zum Spielen freigegeben haben! Man macht also 500 Seiten Edition über einen »poetischen Text«, verschweigt im Klappentext dabei aber, daß oder gar warum Zuschauer die »Maßnahme« nicht sehen dürfen:

die ›bürgerlichen‹ in der Bundesrepublik nicht, die des Auslands genausowenig, aber das DDR-Publikum vorsichtshalber auch nicht. Ein erster Hinweis dieser Art findet sich dann freilich bereits auf Seite 258 unter der Rubrik: »Die Äußerungen der Autoren zu ›Maßnahme‹.« Da steht auch Brechts kategorischer Brief an jenen Paul Patera, der das Stück aufführen wollte, jedoch nicht aufführen durfte, dann aber gleichwohl aufgeführt hat (»und anscheinend auf ähnliche Weise entstellt hat wie Herbert Schuster«, vermutet, beflissen gralshüterisch, Reiner Steinweg). Brechts Brief vom 21. April 1956, dem ähnlich lautende andere Äußerungen Brechts entsprechen, lautet:

> Sehr geehrter Herr Patera
> Die Maßnahme ist nicht für Zuschauer geschrieben worden, sondern für die Belehrung der Aufführenden. Aufführungen vor Publikum rufen erfahrungsgemäß nichts als moralische Affekte für gewöhnlich minderer Art beim Publikum hervor. Ich gebe daher das Stück seit langem nicht für Aufführungen frei. Viel besser eignet sich das kleine Stück »Die Ausnahme und die Regel« für Einstudierungen für unprofessionelle Theater.
> Mit herzlichen Grüßen

Das ist, mit herzlichen Grüßen, ein nicht nur lakonisches, sondern ein geradezu mürrisches Ex-cathedra-Verbot. Bedenkt man, daß Brecht zu den klarsten und sorgfältigsten Prosaisten der deutschen Literatur gehört, dann wird man wohl fragen dürfen, welcher Stimme und Stimmung er nachgab, als er Ballungen wie »für Einstudierungen für unprofessionelle Theater« formulierte. Immerhin: Befehl ist Befehl. Brecht wollte die »moralischen Affekte für gewöhnlich minderer Art« nicht, die das Lehrstück beim Publikum auslöse – darum dekretiert er, der Text sei nur für Aufführende geschrieben, nicht aber für ein Publikum.

Nun gehört es natürlich zu den guten Rechten eines jeden Autors, über seine Werke verfügen zu wollen, auch nachdem sie sich von ihm abgelöst haben. Dieses Recht besteht selbst dann, wenn sich der Autor in anderem Zusammenhang zum Anwalt einer – hochgestochen formuliert – wahrheitsliebenden Öffentlichkeitsverpflichtung des geistigen Eigentümers gemacht hatte. Als es um die Frage ging, ob »Trommeln in der Nacht« aus einer Dramen-Neuausgabe herausgelassen werden sollte, schrieb Brecht: »Nur die Überlegung, daß die Literatur der Geschichte angehört und diese nicht abgefälscht werden darf...«

Doch die »Maßnahme«, die am 13. Dezember 1930 in der Berliner Philharmonie uraufgeführt wurde – als ›politisches Oratorium‹, was zunächst ja gewiß keine private Introvertiertheit andeutet –, soll der Theateröffentlichkeit entzogen werden dürfen? Das muß gewichtige Gründe haben. Welche? Der Fall »Maßnahme« ist ein *ungeheuerliches Lehrstück über die Verdrängung eines ungeheuren Lehrstückes.* Worum geht es in der »Maßnahme«? Brecht gab folgende Zusammenfassung:

Der Inhalt des Lehrstücks ist kurz folgender: vier kommunistische Agitatoren stehen vor einem Parteigericht, dargestellt durch den Massenchor. Sie haben in China kommunistische Propaganda getrieben und dabei ihren jüngsten Genossen erschießen müssen. Um nun dem Gericht die Notwendigkeit dieser Maßnahme der Erschießung eines Genossen zu beweisen, zeigen sie, wie sich der junge Genosse in den verschiedenen politischen Situationen verhalten hat. Sie zeigen, daß der junge Genosse gefühlsmäßig ein Revolutionär war, aber nicht genügend Disziplin hielt und zuwenig seinen Verstand sprechen ließ, so daß er, ohne es zu wollen, zu einer schweren Gefahr für die Bewegung wurde. Der Zweck des Lehrstückes ist es also, politisch unrichtiges Verhalten zu zeigen und dadurch richtiges Verhalten zu lehren. Zur Diskussion soll durch diese Aufführung gestellt werden, ob eine solche Veranstaltung politischen Lehrwert hat. (Zitiert nach Steinwegs Suhrkamp-Ausgabe, S. 237.)

Das wäre also – ob nun von Brecht selber formuliert oder nicht – die gleichsam offizielle Lesart: ein Undisziplinierter macht sich schuldig, gefährdet seine Kameraden und muß beseitigt werden, damit eine nur von ihm geschaffene, furchtbare Notsituation beseitigt wird, nachdem er in aller Eile dazu seine Zustimmung gegeben hat.

Der junge Mann handelte eben nur nach seinem (revolutionären) Gefühl statt mit seinem (revolutionären) Verstand. Er mußte für das Gelingen einer ›glücklichen Arbeit‹ geopfert werden. Sein Opfer könnte immerhin ein politisch richtiges Verhalten lehren.

Träfe diese zumindest eindeutige Lesart oder Interpretation des Textes zu, teilte sie nicht nur die offizielle, die »positive« Seite der Sache mit, dann ließe sich nicht so leicht verstehen, zumindest auf den ersten Blick nicht, warum über das Drama ein so massiver theoretischer Streit entbrannte, warum die »Maßnahme« so viel hämisch-schadenfrohe rechte Genugtuung auslöste und so viel linke Angst, die zu umfänglicher Manipulation und endlich zum Theaterverbot des Textes führte. Ist denn die mitgeteilte »Lehre« so falsch, unzulässig und unzumutbar? Daß Mangel an Disziplin, an Klugheit – zumal in extremer Kampfsituation – lebensgefährlich sein kann, wäre doch keine unmäßig schockierende These. Oder kann man dem Stück vorhalten, daß es seine Konsequenz – die Gefährdung einer guten Sache durch blinden Eifer – unmäßig zuspitzt? Hat es marxistische Optimisten gestört oder verstört, daß grausame, aber unvermeidliche Aporien nicht nur in der bürgerlich-kapitalistischen, der altmodisch tragisch-nihilistischen Welt vorkommen, sondern auch im kommunistischen Bereich möglich sein können? Haderte man mit Brecht, weil sein gewichtigstes größeres Werk, das in kommunistischer Gegenwart spielt (also nicht nur bürgerlich-kapitalistische Widersprüche scharfsinnig analysiert), gleich zum Mord an einem netten, jungen, idealdenkenden Kommunisten führen mußte?

Brecht war in einem Dilemma. Mit großartig zwingender Sicherheit, mit kunstvoller sprachlicher und szenischer Verdichtungskraft hat er in der »Maßnahme« das Spannungsfeld zwischen einem individuell-fehlerhaft-spontanen jungen Genossen, einer kleinen Gruppe und einem Kollektiv entworfen. Beeindruckt von beklommener, taktisch besserwisserischer, durchaus bedrohlicher linker und pöbelhafter rechter Reaktion, selbst wohl nie völlig einverstanden mit der »Maßnahme«, hat Brecht einige Male versucht, das Werk, das sowohl als »stalinistisch« wie auch als »idealistisch« kritisiert werden konnte (oder auch als zugleich stalinistisch und idealistisch, weil der idealistische Ansatz stalinistische Praktiken erzwingt), in Ordnung zu bringen.

Aber offenbar blieb der Konflikt doch zu sperrig. Die Konsequenz der Sache ließ sich mit noch so geschickten dramaturgischen Maßnahmen aus der »Maßnahme« ebensowenig entfernen, wie man aus Märchen alle Blutspuren entfernen kann, damit die Kinder sie auch gerne hören. Brechts Dilemma sah hier so aus: Wenn er dem Vorwurf begegnen wollte, der vorgeführte Konflikt sei zu abstrakt, die Tötung des jungen Genossen wirke nicht unvermeidbar, und folglich mit großer List versuchte, den jungen Mann völlig ins Unrecht zu setzen: dann wuchs der noch so logischen Handlungsführung jene Unerbittlichkeit zu, jene auf notwendigen und gutgeheißenen Mord hinauslaufende orthodoxe linke Rechthaberei, die dem Stück offenbar jenen Unheimlichkeitscharakter des Finsteren und Nicht-Geheuren verlieh. Da wurde dann zwar eine fabelhaft gesunde und produktive These oder Haltung vorgeführt, aber der Boden, auf dem sich das alles abspielte, geriet ins Schwanken.

Adorno etwa meinte tatsächlich und, wie ich finde, unzutreffend: »Das wilde Gebrüll der »Maßnahme« überschreit das Unheil, das der Sache widerfuhr und das er [der junge Brecht] krampfhaft als Heil ausgeben möchte...« Wenn also Brecht einerseits, im Zusammenhang mit immer neuen Bearbeitungen, die »Partei«, die billigt, lobt und zu deren Ruhme das Ganze ja geschieht, völlig ins Recht zu setzen versucht und den jungen Mann ins Unrecht, dann nimmt das Stück immer eisigere, kalt-rechthaberischere Züge an.

Wenn aber andererseits Brecht, umgekehrt, den Jungen Genossen zum Menschen machte, ihm einen Konflikt, eine Entwicklung, eine aus Sprache und Verhalten erkennbare Individualität zukommen ließ, dann mußte eine solche humanisierende Tendenz das Werk zwar beleben, entkrampfen, sein angeblich »finster statuarischen« Charakter mäßigen, doch dann geriet es wiederum zu etwas, was es auch nicht sein sollte: nämlich zur Darstellung eines unausweichlichen, bedenklichen Konfliktes. Dann kehrte es sich womöglich gegen seine eigene Lehre. Brechts Dilemma war groß. So kam es, daß er mehrfach umschrieb, änderte, aus der »Maßnahme« ein *work in progress* machte (wie Max Frisch aus seinem Lieblingsdrama, dem

»Grafen Öderland«), daß er für die 1955 im Suhrkamp-Verlag erschienene Ausgabe der »Stücke« jene Fassung vorzog, die dem Jungen Genossen aufregend viel Gerechtigkeit widerfahren läßt... dann aber Anweisung gab, für die spätere Ausgabe der »Gesammelten Werke in 20 Bänden« doch lieber die ärmere, linientreue Fassung heranzuziehen. Vom Sujet kam er jedenfalls nicht so leicht los. Die »Maßnahme« ist nicht, wie abwiegelnde Marxisten meinen, die unreife Antwort eines unreifen Bertolt Brecht auf Probleme, die keine waren. Sie hat vielmehr eine Jahrhundertfragestellung zum Gegenstand. Eine Woche bevor Brecht starb, besuchte ihn Manfred Weckwerth und führte Gespräche mit dem Kränkelnden. Es war im August 1956. Weckwerth berichtet über diese »letzten Gespräche« (Steinweg, a.a.O., S. 265):

> Wir sprachen über das Theater der Zukunft. Wie würde es aussehen, wenn es – wie in Brechts typisch globaler Übertreibung – Genüsse zu Kampfposten machen wolle. Ich fragte Brecht, der solche Fragen nicht mochte, da sie aus der Pistole geschossen wurden: »Brecht, nennen Sie ein Stück, welches Sie für die Form des Theaters der Zukunft halten.« Ebenso aus der Pistole geschossen kam die Antwort: »Die ›Maßnahme‹.«

Was die ›Form des Theaters der Zukunft‹ besaß, mußte dem Theater der Gegenwart jedoch vorenthalten werden. Freilich: im theoretischen und poetischen Bewußtseinshintergrund war die »Maßnahme« immer gegenwärtig. Erich Fried schrieb ein Gedicht über »Die Maßnahme«, dessen vier letzte Strophen lauten:

> Die Traurigen werden geschlachtet
> die Welt wird lustig
>
> Die Alten werden geschlachtet
> die Welt wird jung
>
> Die Feinde werden geschlachtet
> die Welt wird freundlich
>
> Die Bösen werden geschlachtet
> die Welt wird gut

Der amerikanische Freund und Übersetzer Brechts, Eric Bentley, der sich übrigens, wie er mir sagte, heftig für Aufführungen der »Maßnahme« einsetzt, schrieb in seinem Buch »Das lebendige Theater« (Friedrich-Verlag, Velber 1967, S. 142):

> Man nennt »Die Maßnahme« sein dogmatischstes Stück, und als solches müßte man es als die Verteidigung der Realisten gegen den Idealisten lesen – Philipp II. gerechtfertigt als die Stalin-Partei, der Marquis Posa als der »gesäuberte« Genosse endgültig besiegt. Wenn jedoch Schiller eine heimliche Sympathie für Philipp nährte, dann findet man in dem Brechtschen Text eine kaum verhüllte Neigung für den Jungen Genossen. Das Leben des Menschen findet seinen Ausdruck nicht in der amtlichen Gesinnung, sondern in dem Hin und Wieder, in dem Zusammenprall zwischen zwei Sympathien. Wenn dieser Zusammenprall dramatisiert ist – wie in Brechts widerstreitenden Sympathien für die zynische Mutter Courage und ihre heroische Tochter Kattrin – dann entsteht das beste Drama Brechtscher Prägung.

Das heißt aber doch auch: Neben der »Mutter Courage« ist die »Maßnahme« bestes Drama Brechtscher Prägung.

Julius Hay, für manche gewiß kein unverdächtiger Zeuge, schrieb in seiner Autobiographie »Geboren 1902« (Christian Wegner Verlag, Hamburg 1971, S. 131 f.):

> Ich hielt und halte weiterhin »Die Maßnahme« für eines der aufrichtigsten Werke Brechts. Mit großer Beunruhigung sah ich, was da vorging: um den eigenen dramaturgischen Dogmen Gewicht und Gehör zu verschaffen, schien mir da ein Dichter seine Freiheit aufzugeben und seine Dichtung politischen Dogmen unterzuordnen.

Herbert Lüthy zeigte sich in seinem Aufsatz über den armen Bertolt Brecht überzeugt von der Bösartigkeit der »Maßnahme«, von ihrer »unmenschlich-eiskalten Größe«. Aber er nennt sie, immerhin: »formal das Beste und Geschlossenste, was Brecht geschrieben hat«.

Die marxistische und kommunistische Kritik an der »Maßnahme« war, wie die bürgerliche »Empörung«, von Anfang an massiv präsent. Ernst Schumacher – »Die Dramatischen Versuche Bertolt Brechts 1918–1933« (Rütten und Loening, Berlin) – führt viel Material vor. Intelligent und kritisch, mit bösen Seitenhieben gegen »Renegaten«, aber auch mit begründetem Tadel an Schumacher, faßt Werner Mittenzwei in seinem Buch »Brecht – Von der ›Maßnahme‹ zu ›Leben des Galilei‹« die linientreuen, konkretistischen Bedenken zusammen, die ein Ostberliner Theoretiker haben kann (Aufbau-Verlag, Berlin und Weimar 1965).

Diese Bedenken, so ängstlich, spröde und defensiv sie auch manchmal scheinen, stehen auf höherem Niveau als die – objektiv nichts beweisenden – Hinweise auf den internen Lehr- oder Lern-Stück-Charakter des Werkes, der die Öffentlichkeit ausschließe und angeblich verhindere, daß da Dinge zur Sprache kommen, die über eine bloß situative Reaktion des jungen Brecht auf Schwierigkeiten des Jahres 1930 hinausreichen. Seit Reinhold Grimm seinen eindringlichen Aufsatz »Ideologische Tragödie und Tragödie der Ideologie« geschrieben und an mehreren Orten vorgelegt hat (z. B. Fischer-Bücherei, Band 699, Interpretationen 2, »Deutsche Dramen von Gryphius bis Brecht«), wo Brechts »Maßnahme« ausführlich als ein Ideendrama interpretiert wird, auf literarhistorischem Hintergrund – aber ganz ohne präzise Beachtung der formalen Mittel und Einzelheiten, die hier wichtig sind, weil sie konkretisieren, und die Ideen oft auch kritisieren –, seit Otto Mann ohne weiteres der offiziellen Version vertraute und das Stück darum in seinem ›kritischen‹ Brecht-Buch (»b. b. – Maß oder Mythos«, Rothe Verlag, Heidelberg) unkritisch abtat, seit Martin Esslin in seinem intelligent kritischen, frei anti-orthodoxen Brecht-Buch (»Brecht – Das Paradox des politischen Dichters«, auch dtv Bd. 720) und Hans Christoph Angermeyer in seiner Studie »Zuschauer im Drama« (Frankfurt, 1971) Probleme gerade der »Maßnahme« ausführlich bedacht haben, ist das Stück nun zumindest ein Objekt neugieriger Germanisten geworden, denen Reiner Steinwegs umfängliche Ausgabe und seine sehr affirmativen, brecht-gläubigen Lehrstückerwägungen hilfreich sein mögen.

Ich möchte darzustellen versuchen, was Brechts »Maßnahme« enthält und was sie verbirgt. Nicht nur die »Tendenz« ist wichtig, die »Fragestellung«, sondern auch der sprachliche Gestus. Auf die Beziehung dieses Dramas zur Weltliteratur kommt es ebenso an wie auf die zeitgeschichtliche und ideengeschichtliche Situation des Jahres 1930. Brechts »Maßnahme« ist nicht karg, sondern gedrängt erfüllt von knapper, begrenzter Vielfalt und Vieldeutigkeit. Bei ungenaueren Autoren, etwa in Peter Weiss' »Marat-Sade«-Stück, gibt es eine vage, eine faule Vieldeutigkeit. Diese faule Vieldeutigkeit, meist Symbolik ohne Bedeutung, stellt indessen den Gegentypus dar zu jener begrenzten, gebundenen Vieldeutigkeit präziser, poetischer Arbeiten, die kraft ihrer Selbständigkeit, ihrer Veränderbarkeit, ihrer sprachlich-szenischen Dialektik über sich hinausweisen und immer neue Interpretationsmöglichkeiten bieten.

Neben direkter und indirekter, bewußter und vielleicht auch unbewußter Charakterisierung interessieren hier vor allem Brechts Korrekturen und Handlungsveränderungen. Wo Rauch (sprich: Korrektur) ist, da muß ja auch das Feuer des Unerwünschten, Falschen, des zu Unterdrückenden brennen. Natürlich sind, methodisch gesagt, alle Fassungen oder Änderungen oder Erweiterungen gleichermaßen »original«, »authentisch« – deshalb brauchen sie aber nicht gleichermaßen wichtig oder gelungen zu sein. Falsch wäre jedenfalls eine Fetischisierung des »frühesten« Entwurfs oder die Annahme, die »letzte« Fassung sei immer die entscheidende.

*

Selbst der Kontrollchor ist nicht nur unmenschlich.

»Eure Arbeit war glücklich.« Mit diesem schönen, triumphierenden Satz belohnt am Anfang und am Schluß des Stückes der »Kontrollchor« die Arbeit von vier kommunistischen Agitatoren in China. Aber diese vier Agitatoren fallen der übergeordneten Instanz anfangs brav ins Wort. Sie rufen:

Halt, wir müssen etwas sagen! Wir melden den Tod eines Genossen.

Sie unterwerfen sich diesem Urteil bedingungslos:

Wir fordern euer Urteil... Wir werden euer Urteil anerkennen.

Die Festspielstimmung ist also zunächst unterbrochen. Aber nicht, weil jemand der Instanz widersprechen wollte, sondern weil vier Agitatoren etwas *gegen sich* vorzubringen hatten. Der KONTROLLCHOR antwortet:

Stellt dar, wie es geschah und warum, und
ihr werdet unser Urteil hören.

So heißt es zumindest in der Fassung der »Versuche« von 1931, die später in der Suhrkamp-Ausgabe von 1955 wieder abgedruckt wurde. In früheren Fassungen war die Wortstellung expressionistischer, sie legte einen schweren Akzent auf das nachgestellte Substantiv »Urteil« (doch solche Einzelheiten sollen uns nur in Ausnahmefällen beschäftigen):

DER KONTROLLCHOR
Stellt dar, wie es geschah und warum, und ihr werdet hören unser Urteil.
DIE VIER AGITATOREN
Wir werden anerkennen euer Urteil.

Wie verhält sich nun dieser Kontrollchor, dessen Urteil man anerkennt, während des Prozesses, der vorgeführt und vom Kontrollchor entschieden wird?

Der Kontrollchor ist keineswegs unbeweglich, stets »statuarisch«. Von einer lobenden, dann urteilssicher zuhörenden, dann lernenden (also: sich belehren lassenden) Instanz entwickelt er sich zu einem einverstandenen, mitleidsvollen und schließlich lobenden Partner. So wie laut Kierkegaard »das ganze Dasein der Kirche hier auf Erden zu einer Parenthese oder etwas Parenthetischem« wird (»mit Christi Auffahrt zur Hoheit beginnt der Inhalt der Parenthese, und mit seiner Wiederkunft schließt er«), so verläuft die Darbietung der »Maßnahme« als entfaltete Parenthese zwischen »glücklich« und »glücklich«. Aber damit es so sein kann, will viel gelernt und einiges verdrängt sein.

Auch der Kontrollchor spricht, wie es die Agitatoren tun, von »den Lehren der Klassiker« undialektisch, völlig überzeugt, sie sind hier das Absolute und Konkrete zugleich. Da gibt es nichts einzuschränken oder in Frage zu stellen. Das »Lehrstück« zumindest geht von den marxistischen Kirchenvätern aus, als seien es welche.

Ein politisches Oratorium ist nicht der Ort, Klassikerlehren kritisch zu analysieren, gewiß. Doch muß es darum die Weihestätte sein, diese Lehren einschränkungslos als absolute Sätze zu feiern? Es gibt auch im Kontrollchor einige Passagen, die spüren lassen, wie Brecht seine Zweifel, seine Vorbehalte, sein Sich-selbst-überzeugen-Wollen in den Text hineingenommen und zur positiven Aussage umgebogen hat:

> Könntest du die Welt endlich verändern, wofür
> Wärest du dir zu gut?
> Versinke in Schmutz
> Umarme den Schlächter, aber
> Ändere die Welt: sie braucht es!

Man darf sich für nichts zu gut sein. Unter Umständen muß also auch Ungutes in Kauf genommen werden, sagt (sich) der junge Brecht. Der Kontrollchor selbst fühlt einen Widerstand – und überwindet ihn.

Bekanntlich haben die »Klassiker« ihr ABC aus der Wirklichkeit geschöpft und sind darum unvermeidlich im Recht. Anders verhält es sich, laut »Maßnahme«, mit der leibhaftigen Hic-et-nunc-Wirklichkeit der Partei. Die Partei, die Partei, die hat nämlich keineswegs immer recht, sondern sie hat recht, auch wenn sie nicht recht hat. Und warum kann die Partei letzten Endes nicht im Unrecht sein?

Dafür bürgen zwei Sachverhalte. Der Kontrollchor nennt sie:

> Der Einzelne kann vernichtet werden
> Aber die Partei kann nicht vernichtet werden
> Und sie führt ihren Kampf
> Mit den Methoden der Klassiker, welche geschöpft sind
> Aus der Kenntnis der Wirklichkeit.

Also: die Partei ist zugleich das allgemeinere und das dauerndere Prinzip, darum behält sie recht, auch wenn sie vielleicht nicht recht hat. (»Verbal-Inspiration« wird offenbar nicht beansprucht.)

Die kompliziertere Vermittlung zwischen Einzelnem und Allgemeinem, die zwar dem Allgemeinen einen Irrtum zugesteht, aber dem Einzelnen nicht Auflehnung, geht aus der Antwort der drei Agitatoren auf des Jungen Genossen Frage hervor, wer denn die Partei sei, ob sie in einem Haus mit Telefonen sitze.

> DIE DREI AGITATOREN
> Wir sind sie.
> Du und ich und ihr – wir alle
> ...
> Gehe nicht ohne uns den richtigen Weg
> Ohne uns ist er
> Der falscheste.
> Trenne dich nicht von uns!
> Wir können irren und du kannst recht haben, also
> Trenne dich nicht von uns!

Was hier (nicht der Kontrollchor, sondern) die vier Agitatoren über den möglichen Partei-Irrtum vorbringen, wurde später von Brecht im Gedichtband »Lieder Gedichte Chöre« (Paris 1934) veröffentlicht. Roman Jakobson hat eine ausführliche Analyse darüber (in der Zeitschrift »Alternative« 65, unter dem Titel: »Der grammatische Bau des Gedichts von B. Brecht ›Wir sind sie‹«) geboten. In diesem Gedicht und in der »Maßnahme« steht nämlich noch mehr. Die Zeilen 17–19 lauten:

Daß der kurze Weg besser ist als der lange, das leugnet keiner
Aber wenn ihn einer weiß
Und vermag ihn uns nicht zu zeigen, was nützt uns seine Weisheit?

Jakobson fügt hinzu: »In der älteren handschriftlichen Version lautete der 18. Vers ursprünglich »aber *wer weiß ihn?* und wenn ihn einer weiß«, doch wurden die hier durch Kursivschrift hervorgehobenen Worte der Maschinenschrift später vom Autor selbst getilgt. »Wer weiß ihn?«, den richtigen Weg, hat Brecht gefragt. Und dann nicht mehr fragen wollen. Er lebte anscheinend 1930, wie Alexander Weißberg Czybulsky beteuerte und wie auch der Kontrollchor singt:

In den Zeiten äußerster Verfolgung und der Verwirrung der Theorie.

Die letzte Fassung, 1937/38, für den Malik-Verlag und später die Gesammelten Werke in 20 Bänden, streicht vorsichtshalber die »Verwirrung der Theorie«! Wie konnte das dem Kontrollchor passieren... *Keine Verwirrung mehr.*
Der Kontrollchor, das Parteigericht, wird zwar von den Beteiligten, von den hierarchisch Untergeordneten und vom Autor zugleich als selbstverständlich letzte Instanz, als Partner und am Schluß als Sprachrohr des Weltgeistes der Revolution präsentiert – dazwischen aber ergeben sich Abstufungen, die teils mit einem im Kontrollchor sich steigernden, sozusagen väterlichen Mitgefühl, teils mit rasch überwundenem und alsbald herausgestrichenem Zweifel an der Eindeutigkeit der Theorie zu tun haben.
Diese Abstufungen scheinen jenen Lesern und Betrachtern des Werkes entgangen zu sein, die immerfort beteuern, wie sehr die grausame Orthodoxie der Instanz sie erschrecke. Der Kontrollchor erscheint hier zwar als eine Instanz, die nach Eindeutigkeit lechzt, die ein klares, verwirrungslos revolutionäres Klima schaffen möchte: die aber – und das bezeichnet den Rang Brechts – doch außerstande scheint, fortwährend die erforderlichen radikalen Tautologien zu produzieren! Die Sprache des Kontrollchors ist nicht hohle

Propaganda: dazu war Brechts Deutsch zu genau, seine Grammatik zu fündig, seine Bildwelt zu wahrhaftig. Möglicherweise haben viele Interpreten sich allzu sehr beeindrucken lassen von Eislers Musik, die anfangs archaisch und schwer tönt, dabei sogar dem schicksalsschweren C-Moll-Beginn von Brahms' 1. Symphonie harmonisch-melodisch auffällig nahesteht, näher als denen lieb sein kann, die so gern von der »Modernität« und »Simplizität« dieser Eislerschen Komposition reden.

Aber bleiben wir beim Text. Der Eindruck der Unerschütterlichkeit, der Unbeweglichkeit beim (riesigen) Kontrollchor hängt offenbar damit zusammen, daß belehrtes und sicheres Denken manchmal sich starr antithetisch ausdrückt.

DER KONTROLLCHOR
...
Reden, aber
Zu verbergen den Redner.
Siegen, aber
Zu verbergen den Sieger.
Sterben, aber
Zu verstecken den Tod.

Dabei kommt gelegentlich und unvermeidlich eine Art Blutordensrausch, ja Blutordenskitsch auf: tönende Antithesen verklären das reale Leid des unbekannten Soldaten ... Das klingt dann so:

DER KONTROLLCHOR
Aber es lädt der ärmliche Esser die Ehre zu Tisch
Aus der engen und zerfallenen Hütte tritt
Unhemmbar die Größe.
Und der Ruhm fragt umsonst
Nach den Tätern der großen Tat.
Tretet vor
Für einen Augenblick
Unbekannte, verdeckten Gesichtes, und empfangt
Unsern Dank!

Der Kontrollchor wird also erkennbar als ein gelegentlich mitagierendes, aufgeklärtes Kollektiv, voller Pathos, aber nicht »pathetisch«. Nur wenn die vier Agitatoren vorführen, wie sie ihre Individualität auslöschten (im »Badener Lehrstück vom Einverständnis« ist das Adjektiv »eigentümlich« sogar ein Schimpfwort: »Du bist zu eigentümlich. / Darum kannst du nicht sterben« hält man dem gestürzten Flieger vor; Brecht schrieb das 1929), dann läßt sich der Kontrollchor doch auch zum Pathetischen fortreißen, dann steigert sich die Antithetik zum ehernen Gesetz, dann wird ohne Rücksicht auf Glaubwürdigkeitsverluste verkündet, wozu jemand imstande zu sein habe, der für den Kommunismus kämpft. Wer seiner privaten, bürgerlichen Persönlichkeit entsagt hat, darf (oder vielmehr: muß) auch dem bürgerlichen Tugendsystem entsagen:

DER KONTROLLCHOR
Wer für den Kommunismus kämpft
Der muß kämpfen können und nicht kämpfen
Die Wahrheit sagen und die Wahrheit nicht sagen
Dienste erweisen und Dienste verweigern
Versprechen halten und Versprechen nicht halten...

War es Brecht eigentlich mit diesen Kontrollchoräußerungen völlig ernst, die besagen, daß jemand – in dem Moment, da er für den Kommunismus zu kämpfen glaubt – ohne jedes Unrechtsbewußtsein lügen, Hilfeleistungen verweigern und Versprechen brechen darf? Eine solche Frage klingt naiv gegenüber den rhetorisch wirkungsvollen, theatralisch niederschmetternd willenskräftigen, trans-moralischen Tugendformeln der »Maßnahme«. Sie klingt naiv angesichts des Schwunges und der Unzweideutigkeit der zitierten Kontrollchorsätze (die übrigens nur in der Fassung »Stücke 1955« als Verse gedruckt sind; in allen von Steinweg mitgeteilten Fassungen als Prosa). Aber daß die Frage so naiv-direkt wirkt, darf nicht hindern, sie aufzuwerfen.

Walter Benjamin berichtet (Svendborger Notizen, 6. Juli 1934), daß Brecht selbst sie sich durchaus stellte:

Brecht, im Laufe des gestrigen Gespräches: »Ich denke oft an ein Tribunal, vor dem ich vernommen werden würde. ›Wie ist das? Ist es Ihnen eigentlich ganz ernst?‹ Ich müßte dann anerkennen: ganz ernst ist es mir nicht. Ich denke ja auch zu viel an Artistisches, an das, was dem Theater zugute kommt, als daß es mir ganz ernst sein könnte. Aber wenn ich diese wichtige Frage verneint habe, so werde ich eine noch wichtigere Behauptung anschließen: daß mein Verhalten nämlich erlaubt ist.«

Brecht hat, bei diesem Bekenntnis, wahrscheinlich nicht gewußt, daß sich der von ihm herzlich verachtete Richard Wagner ähnlich über das Problem künstlerischer Ernsthaftigkeit äußerte; er hat damals auch nicht ahnen können, daß er die »Maßnahme« am 26. Oktober 1947 im Verhör vor dem »Committee on Un-American Activities« bedenkenlos verleugnen und ummodeln würde, weil das grimmige Committee – Richard Nixon gehörte ihm an (!) – aus dem Stück nichts als den kommunistischen Mord an einem Undisziplinierten herauszulesen wußte. Brecht wird sich auch damals schwerlich haben vorstellen können, daß er im Gespräch mit Pierre Abraham, der ihn 1956 wegen eines Vorworts zur französischen Übersetzung befragte, so weit gehen würde, sein »Lehrstück« von 1930, immerhin eine »Veranstaltung von einem Massenchor und vier Spielern«, als puren Argumentationssport zu bezeichnen. Es seien »ausschließlich Geschmeidigkeitsübungen« *(exercises d'assouplissements)*. »Die richtige oder falsche Begründung eines Urteils« (also so etwas wie das Wahrheitsmoment), sagt Brecht da, »ist eine ganz andere Sache, die auf Dinge zielt, die ich in jene Debatte nicht eingeführt habe.« Oder mogelte Brecht, weil ihm die Bekenntnisse der »Maßnahme« unangenehm waren? (»Die Wahrheit sagen und die Wahrheit nicht sagen.«)

Ähnlich neutral hatte Brecht freilich viel, viel früher bei der Anmerkung zum »Dickicht der Städte« erklärt: »Sie betrachten den unerklärlichen Ringkampf zweier Menschen ... Zerbrechen Sie sich nicht den Kopf über die Motive ... beurteilen Sie unparteiisch die Kampfform der Gegner und lenken Sie ihr Interesse auf das Finish.« Das war allerdings auch beim »Dickicht« viel verlangt, in einem

Stück immerhin, in dem homosexuelle Leidenschaft zum Schluß als eine Triebfeder erkennbar wird. Vor dem Selbstmord gesteht der Malaye Shlink seinem Gegner: »Nimm dich zusammen: ich liebe dich.« Und Brecht verlangt gewiß allzu listig allzu viel, wenn er fordert, daß der Leser oder der nur gedachte Zuschauer der »Maßnahme« dem gewaltigen Chorwerk wie einer sportiven Argumentationsübung begegne. Doch wie dem auch sei: Daß Brecht bereit, ja sogar bemüht war, sein »Ganz-ernst-Sein« im Zusammenhang mit dem artistischen Moment zu relativieren – das muß hingenommen werden.

*

Äußerstes wird also vom Kontrollchor mit einfachen, armen Worten, die der Lyriker Brecht wie kein zweiter deutscher Autor reich zu machen wußte (aber in grammatisch schwierigen, anspruchsvoll expressionistischen Sätzen), vorgetragen. Es gibt auch teilnahmsvolle Wendungen, Eingriffe, es gibt – zwischen starr orthodoxen Pfeilern – leicht Spannungen, Verwirrungen. Und es gibt große Antithesen, bei denen, wie bei Shakespeare, kein Sterblicher entscheiden darf, wo Artistisch-Spielerisches bereits über das »ganz Ernste« hinausragt, oder wo mitten im vermeintlich rein Sportiven, Übernommenen, »Uneigentlichen«, Weiterführenden schon längst wieder Aufklärung und Meinung *ganz ernst* dominieren.

*

Der Junge Genosse »sah zuviel«

Der Kontrollchor erteilt Lehren, läßt sich aber auch belehren. Denn dem Jungen Genossen, der sich fortwährend, wie es heißt, »falsch verhält«, wird kaum je gedroht: man beschwört ihn, man preist seine Offenheit, man bedauert seinen Tod; aber es wird kein Rachegericht genossen, weder kalt, noch heiß. (Die *Situation* fordert, im Kontext des Stückes, die »Grablegung«, nicht der Urteilsspruch des Kontrollchors.) Wie es im Jungen Genossen selber aussieht, der Begeisterung für die »Lehren der Klassiker«, und dann einen Abfall von diesen Lehren, und dann reuiges, selbstkritisches Zurückfinden vorzuführen hat, das ist eine andere Frage. Wir kommen noch darauf. Doch so viel läßt sich jetzt bereits sagen: Jürgen Rühle hatte unrecht, als er in seinem Buch »Das gefesselte Theater« (Kiepenheuer und Witsch, Köln, S. 220) feststellte:

> Das Lehrstück »Die Maßnahme«... ist ein Dokument von einer grausigen, statuarischen Größe, in seiner Wucht und Konsequenz beinahe einer antiken Tragödie vergleichbar – nur daß der Donnerkeil der Nemesis, der den Menschen gnadenlos zermalmt, nicht mehr vom olympischen Rat der Götter geschleudert wird, sondern vom Politbüro der bolschewistischen Partei. Unheimlich und bestürzend ist die Prophetie des Stückes: vier Jahre vor der Liquidation Röhms und der SA-Führer durch Hitler, sieben Jahre vor der Liquidation der bolschewistischen alten Garde durch Stalin hat hier ein genialer Schriftsteller das furchtbare, die eigenen Reihen zerfleischende Blutgesetz des Totalitarismus vorweggenommen. Die Prognose stimmte bis in die Details – bis zu den Geständnissen der Moskauer Prozesse...

Bis in die Details? Ja, wurde denn der Junge Genosse vom Kontrollchor verurteilt? Wirklich nicht: die Verhandlung dreht sich im Gegenteil vielmehr darum, ob diejenigen, die ihn in heikler Aktion und Situation umbringen zu müssen glaubten, zu ihrer Maßnahme berechtigt waren. Mittenzwei schreibt in seinem Brecht-Buch mit Recht:

> Wer Brechts »Maßnahme« gelesen hat, wird vergebens nach einer Darstellung suchen, bei der der »Donnerkeil der Nemesis« vom Politbüro geschleudert wird. (S. 66)

Fast könnte man so weit gehen, zu sagen, daß nicht nur der Junge Genosse zwischen völliger Identifikation mit der Idee und spontanem Rekurs aufs unveräußerliche eigene Gewissen pendelt, sondern daß umgekehrt auch die vier Agitatoren und sogar der Kontrollchor sich eine gewisse Sympathie, ein gewisses verständnisvolles Mitleiden leisten mit diesem Sünder, der Buße tut und büßen muß (und auch dem roten Himmel zumindest interessanter zu sein scheint als jene langweiligen 99 Gerechten, die der Buße nicht bedürfen).

Man darf dem Stück nicht ohne weiteres glauben, daß es bloß um den Gegensatz »Gefühl : Verstand« gehe – der Junge Genosse reagiert keineswegs nur gefühlsmäßig. Und auch der Opferprozeß, als welcher die »Maßnahme«-Verhandlung schließlich erkennbar wird, enthält weiß Gott eine religiöse, keineswegs nur rationale Komponente.

Zwischen den Opferern, dem Opfer und der Instanz, vor welcher das Opfer zu rechtfertigen ist, besteht anscheinend eine geheime Sympathiebeziehung. Hatten Brecht und seine Rechtsnachfolger Angst davor, die Theateröffentlichkeit könne das spüren? (Gelegentliche Kontrollchoremphase, unterdrückte Kontrollchorverwirrung und nicht hinreichend, aber doch mit Konsequenz unterdrücktes Individualschicksal des Jungen Genossen hängen aber nicht bloß miteinander zusammen, sondern sie sind schließlich auch sämtlich eindringliche, keineswegs radikal kritisierte Gestaltungen von Brecht, von Brechts zugleich artistischer und ganz ernster Phantasie: war auch das bereits zuviel für die linke Angst?)

Denn so optimistisch die »Maßnahme« schließt, als kommunistisches Festspiel, dem ein stimmungsteigerndes Opfer vorausgehen mußte, so wenig hat Brecht es fertigbekommen, ein im ganzen optimistisches, beruhigendes, fröhlich fortschrittliches Stück zu verfassen. Da gibt es einen schwer austilgbaren Konflikt, ein blutiges Opfer und eine rituelle bestätigende Feier dieses Opfers – aber es darf wirklich nicht gelacht werden wie beim Happy-End. So wie Ernst Bloch das Happy-End durchschaut und doch verteidigt, so wie Kafka, Joyce, Beckett und Arno Schmidt dem verordneten Aufbauwillen nicht entsprechen, so wie aus dem manchmal cholerisch gegen seine Vorgesetzten eifernden J. S. Bach oder aus dem in der »Neunten« menschheits-umschlingenden Beethoven von der DDR-Propaganda immer gleich humanistische Aufklärer gemacht werden mußten, die aus ihren Gräbern und Gesamtausgaben mit strahlend aufmunterndem Lächeln zum fortschrittlichen Arbeiter- und Bauernstaat herüberwinken – so müßte offenbar aus der »Maßnahme« der Stachel des Aufbegehrens, des Schicksalhaften getilgt werden können, damit die Öffentlichkeit zugelassen werden darf. Dann hätten wir das Lehrstück bestimmt schon längst in einer bewegten Aufführung des ›Berliner Ensembles‹ oder einer bunten der ›Deutschen Oper‹ erleben können. Aber Brechts artistisches Gewissen – eben doch nur ein Scheingegensatz zum ›Ganz-ernst-Sein‹ – hat nicht gestattet, daß die »Maßnahme« so weitreichend verharmlost wurde, selbst in der bedenklich nachgiebigen, spätesten Fassung nicht.

Mangel an Optimismus, an vorgeführter Machbarkeit, zu viel Schicksalsanklänge selbst unter Kommunistengenossen, das ist also offenbar die *eine* Belastung der »Maßnahme«, die aus dem Stück nicht herausoperiert werden konnte.

Die *andere* Belastung hängt weniger mit dem »richtigen« oder »falschen« Verhalten des Jungen Genossen zusammen, als damit, daß er – indem er sich *unrichtig* verhält – plötzlich zum individuellen Menschen gerät. Daß er als Individueller, als Eigensinniger, der seine eigene Sprache spricht und eigene Entscheidungen fällt, die Agitatoren und die Kontrollchoristen beinahe unvermeidlich zu mehr oder weniger grauen, positiven, mehr oder weniger konsequenten Ideennullen degradiert. Ein Mensch, fast im Sinne des 19. Jahrhunderts (nicht unbedingt ein »tragischer Held«), aber eben doch ein unterscheidbarer Einzelner mit Eigenschaften, Schwächen und Stärken, steht plötzlich den Technikern der Revolution, der Taktik, der Belehrung, kurz, den hier keineswegs mörderischen »Technokraten des Kommunismus« gegenüber. Erst im Kontrast mit diesem Jungen spüren sie, spürt man, was wirklich »ausgelöscht« wurde bei der Auslöschung. Die für den Kommunismus kämpfen, möchten die »Auslöschung« möglicherweise aufrichtig gutheißen, vielleicht Paul Ackermanns »Oh, Jungens, ich will doch gar kein Mensch sein« für sich schneidig in Anspruch nehmen: aber wenn sie dann auf der Bühne sehen (sähen), wohin das führt, wie das funktioniert, die väterlich verordnete Über-Menschlichkeit, das Zielbewußtsein: dann graut ihnen vor dem eigenen Bilde. Dann denken sie sich die tollsten Dinge aus, warum die Lehrstückkonstellation falsch sei, warum Brecht besser daran getan hätte, sich an das Verhalten von Thalheimer oder Radek im Jahre 1923 zu erinnern oder die Mai-Ereignisse von 1929 heranzuziehen, wo Thälmann aus taktischen Überlegungen den von der Zörgiebel-Polizei erbitterten, auf Barrikaden getriebenen Arbeitern nicht zu Hilfe kommen wollte, »weil alle objektiven Voraussetzungen dafür fehlten, weil keine akut revolutionäre Situation gegeben war, geschweige denn die Bedingungen für den bewaffneten Aufstand«.

Aber da eigentlich im »Lehrstück« die Zustände »dem Zuschauer nicht nahegebracht werden, sondern von ihm entfernt« (laut Benjamin), kann man nicht bereits in dem Umstand, daß Brecht einen Disziplinkonflikt nach China verlegte, ihn dort mit szenischer Sorgfalt zu einer Krise brachte und ihn dann mit der notwendigen Maßnahme lösen ließ, einen Fehler erkennen, der die ganze Sache abstrakt und verbotsreif macht. Spiele, zum Denken, dürfen so sein – auch abstrakt... Die Unheimlichkeit der »Maßnahme« lag auf einem anderen Feld. Die Primäraufgabe, die Brecht sich gestellt hatte, nämlich ein Lehrstück über Spontaneität, über falsches, vorschnelles revolutionäres Verhalten schreiben zu wollen, wäre wohl ohne weiteres, auch ohne Verbotsfolgen, lösbar gewesen. Nur daß dem Jungen Genossen nicht bloß manipulierbar, kontrollierbar Falsches (Verbesserbares, zu Beseitigendes) zugeteilt wurde, sondern daß ihm auch eine falsche, eine menschheitsgeschichtlich beglaubigte, charakterologische, zugleich beneidenswerte, aber letztlich tödliche Falschheit zuwuchs, machte die Sache verräterisch. So etwas darf dann nicht auf die Bühne.

Wie der schöne, vorführbare, behebbare Konflikt aussieht, das wissen wir mittlerweile. Vereinzelte Hilfe – vorschnell, lieb, gut gemeint, schlecht koordiniert – hilft also nicht nur nicht, sondern schadet sehr, zumal im revolutionär taktischen Kampf.

*

Da der Disziplin- und Machtkonflikt der »Maßnahme« gelegentlich mit dem »Don Carlos« oder dem »Prinzen von Homburg« verglichen worden ist, wollen wir, abwechslungshalber, Lessing bemühen. Und zwar »Nathan den Weisen«, in dessen erstem Akt (3. Szene) ja bereits Nathans berühmte Unterscheidung steht: »Begreifst du aber, / Wie viel *andächtig schwärmen* leichter, als / *Gut handeln* ist?«.

Kaum hat Lessing auf diese Theorie der guten Werke angespielt, führt er sie in der nächsten Szene (I. 4) exemplarisch aus. Nathans Freund, dem Derwisch Al Hafi, ist vom Sultan Saladin das Amt übertragen worden, die Bettler (aus dem kleineren Schatze des Hauses) zu betreuen. Das schafft einerseits ökonomische Konflikte, wie Brecht sie im »Guten Menschen von Sezuan« ein wenig schematisch abhandeln sollte – aber der Derwisch sinniert vor allem über jene Fragen, wie sie die »Maßnahme« auch stellt: hat es Sinn, privatim, ohne die Verhältnisse zu ändern und ändern zu können, Menschenfreund zu sein?

DERWISCH
Ei was! – Es wär' nicht Geckerei,
Bei Hundertausenden die Menschen drücken,
Ausmergeln, plündern, martern, würgen; und
Ein Menschenfreund an einzeln scheinen wollen?
...

NATHAN
Genug! hör auf!

DERWISCH
Laßt *meiner* Geckerei
Mich doch nur auch erwähnen! – Was? Es wäre
Nicht Geckerei, an solchen Geckereien
Die gute Seite dennoch auszuspüren ...

Hier ist das ethische Paradox, wie sinnlos – und wie »menschlich« – eine Hilfe sei, die nicht generell hilft, wohl aber ein privat gutes Gewissen schafft, bezaubernd leicht und unnachsichtig konsequent in dramatische Sicherheit gebracht. Es geht um jenen mitmenschlichen Impuls, dem der Junge Genosse nachgibt, wenn er wütend fragt: »Dann sind die Klassiker also nicht dafür, daß jedem Elenden gleich und sofort und vor allem geholfen wird.«

*

Doch darf man dem Verhalten des Jungen Genossen überhaupt nachgehen, als ob es sich um eine selbständige, konkrete Dramenfigur handele? Der Junge Genosse kommt als Rolle ja gar nicht vor im Personenverzeichnis: sein Verhalten wird immer nur von einzelnen Agitatoren vorgeführt. Macht nicht dieser Umstand allzu pointierte Interpretationen hinfällig?

Dem wäre zu entgegnen: eine Figur, deren Worte, Verhaltensweisen und Wirkungen auf Menschen *im Drama* zitiert und aufgezeigt werden, ist gewiß um eine Realitätsquanität weniger vorhanden als die Zitierenden selber. Aber werden die Äußerungen der Agitatoren oder des Kontrollchors wichtiger, authentischer, nur weil der andere, der Getötete, gar nicht erscheint, nur weil es hauptsächlich um die Situation geht, in der er getötet werden mußte? Sehen wir davon ab, daß Dramen ihre »Helden« auch indirekt porträtieren können. Hauptfiguren, im Schatten, aber überschattend, sind vorstellbar, die nicht auftreten und doch allgegenwärtig scheinen. Cäsars oder Don Giovannis Rolle besteht auch ohnehin weniger in dem, was den Titelhelden bei Shakespeare oder Da Ponte gelingt, als vielmehr in der betroffenen Reaktion ihrer Mitspieler. Auf welche Weise in der »Maßnahme« die berichteten Zitate zum demonstrierten und widerlegten Haltungs- und Handlungsbündel zusammenschießen, das als »Junger Genosse« bezeichnet und durchgehalten wird – die Figur selbst entsteht nicht nur partiell bei den jeweiligen Demonstrationen, sondern sie setzt sich ganz zusammen im Bewußtsein der Leser und Zuschauer.

Eine Figur ist mithin offenbar keineswegs nicht-existent, nur weil sie nicht von einem »Darsteller«, einem »ersten Helden« präsentiert wird. Ihre – übermittelten – Worte ersetzen sie, falls diese Worte mehr sind als nur neutrale oder vom Übermittler gefärbte Nachrichten über ein Verhalten, falls sie sich nachweisbar zum Kontext einer Gestalt vereinen.

Machen wir die Gegenprobe: wenn man aus dem Nicht-Auftreten einer Figur schließen könnte oder müßte, alles über diese Figur Mitgeteilte sei also nicht personalitätsgebunden, dann müßte man doch weiter schließen, die übermittelten Worte seien mithin an jene Figuren gebunden, die gerade reden. Das wiederum hieße, die Tendenzen des Jungen Genossen seien nicht seine eigenen, sondern sie seien vielmehr in den Agitatoren enthalten – denn irgend jemand muß ja meinendes Subjekt dieser Worte sein. Nein, nein – das Stück macht eindeutig den Jungen Genossen zum Ausdruck einer besonderen Haltung.

Was spricht der von den vier Agitatoren dargestellte Junge Genosse? Sein erster Einsatz lautet:

DER JUNGE GENOSSE
Ich bin der Sekretär des Parteihauses... Mein Herz
schlägt für die Revolution. Der Anblick des Unrechts
trieb mich in die Reihen der Kämpfer. Der Mensch muß
dem Menschen helfen. Ich bin für die Freiheit. Ich
glaube an die Menschheit. Und ich bin für die Maßnahmen der Kommunistischen Partei...

Die »Maßnahme« wäre nicht das abgründigste Werk Brechts, wenn nicht jedes Wort dieser Partitur *in progress* durchkalkuliert wirkte. Bereits in seinem ersten Einsatz nennt – weder Zuschauer noch Sprechender wissen es – der Junge Genosse zwei Schlüsselworte: nämlich erstens (man hat bereits darauf hingewiesen) das Wort *Maßnahme* (im 19. Jahrhundert hätte man es als »tragische Ironie« bezeichnet, wenn jemand, der zum Opfer einer »Maßnahme« werden wird, seine Billigung solcher Maßnahmen von vornherein ausspricht, im Lehrstück darf man zumindest von einem aufschlußreichen Strukturzusammenhang reden). Und zweitens das Wort: *Anblick*. Der Junge Genosse hat Not und Unrecht *gesehen*. Der »Anblick des Unrechts« trieb ihn, wie so viele, »in die Reihen der Kämpfer«. Sein Entschluß, diese Reihen zu verlassen, wird später genauso begründet, wiederum als Folge eigener Wahrnehmung: »Ich sah zuviel. Darum trete ich vor sie hin... und sage, was ist.« Oder: »Mit meinen zwei Augen sehe ich, daß das Elend nicht warten kann.«

Darf nun aber jemand nur bei der Motivation zum *Eintritt* in die Reihen der Kämpfer den eigenen Augen trauen – aber nicht bei der Motivation für den *Austritt?* Das ist eine sophistische Frage, denn der eigene Wahrnehmungsapparat muß notwendig alle Handlungen motivieren: gleichviel, ob man ihm absolut vertraut oder ob man ihn anderen Überlegungen, anderen Autoritäten unterordnet. Immerhin: wenn Reiner Steinweg sowohl in seinen Lehrstücküberlegungen wie auch in seinem Kommentar zur Kritischen Ausgabe den Jungen Genossen als Träger einer »Sprechweise, in der die marxistische Theorie zu Glaubenssätzen und Parolen erstarrt ist«, kennzeichnen möchte, also völlig abwerten, und dazu, als typische allgemeine Glaubensparole zitiert (S. 480) – Der Mensch muß *dem Menschen* helfen –, dann war der kritische Herausgeber schon arg unvorsichtig. Denn diese vermeintlich nur gläubige, nur starre Parole äußern bei Brecht im Badener Lehrstück bekanntlich ausgerechnet die Sprecher des »Gelernten Chors« (also doch wohl keine schwärmerischen Neulinge) in ihren Untersuchungen, »ob der Mensch dem Menschen hilft«. Wer sagt: »Ich bin... für Revolution, Freiheit, Maßnahmen, Menschen, die dem Menschen helfen« – wer das als erste Selbstcharakterisierung vorbringt und dabei gleich zwei entscheidende Wendepunkte oder Katastrophen seiner dramatischen Zukunft andeutet, der ist zunächst ja offenbar imstande, seine eigene Person, seine Sprechweise und sein eigenes Glaubensbekenntnis klar darzubieten. Diese »Selbstaussage« deutet, formal, bereits jene Doppelgleisigkeit an, die beim Jungen Genossen zur Sache, zum Typus gehört. Es genügt nicht, sich dabei nur an beispielsweise die letzte große (vom Tod beglaubigte, von Shaw ironisierte) Selbstaussage des Malers Louis Dubedat aus dem »Arzt am Scheidewege« zu erinnern oder gar an Irmas erstaunlich ähnlichen Monolog aus Giraudoux' »Die Irre von Chaillot«.

Derart vorbehaltlose Selbstaussagen stehen aber auch für jenes Selbstbewußtsein ein, das den Personalitätsstrukturen der »tragédie classique« eigentümlich ist – wo die Menschen ihrer selbst weithin mächtig waren und sich über sich selbst klar zu sein glaubten.

Für den Jungen Genossen gilt eine solche Analogie aber nur bedingt. Denn, und das lehren die anderen »Ich bin«-Aussagen der »Maßnahme«, mit diesen (»Ich bin... der Aufseher, der Händler«) Angaben ist selbstverständlich im Rahmen des Lehrstücks nur eine klarstellende »Spiel-im-Spiel«-Anweisung gegeben. Beim Jungen Genossen, der nicht bloß über seine Funktion (»Ich bin der Sekretär des Parteihauses«), sondern auch über sein Bewußtsein Auskunft gibt, mischen sich Selbstbewußtsein und Funktionsangabe. Zu hochtönenden, »absoluten«, allgemeinen Aussagen, die immerhin nahelegen könnten, im Jungen Genossen einen Schwärmer zu sehen, ist diese Figur offenbar nur manchmal aufgelegt. Wenn es um Handgreifliches geht, wird dieser junge Mann weit konkreter – und zugleich typischer.

Wir haben ja noch die säuberliche Antithetik seiner Mitspieler im Ohr (»Der Einzelne hat seine Stunde / aber die Partei hat viele Stunden«). Demgegenüber klingt die Antithetik des Jungen Genossen neuartig, wenn er etwa den Moskauer Agitatoren berichtet, wie es auf seiner Vorpostenstelle aussieht:

DER JUNGE GENOSSE
Wir kommen nicht weiter. Es gibt Unordnung und Mangel, wenig Brot und viel Kampf. Viele sind voll Mut, aber wenige können lesen. Wenig Maschinen, und niemand versteht sie.

Die Antithetik dieser Sätze ist lebendiger, ist anders als die vorhersehbaren Gegenüberstellungen des Kontrollchors oder der Agitatoren. Inwiefern anders? Man könnte antworten: witziger. Überraschender. Der pedantisch logische Gegensatz zu »wenig Brot« wäre »viel Hunger« – der Junge Genosse sagt aber: »viel Kampf«. Und aus dem Vordersatz: »Viele sind voll Mut« läßt sich der Nachsatz: »aber wenige können lesen« schwerlich erschließen.

Der Junge Genosse formuliert also originell. Mit dieser Originalität hängt eine kritische Attitüde zusammen. »Bringt ihr wenigstens Munition und Maschinengewehre?« fragt er, ungeduldig und leicht verärgert. Und er unterläßt es auch nicht – womit er sich als Typus des Mini-Intellektuellen erweist –, den Agitatoren sozusagen einzureiben, was sie eigentlich verlangen und wofür sie Verantwortung übernehmen.

DER JUNGE GENOSSE
Ich verlasse also meinen Posten, der zu schwierig war für zwei, für den aber jetzt einer genügen muß.

Die Exposition, kurz und meisterhaft sicher, macht also zweierlei klar: Der Junge Genosse hat große Überzeugungen, die sich reinlich mit denen seiner Genossen decken und auf die er oft wörtlich zurückkommt, aber er ist auch zugleich ein origineller Typ, in dessen Temperament und Bewußtsein sich die Dinge anders brechen als im Hirn von Funktionären. Es ist eben die Frage, ob ein solcher Mensch sich, selbst wenn er es will, auslöschen, zum »leeren Blatt« machen kann, auf welches »die Revolution ihre Anweisung schreibt«.

Wie steht es denn überhaupt mit dieser »Auslöschung«, die sowohl Selbsthingabe meint als auch das Anlegen von Masken, wodurch man sich unkenntlich macht, das Gesicht auslöscht...

Die Fassungen der Szene weichen in einem wichtigen Punkt voneinander ab. Im Sonderdruck der »Versuche« 1930 sowie in den »Versuchen« von 1931 und der Stückausgabe 1955 sagen nur zwei Agitatoren ihr ausdrückliches »Ja« zur Auslöschung – der Junge Genosse aber nicht. In der ersten vollständigen Fassung waren es jedoch alle vier! (Die Änderung beruht offenbar nicht auf Flüchtigkeit.) Und in der linientreuesten, letzten Fassung heißt es ausdrücklich, wie um den Jungen Genossen festzulegen auf einen Eid, den er in anderen Fassungen nicht ausdrücklich ausgesprochen, sondern nur indirekt bekundet hatte: »Auch der Junge Genosse sagte ja.«

Das sind noch keine massiven Unterschiede, aber doch Differenzen, nicht ohne Bedeutung und Folge.

Übrigens kennt das moderne Drama wohl keinen grandioseren Augenblick menschlicher Selbstzurücknahme als die »Maßnahme«-Szene, wo im Verschwinden die Namen der Verschwindenden gleichsam aufleuchten; und zwar heller, nachhaltiger, als wenn ihnen umfängliche intime Ergüsse zugestanden worden wären. Tretjakows plausibel klingende Kritik an Brecht, derzufolge in der »Mutter« die Bürger und Polizisten lebhaft gezeichnet seien, während die Arbeiter immer schwer voneinander zu unterscheiden seien, weil Brecht sich halt im proletarischen Milieu nicht auskannte, wirkt gegenüber solchen Momenten banal:

DER LEITER DES PARTEIHAUSES
Dann seid ihr nicht mehr ihr selber, du nicht mehr Karl Schmitt aus Berlin, du nicht mehr Anna Kjersk aus Kasan und du nicht mehr Peter Sawitsch aus Moskau, sondern allesamt ohne Namen und Mutter, leere Blätter, auf welche die Revolution ihre Anweisung schreibt.

*

Nun werden die »Vier Todsünden« des Jungen Genossen nacheinander vorgeführt. Im Gegensatz zu den »Sieben Todsünden«, in denen Brecht verschmitzt Partei nimmt für die natürliche Spontaneität der Damen Anna (obwohl, bei Tänzerinnen, die Forderung, sie mögen sich nicht zu dick fressen, eigentlich durchaus sachlich begründet und unabhängig vom gesellschaftlichen System scheint: nirgendwo liebt man fette Ballerinen...), im Gegensatz also zu den »Sieben Todsünden«, wo *für die Natur gegen das bürgerliche Tugend-Disziplin-System* optiert wurde, plädiert Brecht bei den Todsünden der »Maßnahme« genau umgekehrt: *für das System kommunistischer Disziplin gegen natürliche Spontaneität*. In ihm hat man wirklich einen, auf den man nicht »bauen« darf...

Die erste Todsünde, allerdings noch keine tödliche, heißt: Mitleid. Punktuelle Hilfe statt Konsequenzen zeugender Aufklärung. Er »verfiel« sogleich dem Mitleid: da muß auch der Doppelsinn des »Verfallens« herausgehört werden – nämlich sowohl die »Fall«-Richtung als auch der »Verfall«.

Aber wertete der Junge Genosse da nicht nur seine Erfahrungen aus? Als er noch Parteihaussekretär war, klagte er: »Wir stehen Tag und Nacht in den Kleidern, gegen den Ansturm des Hungers, des Verfalls und der Gegenrevolution. Ihr aber bringt uns nichts« (mit Ausnahme von Forderungen). Ihm war nur zu gegenwärtig, wie wertvoll konkrete Hilfe wäre (»Lokomotiven«, »Traktoren«, »Saatgut«, »Munition und Maschinengewehre«). Er weiß also auch, daß selbst wenige Sekunden des Ausruhens, der Erleichterung jetzt diesem Kuli helfen könnten. Aber leider, siehe Lessing, halt auf die falsche Weise, und, siehe Brecht, auf eine Weise, die die Veränderung der Verhältnisse, also dauernde Hilfe, eher verhindert. Unbarmherzige Samariter! Beim zweiten Sündenfall stellt der Junge Genosse Gerechtigkeitsliebe über die »Streiktaktik« – ob es nicht eher sein Fehler war, Arbeitnehmer in direkte Gefahr zu bringen? Beide Szenen lassen bei aller Prägnanz nicht den Schluß zu, der Junge Genosse habe das Gefühl vom Verstand getrennt.

Robert Musil hat in seiner tiefgründigen Würdigung von Goethes »Clavigo« darauf hingewiesen, daß der zwischen zwei Frauen gespannte Held keineswegs »schwanke«, sondern seines Empfindens, seiner Seele in jedem Fall vollkommen sicher und gewiß sei. Auch der Junge Genosse weiß immer, was er will, was er nicht will und was er nicht aushält. Der Gegensatz »Gefühl : Verstand« ließe sich hier aber nur aufspüren, wenn »Verstand« identisch wäre mit der Befolgung eiskalter revolutionärer Taktik auf Anleitung anderer. Doch das wäre wahrlich eine unerlaubte Einengung der Vernunft. Warum die ausgekochten Agitatoren ausgerechnet den Jungen Genossen zu einem widerlichen Händler schickten, mit dem ein opportunes (opportunistisches) Bündnis geschlossen werden soll, ist unerfindlich. Die Musik übrigens lehnte sich am Beginn der »Maßnahme« an Brahms' 1. Symphonie an, jetzt umgibt den »Händler« ein Schlagerklima, bei dem man an die alte Schnulze »Jonny, wenn du Geburtstag hast, bin ich bei dir zu Gast, die ganze Nacht« erinnert wird. (Ungewöhnlicher Niveauradius, versehentliche Sündhaftigkeit des Oratoriums?) Damit Dramen weitergehen können, ist es freilich oft unvermeidbar, daß die für ein jeweiliges Unterfangen jeweils Ungeeignetsten prompt herangezogen werden ... Dem Jungen Genossen jedenfalls raubt, dritte Todsünde, ununterdrückbares Ehrgefühl den Appetit – er steht auf und sagt das auch noch.

Der Junge Genosse war bisher klug, aber nicht schlau, spontan, leidgeprüft, einsichtig, aber nicht diszipliniert. Das heißt, er verkörperte auf den ersten Blick alles in allem den Konflikt, den seine Person im Lehrstück zu verdeutlichen hatte. Darüber hinaus stellte er – mehr und sympathischer als alle anderen Konsequenten – eine Person, eine Sprechweise, eine Denkweise dar, die schon deshalb spezifisch gefärbt ist, weil sie sich spontan, also »aus eigenem Antrieb«, *sua sponte*, an den eigenen Erfahrungen orientierte, statt nur an den

»Lehren der Klassiker«. Das macht ihn zum Menschen in einer Maschinerie, die zwar keine sein will, auch ihre Fehler hat und begeht, die aber im Kontrast zu diesem Jungen Genossen doch unpersönlich wirkt, fast un-menschlich im guten wie im bösen Sinn.

Die Entscheidung über Stück und Typ fällt in den letzten drei Episoden. Sie gehören zum Zwingendsten, was das 20. Jahrhundert an dramatischen Abläufen hervorbrachte.

»Wir sahen klar seine Schwäche, aber wir brauchten ihn (noch)«, müssen die Agitatoren in den Fassungen ab 1931 hinzufügen – um alle Zweifel an ihrer Menschenkenntnis zu tilgen. Die Begründung für Brauchbarkeit schlägt aber wiederum in Doppeldeutigkeit um: »er hatte einen großen Anhang in den Jugendverbänden«.

Warum wohl? Weil er dauernd Fehler machte, *Gefühl vom Verstand trennte*? Oder nicht eher, weil er in jenem »an moralische Affekte für gewöhnlich minderer Art« appellierenden Sinne anders war als die Funktionäre, so daß die Jugendlichen gerade ihm anhingen? In der letzten Fassung des 6. Abschnitts macht Brecht den geradezu verzweifelten Versuch, den Jungen Genossen endgültig und überzeugend zu diskreditieren. Wir sind mittlerweile bei der vierten Todsünde, dem »Verrat«.

Der Junge Genosse hat mit ein paar Arbeitslosen, deren Elend »ungeheuerlich« ist, eine Aktion angekurbelt. Man könne nicht mehr warten.

Die Agitatoren meinen, diese Aktion sei vorerst aussichtslos, und sie können auch keinen (vielleicht weiterwirkenden) Sinn in einer scheiternden Aktion erkennen. Alles das – frühe Fassungen – ist nun Brecht noch zu ausgewogen. Dann versucht er, aus dem Mut der Verzweiflung, der den Jungen Genossen bewegt (und der natürlich durchaus anfechtbar ist, aber eben auch verständlich) einen Akt unmutiger Dummheit zu machen. In der letzten Fassung läßt sich der Junge Genosse, der sonst seinen Beobachtungen und Regungen folgte, nun von einem »neuen Führer der Arbeitslosen« überzeugen.

DER JUNGE GENOSSE
Der neue Führer der Arbeitslosen ist ein echter Sozialist.
Er kennt kaum Grenzen in seinen revolutionären Forderungen und die Gewalt seiner Rede ist mitreißend.

DER ERSTE AGITATOR
Hat er eine Narbe unter dem rechten Ohr?

DER JUNGE GENOSSE
Ja, kennt ihr ihn?

DER ERSTE AGITATOR
Ich kenne ihn. Er ist ein Agent der Kaufleute.

DER JUNGE GENOSSE
Das glaube ich nicht.

Schnöder hat selten ein Dramatiker eine ihm unbequem gewordene Figur verraten als Brecht in dieser letzten Fassung seinen Jungen Genossen. Auf den Mann mit dem fabelhaft sinnfälligen besonderen Kennzeichen, nämlich einer Narbe (in der »Mutter Courage« hat der Böse eine Klappe über dem Auge), der den Agitatoren als Verräter wohlbekannt ist, fällt der Junge Genosse wie ein Dummkopf herein, und er verhält sich sogar noch vorsätzlich idiotisch, indem er sogar Warnungen in den Wind schlägt. (Und sehet nur, wie dumm er war, er traute einer Narbe gar.)

Von diesem Narbenmann weiß keine der früheren Fassungen etwas: er war eine tendenziöse, spätere Erfindung Brechts, die einen heillosen Konflikt bequem verharmlosen sollte. Mitten im Spiel werden den Agitatoren also gezinkte Karten in die Hand gedrückt. Sonst wäre das *fabula docet* gefährdet ...

Doch über solche Tricks ist das Stück längst hinausgewachsen. Wie es sich in den Fassungen der Jahre 1930/31 präsentierte, blieb noch abzuwägen, ob der Junge Genosse wirklich nur aus allzu lange ertragenem Mitleid mit dem schlechthin Unerträglichen handelte (nach dem Motto »Not bricht Eisen« – das leider nicht stimmt, sonst wären schon viele Gefangene ausgebrochen) oder ob nicht auch eine Art Eigensinn mitspielte. Der Junge Genosse war anscheinend zu stolz, zu hochfahrend, zu sicher, um eine von ihm eingeleitete Aktion zurückzunehmen und die von ihm überredeten Mitkämpfer wieder abzuwiegeln. Ein solcher Zwiespalt läge genau auf der (humanen) Konfliktlinie *Vernunft / Spontaneität / intellektueller Eigensinn* – die die Figur des Jungen Genossen bisher so farbig und so gefährlich machte.

Gleichviel welchem Maße an Dummheit (letzte Fassung) oder Verzweiflung (vorige Fassungen) sich die Aktion verdankt: sie findet statt. Sein momentaner Haß auf die ideologisch starre, verkrustete Klassikerdogmatik, sein Ärger über subtile scholastische Agitatorenüberlegungen im Angesicht des Elends machen den Jungen Genossen schrill, treiben ihn in einen lebensphilosophisch tönenden Irrealismus. Er schreit. Sein Schrei klingt wie ein pathetischer Ausruf in lutherischem Prophetenstil; er schreit sich seinen Haß auf lebens- und leidensfremde Vorschriften von der Seele.

DER JUNGE GENOSSE
Dann sind die Klassiker also nicht dafür, daß jedem Elenden gleich und sofort und vor allem geholfen wird?

DIE DREI AGITATOREN
Nein.

DER JUNGE GENOSSE
Dann sind die Klassiker Dreck, und ich zerreiße sie; denn der Mensch, der lebendige, brüllt, und sein Elend zerreißt alle Dämme der Lehre. Darum mache ich jetzt die Aktion, jetzt und sofort; denn ich brülle und zerreiße die Dämme der Lehre.
Er zerreißt die Schriften.

Die Genossen, geduldig und großmütig, versuchen nun, für den Ekstatischen, Aus-sich-Herausgetretenen, vernünftig zu sein. Aber sein Schrei war ein nicht wieder gutzumachendes Heraustreten aus der revolutionären Ordnungsreihe.

Ein Heraustreten unter dem Eindruck übermächtiger Erfahrungen. Hier wird das Lehrstück – und auch darum enthält man es uns vielleicht vor – zum Lehrstück darüber, wie Renegatentum entsteht. Diejenigen, deren »Gott versagt hat«, abtrünnige Kommunisten, alle Koestlers oder Blochs dieser Welt: sie wußten doch immer, auf was sie sich eingelassen hatten. Sie erfuhren bestimmt nicht überrascht, in späten dreißiger oder fünfziger Jahren, daß es so etwas wie Stalinismus gäbe: sie hatten dergleichen mehr oder weniger immer schon in Kauf genommen. Warum entschlossen sie sich irgendwann plötzlich zum Protest? Wahrscheinlich, weil sie die Häufung, die Steigerung, das unaufhaltsame Anwachsen dessen, was sie verdrängt oder konzediert oder kritisch betrachtet oder für ein vorübergehendes Übel gehalten hatten – weil sie alles das plötzlich nicht mehr ertrugen. Es gibt eine Grenze der Belastbarkeit. Die »Maßnahme« führt bei dem, dem die »Klassiker« nicht mehr genügen, vor, wie diese Belastbarkeitsgrenze überschritten wird. Danach zerreißt man die Lehre...

Für diese Grenze steht nur ein Wort: Das Wort »zuviel«. Man tritt aus den Reihen heraus, weil etwas »zuviel« war.

Das »Heraustreten« des Helden, der plötzlich eine Aufgabe zu erkennen meint, die ihn von den übrigen Menschen trennt, führt in Tragödien zu einem jähen Fremdwerden. Zu einer Loslösung. Das traditionelle Drama kennt den Augenblick, da der Held seine (tödliche) Aufgabe zu erkennen meint und aus den gewohnten Ordnungen heraustritt. So löste sich Antigone von Ismene, als sie begriff, was zu tun sei. So verabschiedete sich Hamlet von Ophelia (Ophelia berichtet davon), als der Geist (»mein Schicksal ruft«) oder sein prophetisches Gemüte ihn auf die unmenschliche Bahn rief.

In der »Maßnahme« werden diese Strukturen formal reflektiert. Der entscheidende Passus lautet:

DIE DREI AGITATOREN
Ob du recht oder unrecht hast – wenn du sprichst, sind wir verloren! Schweig!

DER JUNGE GENOSSE
Ich sah zuviel.
Darum trete ich vor sie hin
Als der, der ich bin, und sage, was ist.
Er nimmt die Maske ab und schreit
Wir sind gekommen, euch zu helfen.
Wir kommen aus Moskau.
Er zerreißt die Maske.

DIE VIER AGITATOREN
Und wir sahen hin, und in der Dämmerung
Sahen wir sein nacktes Gesicht
Menschlich, offen und arglos.

»Ich sah zuviel«: das ist nun bis ins Rhythmische hinein Zitat und Variation zugleich. Und zwar Variation eines großen Satzes aus Shakespeares »Coriolan«, den Brecht schon früh kannte und liebte. 1927 etwa hat Brecht geäußert, der Satz des Coriolan »Ich saß zu lange« (während seine Mutter ihn zur Rückkehr nach Rom beschwor), sei einzigartig. Brechts produktive Erinnerung benutzt nun Coriolans Überwältigt-Werden für das analoge Überwältigt-Werden des Jungen Genossen. In Brechts Erzählung »Augsburger Kreidekreis« widerfährt der Magd dasselbe wie Shakespeares Coriolan und dem Jungen Genossen. Die lakonische Begründung für die Verführung zu mütterlicher Güte lautet:

> Als die Magd einige Zeit, vielleicht eine Stunde, zugesehen hatte, wie das Kind atmete und an seiner kleinen Faust saugte, erkannte sie, daß sie zu lange gesessen und zu viel gesehen hatte, um noch ohne das Kind weggehen zu können.

Wer nun noch im »Kaukasischen Kreidekreis« und in Brechts »Coriolan«-Bearbeitung nachschaut, der hat einiges, aber gewiß längst nicht alles beisammen für die Geschichte des Zu-lange-Sitzens und Zu-viel-Sehens bei Brecht ...
Der tragische Held, so war es früher, tritt aus dem Kreis der Sei-

nen heraus, wird allen fremd. Auch der Junge Genosse ändert sich befremdend: aber gerade nicht, indem er sich verstellt oder maskiert, sondern indem er die Maske abnimmt.

Tödliches Sich-Entfernen enthüllt sich hier als Befreiung, als Demaskierung! Zuviel Gesehenes überwältigt, die Entwicklung mag eine Zeit gedauert haben, dann kam die Ekstase. Davon, von einer tödlich unausweichlichen Entwicklung und ihren physiognomischen Folgen, berichtet auch der erste Agitator. Er deutet, es steht in einer Klammer, an, wie dem Jungen Genossen zumute war, als er erfahren und eingesehen hatte, daß er sterben muß.

DER ERSTE AGITATOR
Freilich, das Gesicht, das unter der Maske hervorkam,
war ein anderes, als das wir mit der Maske
verdeckt hatten, und das Gesicht, das der Kalk ver-
löschen wird, anders, als das Gesicht, das uns
einst an der Grenze begrüßte!

Diese großartig mitmenschliche und mitfühlende Beschreibung einer Entwicklung – ein unverlierbares Zeugnis Brechtscher Sympathie mit den Lebendigen – werden diejenigen vergeblich suchen, die glauben, ihre 20bändige Suhrkamp-Werkausgabe, in der ja auch die »Maßnahme« steht, enthalte den ganzen Brecht. Der Autor brachte es über sich, in der letzten Fassung, diesen Klammersatz zu streichen.

*

Doch in der »Maßnahme« wird nicht etwa ein Renegat erschossen. Sondern ein in die Arme des Kollektivs Zurückgekehrter – sonst wäre die Aktion ja mehr verstörend als glücklich ausgefallen, und bestimmt festspiel-ungeeignet.

Wie funktioniert das? In der »Maßnahme«, Fassung 1931, die die Vorlage der »Stücke 1955«-Fassung war, kommt die Vorschrift »Pause« ganz selten vor. Nur zweimal. Dadurch erhält diese Anweisung Gewicht.

Im traditionellen Drama signalisieren »Pausen« oft entscheidende Umschläge, die sich psychologisch oder realistisch schwerlich begründen lassen. Sie zeigen ein trans-psychologisches (virtuell zeitloses) Einschwenken, Einrasten gleichsam ins vorgegebene sittliche Ordnungsmodell an. So findet, manchmal auch nach sogenanntem »Heilschlaf«, der Held bei Goethe in die existente Ordnung zurück (Faust, Orest). So ermannt sich nach einer schicksalsschweren »Pause« in Grillparzers »Jüdin von Toledo« der König Alphons dazu, wieder vorbildlich der Staatsraison zu dienen und den Mord an der hübschen, lustigen, etwas lüsternen Jüdin Rachel in Ordnung zu finden.

Die Funktion der »Pausen« in der »Maßnahme« ist alledem auffallend ähnlich. Der ersten »Pause« folgt der Beschluß, den Jungen Genossen (notgedrungen) zu töten. Nach der zweiten Pause sagt er: »Ja.« Er gleitet vorbehaltlos ins gegebene Ordnungsschema zurück.

Aber das genügt wiederum der letzten Fassung noch nicht. Da sollen die Konfliktspuren, die trotz des »Ja« immer noch übriggeblieben sind, säuberlich überpinselt werden – deshalb wird der Junge Genosse nach seinem Ja pflichtbewußt linientreu redselig. Die eben noch zwingend lakonische Szene nimmt Züge einer vorbildlich bereuenden und bereinigenden Selbstkritik an. In höchster, eiligster Not wird rasch noch ausgehandelt, ob der Todeskandidat immer, oder nicht immer, falsch gehandelt; ob er nur, oder nicht nur, geschadet habe. So ausführlich fanden im Barockdrama die Sünder heim in ihre Kirche.

DIE DREI AGITATOREN
So fragen wir dich: bist du einverstanden?
Pause.

DER JUNGE GENOSSE
Ja.

So hieß es in den ersten drei Fassungen. In der letzten erfolgt nun noch seine regelrechte »Beknirschung«.

DER JUNGE GENOSSE
Ja. Ich sehe, ich habe immer falsch gehandelt.

DIE DREI AGITATOREN
Nicht immer.

DER JUNGE GENOSSE
Ich, der ich so sehr nützen wollte, habe nur geschadet.

DIE DREI AGITATOREN
Nicht nur.

DER JUNGE GENOSSE
Aber jetzt wäre es besser, ich wäre nicht da.

Mehr kann kein Mensch verlangen, Buß und Reu bricht hier vorbildlich das Sünderherz entzwei. Mit seinen letzten, abschließenden Sätzen, die keine Zweideutigkeit, kein Überraschungsmoment, keine Selbständigkeit mehr erkennen lassen, sondern pure Bekenntnisse wiederholen, ordnet sich der Sterbende wieder musterhaft in die Reihen der Kämpfenden ein.

Der höheren Ordnung wurde ein Opfer gebracht: nun ist alles wieder ganz gut – und das Erfolgsfest kann beschwingt gefeiert werden. So wie früher, als beispielsweise Shylock zwangsweise Christ im lustig feiernden Venedig geworden war. Oder wie in Olivias Haus, nachdem ein gewisser Malvolio abgezogen, wie bei Bassa Selim, nachdem Osmin davongelaufen war. Oder wie auf der Nürnberger Festwiese, nachdem Volkes Wille den Hans Lick (alias Beckmesser) mit einer Gelächterwoge weggespült hatte. Richtige Feste brauchen überwundene Gegenspieler: am besten solche, die sich sogar selbst überwanden.

In ihrer dem Jungen Genossen gegenüber liberalsten Fassung ist die »Maßnahme« ein Drama obersten Ranges. Drama eines Konfliktes, der sich lösen läßt und doch beunruhigend bleibt, weil der Undisziplinierte – mag er sich noch so »falsch« verhalten haben –

eben als spezifisch-verfehlende Einheit die unspezifisch funktionierende Vielheit in ihrem Selbstbewußtsein erschüttert, so daß diese Erschütterung in aller Deutlichkeit weggelehrt, weggefeiert werden muß. Eine Natur stößt in der »Maßnahme« mit einer Struktur zusammen. Beide Größen erscheinen keineswegs verzerrt, sie sind so verständnisvoll, so sympathisierend wie nur möglich gezeichnet. Wenn irgend etwas dem Drama fehlt, dann »Grausamkeit«...

Indem aber eine Natur (mit Wurzeln im 19. Jahrhundert) und eine Struktur (mit Zügen des 20. Jahrhunderts) hier zusammentreffen, indem dieser Zusammenstoß nicht bloß beredet, nicht bloß als Denkspiel vorgestellt, sondern in den einzelnen Momenten der Dialog-Führung entfaltet wird, stellt sich das Stück als ein Schnittpunkt zweier Zeitalter dar. Für die erste Hälfte des 20. Jahrhunderts hat es die Rolle gespielt (aber nicht spielen dürfen), die Ibsens »Wildente« im späten 19. Jahrhundert zukam. Wie in kaum einem anderen Werk Brechts wohl laufen in der »Maßnahme« Spannungen und Zwiespältigkeiten zweier Zeitalter, zweier Haltungen zusammen.

*

Nachtrag: Von der Dummheit und Unangemessenheit des Aufführungsverbots

Ob Rolf Tiedemann recht hat, der dem Marxismus der 30er Jahre besonders viel »Patina«, Edelrost, auffällige Antiquiertheit unterstellt? Eine Aufführung der »Maßnahme« heute müßte tatsächlich gut vierzig Jahre mehr oder weniger mangelnder Lehrstück- und »Maßnahme«-Erfahrung zu überspringen versuchen, sie müßte darüber hinaus – so wie es Bruno Ganz gelang, als er in einer von mir verantworteten Fernsehsendung des Hessischen Rundfunks am 28. Januar 1970 die entscheidenden Partien des Jungen Genossen vortrug – einen spezifischen Ton finden: möglichst weit weg von aller Marschiererei, die der militante Zivilist Brecht da bot, von allem Vershaften, Finster-Entschlossenen, von allen Assoziationen, die letztlich doch enden bei der heroischen Stimmung »Siehst du im Osten das Morgenrot?«.

Es ist nicht Sache dieses Essays, Regieanregungen zu geben –

doch wenn jemand die »Maßnahme« endlich wagen wollte, dann müßte man den verfluchten Rhythmus aufbrechen, Einzelheiten verstärken, die subkutanen Konflikte nicht weniger ernst nehmen als die offensichtlichen. Hanns Eislers Musik ist heute eher ein Hindernis auf diesem Wege. Böte die lehrhafte, aufgesplitterte Form nicht die Möglichkeit, die Szenerie der Rückblenden (über die sehr alt gewordene neue Sachlichkeit hinaus) zu konkretisieren, so wie es in der Fernsehfilmfassung von Kipphardts »Joel Brand«-Stoff ja auch vorbildlich gelang? Der Kontrast zwischen Diskussion, Rollentausch und genauer, notfalls filmisch unterstützter Darbietung, der die »Illusion« stört, wäre hier keinerlei Schaden oder Stilbruch. Es geht ja nicht um den »Prinzen von Homburg«. Warum sollte der Satz von der »Verwirrung der Theorie« nicht durch den Zusammenbruch eines sichtbaren Systems akzentuiert, warum sollten Worte wie »Dämmerung«, Assoziationen wie die von jenem »Elend« der Armen, das den Reichen zur Speise wird (zumal, wenn die Armen so schön singen wie die Reiskahnschlepper oder die Spiritual-Sänger am Mississippi) nicht ausführlich und phantastisch vorgeführt werden können? Ist der Zusammenstoß zwischen Mentalitäten, Verpflichtungen und Zukunftswahrheiten wirklich unspielbar?

Doch was helfen alle diese Überlegungen, solange Ost-Berlin und folglich Frankfurt auf ihrem Verbot beharren?

Dabei hätte die erlaubte Aufführung der »Maßnahme« in jedem Fall – auch vom streng kommunistischen Standpunkt aus – weniger Schaden angerichtet als das Verbot. Verbote machen hellhörig. Zeigen Wunden an. Ein bißchen Unannehmlichkeit ist weit weniger systemzersetzend und, vor allem, systementlarvend als die große verräterische Angst. Wie ehrenvoll hat man nicht immer schon Kafka, Joyce, Beckett, Arno Schmidt, die aufklärerischen Wirkungen modernster Musik und Malerei überschätzt. Vor welchen Kettenreaktionen hat man sich da bloß gefürchtet...

Auch Aufführungen der »Maßnahme« würden Zuschauern nicht viel mehr über Totalitäres zu denken geben, als Verbote es tun. Es wäre nur (»nur?«) eben ein gewichtiges Stück geformter, großer dramatischer Wahrheit mehr auf der Welt, auf den Theaterzetteln.

Die Argumente gegen Stück und Aufführung haben sich im Laufe dieser Überlegung weithin erledigt. Wenn Ruth Fischer, Adorno (»Die politische Unwahrheit befleckt die ästhetische Gestalt«) und Jürgen Rühle meinen, Brecht habe in der »Maßnahme« die stalinistischen Prozesse verherrlicht (also auch noch gutgeheißen, nicht bloß dargestellt!), bevor sie stattfanden, dann handelt es sich dabei um eine kurzschlüssige, gereizte, affektvoll politisierende Argumentation, welche die handelnden Instanzen und Gruppen verwechselt (aus Richtern über Mord werden Mörder) und das Drama des Jungen Genossen platterdings nicht erkennt.

Die Argumente einiger KP-Theoretiker (Brecht zu Benjamin, in bezug auf Lukács, Gabor, Kurella: »Es sind eben Feinde der Produktion. Die Produktion ist ihnen nicht geheuer. Sie ist das Unvorhersehbare. Man weiß nie, was bei ihr herauskommt... Sie wollen den Apparatschik spielen und die Kontrolle der andern haben. Jede ihrer Kritiken enthält eine Drohung« – »Versuche über Brecht«, edition suhrkamp, Nr. 172, Seite 132) gönnen dem Lehrstück seine Wahrheit und seine Konstruktion nicht. Hat schon Brecht zumindest Erschrecken verraten, indem er in der letzten Fassung geradezu beklommen und kleingläubig strich, so wehren sich Kurella und Mittenzwei und, weniger intelligent, Schumacher, unangenehm berührt gegen die Versuchsanordnung, weil ihnen das Ergebnis nicht paßt. Brecht wußte, heißt es, 1930 nicht richtig Bescheid. So als ob – darin hat Reinhold Grimm recht – es für ein Lehrstück und überhaupt ein Drama nicht objektiv entscheidend wäre, daß die beteiligten Personen sich in einer Zwangslage glauben und darauf reagieren. Man muß der Form, dem Drama, insofern vorgeben, was postuliert wird: sonst kann man auch Pferdebilder kritisieren, weil sie nicht wiehern. Wenn der Erfolg der Aktion durch einen Mann gefährdet wird: was dann tun? So lautet die Lehrstückfrage. Die Antwort der Kritiker dieses Stückes: der Erfolg sei ja gar nicht gefährdet gewesen, bleibt demgegenüber eine Ausflucht. Schließlich rät ja auch kein Mensch der Isolde, sie solle den Tristan möglichst rasch vergessen, es gäbe noch andere schmucke Ritter. Daß sie ihn über jeden Vorbehalt hinaus liebt, läßt sich schwerlich von außen her für eigentlich überflüssig erklären.

Wenn nun aber das Lehrstück tatsächlich alles das enthält, was wir in ihm fanden – oder vielleicht noch mehr, oder vielleicht in manchen Punkten anderes –, wie ist dann die These und die Mahnung zu verstehen, einzig die Aufführenden dürften es zur Kenntnis nehmen? Wie ist Brechts dann begierig aufgegriffener Hinweis zu verstehen: alles sei nur Diskussionssport. (Als ob es keinen Zuschauer-Sport gäbe!)

Wir brauchen uns jetzt gar nicht auf Angermeyers (»Der Zuschauer im Drama«) Reflexionen zu stützen, denen zufolge die »Maßnahme«, die ja in der Berliner Philharmonie uraufgeführt wurde, an manchen Dialogstellen die Zuschauer möglicherweise mit einbezieht. Mit diesen rhetorischen Fragen könnte, auch laut Angermeyer, möglicherweise der Chor gemeint gewesen sein.

Man muß wohl anders ansetzen: Wo ist die präzise Unverständnis- oder Mißverständnisschwelle für Zuschauer? (Angeblich haben ja Herr Patera und Herbert Schuster, die das Stück aufführten, auch ganz hübsch mißverstanden: Aktivität, Selbermachen schützt offenbar nicht vor Irrtum.) Antwort: Die Unterscheidung selber ist faul und feige. Im Grunde laufen die verlegenen und verlogenen Argumente darauf hinaus, daß die »Maßnahme«, ob nun vor Zeugen oder nicht, eine intern kommunistische Sache sei – so als gleiche dieses Lehrstück schmutziger Wäsche, die man nicht vor Fremden wäscht. Diktatorischer Opportunismus auf der Suche nach Gründen.

Ob sich etwas, wie Steinweg meint, »nicht zur Konsumtion eignet«, weil es halt so unbestimmt sei (diesem gedrängt argumentierenden Werk wird also Unbestimmtheit, Armut und Sparsamkeit unterstellt, denn »nur was ›bestimmt‹ ist, kann ›bestimmt negiert‹ werden«, laut Hegel) – auch diese Steinweg-Behauptung klingt nicht schlüssig. Auch »Puntila« und »Mutter Courage«, obwohl reicher ausgestattet, lassen viele Deutungen zu, wurden durch »Unbestimmtheit« erst reizvoll. Kortners großartiger Vorschlag, man möge sich vorstellen, Puntila sei ein texanischer Ölmagnat und Matti ein Neger, um die mittlerweile so schwer nachvollziehbare Gefährlichkeit der Konstellation für Matti zu erfühlen, deutet an, welche Unbestimmtheit überall möglich und wichtig ist, wo die Unvorhersehbarkeit der Produktion herrscht.

Noch eines: Das Wort »lehren« hat eigentlich eine Zielrichtung, eine Richtung auf andere, auf zu Belehrende hin. Dieses Problem macht unserem Freund und Lehrspieldenker Reiner Steinweg auch Sorgen; aber er hat es gelöst (S. 496):

> Die Bezeichnung »Lehrstück« ist also etwas irreführend. »Verkündigung« oder »Einhämmern« von isolierten Sätzen oder Patentrezepten...ist nicht beabsichtigt. Vielleicht liegt dem Begriff »Lehrstück« die umgangssprachlich weit verbreitete und auch literarisch belegte Vertauschbarkeit der Tätigkeitswörter »lehren« und »lernen« zugrunde.

Heimatliche Klänge! In Ostpreußen wurde einst die erschrockene Dienstmädchenwendung geflügeltes Wort: »O Ernst, o Ernst, was du mich alles lernst.« So darf auf dem Worttauschwege eine ganze Literaturgattung kurzerhand aus dem öffentlichen Verkehr gezogen werden! Die »Ausnahme und die Regel« hätte dann jüngst noch in den Münchner Kammerspielen auch nicht den Zuschauern gelernt, sondern nur den Mitspielern gelehrt werden dürfen?

Mit solchen Mätzchen werden wir seit Jahrzehnten um ein großes Stück gebracht. Brechts Verlegenheit mag begreiflich sein, die Verlogenheit der Rechtsnachfolger ist abscheulich. Aber selbst wenn der große spannungserfüllte Text nur eine »Übung« wäre – jeder Musiker weiß, was Übungen wie die »Kunst der Fuge«, das »Wohltemperierte Klavier«, die Etüden Chopins und ähnliche Werke bis auf den heutigen Tag wert sind und bedeuten –, es müßte zum Lebensrisiko, zur Wahrheitsverpflichtung im Interesse der »Maßnahme« gehören dürfen, die tiefsinnige Übung den Übern zu entreißen, ihr ein weites Öffentlichkeitsrisiko zuzugestehen. Werke, die einen »Höchststand der... literarischen Technik« (Benjamin zur »Maßnahme«) darstellen, haben doch Anspruch sowohl auf interessierte Öffentlichkeit wie natürlich auch darauf, daß kleine Gruppen an ihnen zu wachsen versuchen.

5. Gottfried Benn

Rausch und Güte

Auch wenn seine Verwerfungen der Gegenwart noch so lakonisch, scharf, hohnvoll klingen: Gottfried Benn war berauscht (was nicht heißt: begeistert) von der Modernität. Vom Bewußtseinsstand des Späten, des Letzten, des »Ptolemäers«. Rolf Hochhuth wies einmal allen Modernismus-Hochmut souverän zurück: »Der Mensch ändert sich nicht von Grund auf. Eine Epoche, die das behauptet, nimmt sich zu ernst« – das scheint auch gegen Benns Pathos gerichtet, gegen gewisse typische Formulierungen Benns, denen man als junger Leser begeistert erliegt (und die dem Älteren denn doch wie eine schwungvolle Übertreibung erscheinen): etwa daß von »Homer bis zu Goethe« nur eine Stunde vergangen sei, aber von Goethe bis zu uns zwölf...

Warum diese ungeheuerliche Mutation, warum »ist überhaupt kein Mensch mehr da, nur noch seine Symptome?« Bei Benn kann es gar nicht anders sein: das irrationale Weltbild nennt sich zwar offen, aber es wirkt ausweglos geschlossen. Und zwar in folgender Weise: Die Wirklichkeit ist nicht mehr greifbar. Sie besteht aus bloßen, zusammenhangslosen Bildern, die keinerlei Sedimente hinterlassen, die wie Träume kommen und schwinden. Der Einzelne kann infolgedessen nicht (mehr) ordnen: dem Arzt Rönne (Benns frühem alter ego) entgleitet das Wirkliche, aber auch der Dialog »Drei alte Männer« beginnt mit den Worten: »Ohne Ergebnis, ohne Erkenntnis – einfach hinab – unmöglich, wir müssen das einmal besprechen.«

Am Anfang also: der Wirklichkeitsverlust. Wo die Kontinuität des Realen fehlt, da ist es konsequenterweise unmöglich, erlebte Realität denkend zu bewältigen. Die Dinge sind magisch und des

Todes voll, nur die sturen Positivisten tun, als spürten sie es nicht, als hülfe stupides Weitermachen.

Denken, Erschließen, logisches Folgern und überhaupt die Universalität von Vernunft: das alles basiert auf Kausalgesetzen. Diese aber herrschen nicht, bewirken zumindest das Eigentliche nicht mehr. Alles ist nur präsentisch. Leben passiert bloß im Akt. Auf diese Weise schwindet natürlich auch der Sinn für das Geschichtliche, für historische Zusammenhänge, ja für den Sinn überhaupt von Geschichte.

Wenn aber Wirkungszusammenhänge, Kausalgesetze, Sinnstiftungen entweder inexistent sind oder recht eigentlich belanglos – dann kann die Welt für den Betrachtenden, den Dichter nur noch ein ästhetisches Phänomen sein. Gäbe es im Menschen nicht doch irgendeine oft übertönte oder durch rauschhaften Aktivismus zum Schweigen gebrachte – eigentlich unbegründete – *Humanität der Güte*, der Nächsten- und Fernstenliebe (von der das Gedicht »Menschen getroffen« zart und bewegend Zeugnis ablegt), dann wäre alles erlaubt und geboten: der befreiende Mord, die rücksichtslose Steigerung des Lebens durch Rauschgift oder Medikamente, die Selbsterfahrung auch im faschistischen Erhebungs- und Volkswerdungsrausch. Freilich hat Benn seine Ernüchterung rücksichtslos offen beschrieben (im »Doppelleben«, wo er mit den kleinbürgerlichen Nazi-Übergrößen und dem eigenen Irrtum abrechnet), und er hat sich am Ende tapfer zurückgezogen aufs »sich umgrenzende Ich«. Max Bense verglich in »Ptolemäer und Mauretanier« einst Benns Novellen-Ich mit Jüngers »Heliopolis«-Roman. Bense stellte damals ironisch fest, die Anfechtung der deutschen Schriftsteller zwischen 1945 und 1950 heiße »theologische Emigration«. Und er fragte spöttisch: »Wer möchte eigentlich nicht ein christlicher Schriftsteller sein?« Für den Pfarrerssohn Gottfried Benn gab es weder die Versuchung des damals modischen Existentialismus noch auch die ihm herzlich ferne der »christlichen Dichtung« samt »heiler Welt«.

Als alter Mann dichtete er:

Menschen getroffen

Ich habe Menschen getroffen, die
wenn man sie nach ihrem Namen fragte,
schüchtern – als ob sie gar nicht beanspruchen könnten,
auch noch eine Benennung zu haben –
»Fräulein Christian« antworteten und dann:
»wie der Vorname«, sie wollten einem die Erfassung erleichtern,
kein schwieriger Name wie »Popiol« oder »Babendererde« –
»wie der Vorname« – bitte, belasten Sie Ihr Erinnerungsvermögen nicht!

Ich habe Menschen getroffen, die
mit Eltern und vier Geschwistern in einer Stube
aufwuchsen, nachts, die Finger in den Ohren,
am Küchenherde lernten,
hochkamen, äußerlich schön und ladylike wie Gräfinnen –
und innerlich sanft und fleißig wie Nausikaa,
die reine Stirn der Engel trugen.

Ich habe mich oft gefragt und keine Antwort gefunden,
woher das Sanfte und das Gute kommt,
weiß es auch heute nicht und muß nun gehn.

»Ithaka« – Beglaubigt Leidensdruck den terroristischen Rausch?

Nicht um Gottfried Benns unverwelkt schöne Gedichte soll es hier gehen oder um den faszinierenden Gesprächston der »Drei alten Männer«, noch gar um gewisse lakonisch formulierte Einsichten, mit denen Gottfried Benn meine Generation – und wahrlich auch mich – faszinierte bis auf den heutigen Tag. Nein, ich habe etwas Konkreteres, aber auch Peinlicheres vor als allgemeines, schwärmerisches Lob. Ich möchte hier einen kleinen Beitrag leisten zur Beantwortung der Frage, ob jene schlimmen, faschistoiden Verlautbarungen, die Benn 1933 und 1934 veröffentlicht oder in der Preußischen Akademie der Künste, Sektion für Dichtkunst (man kann es in der fairen Dokumentation von Inge Jens nachlesen) als Abstimmungspapier den Kollegen nötigend vorgesetzt hat – ob diese Texte wirklich nur mit dem rasch verfliegenden Rausch einer historisch-völkischen Wende zu tun hatten. Stellten diese Texte also eine Art jähen, überraschenden Versagens dar, zumal Benns letzte Aufsätze vor 1933 eigentlich doch so auffallend ausgewogen und reif gewesen waren? Karl Kraus hat in der »dritten Walpurgisnacht«, seiner berühmten Analyse, die mit dem finsteren Satz beginnt: »Mir fällt zu Hitler nichts ein«, bei der Abrechnung »Bleibt Gottfried Benn« dem Dichter 1933 sogar eine »vollkommene Wendung von links nach rechts« unterstellt...

Doch ich bin nicht Angehöriger einer Spruchkammer. Entnazifizierung oder Schuldzuweisung sind Gott sei dank nicht mein Amt. Ich möchte vielmehr, und zwar inständig und ohne Seitenblick auf Nietzsche oder expressionistisches Weltgefühl, eine Kurzszene von Gottfried Benn Schicht für Schicht erläutern. Diese Szene wurde meines Wissens noch nie öffentlich aufgeführt, obwohl sie kraftvoll und schneidend witzig und zwingend lyrisch ist. Benn selber kommt in seiner Autobiographie *nicht* auf sie zu sprechen. Und die Bewunderer der Gedichte, der Rönne-Novellen oder der Essays begnügen sich meist auch nur mit ein paar typisierenden Bemerkungen, wenn es um »Ithaka« geht.

Ja, die Szene heißt »Ithaka«. Benn veröffentlichte sie im März 1914 – also zu einer Zeit, da sich die Menschen vom Ersten Weltkrieg nichts träumen ließen (oder höchstens etwas »alpträumen«, was dann verdrängt wurde). Der Krieg, der Zusammenbruch des Reiches, die Veränderung aller Werte und Mächte in den zwanziger Jahren, das Heraufkommen brutal totalitärer Diktaturen in Rußland, Italien, Deutschland: Das alles war wirklich nicht der Fall, als ein 28jähriger Mediziner namens Gottfried Benn, ein paar Wochen bevor er als Schiffsarzt der Hapag Lloyd eine größere Auslandsreise unternahm, im März 1914 in der Leipziger Zeitschrift »Die weißen Blätter« sein »Ithaka« publizierte.

Die äußere Handlung läßt sich rasch zusammenfassen: Im Laboratorium eines Pathologieprofessors namens Albrecht geht gerade ein Kurs zu Ende. Einige Studenten sind nicht zufrieden mit der positivistischen Haltung ihres schlau-eitlen Professors. Sie äußern Desinteresse an dem Klimbim ihrer nur experimentierenden, beobachtenden, sich weder um Sinn noch Tiefe kümmernden Wissenschaftlichkeit. Das ist ihnen zuwenig. Der Professor spöttelt, Theologie sei ein Fach für sich, mit Spekulationen will dieser Virchow nicht aufwarten.

Jetzt tritt Albrechts Assistent Dr. Rönne, Benns alter ego, hinzu. Auch er bekundet tief angewidertes Desinteresse am engen medizinischen Wissenschaftsbetrieb. Die ihm von Albrecht aufgegebene Arbeit über die Lücke im Bauchfell des Neugeborenen will er nicht machen. Benn selbst, so entnehme ich Holthusens soeben erschienenem Buch, hat eben diese Arbeit 1912 geschrieben und 1914 in einer Fachzeitschrift veröffentlicht. Professor Albrecht findet seinen jungen Assistenten überreizt, degeneriert, neurasthenisch. »Betreiben Sie Mystik«, rät er etwas maliziös, sieht Rönne als zermürbtes Opfer auf dem Weg der Erkenntnis. Die jungen Mediziner und der Assistent leiden an der Banalität von Albrechts wissenschaftsgläubiger, nüchtern-nördlicher Unerschütterlichkeit. Es zieht sie zu einem sonnensatten, südlichen Leben und Lebensgefühl. Die Auseinandersetzung wird handgreiflich. »Wir wollen den Rausch. Wir rufen Dionysos und Ithaka.«

Das wäre die obere Schicht des Ithaka-Kurzdramas. Ein Generationsgegensatz – der Professor, der überhaupt nur gewaltgedrungen in diesen Disput sich ziehen läßt, wo seine Argumente keine Chance haben. Und die Studenten: sie fühlen sich älter als das positivistische 19. und frühe 20. Jahrhundert. Sie wollen über das brav-logische Denken hinaus. »Ich habe gedacht, bis mir der Speichel floß«, schreit Rönne, »Ich war logisch bis zum Kotbrechen.« Und dann der Ausdruck leidvoller Denkerfahrung: »Ich lege auf die ganze Entwicklungsgeschichte keinen Wert. Das Gehirn ist ein Irrweg... Alle meine Zusammenhänge hat es mir zerdacht. Der Kosmos rauscht vorüber.«

Also: eine grandios formulierte Gegensatzsituation. Der Generationskonflikt als Kontrast zweier Denkstile, die sich ausschließen. Daran ist viel Aufregendes, doch vielleicht noch nichts Besonderes. Aber besonders, charakteristisch besonders, erschreckend besonders, prophetisch besonders sind die mörderisch aggressiven Konsequenzen, zu denen wildes Leiden die jungen Leute dieser Szene treibt. Sie fühlen sich dem Professor im Affekt ihres pulsierenden Blutes überlegen! Weil sie das diskursive Denken verwerfen, drängt die Auseinandersetzung unvermeidlich über die Grenzen logischen Argumentenabtausches hinaus. Der andere, der am Ende winselnde und gurgelnde Professor, wird geschlagen, ja virtuell ermordet im Namen Ithakas. Was der werdende junge Schiffsarzt Dr. Gottfried Benn da szenisch vorwegnahm, ist ungeheuerlich.

Das Leiden an der Individuation und an der bloßen, engen Gehirnexistenz erteilt den Leidenden offenbar einen a-moralischen Freibrief. Immerhin nimmt der in Bedrängnis gebrachte Professor die Leistungen des wissenschaftlichen Fortschritts in Schutz. Er sagt: »Serum und Salvarsan sind doch keine Spekulation.« Das wischen unsere rauschsüchtigen Jungakademiker weg. Aber weniger aus berechtigter Angst vor den Folgen enthemmter Forschung, als vielmehr mit einem grausam-gefährlichen Argument: »Wollen Sie vielleicht behaupten, Sie arbeiten deswegen, damit Frau Meier zwei Monate länger auf den Markt gehen kann und damit der Chauffeur Krause zwei Monate länger sein Auto fährt?« Wenn der Professor gar sentimental die Dankbarkeit anführt, die Leidende für medizinische Hilfe bekunden, dann heißt es zivilisationsmüde und tragödiengläubig: »Kindersterben und jede Art Verrecken gehört ins Dasein wie der Winter ins Jahr. Banalisieren wir das Leben nicht.«

Also: im Namen ihrer eigenen Befindlichkeit schwören diese Jungakademiker dem ärztlichen und menschlichen Mitleid ab! Aber auch über die zweite Dimension des Konflikts drängt der Text hinaus. »Wegen meiner hätten wir Quallen bleiben können« – so umschreibt Rönne seine Qual am Dasein. Kurz zuvor hatte ja Benn das visionäre Gedicht veröffentlicht. »O daß wir unsere Ururahnen wären. / Ein Klümpchen Schleim in einem warmen Moor. / Leben und Tod, Befruchten und Gebären / Glitte aus unseren stummen Säften vor. / Ein Algenblatt oder ein Dünenhügel, / vom Wind Geformtes und nach unten schwer. / Schon ein Libellenkopf, ein Möwenflügel / wäre zu weit und litte schon zu sehr.« So klagte das übrigens von Georg Lukácz dümmlich verspottete Gedicht die Differenzierung als Leiden-Müssen an...

Kehren wir nach »Ithaka« zurück. Nun folgt die dritte Stufe: Wer mit solcher Leidensintensität geschlagen und der zivilisierten Welt überdrüssig ist, der verachtet nicht bloß heroisch das Leiden anderer, einer Hausfrau oder eines Chauffeurs; der kann auch, und jetzt wird es konkret entsetzlich, darauf kommen, den Andersdenkenden gewaltsam auszumerzen! Um »Ithakas« willen! Weil des Professors Worte Rönne nicht passen, wütet der: »Mit diesen meinen Händen würge ich Sie ab.«

Betrachten wir ein paar diesbezügliche Regieanweisungen: »Geht auf den Professor zu und ergreift ihn.« »Ergreift ihn ebenfalls«, »Ihn mit der Stirn hin und her schlagend.« Diese Szene, einst im März 1914 entstanden, läßt existentielle Haltungen sich aneinander abarbeiten und demonstriert, wie es dabei zur rohen Gewalt kommt. Ein enger Intellektueller wird von rauschhaften Irrationalisten erledigt. Benns grausame Hellsicht produziert darüber hinaus noch zwei wahrhaft gespenstische Antizipationen. In die Enge getrieben, versucht der Professor, seinen Peinigern ängstlich schlotternd entgegenzukommen. »Ich versichere Ihnen, ich werde in Zukunft in meinen Kollegs immer darauf hinweisen, daß wir die letzte Weisheit hier nicht lehren können... Wir sind doch Ärzte, wir übertreiben doch die Gesinnung nicht. Niemand wird erfahren, was hier geschah!« Aber sein Angebot, den handgreiflichen Aufstand totzuschweigen, rettet den Ordinarius keineswegs. Dann, verloren, schreit er: »Hilfe! Hilfe« Und endlich »Mord! Mord!«.

Bei alledem bleibt der gemarterte Professor schlau genug, um vorauszusehen, was den rauschhaften Jungakademikern passieren wird, wenn es einst wirklich zu einer irrationalen Erhebung kommen sollte. »Gurgelnd« stößt er seinen letzten Fluch aus: »Ihr grünen Jungen! Ihr trübes Morgenrot! Ihr werdet verbluten, und der Mob feiert über eurem Blut ein Frühstück...«

Woher wußte Benn im März 1914, daß Intellektuelle, auch wenn sie sich noch so irrational am Aufstand gegen die Vernunft beteiligten, gleichwohl auch zu Opfern des trüben Morgenrots werden würden – so wie ja ihm selbst seine pro-nazistischen Auslassungen später auch nicht halfen, wie er auch vereinsamen, verstummen, sich vom »Schwarzen Korps« beschimpfen lassen und in die Armee emigrieren mußte? »Ithaka« scheint mir ein Schlüsseltext zu sein, wie Brechts ja auch auf Mord hinauslaufendes und darum verbotenes »Maßnahme«-Drama ein großartiges Schlüsselstück war. Wer dergleichen als Potentialis in sich hat, kann sich verwandeln, hinzulernen, Akademiemitglied und »demokratisch« werden. Aber wenn dann die Stunde der rauschhaft veränderten historischen Lage schlägt – dann ist es kein seltsamer Zufall, daß für kurz oder länger alle Sicherungen durchbrennen.

Autoren sind keine ausgeklügelten Bücher mit Fortschrittstendenzen infolge von Lernprozessen, sondern in ihnen liegt nebeneinander, was sich gegen schöne Synthesen sträubt. Der Thomas Mann, der um 1938 den »kommenden Sieg der Demokratie« gepredigt hatte, löschte im tragisch-schicksalsgläubigen »Doktor Faustus« den konservativen Beschwörer nicht aus. Jener Gottfried Benn, der jungen Medizinern gestattete, ihr Weltgefühl als Lizenz für Gewalt gegenüber einem ältlichen Wissenschaftler zu betrachten, schrieb ein paar Jahre vor Kafkas »Strafkolonie« diesen unheimlichen, mörderische Aggressionen vorwegnehmenden »Ithaka«-Text. Wer Benns Größe, seine Radikalität bewundert, ehrt, liebt, wäre einfach feige, wenn er den dolus eventualis, ja den dolus directus eines solchen Weltgefühls zu einem irgendwie unangenehmen Patzer verkleinern wollte, den der sonst doch so scheue, leise, kluge Dr. Gottfried Benn besser sich und uns hätte ersparen sollen. Was daraus wird, wenn die Seele sich als militante Widersacherin des Geistes versteht, wie blutig der weiß Gott auch heutige Konflikt zwischen wissenschaftlichen Machern und verängstigt aufgestörten Opfern gesteigert werden kann, das hat Benn vor dem Ersten Weltkrieg in einem Mordsstück visionär und keineswegs unparteiisch auf die Spitze getrieben, geschrieben. Zwar ironisierte er, vielleicht, die rauschhaften Tiraden der jungen Mediziner ein wenig, aber weder aus dem Kontext noch aus dem Text und der Richtung des Verlaufs geht auch nur andeutungsweise hervor, daß der Autor sich mit dem gebeutelten Professor identifizierte, oder daß er die beutelnden Jungakademiker prinzipiell kritisierte. Über die Zusammenhänge zwischen Leidensdruck, expressionistischer Irrationalität und brutalfaschistischer Gewalt bleibt noch viel nachzudenken.

II. BEISTAND VON DRAUSSEN

6. Max Frisch

Unauffälliges und Tödliches

Dieser Autor macht es seinem Leser scheinbar leicht. Er zahlt bar. Er drückt sorgfältig, genau, gespannt, bildhaft – nie ledern und nie verquast – aus, was er meint, was ihm wichtig ist, was er fragt. Die Probleme, die ihn bedrängen, werden deutlich, manchmal fast überdeutlich. Mittlerweile existiert eine riesige Sekundärliteratur, eine unübersehbare, beängstigende. Da werden bereits mehrere Phasen (nicht nur im Leben von Frisch, sondern auch) der Frisch-Rezeption unterschieden, da gibt es ellenlange germanistische Forschungsberichte, gibt es Titel und Fußnoten und Dissertationen zu Hunderten, wenn nicht Tausenden... So wichtig war und ist Max Frisch, der vielen jungen Schweizer Schriftstellern zum Vorbild, zur Vaterfigur wurde und vielen Deutschen auch.

Künstler, die sich klar zu äußern wissen, werden oft für artistisch uninteressant gehalten: sie bereiten so wenig Mühe. Es hilft zu einer reicheren und gerechteren Beurteilung dieses großen Schriftstellers, wenn man einerseits »mikroskopisch« die unauffälligen Stileigentümlichkeiten beachtet, unterhalb der von Max Frisch gebotenen gewichtigen Fragen und Probleme – und wenn man andererseits »makroskopisch« die elementaren Voraussetzungen seines Produzierens ins Auge faßt.

Zum Unscheinbaren, Unauffälligen

Frischs Don Juan (aus: »Don Juan oder Die Liebe zur Geometrie«) sagt:

DON JUAN: Ich weiß nicht, ob ich anders bin als andere Männer. Haben Sie ein Erinnern an die Nächte mit Frauen? Ich erschrecke, wenn ich auf mein Leben zurückblicke, ich sehe mich wie einen Schwimmer im Fluß: ohne Spur. Sie nicht? Und wenn ein Jüngling mich fragte: Wie ist das mit Frauen? ich wüßte es nicht, offengestanden, es vergißt sich wie Speisen und Schmerzen, und erst wenn es wieder da ist, weiß ich: So ist das, ach ja, so war es immer...

Nicht auf den tiefgründigen, bei Frisch immer wiederkehrenden Gegensatz zwischen Freiheit (hier: Erinnerungslosigkeit) und unausweichlich gestanztem Lebensmodell (hier: »ach ja, so war es immer«) kommt es uns bei diesem schönen Bekenntnis an, sondern nur auf ein von Frisch gewiß ohne allzu viel Bedeutungsabsicht eingefügtes Wort. Es ist das Wort, das Flickwort: »offengestanden«. Erwarten wir es von einem spanischen Intellektuellen, der überdies immerhin Don Juan ist? Eher nein. Dagegen gehört dieses Flickwort zum Sprechgestus eines selbstbewußten, aber wohlerzogenen (Schweizer) Bürgers.

Immer wieder fügen Frischs Helden oder Erzähler dergleichen ein. Sie nehmen Reaktionen vorweg, wie sie sich im Hinblick aufs Geschilderte bei gutbürgerlichen Partnern einstellen mögen. Ein »versteht sich«, ein »peinlicherweise«. Walter Faber teilt ganz zu Anfang seines Berichts mit: »Ich war unhöflich, mag sein.« Es ist die virtuos antizipierende Hinzufügung der wahrscheinlichen Reaktion gebildeter Leute. Man räumt etwas ein. Frisch selbst, über ein Inszenierungsdetail bei »Andorra« Rechenschaft gebend, schreibt: »In der Oper, mag sein, wäre es möglich, aber nicht im Schauspiel...«

Auch der Rhythmus hat bei Frisch unauffällige und zugleich unüberhörbare Wirkungen. In »Andorra«, erste Szene, sucht Andris Freundin, die verängstigte Barblin, Hilfe beim Pater.

> PATER: Er sieht Gespenster... Und warum glaubt er jedes Gerücht, das in die Pinte kommt?
> *Pause*
> Kein Mensch verfolgt euren Andri
> *Barblin hält inne und horcht.*
> – noch hat man eurem Andri kein Haar gekrümmt.

Das »*noch* hat man Andri kein Haar gekrümmt«, erscheint im logischen Zusammenhang als Bestandteil eines »weder/noch«. Weder Verfolgung/Noch Haar gekrümmt. Aber so, wie das »noch« dasteht, wenn es nach einer Pause gesprochen wird, dazu nach einem Gedankenstrich, wächst ihm eine eindeutig zeitliche Bedeutung zu. Statt »weder/noch« lautet es unterschwellig: »*noch* nicht«. Ein weiterwirkender accent grave fällt auf die Szene, überschattet den Verlauf des Stückes.

Heitere rhythmische Zuspitzung gelingt Frisch, wenn die Prinzessin Mee Lan (in: »Die Chinesische Mauer«) sich gegen den störrisch zudringlichen Prinzen in Wut redet. Ihre letzten drei Worte, nach dem differenzierten Vorhergegangenen sind zugleich logisch und überraschend. Sie kommen unvermutet und stellen doch eine schlagend-sinnfällige Kadenz dar:

> MEE LAN: Gehn Sie! Sie glauben an die Macht. Aller Erfahrung zum Trotz. Sie glauben an das Glück durch Macht. Sie tun mir leid. Sie sind dumm.
> *Fanfaren ertönen.*

Sprachrhythmus, das ist bei Frisch oft eine unwiderstehlich lebendig machende Reihenfolge. Er schreibt (in: »Montauk«): »Ein Parkplatz für mindestens hundert Wagen, zur Zeit leer; ihr Wagen steht als einziger in dem Raster, das auf den Asphalt gemalt ist.« Kein Schicksalssatz, kein Brillieren. Aber wie lebendig das gemacht ist, lehrt eine winzige Umstellung. »Ein zur Zeit leerer Parkplatz...«, so hätten doch die meisten Kollegen Frischs die Beschreibung begonnen. Und nichts wäre in Bewegung gesetzt worden.

Was bringt ihn zum Schreiben?

»Leben ist langweilig, ich mache Erfahrungen nur noch, wenn ich schreibe«, bekannte Frisch, ziemlich schockierend, als er Mitte Sechzig war. Offenbar schreibt er nicht, wie Ionesco, weil ihm die Angst vor dem Tode keine Ruhe läßt. Ihn peinigt die Angst nicht vor dem Tode, sondern vor dem Tödlichen. Vor jener Erstarrung, die ein Tod ist trotz weiterfunktionierendem Stoffwechsel. Sein letztes Stück »Triptychon« stellte Frischs Totenreich folgendermaßen vor: Tot sein heißt, sich wiederholen. Heißt: nichts Neues erfahren, wünschen, wollen, befürchten können. Totsein ist für Frisch die ewige Wiederkehr des Immergleichen. (Darum empfanden Frischs Helden und Heldinnen von Anfang an den Alltag als etwas Mörderisches.)

Wie offen sind seine Bekenntnisse?

Es kenne mich die Welt, auf daß sie mir verzeihe – diesen Platen-Satz scheint sich der späte Frisch, auf den Spuren Montaignes, zum Wahlspruch gemacht zu haben. Aber bekennt er wirklich rückhaltlos? Doch nur manchmal, wo er dann wirklich alles »opfert«. So ist Frischs Schilderung der einst erlittenen Abhängigkeit von einem reichen, hilfsbereiten, finanzielle Unterstützung und alte Anzüge anbietenden Freund namens W. (»Montauk«, S. 29–50) ein großes Prosastück. Was Frisch da festgehalten hat über Mitleiden und Leiden zweier Menschen aneinander, das ist eine Schlüsselgeschichte (auch über ihn), das ist von mindestens so anrührender Gewalt wie »Der andorranische Jude«. Frisch attackiert nicht nur den Partner, von dem er sich abwendet. Er trifft jene Nachtseiten unserer menschlichen Existenz, die gelebt werden müssen, solange es zwischen verschiedenen Menschen noch Machtverhältnisse, Konstellationen, Kraftproben gibt. Also – solange überhaupt noch »Menschen« leben und nicht Ameisen oder Roboter.

Aber manchmal deutet Frisch nur mystifizierend an. »Do you know Donald Barthelme?« fragt Max Frisch in »Montauk« seine Lynn. Mehr nicht. Das ist eine verschlüsselte Anspielung – ergiebig einzig für jene, die Frischs Privatleben und das seiner Nächsten gut kennen. Auch über Ingeborg Bachmann und ihn erfährt man zwar wunderbar Geschriebenes, herrlich Charakteristisches. Aber Frisch denkt nicht daran, »alles« zu sagen. Verweigert also jene »Aufrichtigkeit«, die sein Motto »Montauk« versprach. Ganz leicht macht es dieser große Schriftsteller seinen Lesern eben doch nicht.

Das brüderliche Genie

»Der Erfolg«, so erwog Max Frisch in einem Interview, »der Erfolg ist bei mir sehr langsam gekommen, der Ruhm kam sehr spät. Denken Sie an Grass, an Handke! Ich fürchte, mein Charakter wäre dem nicht gewachsen gewesen« – meint, wahrscheinlich zu selbstkritisch, Max Frisch. Und er nennt es ein großes Glück, nur langsam berühmt geworden zu sein.

Allzu schleppend freilich vollzog sich das Berühmtwerden auch nicht. Gewiß, der empfindsame Erstlingsroman »Jürg Reinhart – eine sommerliche Schicksalsfahrt« machte den 22jährigen Max Frisch, dessen jünglingshaft schwacher Held sich zur Sterbehilfe bei der unheilbar kranken Geliebten ermannt, noch nicht sehr bekannt, obwohl das gefühlvolle Buch manches von dem weniger ausspricht als verrät, was Frisch dann noch jahrzehntelang wichtig war. Auch die beiden ersten, ein gutes Jahrzehnt später entstandenen Dramen »Santa Cruz« und »Nun singen sie wieder«, waren keine Welterfolge, obschon sie in der Schweiz und in Deutschland aufgeführt, gedruckt, lebhaft diskutiert wurden und die Aufmerksamkeit Brechts auf Frisch lenkten. Brecht hielt sich nach dem Zweiten Weltkrieg in Zürich auf – und schrieb Frisch, der gerade an dem Drama »Als der Krieg zu Ende war« arbeitete, einen souverän freundschaftlichen Brief voller gewichtiger kritischer Anmerkungen. Frisch war damals Mitte Dreißig, Architekt und Sonntagsautor, so wie manche es als Sonntagsmaler versuchen...

Nach Kriegsende verfaßte er sein »Tagebuch 1946–1949«, das doch wohl die entscheidende, nämlich in vieler Weise zukunftsbestimmende Publikation seines Lebens werden sollte in den Pausen seines Architekten-Daseins. Es war ein Tagebuch, das künstlerische, individuelle, politische und moralische Fragen bedachte, ein Steinbruch gewissermaßen – denn fast alle jene Stoffe, die Frisch während der nächsten Jahre dramatisch abhandeln sollte, tauchen hier zum erstenmal auf.

Das Tagebuch erschien 1950. Damals entdeckten wir jungen Leser in Frisch den besonnenen und liebevollen Freund. Den vernünftigen, sozial engagierten Moralisten. Den Schriftsteller von Rang. Den barmherzigen und unbarmherzigen Samariter, Wächter und Zeitkritiker. Daß der *brüderliche Schriftsteller* ein *brüderliches Genie* sei, weil er phrasenlos, beharrlich, nie rechthaberisch und nie gönnerhaft, sondern lakonisch, bildhaft, manchmal funkelnd treffsicher, manchmal zweiflerisch-zurückhaltend über alles das dachte und dichtete, was uns bewegte: Wir ahnten, wir fühlten es damals schon.

1954 erschien der »Stiller«-Roman; 1957 der »Homo Faber«. Jetzt, Frisch war Mitte Vierzig und längst Berufsschriftsteller, hatte er die Höhen des Erfolges als Romancier erreicht. Und die Dramen »Biedermann und die Brandstifter«, der »Graf Öderland«, »Don Juan oder die Liebe zur Geometrie«, sowie vor allem »Andorra«, machten ihn damals zum vielgelesenen und vielverdienenden, zum meistdiskutierten, berühmtesten Autor des deutschen Sprachraums.

Derartigen Aufzählungen folgt man immer nur gequält. Was besagen schon solche Titel und Erfolgsmeldungen? Doch diese Überschau, die ohnehin gleich zu Ende ist, führt bereits zu einer Zäsur: Nachdem Frischs kleiner Schweizer Anfangsruhm sich zu einer deutschen Popularität erweitert hatte und im Begriff war, Welterfolg zu werden, gab es einen heftigen Rückschlag: In New York fielen in einer Woche, Anfang 1963, »Andorra« und das »Brandstifter«-Stück am Broadway durch. Max Frisch, der in Europa Tripel- und Simultanpremieren gewöhnt war, der als aufregendster Romancier unserer Nachkriegszeit galt, scheiterte am Broadway. »Ich habe einen Kontinent verloren«, schrieb er mir auf einer unsentimentalen Postkarte. Danach der »Gantenbein«-Roman, das Theaterstück »Biographie«. Und dann kam, was man eigentlich schon Spätwerk nennen muß: Frischs in hohe Prosakunst umgesetzte Tagebuchproduktion. Auch sein bislang letztes Stück, das »Tryptichon«. Und endlich seine bislang letzte Erzählung: der »Blaubart« von 1982. Ein drittes großes Tagebuch – das zweite hatte den Jahren 1966–71 gegolten – scheint er vernichtet zu haben: drei Jahre Arbeit, die seiner Strenge nicht genügten. Mittlerweile haben sich seine großen Romane auch in Amerika durchgesetzt. Max Frisch ist ein Schriftsteller von Weltruf und Weltrang.

Aber wie wurde er das, wie wurde er uns Deutschen zum brüderlichen Genie? Wie entwickelte er sich? Ich kenne und bewundere Max Frisch seit der Mitte der fünfziger Jahre. Ich habe, glaube ich, jede Zeile gelesen, die er veröffentlichte – auch jenen mittlerweile zurückgezogenen letzten Akt von »Als der Krieg zu Ende war«, den Frisch für mißlungen hält, weil er zu reportagehaft an tatsächlich Geschehenem klebt; auch seine Bergnovelle »Antwort aus der Stille«, derer er sich geniert, was man ein wenig verstehen, aber nicht auch billigen kann: Denn selbst dieses allzu entwicklungsromanhaft abgekartete, 1937 veröffentlichte Werk, das sich nicht in der Suhrkamp-Gesamtausgabe findet, enthält Authentisches, mit Zartheit und Witz Gesagtes. Die Stücke Frischs waren keineswegs alle große Erfolge. Doch an gewissen heiklen Konzeptionen – etwa der zum »Grafen Öderland« – hing Frisch trotz manchen Scheiterns unbeirrbar. Immer wieder stellte er neue Fassungen her. Und immer wieder interessiert sich doch ein Theater oder ein Opernkomponist für den Stoff.

Es ist bemerkenswert und erstaunlich, wie es diesem enorm sinnlich, konkret, individuell, phrasenfern denkenden, formulierenden, bildenden Schriftsteller gelang, aus dem Bezirk des Nur-Literarischen, des Insiderhaften, des gehobenen Feuilletons herauszudrängen – und zumindest im deutschsprachigen Raum alle jene anzusprechen, die überhaupt noch Bücher in die Hand oder Stücke ernst nehmen. Frisch wird wirklich gelesen. Schauspielschüler und Studenten, auf deren universale Unbildung man sich – abgesehen von Ausnahmen – doch sonst so ziemlich verlassen kann: Für Max Frisch interessieren sie sich. Er hat die Schallmauer durchstoßen, die sonst zu bestehen scheint zwischen seriöser Schriftstellerei und jüngeren oder älteren Zeitgenossen, die keine passionierten Literaturfreunde sind.

Frisch fängt immer wieder gleichsam voraussetzungslos von vorn an. Er ist ein prüfender, ein zweifelnder Autor. Seine Prosa verbindet die Zartheit des Versuchs mit der Genauigkeit des Gelingens. Daß er – trotz oder wegen seiner lebenslänglichen Unbefangenheit – immer wieder zu ganz bestimmten, für ihn charakteristischen Fragestellungen, Themen, Nöten kommt: daß er, der er die Freiheit der Entfaltung, des Sich-nicht-Fixierens, daß er die Wahl so heftig verteidigt gegen versteinernde, totstarre Bildnisse und Erwartungshaltungen, selber immer wieder fast analoge Fragen stellt, Antworten gibt; es hängt mit der Eigenart, der Kraft, ja mit der Überlegenheit seines Charakters zusammen. Seinen Charakter aber kann man nicht wählen.

Dieser Autor lädt vor allem uns grundsätzliche Deutsche dazu ein, aus ihm einen Thesenautor zu machen, einen Brecht aus den Bergen, einen Schriftsteller mit erkenntnistheoretischen, soziologischen, politischen, anthropologischen Überzeugungen. Die hat er gewiß. Wer hat sie – unbewußt oder bewußt – nicht? Doch Frischs Sprachkunst, Artistik, Phantasie und Fülle werden unterschätzt, weil sich die Kunst nicht effekthascherisch vordrängt bei ihm, weil Gelingen immer so selbstverständlich wirkt, weil journalistische Buchkritiker über Thesen besser diskutieren können als über Formen, Nuancen, Satzmelodien, Strukturen. Man muß hübsch wachsam sein: Sonst macht gehobene Volkshochschule aus Frisch einen

Volkshochschulautor – was keine Schande wäre, aber eine Begrenzung.

Nur gegenüber seiner Heimat scheint er mir, manchmal, nicht ganz vorurteilslos. Immer wieder ärgerliche Streitereien mit der »Neuen Zürcher Zeitung«, die sich Frisch gegenüber oft wenig großmütig, dafür um so rechthaberischer verhalten, ja sogar seine gereizten Leserbriefe nicht veröffentlicht hat. Wie alt muß Frisch werden, um in Zürich ein Ehrendoktorat zu bekommen? Auch den Nobelpreis haben schon unendlich schwächere Figuren! Manchmal erreichte die Animosität, wie sie zwischen dem aus patriotischem Engagement heftig sein Vaterland kritisierenden Frisch und Zürich zu beobachten war, ein fast komisches Ausmaß. Genies sind bei Lebzeiten selten lokalpatriotisch verwertbar. Ich begegnete Frisch zum erstenmal in Frankfurt, als er 1953 für sein Feature »Der Laie und die Architektur« einen Preis erhielt. Die Laudatio war ziemlich blödsinnig, seine Antwort witzig. Danach sagte er im kleinen Kreis gutgelaunt über die Preisstifter: »Hätte ich gewußt, daß das solche Spießer sind, ich hätte den Preis nicht genommen!« Er war damals ein nicht übermäßig eleganter, aber doch solide gekleideter, originell argumentierender, Pfeife rauchender, den Partner durch dicke Brillengläser lustig anblitzender, genialischer Kerl Anfang Vierzig.

Dann besuchte ich kurze Zeit später denselben Max Frisch in Zürich und erstaunte: da sah er aus wie ein Steppenwolf, kaum rasiert, ein bärtiger Bohèmien, im Odeon, irgendwie vertrotzt. Jemand, der um keinen Preis mit den feinen betuchten Zürcher Bänkern verwechselt werden wollte und auch wirklich nicht zu verwechseln war. Jemand, der Konflikte – wie sein Stiller – nicht umgeht, sondern durchsteht... Ob die Zeit nicht doch eine Versöhnung zeitigt zwischen der Schweiz und dem größten Zürcher Romanschriftsteller seit Gottfried Keller?

1932 starb der Vater. Frisch war 21. Er hörte mit dem Studium der Geisteswissenschaften an der Universität seiner Vaterstadt Zürich auf und begann als freier Journalist. Schrieb einen Roman, machte 1935 eine Reise nach Deutschland. Darüber hat er damals in der »Neuen Zürcher Zeitung« berichtet. Voller Respekt vor den »lebensgestaltenden Eindrücken«, welche die deutsche Kultur zwischen Bach, Goethe und Heisenberg natürlich jedem gebildeten Schweizer bedeute – aber auch voller sanft ironischen Mißtrauens gegen das Militante und Völkische der Nazis von 1935. Der junge Frisch findet in einer Parteibuchhandlung »Hitler und Friedrich den Großen, ferner Hindenburg und den Heiligen Horst Wessel. Und zwischen allerlei Kampfbüchern und erzählenden Werken«, so fährt Max Frisch fort, »lagen drei blanke Dolche. Um dem Geist dieser Schriften zur Überzeugungskraft zu verhelfen?«

Eine berechtigte Suggestivfrage. Dann vernimmt Frisch von deutschen Verlegern, der damals propagierte Roman, »der in Blut und Scholle wühlt«, sei unverkäuflich, im Ausland sowieso, aber auch in Deutschland. Frisch folgert: »Denn der Mensch lebt ja nicht von Erde allein«. Das alles hat schon den Rhythmus und die Brillanz des späteren Max Frisch. Aber im Bericht passiert dem Jungtalent ein komisches Mißverständnis, das zeigt, wie naiv-unbefangen ein kluger, neugieriger Schweizer der Blut- und Bodendiktatur gegenübertrat. Frisch beschreibt die Berliner Ausstellung »Wunder des Lebens« und stößt da auf eine verrückte Glocke. Ich zitiere, was ich einst in alten Bänden der »Neuen Zürcher Zeitung« des Jahrgangs 1935, die mich Werner Weber einsehen ließ, entdeckte – und was heute im ersten Band der chronologisch fortschreitenden Frisch-Gesamtausgabe über diese ominöse Glocke nachgelesen werden kann.

»Da ist«, schreibt Frisch, »zuerst die Lebensglocke, die alle fünf Minuten schlägt; denn alle fünf Minuten sterben sieben Deutsche und werden fünf geboren. Also zwei zu wenig. Drum heißt der Saal: Die Familie als Träger des Lebens, und alles läuft nun aufs Kinderhaben hinaus ... Und schon wieder läutet drüben die Lebensglocke: sieben gestorben, fünf geboren, wieder zwei zu wenig. Drum sagt der Führer in Großschrift: Die Mutter ist die wichtigste Bürgerin in meinem Staat. Und ehe du Zeit findest, die Folgen dieses staatlich angetriebenen Kindersegens abzuschätzen und dir einige Fragen vorzulegen, wie sich derlei mit dem Arbeitslosenproblem reimt und mit dem Volk ohne Raum ... erreicht dein Ohr von neuem die Kinderpropagandaglocke – schon sechs Deutsche zu wenig!«

Das, als junger ausländischer Beobachter, so kühl und ironisch niederzuschreiben – war damals nicht selbstverständlich. Nur bestand das enorme Mißverständnis des jungen Max Frisch darin, sich in der Glocke geirrt zu haben. Angenommen, die Sterblichkeit wäre damals in der Tat höher gewesen als der Geburtensegen – war Frisch wirklich so naiv, anzunehmen, eine Diktatur würde selbstkritisch-realistisch auf diese Minusbilanz glockenläutend hinweisen? Kein Wunder, daß die Berichtigung auf dem Fuße folgte. Max Frisch druckte sie tapfer ab in der »Neuen Zürcher Zeitung«. Er schrieb: »Der wissenschaftliche Leiter der großen Ausstellung ›Wunder des Lebens‹ machte mich in freundlicher Weise auf einen allerdings nicht gleichgültigen Fehler im Sachlichen aufmerksam, den ich umso mehr bedaure, als mir jede böse Absicht zur Fälschung fern liegt, und den ich hiermit zurücknehme – mit der Entschuldigung, daß ich es nicht für ratsam halten konnte, an Ort und Stelle meine Notizen zu machen, und aufs unzensurierbare Gedächtnis angewiesen war. Die Lebensglocke nämlich, die ich fälschlicherweise eine ›Kinderpropagandaglocke‹ getauft habe, bedeutet vielmehr eine ›Kindertriumphierglocke‹, da nicht alle fünf Minuten zwei Deutsche weniger geboren werden, als solche sterben, sondern umgekehrt; es ist also bereits in hohem Maße erreicht, was ich als erst erstrebtes Ziel darstellte«.

Solche Sorgen hatte man damals... Frisch, der sich mittlerweile tapfer für eine Emigrantin einsetzte, der sich privat verstrickte, der die Literatur ganz aufgeben wollte und mit Hilfe eines Freundes Architektur studierte, Frisch hörte nicht auf, nach Deutschland hinzusehen. Und jene Spannung, die in dem Bericht über den ersten Deutschlandbesuch des 24jährigen Journalisten Max Frisch vibriert, sie wurde ein Jahrzehnt später produktiv.

In Frischs erstem Roman – dem »Jürg Reinhart« – war der Held ein Wanderer gewesen; jemand, der gegen Verfestigungen aufbegehrte, ein Törichter, Ungeschickter dazu, schwerfällig und nicht recht anpassungsfähig. Natürlich haben diese liebenswerten Schwächen etwas indirekt sehr Positives: ich bin eben kein cleverer, fixer Journalist, kein flotter Judenjunge, kein Yankee – sondern problematisch, zart, verträumt. Neoromantik war das damals. Eine literarische Stilrichtung. Hatte mit Waggerl, mit Manfred Hausmann, sogar mit Hamsun zu tun. Nur Knut Hamsun, bei dem alles das auch vorkommt, war abgefeimt genug, nicht in einer leicht verkitschten jugendbewegten Positivität steckenzubleiben. Auffällig, daß viele quasi-neoromantische Autoren aus Regionen stammen, wo sich die Industrialisierung noch nicht durchgesetzt hatte. Es handelt sich dabei, überspitzt gesagt, um eine dialektlose Dialektdichtung...

Frisch schrieb von vornherein »gut«, »persönlich«, wenn auch viel metaphernseliger als in seinen späteren, berühmten Büchern. Der junge Frisch formulierte ein wenig gefallsüchtig, charmant. »Charme, zur Haltung gemacht, ist Lüge« – urteilte er später gnadenlos. Alle seine Thesen, genauer gesagt, Sorgen, sind schon in den Jugend-Texten da: also daß man seine Erfahrungen stilisiert, daß die Leute erleben, was sie erleben wollen, daß sie sich ein Bildnis von sich machen und nur vorsätzlich begrenzt wahrnehmend existieren.

Der werdende Architekt, der eigentlich nicht mehr schreiben wollte, tat es dennoch. Die Bergnovelle »Antwort aus der Stille« von 1937 war freilich Frischs künstlerischer Tiefpunkt. Eine Gebirgsnovelle, die Naturschilderungen enthält, Bergwanderungen, Momente, wie sie später im »Gantenbein« wiederkehren und in der »Holozän«-Schilderung von 1979 auch.

Max Frischs erstes veröffentlichtes Tagebuch ist nicht das berühmte »Tagebuch 1946–1949« gewesen – sondern es waren die »Blätter aus dem Brotsack«. Der Krieg, an dem Frisch teilnahm und nicht teilnahm – denn zwar mußte er bei der Schweizer Armee als Artillerist dienen, man befürchtete einen deutschen Überfall, aber dieser Überfall fand ja nicht statt, so daß Frisch nicht zu schießen, zu töten brauchte –, der Krieg wurde für den neutralen Max Frisch zu etwas Veränderndem, zu einer Steigerung.

Wir wissen es aus dem Ersten Weltkrieg: ein nationaler Verteidigungs- oder Angriffskrieg pflegt in Dichtern zunächst die schlechtesten Saiten zum Erklingen zu bringen. Thomas Mann, Rilke, Hauptmann, Kerr – an Beispielen fehlt es nicht. Leuchtende Ausnahmen wie Stefan George, wie Romain Rolland, Heinrich Mann, Hermann Hesse seien um so dankbarer hervorgehoben. Wenn man nun Frischs Kanoniertagebuch liest, dann stellt man anfangs ein wenig beklommen fest, wie der 28jährige Schweizer das gegebene soldatische Vokabular, das Geschwafel von der »Großen Zeit«, den Spaß am Waffentechnischen, das männlich-machohafte Gerede gewissermaßen übernimmt, mitmacht, unkritisch aufzeichnet. Doch dann ereignet sich ein regelrechter Entwicklungsroman, den der Schreiber selber gar nicht registriert: allmählich wird ihm der Patriotismus fraglich, genauer: fragwürdig, die Kultur fragwürdig. *Unterhalb* des quasi heroischen Vokabulars, nein sogar *innerhalb* desselben, kommen ihm Zweifel am ganzen Wertsystem! Mit vorgestanzten Worten tastet er sich da zu jenen indiviuellen Wahrheiten, die ihn wenig später zum interessantesten und menschlichsten Tagebuchschreiber der Nachkriegszeit werden ließen. Plötzlich überlegte er sogar, »wie wäre es, wenn ich schösse« – so wie später sein Stiller im Spanienkrieg nicht auf lebende Wesen hat schießen wollen. Oder können. Frisch kam ein knappes Vierteljahrhundert, 1974, wieder zurück auf seine Zeit als einfacher Schweizer Kanonier – und übte heftige ungerechte Kritik am jungen Soldaten, der er damals gewesen war und der die eigentlichen Machtverhältnisse nicht hat durchschauen wollen, obschon sie offen zutage lagen, wie Frisch 1974, im »Dienstbüchlein«, dann meinte.

Was bedeutet eigentlich die Form des Tagebuchs für Max Frisch? Gewiß nicht nur jenes bloß individuelle, ausführliche, schreibverliebte »Sich-selbst-Bespiegeln« mit Hilfe pubertärer Ergüsse – was übrigens jedem, sich und die Welt suchenden jungen Menschen herzlich zu gönnen, zu gestatten ist... Nein, für den Autor Frisch gibt es, strenggenommen, tatsächlich nur *zwei* Formen: das Tagebuch und den Dialog. Nicht nur die berühmten großen Tagebücher, die späten tagebuchartigen Erzählungen wie »Montauk« und »Der Mensch erscheint im Holozän« gehören ja zur Gattung Tagebuch; auch die epische Form des Stiller-Romans hat etwas Tagebuchhaftes – ein Gefangener soll schriftlich Auskunft geben – und die des »Homo Faber«-Berichtes gleichfalls. *Tagebuch als Quelle und Bedingung künstlerischen Ausdrucks.*

Offenbar benutzt Frisch aber auch im intimeren – das heißt: wirklich Namen und Menschen nennenden, beschreibenden – Tagebuch die Tagebuchform eben nicht als alibihafte Entlastung, quasi nach dem Motto: ich mache hier keine Kunst, sondern halte fest, was mir passiert ist. Frisch will immer etwas Objektives ausdrücken. Das Unmittelbare hält er für »unsäglich«. Einmal schreibt er sogar: »jedes Erlebnis bleibt im Grunde unsäglich, solange wir hoffen, es ausdrücken zu können mit dem wirklichen Beispiel, das uns betroffen hat. Ausdrücken kann mich nur das Beispiel, das mir so ferne ist wie dem Zuhörer: nämlich das erfundene«.

Solche pointierten Thesen, die das Tagebuch-Ich als erfundenes Ich, als Kunst-Ich erscheinen lassen, brauchen nicht absolut zutreffend zu sein. Sie machen gleichwohl deutlich, was für Frisch die Tagebuch-Stellerei eigentlich ist: etwas, was er aus sich gewonnen, entfernt und in Form verwandelt hat.

Das gilt eben nicht nur für die großen, tagebuchartig fortschreitenden Romane, sondern auch für die regelrechten Tagebücher des Zeitgenossen und Kritikers Max Frisch, der reist, diskutiert, sich über eine Zeitungsnachricht erregt, Kongresse erlebt, Stoffe notiert und, etwa im August 1949, in wenig Worten einen Sachverhalt folgendermaßen ungläubig-entsetzt festhält. Er benötigt kein Riesenpathos, keinen hallenden Schrei, sondern drei Zeilen, ein Fragezeichen und zwei Klammern. Die Textstelle heißt: »Westerland«. Die erste Zeile lautet:

Wieder einmal Zeitungen gelesen:

Jetzt folgt, in Anführungszeichen und dann durch ein Fragezeichen als eigentlich unglaubwürdig herausgestellt, die zweite Zeile:

»Wiederbewaffnung Deutschlands –?«

Die dritte Zeile besteht aus ganzen zwei Worten in Klammern. Aber gerade sie vergißt man nicht:

(Durch Amerika.)

So verstand und versteht er zu schreiben. Gewiß, vieles von dem, was er damals vortrug, ist uns heute selbstverständlich. Wir haben es von ihm gelernt, ihm am wenigsten dürfen wir übelnehmen, wenn es uns nun wie ein erledigtes, banales Problem erscheint. So schlägt sich das Tagebuch und auch das teils unter Lebenden, teils im Totenreich spielende Kriegsstück »Nun singen sie wieder« betroffen herum mit Fragen des Zusammenhangs zwischen Kultur, »Innerlichkeit« und Barbarei. Gerade in »Nun singen sie wieder« wird ein gewisser edeldeutscher Innerlichkeitshochmut angeprangert. Wer Mörike liebt, halte sich nicht nur für einen besseren Menschen – sondern leite daraus unbewußt das Recht ab, um so grausamer zu handeln. Frischs These: Kultur gebiert elitäre Arroganz. Der Jargon der Eigentlichkeit als militantes Seelenbollwerk in einer miesen prosaischen Welt... Mit dieser giftigen Kritik an Edelfaschisten hatte Frisch gewiß recht. Wer sich auf seine Feinsinnigkeit etwas einbildete und sie dem Bösen zur Verfügung stellte, der machte nicht den Faschismus diskutabel, wohl aber alle »innerlich musische Feinsinnigkeit« verdächtig.

Im Eifer des kulturkritischen Gefechtes ging Frisch freilich manchmal auch so weit, Kultur deshalb zu bezweifeln, weil sie Barbarei zulasse. Da verlangte er, im Grunde ein Idealist, einfach zuviel von der Kultur! *Die Tatsache, daß jemand irgendein großes musisches Talent besitzt, beweist doch keineswegs, daß der Betreffende ein unbedingt edler Mensch sei.* Aber auch nicht unbedingt das Gegenteil... Alle diese dunklen Wege, auch Irrwege, zwischen Zivilisation, Geschmacksverfeinerung, Barbarei, Grausamkeit, Faschismus, Zerstörung, Selbstmitleid und Menschlichkeit schritt Frisch aus – nein, ließ er uns durchschreiten, als sein Stück »Nun singen sie wieder« gespielt und seine Tagebücher gelesen wurden in den späten vierziger und frühen fünfziger Jahren... Und da er nicht im mindesten selbstgerecht war, zudem beängstigend viel wußte auch über so allgemein Menschliches wie Eifersucht, Rassenhaß, Neid, Zerstörungslust, lauschten wir Verwirrten ihm wie einem glücklicheren, schuldlosen Bruder.

Parabelartige Stücke wie »Nun singen sie wieder«, wie »Die Chinesische Mauer«, wie »Herr Biedermann und die Brandstifter«, wie die Aussteigerballade vom »Grafen Öderland« wurden in den fünfziger Jahren viel aufgeführt. Die Riesenwirkung, den, sagen wir etwas nüchtern, Gewissenserfolg von »Andorra« – ich erlebte in Zürich 1961 aufgeregt die Uraufführung mit, in der Willy Birgel einen Naziarzt mit schlechtem Gewissen spielte – erreichten sie alle nicht. »Andorra« ging über fünfzig deutsche Bühnen. Neulich noch, als ich im Intercity 614 München–Stuttgart im Speisewagen – wegen der frühen Morgenstunde nicht allzu beschwingt – über diese Frisch-Würdigung nachdachte, saß mir gegenüber, karg frühstückend, eine junge Frau. Schlank, Bluejeans, sie blätterte und las in einem Suhrkamp-Büchlein.

Dergleichen macht unsereinen neugierig. Man will doch wissen, was die anderen interessiert, zumal angeblich Reisende in Deutschland sehr viel seltener Bücher lesen als Moskauer U-Bahn-Benutzer oder gar die Japaner. Bei der jungen Frau ist es also »Andorra« von Max Frisch. Sie arbeitet als Lehrerin in einer (anscheinend) höheren Schule, die Unterricht auch für Sehbehinderte erteilt. Da sei, sagt sie, es oft schlimm, daß die Taschenbücher mancher Verlage häufig in sogar für Normalsichtige kaum lesbar kleinem Druck erscheinen. Wir reden über »Andorra«. Sie leugnet die Schwierigkeit der Parabel nicht. Daß also derjenige, von dem alle jüdisches Verhalten erwarten, sich hier zwar keineswegs »jüdisch« (wie immer das zu definieren sei) verhalte... Dann meint sie, der potentiell intolerante rassistische Grundzug einer ganzen Gesellschaft wäre bewegend genau erfaßt in diesem Stück. Und weil sie mit ihren Schülern als Vorbereitung die Tagebuchskizze »Der andorranische Jude« durchnehme, zeigten diese sich dann von dem Drama sehr beeindruckt, obwohl es schwer wäre, mit »Literatur« anzukommen gegen die Lese-*Unlust* oder gegen die Lese-*Gewohnheiten* von Schülern, in deren Elternhaus hauptsächlich Konsalik konsumiert werde.

Was für eine Wirkung noch nach Jahrzehnten! Aber trotz mancher Büchner-naher poetischer Momente in den Einzelszenen des »Andorra«-Dramas, wo die Antisemiten Max Frisch um so überzeugender gerieten, je intellektueller sie waren: das Drama scheint mir überdeutlich und zu konstruiert – von heute aus betrachtet. Ein Friedrich Torberg, ein Georg Kreisler – beide Juden – mochten es schon damals gar nicht, konnten es sich leisten, das Werk nach Kräften zu verspotten... Als Fritz Kortner »Andorra« in Berlin – mit dem bewegenden, nicht engelreinen, sondern hysterisch-forciert anspruchsvollen Klaus Kammer als Andri – die gewiß beste Aufführung bereitete (die Zürcher Uraufführung hatte den Modellcharakter des Stückes unterstrichen, aber den Rassismus der Figuren nicht erklärt; Schweikarts schöne Münchner Kammerspielaufführung hatte die poetischen Qualitäten hervorgehoben, aber die Härte der Judenschauszene nicht bewältigt), als Kortner in Berlin »Andorra« antibürgerlich und meisterhaft inszenierte, da reiste Max Frisch gar nicht erst hin. Er konnte »Andorra« nicht mehr sehen. Kortner nahm ihm das nachhaltig übel. Während Frisch andererseits dem großen Kortner schon lange grollte: der hatte nämlich das Scheitern der »Graf Öderland«-Uraufführung in Frankfurt, 1956, nicht verhindert. Frisch wollte damals keine Uraufführung mehr an Kortner geben. Entweder, sagte er, wird es ein *Inszenierungs*-Erfolg oder ein Autoren-*Mißerfolg*, wenn Kortner Regie führt.

So »ernst« das deutsche Publikum und das deutschsprachige Theater Frischs Zeitstücke auch nahm während der fünfziger und sechziger Jahre – Friedrich Dürrenmatt, der Freund und Gegenspieler, der ein so andersartiges, schamlos zupackendes, absurdes Theater produzierte, beherrschte die Bühne und ihre Wirkungen gewiß noch unmittelbarer. Die beiden machten sich – wobei sie über einander voller Achtung, aber nicht ganz ohne Ironie sprachen – heftige Bühnenkonkurrenz. Als deutschsprachiger Romancier indessen war Frisch der Überlegene. Seine Romane füllten die Prosalücke, bis endlich Heinrich Böll, Günter Grass, Uwe Johnson, die jungen Schweizer Autoren, Ingeborg Bachmann, Martin Walser in ihrer Prosa auch die Höhe des ihnen jeweils Möglichen erreicht hatten. Übrigens, sie alle verehrten, ja »mochten« oder liebten Frisch, das brüderliche Genie, das anständige Vorbild, den offenen und guten Kollegen. Dessen »Tagebücher« waren Pflichtlektüre, den »Stiller« bewunderte man, und man lernte von der Brillanz des »Homo Faber«.

Der »Homo Faber« – ausdrücklich *Ein Bericht* und eben nicht *Roman* benannt – war kein Wendepunkt im Schaffen von Max Frisch, sondern die Bestätigung eines wohlerworbenen literarischen Rufs wohlerworbener schriftstellerischer Meisterschaft. Im Jahre 1954 hatte der »Stiller« Max Frischs Durchbruch zum Romancier seiner Generation herbeigeführt. »Stiller« war das episch ausladende, mit artistischer Kraft erzählte Buch einer verbissen melancholischen Schweizer Selbstverleugnung gewesen. Der Held entwarf phantastische Gegenwelten: herrliche Abenteuer im amerikanischen Kontinent. Dabei hatte er, als realer Soldat während des Spanienkrieges, wohl »versagt«, nämlich nicht mörderisch zu funktionieren vermocht. Die Frauen und Geliebten Stillers, denen er sich zu entwinden versucht, sind reizvolle, gutmütige, verwöhnte, selbstsüchtige Künstlerinnentypen – vor allem die ziemlich frigide Julika, eine entzückende Tänzerin, die Frisch aus der Tiefe leidvoller Erfahrung und passionierter Erotik geformt hat. Was die unlösbaren, ebenso schlimmen wie witzigen Krisen moderner Zweisamkeit und deren Beschreibung angeht, kam nach 1945 kein deutscher Autor dem Max Frisch gleich. Vier Jahre später erschien der »Homo Faber« und bekräftigte Frischs Rang. Der 47jährige Autor zeigte hier, was er kann: wie knapp, virtuos, sinnlich und sinnfällig er zu erzählen versteht.

Der Titel des »Homo Faber«-Berichtes kündigt anscheinend Grundsätzliches über Mensch und Technik an. Gleichwohl ähnelt dieses Buch Frischs eher einem erzählten Alptraum einer schrecklich gut funktionierenden Höllenmaschine. Erfolg und Effekt des »Berichtes« waren gleich beim Erscheinen groß. Aber auch von den »kritischen« Lesern oder von jenen zurückhaltenderen Rezensenten, denen die Walter-Faber-Story etwas zu knallig vorkam, zu kolportagehaft, stürmisch und schicksalsträchtig – auch von ihnen hat sich nicht einer über Langeweile oder Langatmigkeit beschwert. Das Ganze scheint – was die »story« betrifft – trefflicher Filmstoff zu sein. Ein Treatment, an das sich immer wieder Regisseure wagen wollen... Max Frisch fürchtet, wie er mir einmal sagte, hier passiere auf zu vielen Kontinenten zu vieles – und ein dem Handlungsverlauf folgender Film müßte wirken wie Jules Vernes »Reise um die Welt in 80 Tagen«.

Auf den ersten Blick könnte man im »Homo Faber« ohne weiteres eine Liebesgeschichte mit tödlichem Ende sehen. Der Ingenieur Walter Faber, der sich normalerweise wenn schon nicht die Frauen, so doch die Ehe vom Halse hält, schliddert in immer aufregendere Begebenheiten hinein. Er ist kein Schöngeist, aber ein intelligenter, offenbar sehr männlicher Mann. Was dem alles zustößt beim Flugzeugunfall in Mexiko, bei der Suchexpediton nach dem Freund (der dann als Selbstmörder, erhängt, gefunden wird), auf der Rückreise nach Europa an Bord, beim Sich-Verlieben in eine gewisse Sabeth, bei der gemeinsamen Autofahrt durch Frankreich, Italien und Griechenland – das ist aufregend genug. Walter Faber berichtet konkret, knapp, nie atemlos, aber auch nie redselig. Er ist Naturwissenschaftler, er kann hinsehen. Seine Beobachtungsgabe ist so groß, daß die Genauigkeit oft in charakteristische Komik, ja manchmal in Magie umschlägt, was er selber gewiß leugnen würde. Wer sich von den Geschehnissen zu sehr mitreißen läßt, überliest, was den Bericht zuerst unauffällig, dann aber doch zunehmend heftig unterbricht und kontrapunktisch begleitet: der Berichterstatter verteidigt sich gegen zunächst nur angedeutete Vorwürfe. »Ich konnte nichts dafür. Ich wußte doch nichts. Es war doch ein Zufall.«

Bei alledem geht es, wie so oft bei Frisch, um zwei einander folgende Tagebuchaufzeichnungen: die erste, weitaus größere, entstand während einer Krankheitspause im Hotel (Caracas, 21. Juni bis 8. Juli). Die zweite im Athener Krankenhaus. Aber nicht nur wir Leser, von der Handlung fasziniert, tendieren anfangs dazu, die Tiefenschichten der ins Tödliche mündenden Story wegzudrängen: auch dem Erzähler selber geht es so. Frischs »Homo Faber« ist eine Kolportage, aber eine abgründige. Unterhalb der Ereignisschicht existieren noch zwei Verläufe, die sich minutiös, Punkt für Punkt, Station für Station geltend machen.

Wenn Walter während der Seereise häufig mit Sabeth plaudert, die er nicht als seine Tochter erkennen kann, dann denkt er dabei immer häufiger höchstens an deren Mutter, die von ihm einst verlassene Hanna. Aber er ahnt nichts, *will* nichts Beziehungsvolles ahnen: »Ich langweilte mich, daher die Spintisiererei um Hanna«. Doch die schicksalhafte Verkettung wird immer massiver. Er stellt bei der Unbekannten »ihr Hanna-Mädchen-Gesicht« fest. Sie ist ihm, beziehungsvollerweise, »fremder als je ein Mädchen«. Weil Faber es gleichwohl »schätzt, Gewißheit zu haben« (auch Ödipus hörte erst auf zu bohren, als er wußte, was er längst geahnt hatte), darum kommt am Ende das Ganze genau heraus. Ein Verdrängungsprozeß zerbricht, eine Ahnung erfüllt sich.

Dies wäre die eine Dimension unterhalb des ebenso konkreten wie brillant sinnfälligen Reiseberichtes. Die andere bezieht sich auf den Schuldzusammenhang der Lebendigen: das Schicksal. Der Ingenieur Walter Faber vertraut der Wahrscheinlichkeitsrechnung, seiner kühlen Vernunft, der Technik und den tüchtigen Männern, die sie beherrschen. Ruhig leugnet er das Schicksal, ja sogar das »Seelische«. Empfindung, Sentiment und Rührung hält er vielleicht nicht gerade für etwas »Krankes«, aber doch für Weibisches. Für »Ermüdungserscheinungen«. An Schicksal und Schuld glaubt er nicht – bevor er *dran glauben muß*.

Ein Berichterstatter, der bei jedem Schritt in Richtung Abgrund behauptet: reiner Zufall, hätte alles auch ganz anders kommen können – wirkt bald wie ein krampfhaft abwiegelnder, wie ein dis-simulierender Neurotiker. Am Ende ordnet Max Frisch Walter Fabers Schicksal dem Muster des Ödipus-Verhängnisses zu. So nimmt Frisch eindeutig, wie auch später im Schauspiel »Biographie«, für die Unumkehrbarkeit des Menschlichen und Tragischen Partei. Was kam, hat kommen *müssen*... Also: ein technischer Mensch, der Homo Faber, wird vom Schicksal gedemütigt, überwunden, zur Einsicht und Aufgabe gezwungen. Doch, und das macht die Sache besonders spannend, der tapfere »Homo Faber« ist keineswegs *nur* im Unrecht! Frisch – selber Architekt, Aufklärer, selber gegen den elitär-romantischen Kulturbegriff, selber Rationalist, der in »Biedermann und die Brandstifter« brecht-nah verkünden läßt: »Nimmer verdienet, / Schicksal zu heißen, bloß weil er geschehen: / Der Blödsinn« – Frisch hat diesem Walter Faber auch Richtiges und Substantielles mitgegeben! So klingt etwa Walter Fabers Argument für die Geburtenverhütung wirklich nicht töricht: »Der liebe Gott! Er machte es mit Seuchen; wir haben ihm die Seuchen aus der Hand genommen. Folge davon: wir müssen ihm auch die Fortpflanzung aus der Hand nehmen... Wer die Schwangerschaftsunterbrechung grundsätzlich ablehnt, ist romantisch und unverantwortlich«. Auch Fabers anti-ästhetischer Affekt ließe sich ohne weiteres aus manchen Frisch-Essays herauslesen. Und jene Hanna wiederum, die einst Jehovah abschaffen wollte und für die griechische Mythen wie Wirklichkeiten sind: Sie darf gewiß nicht eindeutig für sich beanspruchen, mit allen ihren Überzeugungen *im Recht*, die »Richterin Fabers« zu sein. Was für eine Mischung aus Tragödie, Kolportage und intellektueller Spannung!

Wer solche Bücher geschrieben und dann noch den sehr spielerisch-virtuosen Fabulierroman ohne gewichtige Handlung »Mein Name sei Gantenbein« hinzugefügt hat, wer so affektvolle Zeitstücke wie »Als der Krieg zu Ende war« und dann später, 1968, das Schauspiel »Biographie« ersann, wo jemand sein Schicksal ändern möchte, sogar durfte, aber eben doch nicht ändern kann, weil der Professor Kürmann eben doch vom »Natürlichen« – seinem Charakter, seinen Begierden – dazu gezwungen wird, gewisse Wiederholungen zwar intellektuell nicht zu wollen, aber als Gesamtperson doch wollen zu müssen: Wer als Autor solches vermag, der könnte doch immerfort in dieser aufregenden Manier weiterschreiben, weiterwirken (und noch mehr verdienen an Geld und Ruhm).

Aber Max Frisch war und wurde kein Serienfabrikant. In den 70er Jahren änderte sich sein Schreiben. Die Brillanz des »Homo Faber«, das Pathos des »Andorra«-Andri, das Spitzbübische von »Stiller« und »Gantenbein«: all dieser hinreißende Charme, der unserer deutschen Literatur so gutgetan hatte, damit hörte Frisch beinahe auf. Der Tod drang nicht als Ödipusschicksal, wie im »Homo Faber«, ins zweite Tagebuch von 1971, sondern als reales, herb umkreistes Altwerden. Das Bühnenstück »Tryptichon« wollte Frisch eigentlich gar nicht auf die Bühne lassen – wie wenn er dem Stil und der Form seines Theaters mittlerweile mißtraute. Ist Prosa die Form älterer Dichter?

Im letzten Jahrzehnt schrieb, nein kondensierte Frisch Texte, die sich so leicht, klar, körnig lesen – daß man sie unterschätzt. Und erst nach einiger Zeit staunend bemerkt, wie gut man sie im Gedächtnis behält, wie stark sie beim Wieder-Lesen werden. »Montauk«, 1975 erschienen, war eine Liebesgeschichte. »Er«: 63, »sie«: 31. Aber

Frisch sagt auch »ich« – und klagt andere, wie sich selber, an. Keineswegs exhibitionistisch. Schon nach wenigen Seiten oder Zitaten spürt man: Wieder ist Frisch etwas Faszinierendes gelungen – wieder hat er eine Theorie in leibhaftigste Wortwirklichkeit übersetzt, die jeden wachen Leser zu umfänglichem Spekulieren über die Unterschiede zwischen Fiktion und direkter Mitteilung, zwischen Logbuch und Liebesnovelle provozieren dürfte. Auffällig genug, daß Frisch seine unmittelbare jüngste Erfahrung ins »Er« zu transponieren versucht, während er von länger zurückliegenden oder europäischen Konflikten in Ich-Form erzählt.

In Frischs geschriebener, beschriebener Welt von »Montauk« sind die Menschen keine Spielmarken, keine Kunstfiguren. Sondern sie sind als leibhaftige, oft als noch lebende Wesen angesprochen – ohne sich »wehren« zu können. Dieses Buch ist wahrlich kein donjuanesker Exhibitionsbericht. Eher stellt es Logbuch und Beichte zugleich dar, eine selbstquälerische Beschreibung sensiblen Lebens, Versagens. Man muß diesen Max Frisch leiden können, weil er so ehrlich-sympathisch leiden kann. Er ist Komplice eines jeden Beladenen. Mit tastender, verhalten ertastender Neugier enthüllt er, daß alle Individuen, denen noch kein reibungsloses seelisches Funktionieren eingebläut ward, ein wenig so sind wie dieser Mensch. Ecco homo im Parlando. Er trägt schwer, er trägt nach, erträgt.

Das war »Montauk«. Herr Geiser, Held von Frischs 1979 erschienener Novelle »Der Mensch erscheint im Holozän«, lebt bereits ohne Du. Allein in den Bergen. Keine Frauen. Das heißt nicht: lauter Selbstmitleid, Einsamkeitsjammer, Sentimentalität. Sondern? Geiser konstatiert sein Älter-vergeßlich-hinfälliger-Werden (das er mit wunderbar knapper Kunst zu beschreiben, wobei er sich also am eigenen Schopf aus dem Hinfälligkeitssumpf zu ziehen versteht) wissenschaftsfromm unbewegt. Er nimmt hin. Nimmt Geschöpflichkeit und Vergänglichkeit sogar tonlos an!

Um den Titel zu verstehen, muß man ihn eigentlich gegen den Strich lesen. »Der Mensch erscheint im Holozän«, also in einem späten Erdzeitalter nach Pleistozän und Altsteinzeit: da ist gewiß vom Erscheinen des Homo sapiens die Rede, doch sinnfällig wird dabei eher seine relative Unwichtigkeit. Herr Geiser nimmt sich nicht überernst: Jahrmilliarden schauen auf ihn herab – übrigens höchst real: Geiser nagelt erdgeschichtliche, geologische, heimatkundliche, biologische Lexikonartikel und Tabellen an seine Wände. Frisch collagiert alles das unbekümmert in seine Erzählung hinein. Aber die erdgeschichtliche Übermacht pocht, »klöppelt« als ewiger Regen noch ganz anders in diese Existenz: es droht Erosion in Geiser/Frischs Tal, der Strom fällt aus, Wasserfluten und Erdreich setzen sich in Bewegung. Aus diesen fixierten Erkenntnissen und eindringenden Bedrohungen, sowie aus einer Gipfel-Besteigung des 73jährigen, besteht das Büchlein.

1982, Frisch war 71, erschien sein bislang letztes Buch »Blaubart«. Viele unterschätzten es als wiederholungsseliges Spätwerk. Dabei machte Frisch auch hier jemandem mit energischer Unduldsamkeit gnadenlos den Prozeß: Sich selbst. Wir begegnen, im Zusammenhang mit einem Dirnenmordprozeß vor dem Schwurgericht, Frischs Leid- und Leitmotiven. Dr. Felix Schaad, Internist, 54jährig, steht unter Anklage, weil seine ehemalige Gattin, Rosalinde Z., die als nobles Callgirl arbeitete, mit einem Schlips erwürgt worden ist. Folge: reale Verhöre vor Gericht. Später, nach dem Freispruch mangels Beweisen, der Schaads berufliche Existenz zerstört, weil die Öffentlichkeit zuviel über sein Privatleben erfuhr – imaginäre Gespräche. Befragungen. Nicht gelingende Ablenkungsversuche.

Die Geschichte liest sich weithin spannend, hängt nur in der Mitte ein wenig durch, wenn der Held sich über seine Träume verhört glaubt. Freilich, diese Prozeßsituation beim späteren einsamen Durchstehen erdachter Gespräche, das ist hier nur souverän entworfene Erzählungsdramaturgie. Ans Licht kommen dabei die Liebschaften, die sechs Gattinnen des Dr. Schaad. Alle diese partnerschaftlichen Verhältnisse gingen auseinander. Was an dem Büchlein beklemmend, wenn nicht gar ergreifend wirkt: Hier gibt jemand seinem Helden, seinem alter ego, schuld. Im Mittelpunkt dieses Indizienprozesses, wo zu klären ist, ob der Beklagte dazu neigt, sich gewalttätig gegenüber dem anderen Geschlecht zu verhalten, steht unvermeidlich der partnerschaftlich-soziale Charakter des Angeklagten – also sein Verhältnis zu Frauen. Hier nimmt der Autor Max Frisch entschieden Partei. Und zwar gegen seinen Helden. Der bezichtigt sich zum Schluß sogar (keineswegs nur symbolisch) des Mordes, den ein anderer beging.

Daraus folgt – und nie las man es so deutlich, bitter und calvinistisch bei Max Frisch – ein umfassendes Schuldbewußtsein. Ein Schuldbewußtsein, das weit über verständnisvolles (unverständiges) oder verständnisloses (einleuchtendes) Verhalten zu Frauen hinausreicht bis in die Tiefe des Geschlechts. Es ist ein Schuldgefühl wegen des Sexus selber. Das hat mit »Mißverständnissen«, damit, daß es »kein gemeinsames Gedächtnis« gibt – ehemalige Ehepartner erinnern sich höchst verschieden –, wenig zu tun. Es quillt vielmehr aus dem Bewußtsein und Eingeständnis geschlechtlicher Urschuld. »Seit meinem vierzehnten Lebensjahr habe ich nicht das Gefühl, unschuldig zu sein.« Anders: In diesem Manne entstand seit dem Beginn der Geschlechtsreife, des Begehrens, seit der sogenannten Männlichkeit – ein Schuldgefühl!

Mit ehrfurchtgebietender Konsequenz ging da ein Unbestechlicher seinen künstlerischen Weg. Für meine Generation ist Max Frisch immer ein bedeutender Schriftsteller und ein brüderliches Genie gewesen.

»Stiller«

1954 erschien der »Stiller«-Roman des damals 43jährigen Max Frisch. Das Buch wurde sogleich als bis dahin gewichtigstes Werk des Schweizer Autors begriffen und interpretiert. In der Form einer keineswegs risikolosen, sondern manchmal recht gewaltsam durchgeführten und abgeschlossenen »Ich«-Erzählung (deren Abrundung das »Nachwort des Staatsanwaltes« besorgte) schien ein Roman gelungen, mit dem Frisch – der damals schon recht berühmte Autor einiger Dramen und vor allem des »Tagebuchs 1946–1949« – die Erfahrungs- und Kunstsumme seiner bisherigen Existenz gezogen hatte. Und da die beschreibende, die plastische, die manchmal rauschhaft metaphorische Kraft von Frischs anstrengungslos vergegenwärtigender, oft zwingend ironisch-kritischer Sprache stets weit über das hinausreichte, was der Autor an sehr ich-bezogener (damals sagte man dafür »existentieller«) Daseinserkundung mitzuteilen offenbar beabsichtigte, war der »Stiller« von Anfang an nicht nur als Frischs »chef d'œuvre« erkennbar, sondern auch als ein wichtiges Datum unserer neuen Literaturgeschichte. Ein Problem-Roman mit faszinierendem Überschuß an Sprach- und Bildkraft. Eine Prosa, die alles zu gestalten vermag, was sie angreift, *und dazu noch den Zweifel an sich selber*. Das war 1954 ein Ereignis (und ist es bis auf den heutigen Tag).

Natürlich veränderte »Stiller« die literarische Landschaft. Eben erst hatte ja Bölls »Und sagte kein einziges Wort« oder Ingeborg Bachmanns Lyrik-Bändchen »Die gestundete Zeit« gewisse Umrisse einer entstehenden »modernen« deutschsprachigen Nachkriegsliteratur erkennen lassen. Aber den Günter Grass, den Kluge, den Uwe Johnson, den Hochhuth oder den Peter Weiss »gab« es sozusagen noch gar nicht – und Bücher wie Elisabeth Langgässers »Unauslöschliches Siegel«, wie Thomas Manns »Doktor Faustus«, oder wie die »Strahlungen« von Ernst Jünger waren noch jung und vieldiskutiert, auch wenn sie aus einer anderen Epoche herübergekommen schienen. So lag damals die Annahme nahe, daß die Kontinuität des literarischen Lebens in der seinerzeit begreiflicherweise vielbeneideten (unzerstörten) Schweiz es Autoren wie Frisch und Dürrenmatt (der die Bühne zu erobern begann) möglich gemacht habe, jene literarische Kontinuität weiterzuführen, die in der Bundesrepublik abgerissen schien.

Anatol Stiller, der Bildhauer, bemüht sich, seiner Vergangenheit zu entrinnen. Er gibt sich einen neuen Namen, wird aber – dies die Handlung des Romans – auf der Durchreise durch die Schweiz verhaftet. Und zwar unter dem Verdacht, er sei eben nicht der vorgebliche Mister White, sondern jener verschollene Herr Stiller, der überdies noch seine Frau verlassen und sich anscheinend sogar in eine Spionageaffäre zugunsten der UdSSR verwickelt hat.

»Ich bin nicht Stiller«, mit dieser ebenso entschiedenen wie auf die Dauer hoffnungslosen Lüge versucht das erzählende Ich, der

Identifikation mit jenem einstigen Stiller zu entkommen. Denn dieses Ich will nicht auf das festgelegt werden, was Stiller gewesen zu sein scheint, was aber in Wirklichkeit oder Idealität der wahre Stiller nicht sei! Der Autor benutzt – mit der Frische des »zum ersten Mal« – Techniken, die er in seinen späteren Werken (»Homo Faber«, »Mein Name sei Gantenbein«, »Biographie« usw.) noch oft anwenden wird. Auch der Stiller-Roman ist also eine *tagebuchartige* Aufzeichnung von Geschehnissen und Erinnerungen.

Um sich erkennbar zu machen, genügt dem erzählenden Ich die Totenmaske der sogenannten Fakten nicht. Darum flunkert Stiller, er erfindet, windet sich, antwortet beispielsweise seinem sich über »Märchen« beschwerenden Verteidiger, er könne nur mit »Märchen« verteidigt werden, was diesen Juristen in einige Verlegenheit versetzt. Doch die Vergangenheit, in Gestalt der ehemaligen Gattin, des Bruders, einer Geliebten (sie ist die Frau des sympathischen Staatsanwaltes) holt Stiller ein. Zum Schluß resigniert er. Er »nimmt« sich – anscheinend auch sein Schweizertum – »an«, und er verliert Julika (mit der das Zusammenleben natürlich auch beim zweitenmal mißlang) endgültig, bleibt erstarrt allein.

Frisch müßte nicht der große Schriftsteller sein, der er war und ist, wenn er aus dieser Konstellation nicht die Spannungen und Funken mannigfacher lebensphilosophischer Einsichten und Zuspitzungen hätte herausholen können. Stiller, der aktive Antifaschist, der im Spanienkrieg dabei, dort aber ein »Versager« war, Stiller, der charmante Freund und Gatte, der liebt – aber nicht glücklich zu machen weiß. (Kein Wunder, da die schöne Gattin wie ein frigides, schamlos selbstbezogenes Meertier erscheint); Stiller, das »Ich«, das sich nicht festgestellt wissen will, weil es in oder neben dem stets versagenden, leibhaftig handelnden Ich ein anderes Ich gibt, das eine andere Vorstellung von sich hat: darüber hat die Leseöffentlichkeit, die Literaturkritik und auch die akademische Frisch-Forschung heftig zu analysieren und zu spekulieren gehabt, bis sich die Borde der Frisch-Sekundärliteratur bogen.

Glücklicherweise wurde unterhalb dieser manchmal anstrengenden, partiell neuromantischen Lebensphilosophie die konkrete Meisterschaft eines tiefbetroffenen Erzählers erkennbar, der die Probleme menschlicher Zweisamkeit unübertrefflich darzustellen vermochte, und zwar aus der Warte eines verirrten Bürgers mit guten Manieren. Etwa: »Niemand geht gerne zu einem Ehepaar in Krise, versteht sich, es liegt in der Luft, selbst wenn man nichts davon weiß, und der Besucher hat das Gefühl, einem Waffenstillstand beizuwohnen, er kommt sich als Notbrücke vor, er fühlt sich irgendwie mißbraucht... es ist ungemütlich wie auf einem Minenfeld, ein solcher Besuch bei einem Ehepaar in Krise, und wenn nichts platzt, so riecht es doch allenthalben nach heißer Beherrschung. Und wenn es auch zutreffen mag, was die Gastgeber sagen, nämlich daß es für sie der netteste Abend seit langem gewesen ist, man kann es verstehen; aber man lechzt nicht nach der nächsten Einladung, und die Hindernisse häufen sich unwillkürlich, in der Tat, man hat kaum noch einen freien Abend.«

Charakteristisch erscheint auch die Metapher, welche die Geliebte (Sybille) findet für Menschen, die zwar nicht an den Sinn der Ehe glauben, sondern nur aus Konvention ihr Verhältnis legalisieren, aber doch zu feige sind, sich notfalls scheiden zu lassen. Sybille fixiert diesen Sachverhalt mit dem Bild einer Großbürgerin, die zwar Haus und Garten besitzt, sich darinnen aber unnatürlich verhält. »Das kommt mir vor«, sagt sie geistreich über solche ehe-ungläubigen, aber ängstlichen Scheidungsvermeider, »wie wenn jemand eine Vogelscheuche aufrichten würde und nachher selber nicht mehr wagt, in seinen Garten zu treten«.

Alle diese Funde und Vorzüge des Romans erschließen sich – wenn man ihn nur liest – von selbst. Auch ist fast unübersehbar, daß Frisch der Schweiz eine beklommene Angst vor der Zukunft vorhält, nachdem sie einst fortschrittlich gewesen sei (im 19. Jahrhundert) oder daß er eine tiefsinnige Kulturkritik entfaltet im Zusammenhang mit unserer hauptsächlich reproduktiven Zeit. Wie soll der Unterschied zwischen Erfahrung, Flunkerei und Lüge überhaupt sinnfällig zu machen sein, wenn es möglich und üblich ist, alles aus zweiter Hand zu erleben?

Mag die Fülle dieser Themen und Betroffenheiten auch noch so imponierend wirken: die eigentliche Kraftquelle des Romans liegt anderswo. Aber das konnten wir 1954, ja auch 1964 eigentlich noch nicht ahnen. Man unterschätzt nämlich den Roman, wenn man meint, unterhalb der lebensphilosophischen Allgemeinheit handele er doch nur – ebenso fesselnd wie privat – davon, wie Mann und Frau für einander zum Schicksal, zum Kreuz werden können oder müssen. Das allein ist es nicht. Stillers subjektives Nicht-Können geriet zur *Prophetie objektiver Frustration.* Stiller ist ein Gegner des Faschismus, des chauvinistischen Geredes und jener Schweizer Selbstvergottung, die – wenn alle anderen einigenden Motive ausbleiben – sich wenigstens am gemeinsamen und selbstverständlichen Antikommunismus orientiert. Stillers Kritik geht dabei *nicht* gegen einige beamtete oder aktive Schwachköpfe und Opportunisten, sondern zielt auf das System. Warum müssen idiotische Gesetze sein – wenn man doch Demokratie ist und sie ändern könnte.

In Stiller steckt also ein Revolutionär und ein Aktivist. Darum hatte er ja auch im Spanischen Bürgerkrieg mitgekämpft, 1937. Nun liest sich die im Roman oft erwähnte »Spanien«-Episode (wo Stiller unfähig war, auf Gegner, die er als Menschen erkannte, zu schießen) immer etwas erklügelt, wie Hemingway aus zweiter Hand, zur Anekdote geronnen. Schon die Formulierung »sonst wäre er ja nicht als Freiwilliger in den Spanischen Bürgerkrieg *gefahren*« klingt seltsam zivil, urlauberhaft. Und auch die Revolutionärin, die sich dortselbst Stillers nebenher annimmt, scheint weniger aus Fleisch und Blut – als aus Lubitschs »Ninotschka«.

Unvergleichlich viel ernsthafter, zur Kenntlichkeit und Prophetie verändert, liest sich dieser Bericht vom Nicht-kämpfen-Können des Intellektuellen, wenn man ihn nicht als undeutliche Vergangenheitsbewältigung versteht, sondern als Parabel für Zukünftiges! Stiller ist zwischen zwei entscheidende Formulierungen gesperrt: Der eine, der *revolutionäre* Satz, lautet: »ein Mensch... wird stets geistlos, wenn er nicht mehr das Vollkommene will.« Und die andere, *alles revolutionäre Versagen* umschreibende Einsicht lautet: »Seine Persönlichkeit ist vage; daher ein Hang zu Radikalismen... Er ist ein Moralist wie fast alle Leute, die sich selbst nicht annehmen.« In Stiller trifft also der Wunsch, gewalttätig sein zu können, mit der Unfähigkeit zusammen, es zu sein. Daraus ließen sich beliebig viele Neurosen ableiten. Doch Frisch wandelt ganz unauffällig Stillers »Schwäche« in eine nicht mehr *logisch*, sondern fast schon *metaphysisch* motivierte Stärke um. Wenn Stiller ein Geschöpf als »Geschöpf« erkennt – dann kann er (nicht mehr?) töten. Das gilt hier nicht nur für ein paar Franco-Faschisten, die auch Menschen sind, sondern sogar für eine Katze, die Stiller nicht umzubringen vermag, und für Träume, in denen ihm dergleichen erst recht nicht gelingt.

Anerkennung der Geschöpflichkeit als handlungshemmendes Motiv? Das ist aufregender als der aberwitzige Satz aus Frischs »Öderland«-Drama, wo ein Alptraum-Staatsanwalt-Diktator sagt: »Ich könnte nie einen Menschen umbringen, einen lebendigen, aber eine Uniform ohne weiteres. Einen Zöllner: ohne weiteres! Einen Gendarm: ohne weiteres! – meinetwegen sogar drei.« Im »Stiller« ist Frisch über diese banale Kasuistik hinaus: nicht zum Vorteil seines Helden, wohl aber zum Vorteil seiner Wahrheit.

Wenn man diesen Gedankengängen eines jungen (verzweifelten, jedoch zum »absolut« kämpferischen Einsatz nicht fähigen) Schweizer Bildhauers und Steppenwolfs einige Triftigkeit zubilligt, dann lesen sich die häufigen Hinweise auf den unkonkretisierten »Engel«, der (wie die »Dame« der Heiligen Johanna) etwas befohlen oder verboten habe, plötzlich anders, bedenkwürdiger. Und auch das unaufhörliche, ziemlich peinliche, meist besoffene Gerede vom Beten, das die letzten Seiten bestimmt, nimmt sich anders aus. So flapsig der Ton, so heftig die ironische Rationalität: die Figur des Stiller ist mitgeprägt – und dadurch auch zum Versagen in einer kriegerischen Welt bestimmt! – von einer eben doch nicht spurlos wegdrängbaren Weltfrömmigkeit. Das erklärt ihre Symbolkraft, ihre verzweifelt bürgerlich-antibürgerliche Inaktivität bei höchster Leidens-, Kritik-, Schimpf- und Sauffähigkeit. Und ihren Reichtum. Ein wohlbekannter Typ.

Vom so begriffenen Stiller aus verstehen wir Frischs lebenslänglichen Kampf ums Engagement neu. Nicht weil hier jemand andauernd vergeblich ersehnt, was etwa Goethes mit fabelhafter Finalität ausgestattete Helden in Bewegung setzt – nämlich die »Verwandlung« –, ist »Stiller« ein großer, moderner, überprivater Roman, sondern die Stiller-Figur vermag die Misere vieler Intellektueller auf das Bild eines ebenso komischen wie verständlichen Individuums zu bringen! Darum verrät der Roman nicht nur über Frisch, die gegenwärtig unterschätzten 50er Jahre und die Schweiz etwas, sondern auch über gescheite Versager und gescheiterte Revolutionen.

7. Friedrich Dürrenmatt

Die Kraft des Skandalösen

Als ich, beeindruckt von der skandalösen Courage Dürrenmatts, eine Komödie über Tod und Auferstehung zu schreiben, Schrecksekunden und Schwanksekunden heftig durcheinander zu wirbeln, einst im Januar 1966 das Zürcher Schauspielhaus verließ, wo die Uraufführung des »Meteor« stattgefunden hatte, da hörte ich, wie eine junge, mit redlichen hellen Augen keineswegs schon »spießig« in die Welt blickende Schweizerin zu ihrem Partner sagte: »Alles wird in den Dreck gezogen, Religion, Liebe, Ehe, Gott, die Kunst – auch die Wissenschaft.« (Letzteres schien der jungen Dame, die offenkundig Studentin war, besonders schwerwiegend zu sein.)

Dabei hatte sie nur nicht erkannt, daß Dürrenmatt, wie ein kühler Wissenschaftler, in seiner Prosa und erst recht in seinen Dramen nicht nur spielt, sondern rücksichtslos durchspielt. Bei ihm ist nicht Literatur zu »erleben«, sondern radikale Konsequenz zu bestaunen. Eine rücksichtslose, anarchische Konsequenz, die weniger auf Begründungszusammenhänge und vornehme Wahrscheinlichkeit sich einläßt, als vielmehr fragt, indem sie entschlossen auf erhellendes Entsetzen zusteuert: in welcher Weise führt das Verhalten von Subjekten zur Katastrophe? Und: wie prägt die Unausweichlichkeit der Katastrophe diejenigen, die wahnsinnig absichtsvoll oder ahnungslos auf sie hinarbeiten? Wahrheit und Genie Dürrenmatts werden nie kenntlicher als bei seinen Forciertheiten. Was er auch schreibt, immer scheint er vor einer von ihm ersonnenen Bühne zu sitzen und über die schlimmsten Wendungen zu lachen, die dort ihren schicksalhaften Lauf nehmen müssen.

Die »Physiker« als Weltuntergangs-Libretto

Banal und exzentrisch, witzig und geschmacklos, sprunghaft und unbeirrbar: so braust Dürrenmatts Komödie am Rande jenes Atombombenkraters einher, in dem die Menschheit jederzeit versinken kann. Dürrenmatt selbst möchte sein Drama als »Satyrspiel« verstanden wissen, das »im Gegensatz zu den Stücken der Alten« der Tragödie vorangehe. Ihm gelang ein frappierendes Atomstück, dessen Stärken und Unsinnigkeiten dem irrsinnigen Objekt verblüffend angemessen erscheinen.

Die Kernspaltung samt ihren möglichen Folgen stellt – eine Unmenge beschwörender Leitartikel, Appelle, gutgemeinter Aufklärungsdramen hat es hinlänglich bewiesen – ein zwar entsetzliches, aber unergiebiges Thema dar. Der kollektive Fortschritt der Wissenschaft zum klassischen Konfliktdrama wird zwischen humanem Gewissen und nationaler Pflicht verharmlost; heftig applaudiert und gänzlich wirkungslos verpuffen die Regungen schöner Autoren-Seelen. Es gibt sogar ehrbare Dramatisierungen jener Gewissens-Skrupel, die den Hiroshima-Piloten in ein Kloster führten... Bedenkt man diesen Stand der Dinge (auch Brechts »Galileo Galilei« war ein Atomdrama, Hanns Henny Jahnns »Staubiger Regenbogen« in 7 Bildern war es, Kipphardts »Oppenheimer«-Lehrstück, Harald Muellers »Totenfloß«, am wenigsten noch Becketts thesenloses »Endspiel«), dann springt die unbekümmerte, kummervolle Originalität Dürrenmatts, sie ist weder rein zynisch noch angestrengt humanistisch, ins Auge.

Dürrenmatt siedelt sein Physiker-Stück im Irrenhaus an. Der erste Akt führt arme, wenn auch luxuriös versorgte Schizophrene vor, die sich für Einstein oder Isaac Newton halten. Diese sonst harmlosen Kranken neigen dazu, ihre Pflegerinnen zu erwürgen. Newton hat soeben die seine erdrosselt. Und Moebius, der – von Schwester Monika geliebt – für ziemlich normal, ja sogar für einen bedeutenden Physiker gehalten werden muß, erwidert diese Liebe zwar, aber auch er greift schließlich zu Vorhangschnur und bringt Monika nach kurzem Kampf um – einem Kampf, der fast einem Liebeskampf gleicht.

Im zweiten Akt stellt sich heraus, daß der Griff nach der Vorhangschnur bei sämtlichen Physikern keineswegs eine Wahnsinnstat, sondern vielmehr ein Griff nach der Notbremse war. Sie sind sämtlich normal. Der genialste von ihnen, Moebius, will es nur nicht mehr verantworten, daß seine Ergebnisse unter die Menschen kommen. »Nur im Irrenhaus dürfen wir noch denken. In der Freiheit sind unsere Gedanken Sprengstoff... Entweder bleiben wir im Irrenhaus, oder die Welt wird eines. Entweder löschen wir uns im Gedächtnis der Menschheit aus, oder die Menschheit erlöscht.« Die Pflegerinnen erkannten leider, daß ihre Patienten »normal« waren. Darum – und zur Aufrechterhaltung der schizophrenen Aura – mußten sie sterben. Die Physiker »Einstein« und »Newton« übrigens sind zudem von ihren jeweiligen Geheimdiensten aufgefordert, den Moebius zu kapern. Schon um diese Pflicht erfüllen zu können, mußten sie die Schwestern killen.

Moebius jedoch, als einziger ganz konsequent, hat seine folgenreichen Aufzeichnungen, die ihm angeblich der »König Salomo« einflüsterte, verbrannt. Alles Unheil scheint nun abgewendet. Doch da erweist sich, daß die Direktorin des Irrenhauses – selbst »natürlich« eine Wahnsinnige – das ganze Mordspiel längst durchschaute. Leiterin eines Weltunternehmens, hat sie die Aufzeichnungen des als Patient ihren Betäubungen ausgelieferten Moebius längst fotokopieren lassen. Jetzt wird ausgewertet. Die Welt ist in die Hände einer verrückten Irrenärztin gefallen.

Lichtsuchende Leser denken nun vielleicht: das sei aber alles doch sehr exzentrisch und banal und wirklich keine »Lösung« des Atomproblems. Sie haben damit überaus recht. Dürrenmatts Dramaturgie hat etwas Knalliges und Opernhaftes. Man darf bei ihm nicht folgern – wenn (die Direktorin sich so und so verhalten hat) dann (dürfte sie jetzt doch nicht)..., sondern man muß die einzelnen Augenblicke des Stückes wie Arien begreifen, die gleichmütig und unpedantisch verknüpft sind, nicht von kausaler Logik bestimmt, sondern von der Gesamtkonzeption und dem erwünschten Effekt. Denn längst steht doch das »Atomproblem« weit jenseits von vernünftiger, vernünftelnder, sachlich und mit »Sachzwängen« argumentierender Lösung. Leitartikelbanalität oder dem Irrsinn der Sache angemessene Exzentrizitäten scheinen auf diesem Felde, in Nachbarschaft dieses Kraters, einzig übriggeblieben zu sein. Man kann nicht darüber sprechen, wie über eine ärgerliche, mit ökonomischen Argumenten widerlegbare Steuererhöhung. Was die Auswirkungen physikalischer Erkenntnis betrifft (nicht etwa die Physik selbst, Dürrenmatt hat kein Forscherdrama, kein Szenario für einen Robert-Koch-Film geschrieben), so scheinen irrwitzige Ängste und irrsinnig platte Konsequenzen dem Objekt am ehesten kongruent.

»Der Meteor«

Dürrenmatt hat den »Meteor« zusammen mit den »Physikern« konzipiert. Das Stück wahrt übersichtlich die Einheit des Raumes und der Zeit, besteht aus zwei beinahe parallel gebauten Akten, lebt von einem skandalösen Einfall. Kurz vor der Uraufführung war Dürrenmatt klug und vorsichtig genug, eine »Lazarus«-Anspielung aus dem Text zu streichen...
Ein paar Augenblicke dieses Sterbestückes sind unwiderstehlich komisch, konnten wirklich nur einem Dürrenmatt einfallen. Wenn da ein saftig böser alter Millionär verkniffen ungeduldig dem Schriftsteller und Nobelpreisträger Schwitter gegenübersitzt und darauf wartet, daß dieser Schwitter endlich tue, was er das ganze Stück verspricht – nämlich sterbe – dann herrscht absolute Groteske. Dürrenmatt liebt derartige Zuspitzungen. So schleichen in »Frank V.« die bösen Gangster mit Maschinenpistolen mißtrauisch umeinander herum, so verbanden sich in den »Physikern« Mord, Leitartikel und Gegenspionage. Im »Meteor« hat Schwitter dem alten Muheim gestanden, was er vor vielen Jahrzehnten mit dessen Frau so alles anstellte. Jetzt, da es ans Sterben geht, hockt der 80jäh-

rige Muheim gewissermaßen gemütlich-rachedurstig vor dem Todgeweihten und sagt, nachdem alle Vorbereitungen für einen ungestörten, formvollendeten Exitus getroffen sind: »Na, denn los.« Schwitter bittet um noch etwas Geduld und legt sich in seinem Kissen zurecht. Muheim wird begreiflicherweise dringlicher: »Sterben Sie mal.«

Diese Szene ist ein – makabrer – Test. Wer sich, aus instinktiver oder wohlerworbener Betroffenheit weigert, dergleichen komisch finden zu dürfen (eine Haltung, die einem mit 60 vielleicht näher liegt als mit 25), der dürfte bei »Metcor«-Aufführungen buhen. Wer indessen prinzipiell findet, daß auch einer Komödie alles muß zugänglich sein dürfen – selbst das Sterben, selbst die körperliche Mißbildung, selbst der Rassismus – der wird nicht »buhen«, wohl aber fragen, was an erhellendem oder auch verstörendem Witz die komische Anstrengung erbringt.

Eigentlich nicht mehr als einen Schock. Längst von den Ärzten aufgegeben und sanft eingeschlafen – hat sich der Nobelpreisträger also aus seinem Sterbezimmer geflüchtet und sein altes Atelier aufgesucht, um dort endgültig den Tod zu finden. Dort stellt ein Maler gerade ein Aktbild her. Die schöne Gemalte erinnert den auferstandenen Moribunden an das blühende Leben. Und sie gibt sich ihm auch umstandslos hin.

Ganz folgenlos konnte freilich nicht bleiben, daß jemand vom Tode aufersteht und im Omnibus sein altes Arbeitszimmer aufsucht. Pfarrer Lutz erliegt vor freudiger Erregung denn auch einem Herzschlag; die letzte Frau des Nobelpreisträgers (um als anerkannter, zum »Klassiker« gewordener Autor die Öffentlichkeit ein wenig zu schockieren, hatte Schwitter in vierter Ehe ein Callgirl geheiratet) nimmt sich das Leben, weil Schwitter die sentimentale Abschiedsstimmung grob zerstört hatte. Auch der betrogene Maler muß dran glauben, der alte Muheim wird verhaftet, die uralte Mutter des Callgirls stirbt ohnehin. Nur Schwitter, vom wiederholten Ableben und zwei Flaschen Cognac etwas enthemmt, übersteht alles, ohne zu siegen. Sein letzter Satz: »Wann krepiere ich denn endlich?«

So ist der amüsante, schwungvoll skandalöse »Meteor« denn wohl doch kein »Lazarus«-Drama, sondern ein Sterbeschwank. Ein

Schwank immerhin von Dürrenmatt. Schocktheater, wo die szenischen Konstellationen den Worten in jeder Weise überlegen sind. Denn je länger die Tiraden, desto platter ihr Sinn, weil die Figuren des mittelmäßigen Formulierers Dürrenmatt nie einzuholen vermögen, was der genialische Bühnenautor Dürrenmatt dank der genau »gesehenen« und erfundenen Situation unmittelbar und theatralisch klar zu machen versteht, wenn eine Figur erscheint.

Auch die Symmetrie hat ihr Gutes und Böses. Im Vertrauen auf deren bestätigende Formkraft spielt Dürrenmatt ein Muster durch, das immer wieder denselben Effekt produziert: »Unmenschliches«, überlanges Sterben-Müssen macht einen großen Mann so egoman, daß auch diejenigen zugrunde gehen, die mehr oder weniger zufällig die Bahn des stürzenden Meteors kreuzen.

Sterbekomik mit Nachthemd und nackter Frau, mit Begräbniskitsch, Erbenpech und Kerzen, an denen der Tote seine Zigarre entzündet: das ist ein Schwank. Der Auferstehungsschock mit tiefem Erschrecken und unaustilgbarer Absurdität: das wäre ein Drama. Der jähe Wechsel zwischen dem Sonnenlicht des längsten Tages und Kerzendunkel: das könnte eine wilde Begebenheit sein. Dürrenmatt aber ließ sich verführen vom absurden Witz...

8. Ingeborg Bachmann

Weder Metaphern noch politischer Müll?

Die deutsche Öffentlichkeit lernte die letzten »Vier Gedichte«, die Ingeborg Bachmann geschrieben hat, bevor sie mit der Lyrikproduktion aufhörte (»Aufhören ist eine Stärke, nicht eine Schwäche«, bemerkte sie dazu lakonisch) in Hans Magnus Enzensbergers damals sehr linker und meinungsbildender Zeitschrift »Kursbuch« kennen. Und zwar genau in jenem berühmt-berüchtigten »Kursbuch 15« vom November 1968, in dem Walter Boehlich sein »Autodafé« der bürgerlichen Kunst erfolglos veranstaltete. Zu den vier Gedichten der Ingeborg Bachmann gehörte auch ihr definitiver Abschied vom Schreiben schöner Verse, also das Gedicht: »Keine Delikatessen«.
Es beginnt:

>   Nichts mehr gefällt mir.

Es erläutert:

>   Soll ich
>   eine Metapher ausstaffieren
>   mit einer Mandelblüte?

Es fährt kritisch und anti-elitär fort:

>   Ich habe ein Einsehn gelernt
>   mit den Worten,
>   die da sind

    (für die unterste Klasse)
    Hunger
            Schande
                    Tränen
    und
                            Finsternis.

Nach alledem fragt Ingeborg Bachmann rhetorisch brillant, dabei wahrscheinlich auf ein Nestroy-Zitat anspielend, das sie sehr liebte (»Ich hab' einen Gefangenen gemacht, und der läßt mich nicht mehr los«)

    Soll ich
    einen Gedanken gefangennehmen,
    abführen in eine erleuchtete Satzzelle?

Das Ende des Gedichtes stellt eine Mischung dar aus Frage und ingrimmiger Selbstzerstörung

    Muß ich
    mit dem verhagelten Kopf,
    mit dem Schreibkrampf in dieser Hand,
    unter dreihundertnächtigem Druck
    einreißen das Papier,
    wegfegen die angezettelten Wortopern,
    vernichtend so: ich du und er sie es
    wir ihr?
    (Soll doch. Sollen die andern.)
    Mein Teil, es soll verloren gehen.

                        *

Diesem Fluch aufs schöne Schreiben und aufs eigene Teil entspricht im Gedicht »Böhmen liegt am Meer«, das gleichfalls zu den vier letzten gehört, der Satz: »Ich will nichts mehr für mich. Ich will zugrunde gehn«, wo aber die Fortspinnung lautet: »Zugrund – das heißt zum Meer, doch find ich Böhmen wieder. / Zugrund gerichtet, wach ich ruhig auf...« Diese Selbst- und Kunstverfluchung sowohl aus politischen als auch mehr noch aus persönlichen (wer das trennen könnte!) Gründen war nicht Ingeborg Bachmanns letztes Wort. Und nicht einmal ihr letzter Vers. Im »Malina«-Roman kommen Kunst und Verse wieder. Nur eben 1971 scheinbar unpolitisch.

Im Interview, das Ingeborg Bachmann am 9. April 1971 Toni Kienlechner gab, sagte sie auf den sanften Vorwurf, ihr »Malina«-Roman sperre sich gegen den Trend nach »sozialen Bezügen«: »Nun sind aber diese inneren Auseinandersetzungen, und das sind die authentischen, darin vorhanden. Man könnte sich fragen: Wo kommt denn hier zum Beispiel der Vietnamkrieg vor, wo ist das Weltgeschehen? Aber das Weltgeschehen ist eine Pflichtübung. Ich schreibe keine Programmusik. Man kann die Zeit entweder dokumentieren, das ist aber nicht meine Sache, oder man muß diesen ganzen Müll wegwerfen.«

Also: 1968 im »Kursbuch« eine Absage an die schönen Metaphern, 1971 eine Absage an den »ganzen Müll« politischer und politisierender Dokumentation. (Das ist kein Widerspruch, sondern eine Spannung in der Seele dieser Dichterin.) Mittlerweile wird der »Malina«-Roman immer deutlicher als Ingeborg Bachmanns Schlüsselwerk erkennbar, das nur eben ungemein schwer zu entschlüsseln ist. Als der Roman herauskam, der bei wiederholtem Lesen immer faszinierender und reicher zu werden scheint, spürten wir gewiß nicht hinreichend – vielleicht auch irritiert durch den oft legendenhaften, oft auch vornehm-ironischen Ton – wie *blutig* diese Doppelgängergeschichte doch ist, die auf Mord hinausläuft. Und die ein Vorspiel zu jenen vielen bereits geschriebenen Seiten der »Todesarten« darstellen sollte. Die Ich-Erzählerin, die sich einmal während eines Vortrages über die »120 Tage von Sodom« in einer *de Sade-Kirche* wähnt, und zwar »wie während eines Gottesdienstes«, scheint die körperliche Liebe, scheint fleischliches Aufgehobensein im Du als einzigen, letzten (demütigenden? egal) Lebenssinn zu empfinden. Masochismus? Und wenn schon.

Ich werde meine Geduld vergrößern, wenn ich so zusammengetan bleibe mit Ivan, ich kann das nicht mehr abtun von mir, denn es ist, gegen alle Vernunft, mit meinem Körper geschehen, der sich nur noch bewegt in einem ständigen, sanften, schmerzlichen Gekreuzigtsein auf ihn.

In »Malina« kommen häufig Verse vor. Sie sind, zumal in der dialogischen Reduzierung, seltsam tonlos. Trocken. Arm an Metaphern – während in der Prosa-Sprache noch der Reichtum von Ingeborg Bachmanns früherer Lyrik weiterzuwirken scheint.

Ich heute abend?
Nein, wenn du nicht kannst
Aber du bist doch
Das schon, aber dahin will ich nicht
Ich halte das aber für, entschuldige
Ich sage dir doch, es ist ganz ohne
Du gehst besser hin, denn ich habe vergessen
Du hast also. Du bist also
Dann bis morgen, schlaf gut!

Ivan hat also keine Zeit, und der Hörer fühlt sich eiskalt an, nicht aus Plastik, aus Metall, und rutscht hinauf zu meiner Schläfe, denn ich höre, wie er einhängt, und ich wollte, dieses Geräusch wäre ein Schuß, kurz, schnell, damit es zu Ende sei, ich möchte nicht, daß Ivan heute so ist und daß es immer so ist, ich möchte ein Ende... es kommt ein Ferngespräch, und ich schreie ein wenig, mit fieberhafter Freundlichkeit, ohne zu wissen, was ich sage und mit wem ich da sprechen muß: Fräulein, Fräulein, Zentrale bitte, man hat uns unterbrochen, Fräulein! War es nun aber München oder Frankfurt? Jedenfalls bin ich unterbrochen worden, ich lege den Hörer auf, die Telefonschnur ist schon wieder verwickelt, und sprechend und mich vergessend, verwickle ich mich in sie, es kommt von dem Telefonieren mit Ivan. Ich kann jetzt nicht wegen München, oder was es auch war, zehnmal die Schnur herumdrehen. Sie soll verwickelt bleiben. Es bleibt mir der Blick auf das

schwarze Telefon, beim Lesen, vor dem Schlafengehen, wenn ich es neben das Bett stelle. Austauschen lassen könnte ich es freilich nur gegen ein blaues oder rotes oder weißes, nur wird es nicht mehr dazu kommen, denn es darf sich nichts mehr in meiner Wohnung verändern, damit außer Ivan, dem einzig Neuen, mich nichts ablenkt, und nicht von dem Warten, wenn das Telefon sich nicht rührt.
Wien schweigt.

Ich denke an Ivan.
Ich denke an die Liebe.
An die Injektionen von Wirklichkeit.
An ihr Vorhalten, so wenige Stunden nur.
An die nächste, die stärkere Injektion.
Ich denke in der Stille.
Ich denke, daß es spät ist.
Es ist unheilbar. Und es ist zu spät.
Aber ich überlebe und denke.
Und ich denke, es wird nicht Ivan sein.
Was immer auch kommt, es wird etwas anderes sein.
Ich lebe in Ivan.
Ich überlebe nicht in Ivan.
(Zitiert nach Werkausgabe, Bd. 3, S. 44f.)

Sollen diese letzten Verse eine Erstarrung demonstrieren? Ein Aufhören expressiver lyrischer Ausdrucksfähigkeit in der Seele der Unglücklichen, die sich in die Telefonschnur verwickelt wie Cocteaus Selbstmörderin und die den Ingrimm von »Mein Teil, es soll verloren gehen« sinnlos gegen die Telefonschnur richtet: »Sie soll verwickelt bleiben«...

Bereitwillig hat sich Ingeborg Bachmann darein gefügt, daß ihr »Malina«-Roman auf höchst verschiedene Weise verstehbar sei. »Sie können es also auf das Thema Liebe hin lesen. Sie können es aber auch auf etwas ganz anderes hin lesen«, gestattete sie. »Ich zum Beispiel habe es vor allem daraufhin konzipiert, auf diese Doppelfigur, auf die Problematik dieser Figur, und warum die eine die andere zugrund richten muß.«

Prosa aus dem Nachlaß

Wenn je im 20. Jahrhundert der Begriff »Dichterin« auf jemanden paßte, dann auf Ingeborg Bachmann. Als zugleich stolze und verwirrte, verzweifelte und hochmütige Poetin haben wir Ingeborg Bachmann kennengelernt – da paßte es nur zu gut zum Bild der »Dichterin«, daß Ingeborg Bachmanns *lyrisches* Werk ihren Ruhm begründete und befestigte bis auf den heutigen Tag. Daneben wogen die Hörspiele – so bemerkenswert sie gelungen waren, soviel sie der Autorin auch einbrachten an erfreulichen Ehrungen und bitternötigen Honoraren – gewiß etwas leichter. Auch die Essays spielen in ihrem Œuvre wohl nicht ganz die Rolle, wie es beispielsweise in der modernen englischen Literatur der Fall ist, wo eine glückliche Verbindung zwischen radikaler Lyrik und ebenso radikal intelligenter Denkanstrengung die Lebensleistung zahlreicher Autoren charakterisiert.

Und was ist mit Ingeborg Bachmanns Prosa? In einem gedankenreichen eindringlichen Essay über Ingeborg Bachmanns sämtliche Werke hat Peter Hamm die These verfochten, »daß die Prosa doch wohl so etwas wie eine Kapitulation Ingeborg Bachmanns darstellte, die seit Mitte der fünfziger Jahre keine Lyrik mehr zu schreiben in der Lage war...« Hamm nennt Ingeborg Bachmanns Prosa »oft überanstrengt, überformuliert...« Die große vierbändige Ausgabe der »Werke Ingeborg Bachmanns« gibt Gelegenheit, diese These nachzuprüfen.

Hält man sich die bedeutendsten Gedichte von Ingeborg Bachmann vor Augen, dann wird deutlich, daß Ingeborg Bachmann als Epikerin zunächst gleichsam von einer anderen *Anspruchs*stufe ausging. Gewiß waren ihre Gedichte nicht »schwer« im Sinne hermetischen In-sich-abgeschlossen- und Unzugänglich-Seins. Aber sie waren doch alles in allem meist streng, stolz, unbefleckt von Parlando und Redseligkeit, unnahbar bei aller direkten Herrlichkeit.

Diesem Anspruch schienen sich zu Ingeborg Bachmanns Lebzeiten ihre Prosawerke nicht so rigoros zu unterwerfen. Mußte nicht auffallen, daß die Novellen der Sammlung »Das dreißigste Jahr« in

Sprache und Erzählhaltung bemerkenswert traditionell schienen? Sie wollten alle beim Verständlichen, Normalen, Gegebenen ansetzen... (um freilich im höchst Exzentrischen und Außerordentlichen zu enden). Auch Ingeborg Bachmanns Roman »Malina«, eine kühne Mischung aus *Charakterstück* (im Wortsinne), Märchen und magischer Sentimentalität, sowie erst recht die späteren Erzählungen »Simultan« wirkten bei aller Originalität doch, grob gesagt, mitmenschlicher, menschenfreundlicher, in jedem Falle verbindlicher als die Lyrik. Fast schien es, als wolle Ingeborg Bachmann in der Prosa jenes Publikum erreichen, das mit Lyrik so schwer zu gewinnen ist. Denn Romane wenden sich an ein *Lesepublikum* – Gedichte nur an *einzelne Leser*.

Die phantastisch fesselnde neue Erfahrung, wie sie aus Ingeborg Bachmanns nachgelassenen Texten nun zum Zukunftsbild zusammenschießt, hat mit allen diesen partiell wohlmeinenden, partiell richtigen Qualifizierungen und Haltungen nichts zu tun. Das ist merkwürdig und ganz und gar überraschend. Wenn man diese neuen vier großen – soll man sagen *Stücke* oder *Kapitel* oder Begebenheiten – liest, dann stellt man gewiß fest, daß sie sich auf den ersten Blick kaum entfernen aus dem Bezirk der bisherigen Bachmann-Prosa. Die Namen und die »Voraussetzungen« sind weithin vertraut. Trotzdem erweitert sich das Geschehen, das mitgeteilte innere Erleben, hier geradezu aberwitzig radikal. Es ist, als hätte Ingeborg Bachmann eine riesige Wiener Comédie Humaine im Sinne gehabt, so wie einst Balzac vierzig Bände für sein Paris–Babylon brauchte. Ingeborg Bachmann schwebte für die Teile dieses Zyklus offenbar der Titel »Todesarten« vor. Aber sie war sich dieser Generalüberschrift noch nicht sicher. Angesichts der kühn und grandios ausgreifenden einzelnen Fragmente dieser nie zustande gekommenen Roman-Totalität fragt man sich manchmal beklommen, ob irgendein Genie alles hier Vorliegende in irgendeinen haltbaren Zusammenhang hätte bringen können.

Doch die Autorin ist gestorben, bevor sie zu zeigen vermochte, ob sie das unmöglich Scheinende gekonnt oder vielleicht doch nicht gekonnt hätte. Wer darf nun kritisch-maliziös fragen: »Wie hätte sie das wohl zusammenbekommen wollen?«

»Franza«, eine Frau, nach der das aus drei Kapiteln bestehende größte und gewichtigste Stück dieser Nachlaßprosa heißt, ist die Gattin eines Psychiaters namens Jordan. Der Mann wurde uns schon in der Novelle »Das Gebell« aus »Simultan« schmählich bekanntgemacht. Übrigens, solche Beziehung zwischen den Personen der Nachlaßkapitel und den gleichsam aus Ingeborg Bachmanns Autorenlebenszeit stammenden Helden und Heldinnen können allenthalben ausgemacht werden.

Franza glaubt sich von dem ebenso herzlosen wie überlegt sie ausspionierenden und zu Forschungszwecken sezierenden Ehemann zu Tode gemartert. Ein Nervenbündel, begibt sie sich auf die Flucht und zusammen mit ihrem Bruder sogar aus Europa.

Gewiß, einiges ist so witzig und weltläufig – zumal wo es antiwienerisch pointiert ist –, wie man es von Ingeborg Bachmanns Prosa bereits kennt und eben nicht mit ihren Gedichten in einem Atem nennen möchte. Auch finden sich am Anfang des Fragments einige Stellen allzu rasch funktionierender, typisch kafkanischer Magie. Neu und geradezu sensationell muten nun aber jene Passagen (vor allem aus dem zweiten und dritten Kapitel »Jordanische Zeit« und »Die ägyptische Finsternis«) an, die nicht etwa weniger kühn oder streng sind als Ingeborg Bachmanns Lyrik, sondern eher gewagter, aufregender, wilder! Prosa ist für sie hier wahrlich keine Erholung, sondern die Erkundung von nie eindringlicher beschriebenen Vorgängen gleichsam fruchtbaren menschlichen Versagens. Wenn sie etwa mitteilt, wie ein vollkommen korrekter Ehemann die Gattin *faschistisch* behandelte, so daß diese sich in einer Gaskammer träumte. Wenn sie unvergleichlich einleuchtend mitteilt, wie man beim Sich-Verlieben, aus vielen, vielen Gründen die *ersten Warnstimmen* überhört. Und dann ein Sterben lang daran leiden muß.

Ingeborg Bachmann wagt es auch, eine Überfigur aus Gatten und Vater darzubieten. Sie schiebt das kinderfreundliche Tabu beiseite, demzufolge Nichten und Neffen immer reizend seien. Weiter: Ihre Franza hat einfach nur vergessen, aus der Kirche auszutreten. Was sie an Erfahrungen und Höllen beim Leiden in Ägypten durchmacht, bei Haschisch, beim Sterben, bei ihrer ungeheuerlich prophetischen Abkehr vom rationalen Wesen des weißen (wissenschaftlichen) Mannes, ja überhaupt des Europäers: so radikal hörten wir Ingeborg Bachmann noch nie.

Zugegeben: der Quasi-Künstlerroman »Requiem für Fanny Goldmann« ist offenbar doch harmloser, weniger exzentrisch – auch wenn Ingeborg Bachmann aus ihrem Haß gegen wienerischen Betrieb und ihrer Verachtung von reichsdeutschem *Hunnentum* kein Hehl macht.

Es ist ein Leseerlebnis sondergleichen, wie Ingeborg Bachmann in diesen Fragmenten über die Grenzen hinausdrängt, die ihrer Prosa gesetzt schienen. Sterben wird nicht als Exitus, als Folge von Krankheit, Koma und Tod beschrieben, sondern als Folge eines Existierens, das falsch anfing und verlief. Natürlich ließen sich Gesichtspunkte, meist männliche Gesichtspunkte, finden, unter denen das Verhalten der Heldin, so sympathisch und schön sie sein mag, als schlicht hysterisch zu klassifizieren wäre. Aber Hysterie ist wahrlich auch eine Krankheit. Und bei den Zusammenbrüchen von Franza wird Überreagieren zur Chiffre unauslöschbarer Wahrhaftigkeit. Nur der ist Mensch, der solches Menschsein nicht mehr ertragen kann.

Am Anfang liest man in der Vorrede, die Ingeborg Bachmann sich wahrscheinlich für irgendwelche Lesungen notiert hatte, etwas befremdet den Satz, die Schauplätze der raffinierten und intellektgezeugten Verbrechen, von denen hier die Rede sei, seien zwar Wien, Kärnten und alle möglichen Wüsten, dann aber kommt die zunächst allzu aufgedonnert tönende These: »Die wirklichen Schauplätze, die inwendigen, von den äußeren mühsam überdeckt, finden woanders statt. Einmal in dem Denken, das zum Verbrechen führt, und einmal in dem, das zum Sterben führt.« Bei der Lektüre füllen sich diese Sätze mit erschreckender Anschaulichkeit. Ein paar gleichgültige Wiederholungsunfälle, Ungeschicklichkeiten, ja auch Eigentümlichkeiten, die den rhythmischen Prosaeinfluß von Max Frisch verraten, tun hier wirklich nichts zur Sache. Unausdenkbar, was für eine Prosa-Zukunft und Zukunfts-Prosa in Rom verbrannte.

»Malina« – Liebe und Tod einer Prinzessin

Der »Malina«-Roman wagt es, bei aller psychischen Entblößung, wenn nicht sogar ihretwegen, auf Diskretion zu bestehen. »Sag, was sich ohne Indiskretion sagen läßt« – so wird Wittgensteins neopositivistischer Imperativ vom Reden und Schweigen von Ingeborg Bachmann abgewandelt. Und was den von allen traditionellen Romanciers zumal in Liebes- und Gesellschaftsdingen so hochgeschätzten psychologischen Blick betrifft, heißt es über Malina: »Ich habe den Verdacht, daß er die Menschen nicht durchschaut, demaskiert, denn das wäre sehr gewöhnlich und billig, es ist auch nichtswürdig den Menschen gegenüber. Malina erschaut sie, und das ist etwas ganz anderes, die Menschen werden nicht kleiner, sondern größer davon, unheimlicher...«

Diese Noblesse müßte jeden rechthaberischen Übermut irritieren – wenn nicht gerade diese Noblesse linke, verachtungsvolle Wut provozieren würde, wenn sich hier nicht kaum verhohlener Aristokratismus ausspräche: die nahezu selbstverständliche Aufteilung in Vornehme und solche, die gern aber hoffnungslos mit den Vornehmen zu tun hätten, in »Schwierige« und solche, die diesen Schwierigen helfen dürfen, in »Eigentliche« und Journalisten. Zugegeben: Ingeborg Bachmann »kritisiert« ihre souveräne, souverän leidende, anspruchsvolle Heldin nicht. Sie verurteilt sie nur (nur?) zum Scheitern und zum Tode. Nicht das autobiographische Moment, das notwendig mitspielt, erschwert alle Besserwisserei, sondern die in diesem Buch manchmal verschwimmende Grenze zwischen »Schreiben« und »Aufschreiben«.

»Malina« hat gerade in den exzentrischsten Passagen etwas von einem Protokoll, von einem Dokumentationstext über eine schwierige Seele. Gänzlich mangelt es dem Buch, nach dem bisher Gesagten dürfte das vielleicht überraschend klingen, an Forciertheit und Hochgestochenheit. Umfangreiche seelische Zusammenbrüche ereignen sich nicht ohne Heiterkeit. Ein nach alptraumartiger Nacht entsprechend mißlingendes gemeinsames Frühstück; der weibliche Blick für weibliche Schwächen (»Antoinette lacht ihr angeheiratetes, unnachahmliches altenwylsches Lachen...«); die witzig-radikale Kritik an der Legende, es gäbe gute männliche Liebhaber, während der Mann doch nur «mit seinen Gewohnheiten friedlich weiterzieht, manchmal hat er eben Glück damit, meistens keines» –, dies alles steht schließlich auch in »Malina«. – Das Buch besteht aus mehreren Schichten, die keineswegs genau aufeinanderliegen. Jetzt besteht die Gefahr, daß man es nur im Hinblick auf die vermeintlich »tiefste« Schicht liest, derzufolge »Malina« nichts anderes ist und nichts mehr als ein Doppelgängerroman, die Beschreibung einer Ich-Spaltung, die Erzählung von der Überwältigung eines empfindsamen Ich durch eine rationalere Gegenposition.

Der »Malina«-Roman hat drei Kapitel: »Glücklich mit Ivan«, »Der dritte Mann« und »Von letzten Dingen«. In »Glücklich mit Ivan« wird ausführlich vorgeführt, wie die Erzählerin, die an der Seite des alles verstehenden und völlig eifersuchtsfreien Staatsbeamten Malina lebt, die Erfüllung ihres Daseins in reinem Liebesglück mit Ivan findet. Ivan hat übrigens zwei Kinder und ist gleichgültig verheiratet.

Die Ansprüche der Heldin sind ungeheuerlich. »Weil Ivan mich zu heilen anfängt, kann es nicht mehr ganz schlimm sein auf Erden.« Sie lebt in einem »trunkenen Land«, Ivan ist »für sie erschaffen worden«. *In seinem Zeichen wird sie siegen.* Ein Glück, daß sie im Nu begriffen hat, wovon sie in der ersten Stunde ergriffen war, und sofort mit Ivan gegangen ist. »... denn dieses Geschehen, von dem man vorher nichts wissen kann, nie gewußt hat, von dem man nie etwas gehört oder gelesen hat, braucht eine äußerste Beschleunigung, damit es zustande kommen kann.«

Trotz der christlichen Anspielung, die übrigens am Ende zurückgenommen wird – 320 Seiten später heißt es kirchlich-rilkisch »Wer spricht denn hier noch von siegen, wenn das Zeichen verloren ist, in dem man siegen könnte« –, ist die jähe, ausfüllende Liebe aber offenbar nicht, wie bei den vergleichbaren schönsten Stellen Heinrich Bölls (»Das Brot der frühen Jahre«), Erfüllung eines Sakraments, sondern vielmehr irdische, weltimmanente Nachzeichnung eines Märchens. In »Glücklich mit Ivan« wird an entscheidender Stelle, scheinbar übergangslos, »Die Geheimnisse der Prinzessin von Kagran« erzählt, die einst märchenhafte Liebesmythologie erfuhr und diesem Urbild mit tödlicher Wunde im Herzen nacheilt.

Dieser Ivan ahnt nicht, was er anrichtet, wenn er telefoniert, sich rasch mal den Autoschlüssel abholt oder, man kann es ihm nachfühlen, wartend daneben steht, wenn die Geliebte möglicherweise grundlos weint. »Er greift nicht mit Trost ein, er ist nicht nervös und irritiert, er wartet, wie man auf das Ende eines Gewitters wartet, hört das Schluchzen weniger werden...«

Der Roman enthält einiges, gewiß beabsichtigte Aufgesetzte, was er aber doch wohl nicht hinreichend durchformuliert, durchführt, als indirekte Charakterisierung erkennbar macht. So wirken die Gespräche zwischen der Heldin und Ivan oft auffallend überdreht, zugleich gekünstelt, verkitscht, verstiegen. »Fräulein Schlauberger« oder »Dumme Prinzessin auf der Erbse« oder gar »Wir haben unseren Läufer verspielt, liebes Fräulein«, darf Ivan zur Erzählerin sagen, ohne daß sie ärgerlich auflacht. Verbindet die beiden so wenig, ist sie ihm so verfallen oder so isoliert oder so dumm geworden? Alles das läßt sich hier eine Frau gefallen, die sich sonst unter minimalen Taktlosigkeiten des Lebens wie Geburtstagsgratulationen, verletzten Taxichauffeuren, aufdringlichen Dritten und so weiter förmlich krümmt...

Im zweiten Kapitel »Der dritte Mann« sind hauptsächlich Träume notiert. Wilde, von inzestuöser Vaterbindung handelnde, nach Interpretation drängende Träume, die eines Deuters oder eines Henry Michaux bedürften. Wahnsinnsnahes scheint da aufgezeichnet. Ivan, der Vater und Malina geraten in ein gleichermaßen mörderisches Licht. Die Sprache reicht nicht völlig an ihre Gegenstände heran.

Im dritten Kapitel »Von letzten Dingen« ist die einseitig überlastete Beziehung zu Ivan zerbrochen. Einen Grund dafür braucht es nicht. Immer mehr wird jetzt Malina stilisiert zur unselbständigen Anti-Figur, zum Alter-Ego, welches das reine Ego zerstört, nachdem es die Beseitigung Ivans anriet. Als sei das ganze Buch auf diese Psychopointe geschrieben, schließt es mit dem Satz: »Es war Mord.« So sehr haben sich die Doppelgängerindizien verdichtet. Anfangs schien Malina weit realer.

Man kann dieses bekenntnishafte, oft auch variationsreich literarische Buch – unübersehbar die Beziehung zu Hofmannsthals »Schwierigem«, deutlich die Anspielungen auf Wagners »Tristan«, Schönbergs »Pierrot Lunaire«, erratbar sogar das Vorbild Kafkas und des »Don Carlos« – wohl nur angemessen lesen, wenn man sich stets den schwindelerregenden Abstand vor Augen hält, in dem es zur gegenwärtigen literarischen Produktion steht. Ein Liebesroman, der vollkommen verzichtet auch auf die winzigste erotische Gewagtheit, auf Nacktes oder angeblich Kühnes. »Selbst der thailändische Botschafter, der mich zum Ausziehen der Schuhe veranlassen wollte, aber Du kennst ja diese alte Geschichte... Ich ziehe meine Schuhe nicht aus. Meine Vorurteile gebe ich nicht bekannt. Ich habe sie. Ich ziehe mich lieber selber aus, bis auf die Schuhe.« Ungeheuerlich auch die Distanz dieses todesmutigen Märchens zu allem Politischen, Weltverändernden, Soziologischen. Hier geht jemand an einem wie selbstverständlich gehegten Absolutheitsanspruch zugrunde. *Neu* ist dabei nicht das So-noch-nicht-Gesagte, sondern vielmehr die in Empfindsamkeit, ja in Hysterie umschlagende Wunschkraft. Der Eigensinn, mit dem »Zeit« festgehalten werden soll, die Unbeirrbarkeit, mit der die Heldin sich fortwährend beirren läßt: indem sie nicht mitmacht, indem sie zugibt, daß sie nicht mehr kann, indem sie sich verspätet oder im »Sacher« Mühseligkeiten hervorruft, sich eben klammert an das, was ihr als einzige Lebenswahrheit vorschwebt.

So realistisch das tut, so sentimentalisch, so märchenhaft-einseitig ist es (ähnlich in der Erzählung »Alles«). In einer Sprache, die sich den direkten großen Gefühlen zu stellen versucht, einem durch Wiener Bescheidenheit gemilderten Expressionismus (Schönberg, dividiert durch Ilse Aichinger), versucht Ingeborg Bachmann das Allerkomplizierteste: die Beschreibung reiner, nicht bloß interessant gebrochener, Ängste und Freuden. Sie schaut dabei in die Sonne absoluter Gefühle und muß dann manchmal blinzeln.

Da, wo das Buch in die Nähe musikalischer oder auch lyrischer Äußerung drängt, wird es – dies scheint der Preis, den Ingeborg Bachmann für ihre Entwicklung, für ihre erstaunliche prosaische Leichtigkeit zahlen muß – seltsam sprachlos. Die Verseinschübe haben allesamt etwas Stumpfes. (Vielleicht beabsichtigt.) Und es läßt sich nicht übersehen, daß es dem Malina-Text da an drängender Fülle gebricht, wo die Autorin Einzelheiten, die möglicherweise für lyrische Steigerung, für novellistische Isolierung genügt hätten, in epische Welthaltigkeit umzusetzen versucht. Die Erfahrungen mit Kindern zum Beispiel, die Äußerungen über Mondabenteuer, die kulturkritischen Aperçus: das ist wirklich nur aperçuhaft, nur punktuell gesehen, zu wenig »erfahren«. Dahinter scheint keine Wirklichkeit, nur eine Tagebuchnotiz. Und das Traumkapitel wird weniger (aber so etwas kann man nicht beweisen) von der epischen Sache ins Buch integriert, als vielmehr nur von der Einheit der erzählenden Person. Aber die steht natürlich hinter allem, was sie vorbringen könnte, und was darum noch lange nicht in den Roman paßt.

Glanzvolle Wahrheiten –
Gespräche und Interviews

In Ingeborg Bachmanns »Malina«-Roman findet sich ein zugleich tiefsinniges und ironisches Virtuosenstück: die Aufzeichnung eines Interviews, das Herr Mühlbauer (»der früher am ›Wiener Tagblatt‹ war und ohne Skrupel zur politischen Konkurrenz, zur ›Wiener Nachtausgabe‹ gewechselt hat...«) der Ich-Erzählerin abverlangte. Sieben Fragen, auf welche die Autorin im Roman poetisch kühne Antworten gibt. Antworten, die aber gar nicht Mühlbauers banalen Erwartungen entsprechen, so daß der gequälte Journalist teils merkwürdig nervös, teils betroffen, teils abwehrend reagiert und versehentlich auch noch das besprochene Interviewtonband löscht. Mühlbauer ist indiskret und auch ganz hübsch ahnungslos, er kennt, beispielsweise, ein berühmtes Shakespeare-Widmungszitat nicht...
  Es sei mir gestattet, hier eine private Erinnerung einzufügen. Ich habe Ingeborg Bachmann, als der »Malina«-Roman längst erschie-

nen und besprochen war, vergnügt gefragt, warum denn dieser Mühlbauer ein derartiger Volltrottel habe sein müssen. Sie antwortete, verglichen mit dem, was ihr von Interviewpartnern zugefügt worden sei an Anrempeleien und Ahnungslosigkeiten, finde sie ihren eigensinnigen Herrn Mühlbauer eigentlich ganz nett.

Dies alles liegt lange zurück. Nun hat der Piper-Verlag ein Buch herausgebracht, das Gespräche und Interviews der Ingeborg Bachmann gesammelt vorlegt (und dessen Erscheinen die Dichterin einst weder geahnt hat noch gewollt haben dürfte).

Gleichwohl kann man hier gewisse Grundzüge einer Ästhetik der Ingeborg Bachmann erkennen.

»Ist das nicht ein bißchen zuviel verlangt, die eigene Problemkonstante zu kennen? Oder ist nicht die Frage falsch gestellt?« antwortet sie zwar einmal defensiv-aggressiv – doch bemerkenswerterweise lassen sich den Gesprächen gewisse Problemkonstanten durchaus entnehmen. Denn Ingeborg Bachmann war unfähig, etwas Verlogenes, Plattes, Phrasenhaftes zu sagen. So teilt sie im vielleicht ergiebigsten Gespräch – mit Ekkehart Rudolph vom 23. März 1971 – faszinierend mit, inwiefern ihr Verhältnis zur Sprache durchaus politisch sei. Es geht ihr nämlich um das *Ausdrücken*, nicht um *die Kundgebung von Meinung*. Ein Schriftsteller dürfe sich der vorgefundenen Sprache, »also der Phrasen«, nicht »bedienen, sondern er muß sie zerschreiben«.

Schon um solcher Bemerkungen willen wäre das Buch für jeden Bachmann-Bewunderer wichtig. Doch auch über ihr Verhältnis zu Heidegger, ihre Schätzung der Gruppe 47, ihre Bindung an Wien finden wir Bedenkenswertes. Zwischen manchen Äußerungen bestehen aufregende Spannungsverhältnisse. Damit ist nicht gemeint, daß Ingeborg Bachmann sich gelegentlich kühn und gelegentlich konservativ äußert; denn manches für bewahrenswert zu halten (und manches nicht), das hat ja mit Konservativismus noch nichts zu tun. Aber vielleicht werden zumindest einige Leserinnen doch stutzen, wenn Ingeborg Bachmann sich *einerseits* radikal gegen die Ehe ausspricht: »Ich habe von Anfang an gewußt, daß ich gegen die Ehe bin, gegen jede legale Beziehung. Obwohl das nicht ausschließt, daß Beziehungen, die nicht legalisiert sind, genauso tragisch und fürchterlich sein können wie die, die legal sind. (...) Die Ehe ist eine unmögliche Institution. Sie ist unmöglich für eine Frau, die arbeitet und die denkt und selber etwas will.«

So Ingeborg Bachmann im Juni 73. Bedeutet es einen Widerspruch dazu, daß sie kurz zuvor im Gespräch mit Ilse Heim *andererseits* scharf antifeministisch argumentierte? »Vielleicht ist das sehr merkwürdig für Sie, wenn ausgerechnet eine Frau, die immer ihr Geld verdient hat, sich ihr Studium verdient hat, immer gearbeitet hat, immer allein gelebt hat, wenn sie sagt, daß sie von der ganzen Emanzipation nichts hält. Die pseudomoderne Frau mit ihrer quälenden Tüchtigkeit und Energie ist für mich immer höchst seltsam und unverständlich gewesen.«

9. Ilse Aichinger

Außenseiterin im Zentrum

Am Anfang, 1948, ein Roman »Die größere Hoffnung«, sodann eine brillante Geschichte, »Spiegelgeschichte«, die ihr 1952 den Preis der Gruppe 47 eintrug – und danach nur noch weniges, Versprengtes, ein paar Bändchen mit Kurzprosa, mit Lyrischem, Hörspiele – wie reimt sich das? Zumal der Roman gewiß rauschhaft, legendenhaft kühn, aber doch verständlich war, während sich die zarte, unnachsichtige Kurzprosa in eine Fülle von Rätseln und Beziehungszaubereien zu verschließen scheint.

Doch (fast) alles ist verständlich. Wenn Ilse Aichinger sich 1987 in »Kleist, Moos, Fasane« erinnert – etwa: der »Küche ihrer Großmutter« oder an den »1. September 1939« – dann läßt sie alles scheinbar Nicht-Stimmige unberichtigt, unbelästigt. Trotzdem betreibt sie keinen Seltsamkeitskult. Sie kann ja nichts dafür, daß Großmutters Küche »eine unverheiratete Küche« war, daß sie in der Schule am 1. September 1939 (dem Tage des Kriegsausbruchs) es keineswegs als sinnlos empfand, eine Szene aus »Lady Windermeres Fächer« zu übersetzen, daß eigentlich enorme Zeitumschichtungs-Manipulationen vorgenommen werden müßten, damit »Weihnachten wieder auf Weihnachten fiele«. Oder daß es ihr nicht gelingt, sich parallel über »die Ratten und die Stoiker« zu informieren. »Eines war mir zu wenig und beides war mir zu viel.«

Aus Ilse Aichingers Werken spricht jüdisch-österreichische Melancholie, spricht eine zugleich verzweifelte und frohe heilsgeschichtliche Hoffnungsgewißheit, dazu Endzeitangst. In die »Phalanx der Benenner« mag sie nicht, ja weniger denn je. Sie bleibt Außenseiterin, Beobachtende, Rätselhafte. Aber wenn man sie liest, ihrem Lächeln wehrlos ausgeliefert, dann ahnt man, daß es Außenseiter gibt, die – wie Franz Kafka – in Wahrheit ein Zentrum bedeuten.

Laudatio auf Ilse Aichinger –
gehalten vor Schülern, die der Dichterin 1988
den Weilheimer Literatur-Preis verliehen

Als ich Ilse Aichinger kennenlernte, waren wir beide noch gewissermaßen junge Leute, zwischen 20 und 30. Beim besten Willen vermag ich mir nicht auszumalen, wie wir uns damals in einer Veranstaltung gefühlt hätten, die der heutigen ähnelt. Wahrscheinlich hätten wir ein bißchen neugierig und ein bißchen verlegen-überheblich gelächelt, über die – aus der Perspektive von Jüngeren – doch verdammt betagten Herrschaften, die da von Lobesworten, Ehren und Literatur-Preis-Wolken fast verhüllt zu werden drohten. Bei Ilse Aichinger kommt übrigens – in ihrem ersten Novellenband »Rede unter dem Galgen« – eine regelrechte Preisverleihung vor, mit einem Sprecher, einem Mikrophon, Preisrichtern und der Gekürten, der *Schönsten der Erde,* die freilich die Zeremonie stört, weil sie nicht »Miß Erde« heißen mag. »Denn Miß Erde klang degradierend, es ließ sie an den Garten um ihr Elternhaus denken, an Kraut und Regenwürmer.« Ilse Aichingers Preisverleihungserzählung, die gespenstisch im Universum endet, weil die Miß Erde lieber Miß Universum heißen möchte und darum mit Raketen zum Mond fliegt, heißt »Mondgeschichte«...

Von der angekündigten »Laudatio« kann ich einstweilen nur einen einzigen Buchstaben gebrauchen. Das »L«. Denn statt eines Laudatio-Lobliedes möchte ich hier etwas anderes vortragen: eine Liebes-Erklärung an Ilse Aichinger, deren Prosa mir lebenslängliche Leselust verschaffte. Noch bringt mich der freiwillige L-Zwang nicht allzu sehr in Verlegenheit: verlockt er doch dazu, dieses Liebesverhältnis als lediglich literarische Liaison zu verlautbaren.

Diejenigen, die solche Buchstaben-Spielereien albern und ein wenig unangebracht finden, seien daran erinnert: Ilse Aichinger selber, so wunderbar ernst und diskret, erlösungssüchtig und untröstlich, kritisch und todtraurig, rauschhaft und gelassen sie auch empfindet und formuliert, hat Wortspiele oder Buchstabenscherze nie für unter ihrer Würde gehalten. Wenn sie die Obertöne eines Wortes zum Klingen bringt, dann entsteht freilich kein selbstsicherer Kalauer, sondern sanfte Magie. Gleichviel, ob sie im Gedicht aus dem Städtenamen *Rouen* die *Ruhe* heraushört oder aus dem *Konzentrationslager* die *Konzentration* der Menschenseele. In ihrer Erzählung »Dover« (aus der Sammlung »schlechte wörter« von 1976) macht sie Wörter, als wären es Noten und musikalische Motive, förmlich zu Objekten entwickelnder Variation. Lauter »kleinste Übergänge«. Irrsinnig logisch und sinnvoll absurd entspringt da ein Wort, ein Satz aus dem andern. Begriffliche Logik und jähe Magie durchkreuzen sich heiter. Zum Lächeln und zum Weinen zart.

> Wult wäre besser als Welt. Weniger brauchbar, weniger geschickt. Arde wäre besser als Erde. Aber jetzt ist es so. Normandie heißt Normandie und nicht anders. Das Übrige auch. Alles ist eingestellt. Aufeinander, wie man sagt. Und wie man auch sieht. Und wie man auch nicht sieht. Nur Dover ist nicht zu verbessern. Dover heißt so, wie es ist ... Annie zum Beispiel, die in Dover nur das Sabbern gelernt hatte, weil sie früh fortkam, beherrschte es noch in Denver, wo sie mit neunzig in einem Irrenhaus landete, in einem Maß, das die Pfleger vor Neid und zorniger Bewunderung zittern ließ. Und noch während sie zitterten, merkten sie, daß ihr Zittern nur mit seiner glanzlosen Bezeichnung übereinstimmte und nicht mit dem, was es war. Keiner von ihnen hatte es in Dover gelernt. Immerhin bekamen sie eine Ahnung. So verbreitet Dover die genauen Ahnungen. Weder Luft noch Wasser kann es daran hindern, die Erde schon gar nicht. Und auch nicht seine eigene Kreide. Dover kann sich auf Stimmungen einlassen, ohne daß sie ihm schaden.

Was für wunderbare Wortspiele, tiefsinnig wie nur Kunstspiele sein können, über alle Spielerei hinaus. Man muß auch gar nicht sehr gebildet sein, um im »Dover«, wo Annie nur das Sabbern lernt, ein bißchen auch das ordinäre »doof« mitzuhören – aber man müßte Jean Pauls »Flegeljahre« gelesen haben, um zu wissen, inwiefern dort der »Vult« gegenüber seinem Dichterfreund »Walt« skeptisch die Welt vertritt.

Assoziationen sind frei. Jeder darf sie sich zurechtlegen, auch wenn die Autorin selber ganz andere hatte. Nur eines scheint mir unmöglich: selbstgerecht borniert zu schimpfen, man könne das alles nicht kapieren. Wer behauptet, diesen »Dover«-Text nicht zu verstehen – der *will* nicht verstehen, oder ist zu klug, also zu feige zum Verstehen solcher Poesie. Ilse Aichingers Wortspielen und enharmonischen Verwechslungen haftet nichts Witzelnd-Mechanisches an. Sie haben eine ganz spezifische Melodie, nach der man süchtig werden kann.

Ich erinnere mich, wie ich ihr Mitte der fünfziger Jahre ängstlich stolz berichtete, ich säße an einer Doktorarbeit über Grillparzer. Ilse hörte das, lächelte knapp und sagte, Grillparzer (der sich selber übrigens schadenfroh »Fixlmüllner« genannt hatte) müsse eigentlich ganz anders heißen. Nämlich Ameis-Norner. Das leuchtet über jeden Zweifel hinaus ein. Wir kennen die Fabel von der Grille und der Ameise. Ilse Aichinger machte blitzschnell aus der Grille, der *Grill*, die Ameise, beziehungsweise pedantisch genau die *Ameis*. Und aus der Parze die Norne, beziehungsweise eben aus dem »Parzer« den »Norner«. Logischer (und natürlich auch verrückter) kann nichts sein.

In der Gruppe 47, der sie und Ingeborg Bachmann in einer Zeit der drohenden Realismusverengung, des vielberedeten »Kahlschlags«, des wilden Existentialismus und der sogenannten »Trümmerliteratur« die Freude an dichterischer Sprache wiedergaben, die Achtung vor dem Noblen und Lyrisch-Zarten, in der Gruppe 47 äußerte sich Ilse Aichinger als Diskutierende nicht oft. Aber einmal, Michael Mansfeld hatte gerade etwas Grelles, Gesellschaftskritisches, Anti-Faschistisches, Aufgeregtes und Banal-Effektvolles vorgelesen, da griff sie doch ein. Und sagte einen Satz, den ich heute noch, nach gut 30 Jahren, zitieren kann, weil ich ihn so oft denken mußte, wenn mich irgend etwas Unreif-Gutgemeintes belästigte. Ilse Aichinger sagte zu Michael Mansfelds Text nur: »Es fehlt, daß es noch einmal verschwiegen wird«... Als wir soeben hörten, warum die junge Weilheimer Jury den Erstling von Ilse Aichinger, den Roman »Die größere Hoffnung« gewählt habe, als wir hörten, »die lebensnahen Bilder« verliehen dem Buch seine Intensität – da spürte ich, wie ungeheuer verändernd doch die Zeit über uns alle hingeht.

Damals, 1949 oder 1950, wirkte die »Größere Hoffnung« nämlich keineswegs »lebensnah« oder realistisch. Das Buch war für uns eine faszinierende, aber auch gewagte Mischung aus Ellens trotziger und höflicher Kindersprache, aus panischen Träumen über Staatspolizei, Flucht und jüdische Erlösung, aus Klang und Entsetzen.

Aller Anfang fiel Ilse Aichinger leicht. Welch ein Reichtum, buchstäblich, an wunderbar visionären Kapitelanfängen! Das Buch beginnt mit einem Traum Ellens. Sie wartet im Konsulat, wo sie ein Visum erbitten wollte. Nun träumt sie, auf einem Schiff über den Ozean nach New York zu fahren mit lauter anderen Kindern.

Ein Haifisch schwamm neben ihnen her. Er hatte sich das Recht ausgebeten, sie vor den Menschen beschützen zu dürfen... Der Haifisch tröstete sie, wie nur ein Haifisch trösten kann. Und er blieb neben ihnen.

Dann bricht ein Sturm los. Der Mond, der eine »silberne Christbaumkette« übers Meer gelegt hatte, reißt sie entsetzt zurück. Alles versinkt.

Groß und licht und unerreichbar tauchte die Freiheitsstatue auf aus dem Schrecken. Zum ersten und letzten Mal.

Das Kapitel »Im Dienst einer fremden Macht« hebt vielleicht noch kühner, rauschhafter an.

> Die Wolken reiten Manöver, mitten im Krieg reiten sie Manöver, reiten toll und tänzelnd und tief über den Dächern der Welt, tief über diesem Niemandsland zwischen Verrat und Verkündigung, tief über der Tiefe.

Wer schreibt Ilse Aichinger das nach? Dieses Tolle, Tänzelnde, dieses namenlos eindringliche »Tief über der Tiefe«: das ist Lyrik. Und jener andere Kapitelanfang könnte ein Kafka-Alptraum sein.

> Drei Minuten vor Abfahrt des Zuges vergaß der Zugführer das Ziel der Fahrt.

Thomas Mann schrieb 1953 seiner Freundin Ida Herz im Privatbrief: »Viel Gutes bekommt man ja nicht zu lesen, soviel auch hereinströmt. Aber ich gebe acht so gut ich kann, und habe sogar etwas Interessantes Deutsches gefunden: Geschichten von Ilse Aichinger... sehr begabte surrealistische Skizzen, manchmal mit leichtem Kafka-Einschlag und generationsmäßig gewissen neuen amerikanischen Produkten verwandt...«

Nun wäre Kafka als geistiger Vater einer jungen Autorin keine Schande. Aber bei Ilse Aichinger ist er keine Erklärung. In der »Größeren Hoffnung« wird der Schrecken, ganz anders als bei Kafka, doch musikalisiert, so wie bei Schönberg und Alban Berg und Webern ein melodisches Wiener Idiom auch im Versprengtesten und Dissonantesten immer noch weiterwirkt... Die junge Ilse Aichinger stellte dabei, abenteuerlich kühn, sogar eine Verbindung her zwischen dem Judenstern, den die Halbjüdin Ellen ersehnt (um nicht ausgeschlossen zu sein), und dem Hoffnungsstern. Anna, die nach Polen deportiert werden soll, reagiert wie in einer Märtyrerlegende! Weil alle Angst der Welt in dieser Verschickung nach Polen beschlossen liegt, fragt Susi die zum Tode verurteilte Anna.

> »Was hoffst du?« fragte Susi erstarrt.
> »Alles!« lächelte Anna.
> Und das Leuchten der größeren Hoffnung überflutete die Angst der Welt.
> »Alles?« schrie Ellen. »Alles – haben Sie gesagt?«

»Alles!« wiederholte Anna ruhig. »Ich habe immer alles erhofft. Weshalb sollte ich es gerade jetzt aufgeben?«
»Das —« stammelte Ellen, »das ist es! Das hab ich gemeint! Das bedeutet der Stern! Alles!«

So dichtete und schrieb Ilse Aichinger, eine junge Wienerin, die damals Real-Entsetzliches durchgemacht hatte, aus unmittelbarem Erleben. Sie wagte sogar, die Gestapo ins magische Spiel miteinzubeziehen, die ihren Stern verloren hat und einem fremden, dem Judenstern, nachgeht. Und besagter Stern wird erkennbar auch als jener, mit dem einst die drei heiligen Könige, samt Engel, zu tun hatten. Diese Mischung aus Terror und Legende und Expressionismus, mit vollkommen sicherer Hand geformt, war es, die uns einst faszinierte und die nicht aufhört, zu faszinieren und zu erschrecken.
Es ist eine Mischung, der man bei Georg Büchner, im »Lenz«, begegnet, von dem ich gar nicht weiß, ob die junge Ilse Aichinger ihn überhaupt kannte: Büchners ausdrucksstarken, politisch-radikalen und zugleich märchennahen Realismus. Als die »Größere Hoffnung« erschien, war der Krieg noch nicht lange vorbei. Manchen schien es schwer erträglich, daß Ilse Aichingers poetische und poetisierende Kraft sich auch von Judenverfolgung und KZ nicht in den Arm fallen, nicht den Mund verbieten ließ. Im Februar 1951 publizierten die »Frankfurter Hefte« Ilse Aichingers Novelle »Die göffnete Order«, wo inmitten von Gefahr, Traum und Tod ein junger Soldat eine Order an seine Truppe zu überbringen hat, die auf »den Tod des Überbringers« lautet, was der Soldat erschrocken liest, und was sich später als Kennwort für den Beginn einer kriegerischen Aktion erweist.
Als die »Frankfurter Hefte« diese traumschwere Novelle veröffentlichten, hatte man Angst, dergleichen könne für eine Verherrlichung des Militarismus gehalten werden, weil die Panikgeschichte halt im Krieg spielte. Darum stellte die Redaktion der »Geöffneten Order« eine vorsichtige Vorbemerkung voran, die heute geradezu komisch wirkt: »Diese Geschichte meint den Menschen. Daß sie seine Situation an einem kriegerischen Beispiel erweist, ist zufällig, das Beispiel ist einer Kulisse gleich auswechselbar.«

So schwer machte es Ilse Aichingers Kunst, ihre sogleich erkannte, mit dem Preis der Gruppe 47 ausgezeichnete, vielbewunderte Kunst damals allen Statthaltern des Guten, Aufklärerischen und Fortschrittlichen. Aber die Anti-Aufklärer, die Fanatiker und die Völkisch-Selbstgerechten kamen bei ihr erst recht nicht auf ihre Kosten...

Ihre Freunde bemühten sich zu begreifen, daß es für Ilse Aichinger mitten im Entsetzen gar keinen anderen Ausweg, Schreib-weg, Trost-weg geben konnte als ihre Visionen, Kinderreime, Legenden, Allegorien und Symbole. Was muß das für eine Hölle sein – hätten die Verwirrten sich fragen sollen – die solche Metaphern provoziert... Ilse Aichinger wollte poetisch verrätseln, was reine Kolportage geworden wäre, wenn jemand es realistisch aufgezeichnet hätte. Immer war da eine Spannung zwischen Schrecken und Vision. Noch Ilse Aichingers Notiz von 1962: »Ich kann getröstet nicht leben«, die darauf beharrt, daß keine hübsch harmonische Versöhnung sein darf, oder ihr tonloser Satz von 1972: »Schreiben ist sterben lernen« zittern von dieser Spannung zwischen dem Herstellen anspruchsvoller Worte und dem Hinnehmen unlebbaren Lebens.

Die *Größere Hoffnung* war für Ilse Aichinger, die aufklärt, ohne Aufklärerin zu sein, die verzaubert, ohne dem Irrationalismus nachzulaufen, gewiß keine Chiffre für eine sozial und ökonomisch besser geordnete Welt. Dieser verzweifelt religiösen Dichterin schwebte mehr vor als eine irdisch-gesellschaftliche Utopie. Jener Schlüssel-Satz: »Das Leuchten der größeren Hoffnung überflutete die Angst der Welt« – ist wahrlich ein metaphysischer Satz. Vergleichbar allen transrealistischen Hoffnungsbeschwörungen großer Kunst. »Komm, Hoffnung, laß den letzten Stern der Müden nicht erbleichen«, singt Beethovens Leonore in ihrer großen Szene, wo sie sich als »Fidelio« zur Rettungsaktion aufrafft. Analoges hat Goethe an entscheidender Stelle der »Wahlverwandtschaften«, kurz vor der Katastrophe (2. Teil, 13. Kapitel) gedichtet. Eduard umarmt Ottilie »... indem er sie leidenschaftlich anblickte und dann fest in seine Arme schloß. Sie umschlang ihn mit den ihrigen und drückte ihn auf das Zärtlichste an ihre Brust. Die Hoffnung fuhr wie ein Stern, der vom Himmel fällt, über ihre Häupter weg.«

Ilse Aichinger wagt zwar rückhaltlos alles, geht aufs Ganze, scheut Wunden und Wunder nicht – aber gleichwohl bleibt sie trotz alledem diskret, anti-pompös österreichisch-herzlich, und österreichisch beschwingt. Sie spricht *vom Geheimnis nicht geheimnisvoll.* Sie redet von Mysteriösem, ohne aufzutrumpfen. Sie kann Magie herstellen, ohne damit imponieren oder irritieren zu wollen. Unter ihren Händen wird der Stoff des Lebens, Leidens, Träumens und Grübelns radioaktiv – aber nie effektvoll literarisiert. Sie tritt, wie Brecht über die Antigone gedichtet hat, »mit dem leichten Schritt der ganz Bestimmten« vor uns hin. Sie meidet die gewaltige Autorenpose. Meidet sie immer strikter.

Einen Roman wie die »Größere Hoffnung« hat sie nicht mehr geschrieben. Es kamen Bände mit kurzer Prosa, einige Hörspiele, Verse, Wunderworte. Ihr Mann, der Schriftsteller Günter Eich, der einmal gedichtet hatte, »gestern wäre ein guter Tag zum Sterben gewesen«, während Ilse Aichinger noch viel herber zusammenfaßte »Gestern starb ich« – Günter Eich litt wohl ein wenig darunter, daß er niemals jenes dicke Buch, jenen Riesenwälzer fertigbrachte, den er so gern geschrieben hätte, aber seiner Natur nach gewiß nicht fertigbringen konnte. Ilse Aichinger hat immerhin die 400 Seiten der »Größeren Hoffnung« geschafft, einst. Inzwischen geschah manches Herbe, ihr Leben war nicht leicht. Sie schreibt immer zeichenhafter, immer kürzer. »Warum bist du so kurz?« fragte einst Hölderlin, »Liebst du, wie vormals, denn / Nun nicht mehr den Gesang? Fandst Du als Jüngling doch / In den Tagen der Hoffnung, / Wenn du sangest, das Ende nie?« Hölderlins Antwort auf diese Frage, wo wieder einmal poetische Hoffnung und Ausführlichkeit miteinander verwoben scheinen: »Wie mein Glück ist mein Lied. – Willst du im Abendrot froh dich baden? Hinweg ist's, und die Erd' ist kalt, / Und der Vogel der Nacht schwirrt / Unbequem vor das Auge dir.«

Mittlerweile meidet Ilse Aichinger die Länge, das epische Rauschen, die breite Begebenheit. Sie gibt Skizzen voller Beziehungszauber, Differenzierung, Einsicht, Melancholie, Kunst – aber sie trumpft nicht mehr episch auf, auch mit dem Leiden nicht. Sie formuliert vielmehr so gefährdet heiter, reich und verhalten, daß man manchmal beim Lesen lächelt, so wie man über niemanden sonst in unserer Literatur lächeln kann. So wie Ingeborg Bachmann im Gedicht »Keine Delikatessen« der metaphernstolzen Lyrik absagte, so formulierte Ilse Aichinger – wie herzlich begrüßten die beiden sich manchmal, wenn sie sich auf den Tagungen der Gruppe 47 trafen, wie wunderbar freundschaftlich und ohne Neid waren sie – eine dichterische Absage ans auftrumpfende Besser-Schreiben-Wollen in dem Text: »schlechte wörter«. Sie will nicht mehr der »Phalanx der Benenner« angehören, sondern Zuschauer bleiben. Hölderlins Kürze und Ingeborg Bachmanns Delikatessen-Schelte vereinigen sich bei ihr zum gleichsam metaphysischen Ungenauigkeitsboykott gegen die allzu guten Wörter.

Man muß nur eben sorgfältig lesen, hinhören, demütig genau hinschauen. Sonst begreift man wirklich nicht, wovon ihr Parlando spricht. Kein Wunder, daß Ilse Aichinger von ihren alten Freunden und Fans nach wie vor für eine heimliche Königin gehalten wird im magischen Reich der Worte. Kein Wunder. Aber ein um so größeres Wunder, und zwar ein herrlich tröstliches, beschwingendes, ermutigendes Wunder ist es doch, daß diese Dichterin, die wahrlich nichts zu tun hat mit dem Rummel der Massenmedien oder den Aktivitäten der Kultur-Industrie, die überhaupt keine Skandale, kein Aufsehen, keine propagandaträchtigen Kontroversen erregt – daß Ilse Aichinger über alle Generationsschranken und Zeitmauern hin von den jungen Leuten der Weilheimer Jury erkannt, gekürt, geehrt und ausgezeichnet wurde! Welcher Literatursoziologe, Jugendforscher oder Trend-Analytiker hätte das vor 25 oder auch nur vor 10 Jahren zu prophezeien gewagt? Und nun ist es doch geschehen. Ilse Aichingers Weltgefühl, ihre Tapferkeit, ihre Angst, ihre Visionskraft und ihr Rhythmus, ihr pianissimo, ihr politischer Zorn und ihre gelassene Verweigerung provozierten bei den Jüngeren nicht hochmütiges Grinsen, nicht rasches Sich-Abwenden, verlegenes Schweigen – sondern diese Weilheimer Wahl und diesen Preis, zu dem ich der Preisträgerin in alter Freundschaft und von Herzen gratuliere. Aber nicht nur ihr, sondern auch jenen Weilheimer Juroren, die so klug und empfindsam entschieden haben.

III.
BEGINN DER DEUTSCHEN NACHKRIEGSLITERATUR

10. Heinrich Böll

Der unterschätzte Nobelpreisträger

Wer Heinrich Böll, an dem so gar nichts Posenhaftes, Aufgedonnertes, Verdrucktes war (gwiß manchmal Verbiestertes) auch nur ein wenig gekannt hat, vermochte nie zu begreifen, wie es möglich sein konnte, ihn zu hassen. Aber neben dem Ruhm, dem stetig wachsenden und nach dem Nobelpreis fast legendären – gab es immer auch Tendenzen einer gleichsam milieuhaften, subkulturellen Böll-Abwehr. Zudem übten auch des Dichters Freunde gelegentlich enttäuschte Kritik an den offenbaren Ungeschicklichkeiten mancher frühen Arbeit und an den noch schmerzlicheren, unübersehbaren (gewiß mit Bölls schwerer Zuckerkrankheit zusammenhängenden) Konzentrationsschwächen und Ungenauigkeiten der späten Texte. Die – selten formulierte, aber um so giftiger gemunkelte – Böll-Schelte gewisser von ihm heftig angegriffener kirchlicher, gesellschaftlich-politischer und publizistischer »Würdenträger« hatte guten, zumindest reichlichen Grund. Man fühlte sich von ihm regelrecht verfolgt und versuchte, Bölls Zorn als sektiererischen, parteiischen Eigensinn zu entkräften. Bölls Ausfälle seien ohne Realitätsbezug, seien poetisch und krankhaft. So flüsterte man.

Aber jenseits dieser leicht durchschaubaren Abwehrreaktionen Betroffener und Getroffener existierten während der fünfziger, sechziger und siebziger Jahre (Böll starb 1985) noch andere Arten der Verunglimpfung. »Der kann nicht schreiben, aber erzählen kann er«, spöttelten in den fünfziger Jahren, als Bölls Ruhm sich auszubreiten begann, aufklärerisch gesinnte, Bölls kritischer Mentalität eigentlich nahestehende Literaten, die noch (wie etwa Hermann Kesten, von dem dieser Ausspruch stammt) aus den zwanziger Jahren oder aus dem Umkreis von Thomas Mann kamen. Sie mußten erleben, daß dieser ungeschickte Böll viel mehr Aufregung und Aufmerksamkeit hervorrief als sie selbst, obwohl er doch längst nicht so brillant und »literarisch« schrieb, wie sie es ihrerseits zu tun glaubten. Später erst versöhnten sie sich mit ihm, als sie ihn aus der Nähe kennen- und liebengelernt hatten: Böll, den hilfreichen umsichtigen PEN-Präsidenten, Böll, den hinreißend heiteren Redner.

In den sechziger Jahren, als Böll fürs mittlerweile im relativen Wohlstand lebende westdeutsche Bürgertum zum unumgänglichen Thema oder Widerstand geworden war, warf man ihm muffige Begrenztheit, kleinbürgerliche Mickrigkeit vor. Warum denn immer dieser Waschküchenmief, diese Verklärung des Schäbigen, Armseligen – während doch die westliche Welt so viel heller und reicher existierte? Freilich ebbte auch dieses Genörgel ab. Nicht bloß, weil Böll selber mit Vergnügen einen großen Citroën fuhr, sondern weil seine Bücher wirklich nicht nur mit lieben, armen Leuten zu tun hatten. Sie beschäftigten sich auch mit wohlhabenden Architekten, Verbandspräsidenten, Politikern, Grafen und anderen Aristokraten.

Die dritte, erbarmungsloseste Linie der Böll-Kritik – sie kam keineswegs von Angehörigen des »Milieus«, sondern von erbitterten Literatenkollegen – galt seiner »Nach der Speckseite-Werferei mit seiner Protest-Katholizität«.

Im Memoirenbuch »Siegfried« von Ernst Herhaus (und Jörg Schröder) berichtet Herhaus, wie in Bölls Verlag Kiepenheuer & Witsch, wo der kluge Dieter Wellershoff Lektor war, die Fahnen von Bölls »Ansichten eines Clowns« herumgingen: »Damals war ich der Meinung: Heinrich ist so integer, daß seine immer infantiler werdende Normaleleuteschreiberei dahinter verblassen muß – vor dieser Persönlichkeit. Es kamen die ersten Fahnen, die geheim im Verlag herumgingen, Wellershoff gab mir ein Exemplar. Ich las die Fahnen und hab' zu Wellershoff gesagt: ›Jetzt ist der Böll erledigt, jetzt ist es aus. Das ist ein solches Scheißbuch, daß die Kritiker kein gutes Haar mehr an dem lassen. Das ist eine solche Clichéversammlung‹... Und was passierte dann? Ein nicht mehr vorstellbares Unisono von Beifall! Dieser Kritikbetrieb enthüllte sich als derart verschweint und verrottet, als ein solcher Opportunismus und eine so ungenierte gegenseitige Anschleimerei...« Herhaus war seiner Sache enorm sicher. Über Böll kam er dann zu dem Schluß: »Solange Mief da ist, kann er sich, wie eine Motte, mit seiner Zölibatsintegrität über diesen Mief erheben. Aber überall, wo der Mief ein bißchen wegdunstet, da wirkt er irritiert. Seine Riesenauflagen in der Sowjetunion passen exakt in dieses Bild! Er produziert für die frustrierten Bonzen den progressiv scheinenden sozialistischen Mief, der keinem weh tut und der den geschundenen Massen ein fernes Licht von geistiger Freiheit verheißt.« (So in Ernst Herhaus/Jörg Schröder: »Siegfried«, März-Verlag, Frankfurt 1972, S. 88–91.)

Stimmt, so dürfte jeder von der Heftigkeit dieses Ausbruchs berührte Leser denken, das nicht vielleicht doch ein wenig? Antwort: Böll ist ein großer, genialischer Autor gewesen. Die Lücke in seinem Panzer: er produzierte beklemmend ungleichmäßig. *Niveau* war ein Reizwort für ihn. Als jemand der Ingeborg Bachmann vorwarf, mit ihren Prosa-Arbeiten sei sie doch unter ihr Niveau gegangen, bellte Böll zurück, um unter sein Niveau gehen zu können, müsse man erst mal eines haben.

Gleichviel: wenn man erkennen will, in welchem Maße Böll ein Künstler gewesen ist (und er fühlte sich oft unterschätzt als planender Romanarchitekt, als formender Gestalter, weil die Leute immer nur über seine »Inhalte« diskutierten), dann ist es nötig, die Augen abzuwenden vom Gemeinten und Gewollten – und behutsam zu fragen: Wie machte er's? Wie charakterisierte er? Wie arbeitete seine Sensibilität, wofür sensibilisierte er seine Leser, wie bewährte sich sein Takt? Man wird dann – betroffen von Differenziertheit und Fülle – gewiß auch auf irgendwelche Schwächen, auf Unbewältigtes stoßen. Das Vollenden, das Polieren machte ihm nämlich immer weniger Spaß, bereitete ihm zunehmend Mühe. Doch wenn man nach dem Künstler Böll sucht, dann begegnet man einem Prosaisten, der nicht nur »sympathisch« und ein sogenannter »guter Mensch«, sondern durchaus bewußter, un-naiver, reicher und noch im letzten Buch produktiv-einfallsreicher war, als die Verächter ahnen.

Seine Sensibilität

Die mehr oder minder originelle Sensibilität eines Autors bleibt so lange nur eine schöne, wahrscheinlich meist sogar mühselige Privatsache, solange dieser Autor nicht imstande ist, zugleich auch seine (erfahrungsbereiten, gutwilligen, nicht völlig abgestumpften und selbstsicheren) Leser zu sensibilisieren. Dieses Vermögen, zu sensibilisieren, aufzustacheln gegen Attitüden, die hart, mit sich zufrieden, eitel-absichtsvoll, ordentlich, stolz, sauber und vornehm-affig sind, besitzt Böll in höherem Maße als jeder andere deutsche Autor unserer Gegenwart.

Das ist kein ungefährlicher Vorzug: Man kann dem Böllschen Tonfall erliegen wie einem schmerzlich-süßen Sog, obwohl der Autor immer wieder durchblicken läßt und auch heftig behauptete, wie wenig ihm an Sentimentalitäten liegt, an Gewissenspopelei. Doch die radikale Trauer, die unbeirrbare »Untröstlichkeit«, die Bölls Bücher durchzieht (Böll hat mit Recht gegen die geläufige Verwechslung von »trostlos« und »untröstlich« polemisiert), sie führt dazu, daß man traurig oder ärgerlich lachend die angeberhafte Sturheit und Aufgeblasenheit von Worten und Phrasen durchschaut, die man normalerweise als positiv-harmlos hinzunehmen gelernt hat.

Wenn die Mitteilung »Distinguierter Herr, Anfang Vierzig, Sohn eines distinguierten Vaters, Vater eines frischen, sehr intelligenten Sohnes, der lächelnd dem Rundgang beiwohnte, obwohl ihn das Unternehmen sehr zu langweilen schien...« bei einem Autor wie Gerhart Hauptmann stünde, dann würde man aus der Charakterisierung »frisch, sehr intelligent« nichts anderes als ebendies herauslesen, herauszulesen brauchen. Bei Böll aber steht davor eine Erinnerung: »Nein, hier hatte niemand ›Es zittern die morschen Knochen‹ gesungen; kein Sonnwendfeuer; nur Traum.« Bei Böll (es geht um die Seite 247 von »Billard um halbzehn«) weiß man dank des epischen Zusammenhanges längst, daß da aber nur wie Traum wirkt, was unnatürlicherweise doch Wirklichkeit war. Bei Böll ist von einer Frau die Rede, die mitten in der Wirtschaftswunderzeit sagt: »Ich habe Angst, Alter – nicht einmal 1935 und nicht 1942 habe ich mich so fremd unter den Menschen gefühlt; mag sein, daß ich Zeit brauche, aber da werden Jahrhunderte nicht ausreichen, mich an die Gesichter zu gewöhnen; anständig, anständig und keine Spur von Trauer im Gesicht; was ist ein Mensch ohne Trauer?«

Nun sieht man den frischen, sehr intelligenten Sohn schon anders: mit schmerzlichem Mitleid für so viel ahnungslose Unschuld, der etwas allzu Ahnungsloses und etwas ruchlos Unbeteiligtes anhaftet. Überdies hat man dabei auch noch den Satz über die Steuerbeamten im Gedächtnis oder im Lesegefühl, auf deren Spuren die Sekretärin Leonore in den Papieren des Alten trifft: ». . . dort bewahrte er Dokumente auf, die von Steuerbeamten geprüft worden, deren Reihengräber schon verfallen waren, bevor sie schreiben lernte; englische Pfandguthaben, Dollarbesitz, Plantagenanteile in El Salvador; dort oben kramte sie in staubigen Abrechnungen, entzifferte handgeschriebene Kontoauszüge von Banken, die längst liquidiert waren, las in Testamenten, in denen er Kinder mit Legaten bedacht hatte, die er nun schon um vierzig Jahre überlebte . . .«; auch die Trauer, die namen- und begriffslose Welterfahrung und der grandios zusammensaugende Blick des Autors wirken noch nach im Gedächtnis oder im Lesegefühl:

». . . hartmuskelige Achtzehnjährige des Geburtsjahrganges 1885, schnurrbärtig, mit tierischem Optimismus blickten sie in eine Zukunft, die ihnen das Schicksal bereithielt: bei Verdun zu vermodern, in den Sommesümpfen zu verbluten oder auf einem Heldenfriedhof bei Chateau Thierry fünfzig Jahre später Anlaß zu Versöhnungssentenzen zu werden, die Touristen auf dem Weg nach Paris, von der Stimmung des Orts überwältigt, in ein verregnetes Besucherbuch schreiben würden . . .«

Wenn nun aber alle diese Sätze in die Blutbahn des Lesenden gegangen sind, mit dem, was an ihnen furchtbar selbstverständlich ist (nämlich die Reihengräber der Steuerbeamten und das verregnete Besucherbuch von Chateau Thierry): dann ist man unaustilgbar sensibilisiert selbst für etwas so Unschuldiges, Nichtssagend-Nettes wie die Behauptung, ein junger Mann unserer Zeit sei frisch und sehr intelligent.

Verharren wir noch ein wenig bei den, auf den ersten und vielleicht sogar zweiten Blick gar nicht so besonderen Zitaten. Da, wo Böll ganz ernst und ganz wild und ganz bös wird, bedarf es kaum irgendeiner Interpretation. Wogegen sich Bölls Sensibilität, ja seine Allergie richtet, wenn er einen eleganten Prediger beschreibt: »Da lese ich doch lieber Rilke, Hofmannsthal, Newman einzeln, als daß ich mir aus den dreien eine Art Honigwasser zurechtmischen lasse. Mir brach während der Predigt der Schweiß aus. Mein vegetatives Nervensystem verträgt bestimmte Formen der Unnatur nicht... Da ist es mir schon lieber, wenn ein hilfloser, dicklicher Pastor von der Kanzel die unfaßbaren Wahrheiten dieser Religion herunterstammelt und sich nicht einbildet, »druckreif« zu sprechen... (Ansichten eines Clowns),« was er meint, wenn er vom unbequemen Priester spricht, der sich unliebsam oft auf die Bergpredigt beruft: »... vielleicht wird man eines Tages entdecken, daß sie ein Einschiebsel ist, und wird sie streichen... (Billard um halbzehn)«, daran ist nichts mißzuverstehen.

Doch diese nur so nebenher angemerkten, jäh fixierten, zum Sprechen und zur Schamröte gebrachten Kleinigkeiten, die Bölls Sensibilität beleidigten, während unsereins sie hinnahm, bis eines Autors Kunst den Widerhaken in die Phrase schlug: auf solche Kleinigkeiten kommt es an.

Es ist doch weder etwas Neues noch etwas Böses, daß beim Telefonieren auch gehört werden muß. Aber Böll ärgert sich, wenn die Phrase da unwillkürlich den Partner zum Nur-Hörer reduziert, ohne daß die Reduktion auch nur bemerkt oder bedauert würde. Th. W. Adorno hat einmal, anläßlich einer Silvesterumfrage, darüber Klage geführt, daß die Menschen am Fernsprecher »Auf Wiederhören« sagen, so als ob sie den anderen gar nicht mehr sehen, sondern nur noch mit ihm telefonieren wollten. Bei Böll wird eine kleine unscheinbare Szene daraus.

Der Clown H. S. hat während einer Vorstellung einer Verletzung wegen versagt, jetzt ruft der christliche Veranstalter an und will den Preis drücken. Schnier wehrt sich kaum, obschon der Herr Kostert sogar Pausen einlegt, »wohl, um mir Gelegenheit zu geben, wütend zu werden«. Schnier schweigt, Kostert wird pampiger.

»Mein Gewissen verbietet es mir, hundert Mark für einen Clown zu zahlen, der mit zwanzig reichlich, man könnte sagen großzügig bezahlt ist. Ich sah keinen Anlaß, mein Schweigen zu brechen. Ich steckte mir eine Zigarette an, goß mir noch einen von dem miesen Kaffee ein, hörte ihn schnaufen; er sagte: Hören Sie noch? und ich sagte: Ich höre noch, und wartete. Schweigen ist eine gute Waffe...«

Präzis ist in diesem Zusammenhang das etwas ölige Telefonier-Neudeutsch des »Hören Sie noch« – »Ich höre noch« seiner absichtslosen, gewiß subjektiv harmlosen, potentiellen Unmenschlichkeit bezichtigt worden.

Woran, fragen Ungeduldige, stößt sich Bölls Sensibilität denn nun im Ernst? Redensarten und intelligente junge Leute werden ja wohl auch noch nach dem Zweiten Weltkrieg erlaubt sein. Antwort: Viele Böll-Figuren leiden dann, wenn jemand eine Haltung erlernt oder erworben hat, hinter der er sich vor dem Anspruch der Totalität ebenso wie vor der Bitte des Nächsten verschanzt. Ganz schlimm, wenn der Betreffende auf diese Haltung noch stolz ist wie auf eine gute Tat. Ein solches Sich-Verschanzen kann nun in allem liegen: in übergroßer Sauberkeit und Korrektheit, in modischer Religiosität (zum Beispiel »Konzilseuphorie« – »und auf Grund ihrer mischehelichen Situation gibt sie sich im Augenblick einer Konzilseuphorie hin, die nachlassen wird wie die Wirkung einer Droge«).

Erst recht natürlich irritieren den Autor die heroischen Worte: »Schicksalsgemeinschaft« (wenn jemand beim Kommiß in einer Einheit zum Scheißetragen verurteilt wird); »bei Leverkusen gefallen«, wenn ein 17jähriges, also blutjunges Mädchen am Ende des Krieges während einer ganz unsinnigen Aktion umkommen muß. Man kann sich auch hinter Kunstbegeisterung, Klassikern, Kreuzigungsgruppen, ständischen Privilegien, überregionalen Zeitungen und Ironie verschanzen, findet und beschreibt Böll. Aber es stören auch derbere Verfestigungen den Autor: Jemand, der sich als Widerständler aufspielt, weil er nicht in der Partei (und doch ein Schwein) war. Oder jene fanatische Mutter, aus der rasch eine Konjunkturdemokratin wird.

Es kommt sogar, nur damit der Leser überhaupt keine »Sicherheiten« mehr habe – und gewiß nicht, weil Böll mit »den Nazis« sympathisiert –, ein stellvertretender Ortsgruppenleiter vor, der einen kleinen Jungen ganz vernünftig in Schutz nimmt, obwohl dieser Junge das Wort »Nazischwein«, das er irgendwo aufgeschnappt hat, benutzte. Der Lehrer brüllt: »Ausrotten mit Stumpf und Stiel.« Der spätere Widerständler schreit: »Härte, Härte, unnachgiebige Härte.« Die abscheuliche Mutter sagt: »Er weiß ja nicht, was er tut, er weiß es nicht – ich müßte ja sonst meine Hand von ihm zurückziehen.« Allein der stellvertretende Ortsgruppenleiter bleibt ganz vernünftig: »Bedenken Sie doch, der Junge ist noch keine elf.«

Wenn aber später alle beflissen tolerant und republikanisch reagieren, wird der Böllsche Remigrant Schrella, der bei seiner Rückkehr in die Heimat wie Anderschs Georg Efraim nichts empfindet – »sie klangen fremd, die Namen, wie aus Träumen, die andere geträumt hatten und vergebens mitzuteilen versuchten, klangen wie Hilferufe aus tiefem Nebel« –, leise den großartig finstern Gedanken aussprechen: »Eure Wohltaten sind fast schrecklicher als eure Missetaten.« Versucht man, Bölls Sensibilität ein wenig zu systematisieren, dann scheinen sich drei Phasen abzuzeichnen, wobei es natürlich kein starres Entweder-Oder gibt, sondern eher Akzentverschiebungen. Den »frühen« Böll ärgerten die Slogans, die Kernsprüche der Gedankenlosigkeit à la »Vertraue dich deinem Drogisten an«, konsumierbarer Weihnachtskitsch usw.

»Billard um halbzehn«, Bölls vielleicht extremstes Buch, ist der Hilfeschrei eines »Nicht-Versöhnten« (nicht: eines Unversöhnlichen). Mit rauschhafter Gewalt, rhapsodisch wie Koeppen, anspruchsvoll wie Faulkner, sucht da jemand nach Natur in unnatürlicher Welt, nach Trauer im Zeitalter der Restauration, nach Gelassenheit, die der Verzweiflung fähig ist. Alles das scheint verschwunden: Spuren dieses Verschwindens sind die Blutflecke an der Alltagssprache geworden. Da werden noch Lieder zitiert, die der Unmenschlichkeit den Marsch sangen: »Es zittern die morschen Knochen«, »Wildgänse rauschen durch die Nacht«.

Aber diese Lieder werden nicht mehr kritisiert, als blöde oder schändlich durchschaut, sondern sie werden nur noch evoziert. Erinnert ihr euch noch? (So wie ja kein musikalischer Mensch, der die Nazizeit miterlebt hat, jemals mehr Haydns Nationalhymne bei festlich öffentlicher Gelegenheit hören kann, ohne daß nach der schönen Schlußkadenz von »in deher Welt« plötzlich im Gedächtnis das verhaßte und vulgäre »die Fahne hoch« sich meldet. Es gibt dumme, aber unverscheuchbare Revenants.) So spielt auch Böll »an«, doch seine Sensibilität entzündet sich in seiner zweiten Phase nicht mehr hauptsächlich an den Slogans, sondern an den Redensarten, der neuerschlichenen Würde des Neo-Feinsinns, des rheinischen Reichtums.

Bölls Drama »Ein Schluck Erde« entspringt, was nichts über seinen dramatischen Wert besagt, wohl aber zum Thema »Sensibilität« gehört, im Gegensatz dazu einer doppelten Negation der Böllschen Sprech- und Attitüdenkritik. Immer wieder wird die Erde in diesem nicht lange nach »Billard um halbzehn« vollendeten Stück beschworen: als verlorener Ort menschlicher Lebenslust. Doch Böll ist zu taktvoll, um einfach das Bestehende zu preisen. Was Erde bedeutet, was unsere Erde ist: wir erfahren es durch die unendliche Entbehrung derer, die auf Pontons im Wasser leben. Doch da der spezifische Tonfall von Bölls Sprachkritik sich offenbar nur beim epischen Erzählen, nicht aber im dramatischen Dialog auf eigentümlich scheue und herzbewegende Weise herzustellen vermag, blieb das allzu absichtsvolle Drama ohne Bühnenleben.

In den Novellen »Entfernung von der Truppe« und »Ende einer Dienstfahrt« hat Böll nun – unnachahmlich vor allem in der ersten, heiter-märchenhaften – einen vollkommen entspannten, dem Grausigen ohne Verzerrung sich stellenden Tonfall gefunden und vorgeführt. Dessen waren die meisten Figuren beim frühen Böll nicht fähig. Nun, nach den »Ansichten eines Clowns«, mit denen diese dritte, vermeintlich heitere Phase beginnt, weil Böll es da dem Ich-Erzähler erlaubt, gelassener zu sein, als er selbst es war, nun also ist es ungenauen Lesern möglich gemacht worden, von »Idyllen« zu reden. »Meistens waren wir gegen halb zehn Uhr morgens schon so erschöpft, daß wir nur noch taumelnd unseren verschiedenen Pflichten nachgingen und vor Erschöpfung und Ekel erbrachen (Seltsame »Idylle«).«

Zur menschenfreundlichen Gelassenheit des späten Böll gehört ein Hang zu radikaler, seelenrettender Anarchie, zu Höflichkeit und

Wunderlichkeit. Niemand kann Bölls Polemik mißverstehen, Konkretes wird oft genug gesagt, es wird bezichtigt, karikiert. Aber wenn da plötzlich eine Symbolwelt auftaucht in all dem organisierten Elend, eine Büffel-Lämmer-Sprache, dann reden junge Linksintellektuelle doch gern von Flucht ins (sagen sie) Unverbindliche. Ich gestehe, daß mir diese christliche Verfremdung auch mißfiel, anfangs.

Nach wiederholtem Lesen, jahrelang später, meine ich plötzlich begriffen zu haben, daß Böll doch recht tat: Er wollte seine Wahrheit nicht in die Aufklärungsklischees pressen, nicht allzu leicht verfügbar machen. Seine Welt ist nicht ohne Faschisten, die oft genug beschrieben und durchschaut werden: aber auch nicht ohne Gnade. Und jemand, der bei Böll die Kraft hat, sich zu entziehen, ein Martyrium auf sich zu nehmen, weil er sich seine Menschlichkeit nicht von den »anderen« abkaufen lassen will, mag und kann: der ist doch noch etwas anderes als das, was in der Sprache unserer Zeit ein »Anti-Nazi«, ein Widerständler wäre.

Der Anarchismus Bölls durchzieht das Spätwerk. Gegenüber dem Finanzamt beschwört man »jederzeit« den Meineid, eine geschäftliche Besprechung gehabt zu haben: Gott mag die Wahrheit verdienen, aber doch nicht der Amtsrichter... Das ist nicht einmal Bosheit, sondern nur Gelassenheit gegenüber organisierter Wichtigtuerei, gegenüber allem würdevollen »Schreiten«, »... irgendwo im Hintergrund hätten jetzt Trommeln dröhnen müssen; so stieg man Altarstufen hinauf, Schaffottstufen, stieg auf Tribünen, um Orden umgehängt zu bekommen oder das Todesurteil zu empfangen; so wurde auch auf Liebhaberbühnen Feierlichkeit dargestellt...,« aber auch gegenüber dem Ethos des »Dienstes« (nicht »Dienens«). »Das Wort Dienst (›Ich habe Dienst.‹ ›Ich muß zum Dienst.‹ ›Ich bin im Dienst.‹) hat mir immer Angst eingeflößt. Zeit meines Lebens, nachdrücklich erst seit jenem 22. September 1938, an dem ich eine Art Wiedergeburt erlebte, ist es mein Ziel gewesen, dienstuntauglich zu werden. Ich habe dieses Ziel nie ganz erreicht, war einige Male nahe daran...«

Kann man ruhiger, betörender, schlichter erzählen? Und die Ernsthaftigkeit, als ob es um ein hohes Ringen ginge – habe nie ganz erreicht, war nahe daran –, ist zugleich gelassen und urkomisch. Die Sache, um die es geht, wird weder durch die Gelassenheit entschärft noch durch die Wunder des Idyllisierens verharmlost.

Wer Böll für einen realistischen Aufklärer hält, muß die surrealen Einsprengsel weginterpretieren: der eine riecht durchs Telefon, der andere hat hellseherische Fähigkeiten, der dritte macht sich einen Lebensplan, wo Theorie und Praxis über Jahrzehnte miteinander übereinstimmen, die vierte wird mitten im Krieg von einer Jüdin geküßt, die Mitleid mit den armen Deutschen hat – und die Liebe ist wahrlich eine Himmelsmacht: immer auf den ersten Blick, fast schon davor, oft wie ein Sakrament, das nur geschändet werden kann durch fuchtelndes Organisieren, durch Bestimmungen, Verordnungen. Dirnen. Zuhälter, Tunichtguts: sie alle sind demgegenüber etwas Harmloses, fast Sympathisches, unschuldig beinahe angesichts der Vergänglichkeit, sub specie aeternitatis.

Wer so empfindet, wird höflich und nimmt Unhöflichkeiten hin. Das reicht von Fähmels eisiger Korrektheit, die als Attitüde entlarvt wird, bis zur Gelassenheit des neurotischen Alten mit dem epileptischen Zucken, die sich in dem Relativsatz »was ich nicht bin« ausdrückt. Aber nur der Zusammenhang macht's möglich: »Neulich erklärte eine Mutter ihrem etwa fünfzehnjährigen Sohn, indem sie mit dem Finger auf mich zeigte, laut und vernehmlich: ›Siehst du, das ist ein echter Parkinson‹ – was ich nicht bin.«

Auf Schmuddeligkeit, Sinnlichkeit, »Natürlichkeit«, die sich nicht aufspielt, verlegene Sündhaftigkeit, reagiert Bölls Sensibilität eher freundlich. Seine Allergie gegen Angeberei und Wichtigtuerei ist so groß, entzündet sich so oft, daß ihm das Wort »Scheiße« immer noch sympathischer ist als die Redensart: »Ich bin bereit, gewisse Dinge zu ventilieren.« Hingegen: »Er zuckte jedesmal zusammen, wenn Henriette – im ganzen glaube ich zweimal – ›Scheiße‹ sagte und behauptete, eine mystische Begabung könne durchaus übereingehen mit der ›zwanghaften Sucht, häßliche Wörter herauszuschleudern‹« (dabei war das bei Henriette gar nicht zwanghaft, und sie »schleuderte« das Wort gar nicht, sie sagte es einfach vor sich hin).

Leser, für die solche Sensibilität »peinlich« ist, dürften mit einer

Jagdgeschichte mehr anfangen können. Mit dem Elite-Katholiken Sommerwild passiert dem Clown Schnier folgendes: Sommerwild möchte zeigen, daß er in vornehmsten Kreisen verkehrt: »Mit ihrem Herrn Großvater gehe ich gelegentlich auf die Jagd.« Der junge Mann antwortet unkonziliant: »Ich dachte immer, katholischen Geistlichen wäre die Teilnahme an der Jagd verboten.« Peinliche Pause. Hin und Her. Dann der Satz: »Es gibt Vorschriften, Herr Schnier, aber auch Ausnahmen. Ich stamme aus einem Geschlecht, in dem der Oberförsterberuf erblich war.« Schnier denkt nun: »Wenn er gesagt hätte, Försterberuf, so hätte ich das verstanden«... Usw.

So funktioniert Bölls Sensibilität. Das Geheimnis des Schreckens, heißt es einmal, liegt im Detail. »Große Sachen zu bereuen ist ja kinderleicht: Politische Irrtümer, Ehebruch, Mord, Antisemitismus – aber wer verzeiht einem, wer versteht die Details.« Bölls ungeheures Gedächtnis bewahrt solche Details auf, genauer: seine Sensibilität spielt ihm, wenn er geschändeter Sprache und verchromter Unmenschlichkeit begegnet, diese Details wieder zu.

Der Autor hat eine unnachahmliche Art, seine Menschen wieder ins Recht zu setzen gegen hochtönende Bestimmungen und Phrasen, von denen sie sich umgeben finden. Wenn Böll eine Anweisung zitiert, derzufolge ein Pfarrer in der Öffentlichkeit tunlichst nicht Pfeife rauchen solle, dann geht es dem Leser genau umgekehrt wie bei dem Angeber mit dem Oberförsterberuf – man braucht bloß zu wissen, daß der von der Anweisung Betroffene ein guter, frommer, alter Herr ist und fragt sich sogleich: Warum, um Gottes willen, soll der eigentlich nicht rauchen?

Wenn Böll die naive Gutmütigkeit der von ihm so nachsichtig geliebten Sünder durch ein Gewirr aus Verhaltensmaßregeln, Einbildungen, phraseologischen Mustern und Verhärtungen schimmern läßt (es können dies ebenso theologische wie ideologische, kapitalistische wie sozialistische Verhärtungen sein), dann steht plötzlich in reinstem Licht wieder die sympathische Geschöpflichkeit armer Menschenkinder da. Was bei anderen Autoren nur eine gutmütig banale Redensart wäre, bedeutet in Bölls Kunstzusammenhang mehr.

»Der Pfarrer wurde mit Dank entlassen. Er machte sich einer Protokollwidrigkeit schuldig, indem er den jungen Gruhl umarmte und ihm wünschte, er möchte an der Seite einer lieben und hübschen Frau wieder einen Lebenssinn entdecken, woraufhin Gruhl mit heiterem Lächeln sagte, das sei schon geschehen.«

Noch abenteuerlicher wird die Kurve dieses Sympathisierens, wenn Böll sogar in der Seele eines von Phrasen und grotesken Minderwertigkeitskomplexen schon ganz entfremdeten, verseuchten Mannes nicht nur die Komik, sondern auch die Gutartigkeit entdeckt. Im Prozeßbericht »Ende einer Dienstfahrt« ist Kirffel der harmloseste Zeuge. Doch da man ihn versehentlich zu hart behandelt, wehrt er sich mit Phrasen (»Zur Anwendung bringen«) und Ängsten: »Da wurde Kirffel – was alle überraschte – böse und schrie: ›Auch ich bin an Gesetze gebunden, muß diese Gesetze zur Anwendung bringen, und im übrigen‹, fügt er mit schon ersterbender Stimme hinzu, ›im übrigen weiß ich ja, daß ich kein Akademiker bin.‹ Dann wurde er ohnmächtig.«

Blickt man in diese von Böll gedichtete und von seiner Sensibilität geprägte Welt hinein, dann muß einem angst werden um Böll. Wie hält er das nur aus? Wie kann er weiterleben, wenn er mit solchen Spannungen fertig zu werden hat, wenn er geschlagen ist mit einer solchen Empfindsamkeit gegen die Münzen des Alltags?

Seinen Figuren mutet er Schweres zu: gezeichnet, gebrochen, alt, zum Weinen bereit, gehen sie aus der Hölle hervor, die der neudeutsche Alltag bereitet, nachdem alles das geschehen ist, was halt zwischen Sedan, Verdun, Auschwitz und der Restauration geschehen ist. Kein Wunder, daß ein ganzer Roman Bölls der Infragestellung des Hölderlin-Satzes gilt: »Mitleidend bleibt das ewige Herz doch fest.«

Seiner Helden Herz konnte, manchmal, nicht so fest bleiben. Es wurde erschüttert. Hoffentlich steht der Böllschen Sensibilität hinreichende Unerschütterlichkeit zur Seite.

Welches ist sein Geheimnis? Es gibt Leute, die uns einreden wollen, das Moralische sei keine sinnvolle Kategorie mehr in der heutigen Literatur, und nur durch die Umkehrung der überlieferten (»bürgerlichen«) Wertvorstellungen seien noch künstlerische Blumentöpfe zu gewinnen, nur auf der Linie Sade–Lautréamont–Genet könne es weitergehen. Heinrich Böll steht dafür ein, daß das Gegenteil immer noch sehr viel für sich hat.

»Ein Schluck Erde«

Dem Drama »Ein Schluck Erde«, an dem vielfach – gutwillig und böswillig – herumgerätselt worden ist, wird man erst gerecht, wenn man zu begreifen anfängt, daß es sich nicht um ein Stück gleichsam in vorwärtsstrebender Pfeilform handelt, sondern um eine keineswegs einfache szenische Phantasie über Wörter, über ihren verlorenen Sinn und über Hierarchien. Es kann kein Voraus mehr geben, kein optimistisches »Über die Toten vorwärts«, weil die Welt in diesem Stück am Ende angelangt ist. Ob die Angehörigen der verschiedenen »Kasten« befördert werden oder bestraft, ob Berlet und Hack sich finden, das ist zwar keineswegs gleichgültig, aber doch nur vordergründig wichtig. Wer allein dafür sich interessieren will, den dürfte etwa an Kafkas »Prozeß« nur fesseln, ob Herr K. verurteilt wird und aus welchen Gründen. Diese Fragen wollen zwar Antwort, aber in solchen Antworten erschöpft sich der Prozeß keineswegs.

Für Dramen mögen nun massivere Gesetze gelten als für Epik, doch auch sie werden immer nur durch Argumente entschieden und nicht durch Pistolenschüsse, selbst wenn die Kugeln das letzte Wort haben. Will man der Eigenbewegung dieses Böllschen Stückes folgen, so muß man zunächst den Titel ganz ernst nehmen und sich fragen, was hier eigentlich »Erde« bedeutet. Was hat das »Ein Schluck Erde« in diesem Stück für eine Funktion?

Immer wieder wird die Erde beschworen: »sie war Brot und Blume, sie war Baum und war Bett« heißt es schon im ersten Dialog zwischen Dräs und Berlet; gleich darauf erinnert man sich an »Brot und Erde«; in den Augenblicken höchster Lust vergegenwärtigt man sie (ich habe gewußt, »wie alles Erde war«); ungläubig lachend fragt eine junge Frau, ob man je »die Erde mit Füßen getreten« habe... Später, am Ende des zweiten Aktes, heißt es sogar: »wir könnten hinfahren zu dieser Erde.«

Wir sagten, Erde werde in diesem Böll-Stück »beschworen«. Gerade in dieser Beschwörung scheint unbegreiflicherweise die Möglichkeit zu einem radikalen Mißverständnis zu liegen. Heinrich Böll ist zu klug, um von der Erde, ihrer Herrlichkeit, Fruchtbarkeit, Unergründlichkeit zu fabeln, so wie die Heimatdichter aller Zungen es tun. Unternähme er das, dann wäre er ein widerlegbarer Lobredner, dann würden auf den Lippen seiner Figuren die Wörter sich in Reklame verwandeln, in einen Hymnus auf das, was zu bewahren sei und was die von Atomzertrümmerung bedrohte Welt uns bedeute. Der moralisierende Zeigefinger würde sichtbar inmitten unverblümten Lobes, das heutzutage auszusprechen manche Zunge zu scheu sein mag.

Darum ging Böll in seinem Erde-Stück den umgekehrten Weg. Er verwandelt das Drama in eine umgekehrte Utopie. Längst ist die Erde verloren in diesem düsteren Zukunftsbild, längst hat die Luft sich in Wasser gewandelt. Was Erde bedeutet, was unsere Erde ist: wir erfahren es nicht durch plattes, von tausendfacher Abnützung unglaubwürdig gewordenes Lob, sondern durch die unendliche Entbehrung derer, die hier keine Erde mehr haben und um ein paar Gramm, um einen »Schluck Erde« mit abgründiger Qual sich mühen. Finsternis spricht fürs Licht, Abwesenheit fürs Gewesene. Ein Autor fand einen gewiß seltsamen, aber doch inständig überzeugenden Weg, seine Zeitgenossen von 1962 darauf aufmerksam zu machen, was sie aufs Spiel setzen. Unbegreiflich, wie man das Stück trotzdem mit »Blut und Boden«-Ideologien in Verbindung bringen konnte. Es predigt ja eben keine Ideologie, hat keinerlei affirmativen Charakter. Aber es läßt sich, und darin liegt nun der deutliche Unterschied zu Becketts »Endspiel«, auf menschliche Kommunikation bezogene Begriffe wie Erde oder Gemeinsamkeit oder Fruchtbarkeit oder Lust auch nicht einfach aus der Hand schlagen – nur weil mit alledem viel Unsinn gemacht worden ist und gemacht zu werden pflegt. Das Ende der Welt ist in Becketts großartigem, an der Fülle der Gesichte und der Gewalt des Schmerzes kaum zu übertreffendem Gedicht nur ein... isoliertes Ende. Herr und Knecht, sonst ist kaum jemand mehr geblieben. Die Menschen haben ihr Ich, ihre Sorgen, Nöte, Verzweiflungen bei Beckett, aber sie wesen allein dahin, realisieren kaum je, daß es ein »Wir«, eine »Welt«, eine »Erde« gab. Jeder stirbt da für sich allein. Dem nun setzt Böll seine negative Utopie – die einmal sogar zur reinen Utopie, zum Gedanken an die Flucht nach vorn wird – tapfer entgegen. Sein Stück hat etwas im Sinn, was sich ohne Risiko nicht sagen läßt.

Menschen ohne Erde – das sind hier manipulierbare Menschen. Die Lust, die Erinnerung, der Schmerz ist ihnen versagt, alle Spontaneität des Zeugens und Spielens verboten. Was sich von selbst versteht, ist die Neurose; eine Neurose, die jedoch nicht einmal einen Tropfen Milch (den es nicht gibt) oder einen Augenblick ruhiger Besinnung (niemand macht sich klar, warum die Fische tabuiert wurden und wie oft man das Tabu schon brach, indem man Vögel aß) aushält, ohne von Erinnerungsbildern verdrängt zu werden, die wie ein kollektives Unbewußtes aufsteigen, aber keine Mythologien sind, sondern armselige Erinnerungen an Natürliches, an Natur, eben an die Erde.

Nicht auf die lockere Konstruktion dieser Zukunftswelt kommt es, wie gesagt an, sondern auf die Bedeutung, die Worte und Gefühle in ihr anzunehmen vermögen. Die relativ Unverletzten wirken wie die Allerseltsamsten: es sind die »Kresten«. Sie erscheinen im Gefüge der Stände wie die Urchristen in den Katakomben einer ozeanischen Zukunft. Sie sind einfache Menschen, über denen sich anthropologische Hierarchien aufwölben, die so deutlich gestuft und so hart gefügt sind, daß nichts Menschliches mehr zwischen ihren Ritzen hindurch findet. Wiederum könnte man das Stück nun dahingehend mißverstehen, daß also die Erde und die einfachen Menschen hier zivilisationsfeindlich den Hochentwickelten und Hochorganisierten vorgezogen würden. Aber damit hätte man die Kraft seiner Negation verfehlt: nicht der Einfache wird gepriesen, sondern jener Verlorene beklagt, der die Position gewann und Schaden an seiner Seele nahm.

Kann man nun wirklich noch fragen, warum die Kresten sich so seltsam ausdrücken? Dräs sagt seine »Erklärungen stets mit einer gewissen Ironie« – das heißt, er weiß wohl, was man auf sich nimmt, wenn man den üblichen Wörtern künstliche Fügungen entgegensetzt, die dem Abgegriffenen ausweichen. Die Erde ist fern und wird beschworen; die Liebe, das Vertrauen – sie sind zwar selbst unter den gegenwärtigen Umständen nicht ausgestorben, haben aber Unterschlupf gefunden in einer archaisierenden Ursprache, die von dem modernistischen Jargon der Herrscher und Beherrschten (»besetzen«) durchaus typisch abweicht. Man kann natürlich darüber lachen und die Einzelheiten komisch finden – Dräs' Selbstironie gesteht solche Komik freimütig zu – aber man darf doch den Hintergrund nicht außer acht lassen, der solche Experimente entließ. Böll setzte in diesem Stück, das keinen Schluß haben kann, viel aufs Spiel. Er sicherte sich nicht ab, sondern ließ brutal warnend »Zukunft« spielen. Ungeschützt, wie wir es sind.

»Gruppenbild mit Dame« – Mitleidiger Naturalismus, mystische Vision

Je »historischer« der Zweite Weltkrieg dem deutschen Bewußtsein und Selbstbewußtsein wird, je mehr diejenigen eine Minderheit darstellen, die ihn erlebten, desto ungeheuerlicher erinnert sich Heinrich Böll.

Sein jüngster und bisher wohl umfangreichster Roman unterscheidet sich von den auf den Krieg bezogenen Erzählungen und Romanen des jungen Böll wie auch von den wilden, anarchischen Idyllen, die Böll später (seit 1964) erscheinen ließ, keineswegs dadurch, daß die Einzelheiten zurücktreten. Im Gegenteil, Bölls Erinnerungsvermögen, sein Gedächtnis für Stimmen, Verzweiflungen, Tonfälle, Moden, Ausreden, kleine und große Schuftereien, wunderliche und verwunderliche Ausnahmezustände, ist anscheinend unerschöpflich. Je häufiger er sich erinnert, desto mehr fällt ihm offenbar ein...

Aber »Erinnerungsvermögen« ist wohl nicht das richtige Wort. Böll hat nicht nur behalten, nicht nur gespeichert, so wie jeder große Romancier muß behalten und speichern können, um etwas zu erzählen zu haben. Böll erinnert sich aktiv. Was er vorbringt, sind rückwärts gerichtete Visionen, ist eine teils kraß derb-naturalistische, teils exzentrisch-produktiv-mystische Wiederherstellung, eine Beschwörung der Vergangenheit. Wie höllisch, wie finster diese Kriegs-, ja diese Naziwergangenheit auch war – in Bölls Welt bietet sie den großen Gefühlen, dem persönlichen Heil immer noch mehr Chancen, als es der »liberale Labberdreck« des Wohlstandsrummels täte, wenn man sich ihm nicht anarchisch verweigerte. Gerade weil sich der Roman aus lauter kleinen Teilen – aus Erinnerungen in direkter Rede, aus Dokumenten und einem Erzählenden, der nicht mit dem Erzähler identisch ist – zusammensetzt (der faktensuchende »Verf.« dieses Buches ist eine Kunstfigur), darum muß man das umfängliche, mosaikähnliche Buch möglichst kontinuierlich lesen, sonst erfaßt man den Faden, fängt man den Falken nicht. Dabei kann es gar nichts schaden, wenn man sich am Anfang eine Art Personen- und Verwandtschaftsverzeichnis ins Buch hineinschreibt: was bei Dostojewski und Faulkner oft genug von hohem Nutzen ist, lohnt hier auch. Ein wenig Mühe während der ersten 30 Seiten erleichtert die Orientierung während der folgenden 370 sehr.

»Gruppenbild mit Dame«, das heißt: Leni Pfeifer, geb. Gruyten und ihre Familie, die Eltern und der Bruder. Es heißt: Lenis Leben und Ausbildung, solange es der (kriegsgewinnlerischen) Bauunternehmersfamilie sehr gutgeht. Es heißt: Lenis Arbeit in einer Gärtnerei nach dem selbstverschuldeten, selbstgewollten Ruin des Vaters. Und da das Hauptthema dieses Romans die »Liebe« sein soll, heißt es vor allem: Schilderung der drei, ja vier keineswegs sämtlich von der Kirche gesegneten »Ehen«, die die tapfere Leni zwischen ihrem 18. und ihrem 48. Lebensjahr geführt hat. Nur als Nebenhandlung erfahren wir von der Liebe des »Verf.« zu einer erst spät eingeführten hübschen und literarisch versierten Nonne namens Klementina, die nach 18 Jahren »unter der Haube« die Freiheit wählt, aber nicht, um gleich wieder »unter die Haube« zu kommen.

Macht man sich nun die Handlung dieses Romanes klar, dann

wird sofort etwas ganz anderes deutlich: Wie, so fragt man sich, wie konnte es nur je zu dem Mißverständnis kommen, daß Böll ein karger, ein »kriechender«, ein zum vermeintlich naturalistischen Waschküchenmilieu tendierender Literat sei? Unter dem Eindruck des »Gruppenbildes mit Dame« versteht man auch die in früheren Böll-Büchern so oft überlesenen Seltsamkeiten (Clowns, die in der Badewanne Religiöses singen; Architekten, die den Kölner Dom sprengen wollen) neu. Böll, dem gepflegten Ton des kulturbewußten Bildungsmilieus und der staats- oder sich-selbst-erhaltenden politischen Wirklichkeit der offiziellen Kirchen gleichermaßen zornig abgeneigt, erweist sich als Utopist einer modernen Mystik. Als »Mystifizierer« der Personen, die er zu seinen Helden macht. (Aber auch für die egozentrischsten Opportunisten, für die verlorensten Dirnen hat er etwas übrig; notfalls, nämlich dann, wenn es um ihre Nöte geht, aber nichts für die souveränen Grinser in Maßanzügen.)

Was ist mit Lenis Nächsten? Der Sohn des im Kriege allmächtigen Bauorganisators will keine Vorzugsstellung, haßt seine »Bildung«, will den Dreck und das Ende (will, so wird vermutet, gleichsam negative »Literatur« leben: er wird als Vaterlandsverräter erschossen). Der Vater sucht daraufhin auch das Ende; die Mutter stirbt an Entkräftung; die Tochter – Leni – riskiert die Liebe zu einem russischen Kriegsgefangenen, der Boris heißt. Die Liebenden hoffen inständig auf Tagesluftangriffe, in der dabei entstehenden Verwirrung haben sie kurze Chancen... Nach der ersten Familienkatastrophe berichtet das Hausmädchen Marja van Doorn: »Zeitweise liegen alle drei Gruytens, Vater, Mutter, Tochter, im Bett, in verdunkelten Zimmern, verlassen auch bei Fliegeralarm nicht ihre Zimmer und ›starren tage-, ja wochenlang nur gegen die Decke‹.« Ob Böll weiß, daß er damit ziemlich genau die Endsituation der dritten Akte großer Wagner-Opern (Tannhäuser, Tristan, Götterdämmerung, Parsifal) reproduziert?

Aber mystifiziert werden ja auch die anderen Charaktere dieses Buches, soweit sie im Wortsinne sympathisch, also mitleidswürdig sind: Boris, der nette junge Russe, der für Trakl und Kafka wirbt und die Geliebte, die spätere Möchte-gern-Kommunistin, das Beten lehrt. Mystifiziert wird die elend und alt krepierende Dirne, die nett und auskunftsbereit ist und daran endet, daß sie allzusehr erröten muß. Schon nicht mehr mystifiziert wird die intellektuell interessierte Nonne Rahel, die man im Kloster (nachdem sie für Lenis Bildung viel getan hat) mehr oder weniger bedenkenlos sterben läßt. Es ist der Kirche regelrecht peinlich, daß plötzlich über Rahels Gebeinen Rosen wachsen – da kommt es dann zum unerwünschten, zum kaum ausrottbaren Wunder, wie in Pasolinis Teorema-Film. Mystifiziert wird sogar ein wenig die Musikliebe der Leni und vor allem ihre Naturseligkeit: Wie in einer großen Novelle von Camus wird auch bei Leni das Feldeinsamkeitserlebnis, das plötzliche Sichausliefern an die blühende Welt, zu einer Art mystischer Begattung.

Dabei schenkt Böll seinen wahrlich kaum eng realistisch gesehenen Geschöpfen nichts. Sie müssen leiden, sind verflucht, abhängig von ihren Sekretionen. Der arme, geliebte Boris krepiert unnötig und fern, geht 1945 einfach verloren: das ist nicht weniger zwingend, streng und wahr als das Ertrinken Ashleys in Thornton Wilders hierzulande immer noch weit unterschätztem Altersroman »Der achte Schöpfungstag«.

Man kann also die mystischen, die produktiv religiösen Tendenzen des letzten Böll-Romans isolieren und so ein natürlich falsches, einseitiges Bild geben. Man könnte auch die brutalen, etwas manieriert geschilderten Sekretions- und Erektionsbeschreibungen, die ungerührt wiedergegebene Kriminalität – wie die sich am Krieg bereichern, mit Wehrpässen und Soldbüchern handeln usw. – oder das Mitläufertum des herrlich realen Herrn Pelzer hier anführen: dann würden die Leser glauben, Böll habe ein hartes, brillant ironisches, gleichwohl gerechtes Buch geschrieben. (Besondere Glanzpunkte: Die Herstellung der Friedhofskränze, die allen Entnazifizierungsschwindel charakterisierende, angeblich »lebensgefährliche« Aktennotiz »römert noch« zum Beispiel, was bedeutet, bei Pelzer seien auch nach dem italienischen Verrat die Kränze auf eine bestimmte, »Römern« genannte Art gebunden worden.) Preisen ließen sich auch die großen Schilderungen der Kriegsende-Sintfluten.

Doch diese Fülle von Einzelheiten, die fast beliebig auswählbar und interpretierbar sind, führt zum Problem des Romans: Böll, dem die Unterscheidung zwischen »fiktiv« – also: erfunden, erdichtet – und »dokumentarisch« auf die Nerven gegangen zu sein scheint, hält sich im »Gruppenbild mit Dame« als direkter Erzähler und Gliederer gleichsam heraus. Er betreibt sozusagen epische Leistungsverweigerung – sein Kernwort für wünschenswertes Verhalten heute –, indem er nur mehr pseudo-dokumentarische »Rollenprosa« bietet, und zwar in simplem Nacheinander. Das Buch ist eine Folge von interviewartigen Erkundungen mit happening-ähnlichem Schluß.

Nun »kann« Böll so viel, daß er die verschiedenen Tonfälle der jeweils Zitierten ohne Übertreibung trifft, sie nicht etwa parodiert, sondern zwingend pointiert. Der dumm positive Kriegsbericht geht ihm genausogut von der Hand wie das beleidigte Schmollen eines sich natürlich verkannt glaubenden Exnazi oder der blauäugige Opportunismus eines Unternehmers, der nie etwas falsch gemacht zu haben meint. Es ist kein »Nummern«-Buch daraus geworden, aber auch kein Roman. Der »Verf.« selber gibt es, und sich, am Anfang sehr viel harmloser, ja billiger als am Schluß, wo er recht Böll-nah argumentiert mit seinem »habituellen Negationsbedürfnis«. Und obschon die direkten Reden und der »Verf.« natürlich auch sämtlich von Böll erfunden sind, sie erscheinen nicht in seiner Sprache, sie sind nicht auch von ihm episch verantwortet. Statt des sonst oft so zwingenden Böll-Tonfalls herrscht hier manchmal sprachliche Leichtfertigkeit, die gelegentlich in Ungenauigkeit übergeht. Böll hat einen großartigen Stoff, hat eine Fülle, wie es sie seit den »Hundejahren« im deutschen Nachkriegsroman nicht mehr gab, in ein Erzählschema aufgelöst, das für eine kurze Geschichte passender sein mag.

Man spürt förmlich, wann Böll das, was er sagen möchte, umsetzt in Handlung, Wort, Gebärde und sanfte Seelenkenntnis – und wann er seinem »Verf.« einfach Grimm aufbürdet, direkten Ärger, schlechte Laune, mäßige Witze und Vorwürfe. Zudem wirkt das Nacheinander der befragten Personen, die alle mehrfach sich äußern dürfen, doch ziemlich zufällig. Selbst wenn es vom Zeitplan der Geschichte selber bestimmt ist, den Böll gewiß sehr kunstvoll ersann, hat es nicht mehr epische Notwendigkeit als etwa die Reihenfolge, in der Prüfungskandidaten ins Prüfungszimmer gebeten werden.

Man könnte sagen: solche ästhetisch-formalen Bedenken waren Böll angesichts dessen, was hier zutage treten soll, mehr oder minder gleichgültig. Aber damit hätte man den Formalisten Böll wohl unterschätzt, der seit »Billard um halb zehn« über die »Ansichten eines Clowns«, »Entfernung von der Truppe« und »Ende einer Dienstfahrt« doch jedesmal mit höchster Bewußtheit und Notwendigkeit geschrieben, vorgetragen hat. Die formalen Stärken, diese genau kalkulierten epischen Präsentationen scheinen dem »Gruppenbild mit Dame« zu fehlen. Der Roman wirkt wie ein langer, Wagen für Wagen vorbeirollender Güterzug, jeder Wagen ist beladen mit ironischen, fiktiven, dokumentarischen Erinnerungspartikeln und Visionen.

Das kann zwei Gründe haben: Entweder dehnte sich der Roman Böll unter der Hand weit über das zunächst Geplante hinaus, weil dieser Autor viel mehr wußte, als er selber wußte – oder der Kritiker hat trotz sorgfältiger Lektüre die Formwahrheit des Ganzen nicht kapiert, was ihm vielleicht irgendwann einmal leid tun wird.

»Frauen vor Flußlandschaft« – Absurdes Theater in Bonn

Kein Freund oder Bewunderer Bölls dürfte ohne mannigfache Beklommenheiten an das letzte, kurz vor dem Tode noch abgeschlossene Buch unseres Nobelpreisträgers herangegangen sein. Dieses schlechte Gefühl vertieft sich während der ersten Seiten sogar noch beträchtlich, falls man den Text aus zwar naheliegender, aber – wie sich später und bei zweiter Lektüre herausstellt – falscher Perspektive zu lesen beginnt.

»Frauen vor Flußlandschaft« scheint ein Roman über das *Bonn von heute*. Der Titel meint die Gattinnen mehr oder weniger mächtiger Politiker, die tatenarm und gedankenvoll aus ihren Villen auf den Fluß schauen, »der manchmal wirklich silbern glänzt« (S. 26); »allein mit dem Rhein und betrunken. Da konnte ich stundenlang sitzen« (S. 163). Sogar Schifferfrauen wirken beneidenswert: »Es sieht so gemütlich in ihren Stuben aus, schöne Blumen haben sie an ihren Fenstern und auf ihren Balkonen, ihre Männer sind immer bei ihnen« (S. 57). Für Martha, des mächtigen Grafen Heinrich von Kreyl erste Frau, wurde der Fluß allerdings zum Schicksal. Sie »ging in den Rhein...«

Alles das nährt die Vermutung, irgendwie hätte Böll es hier doch – und sei's noch so verfremdet – mit dem gewiß schaurigen politischen Bonn von heute aufnehmen wollen. Man geht auch deshalb ein wenig skeptisch an den Roman heran, weil man zu wissen glaubt, wie gebrechlich der späte, zuckerkranke Böll war, wie schwer es ihm schon 1971 fiel, das »Gruppenbild mit Dame« zu Ende zu bringen, das so inspiriert begonnen hatte – oder wie deutlich sich in der überzeugend konzipierten »Fürsorglichen Belagerung« (1979) in den letzten kurzen Kapiteln Erschöpfung und Disproportion abzeichneten.

Zugegeben: wer erwartet, was Autor und Verlag versprechen – nämlich einen *Roman* –, kommt hier schwerlich auf seine Kosten. Und die etwas aufdringliche *szenische Form* des sich als »Roman in Dialogen und Selbstgesprächen« präsentierenden Textes darf andererseits niemanden dazu provozieren, zügige dramatische Spannung und Eingleisigkeit zu erhoffen.

Was hier als Altersroman daherkommt, ist eine Folge von zwölf episodenhaften Einaktern und Monologen, die sich bespiegeln, ergänzen, variieren. Und zwar von episch-detailreichen Einaktern, die mit Hilfe oft allzu direkter, naiver szenischer Anweisungen (die Figuren fassen »sich an den Kopf«, sind »fast wütend«, dann wirklich »wütend«, befinden sich »in düsterer Stimmung«, brechen »in ein irres Lachen aus«) eine theatralische Dimension suggerieren, welche den Dialogen weithin abgeht. Letztes Beklommenheitsmotiv: Muß den »Frauen vor Flußlandschaft« wegen der dialogischmonologischen Form nun nicht Bölls Eigentliches fehlen: nämlich der Glanz, die Zartheit, die Melodie seines Erzählens?

*

All diese Beklommenheiten machen allmählich einer *verstehenden* und gewisse Erstarrungen, Schwächen, Zwanghaftigkeiten *verzeihenden* Bewunderung Platz, wenn man während der Höhepunkte des zweiten, dritten und vor allem des siebenten Kapitels begreift, daß Böll in scheinrealistischem, pseudo-theaterhaftem Gewand ein kühnes Glanzstück absurder Literatur vorgelegt hat, zwischen Panoptikum und Pandämonium. Böll bietet keinen heiteren oder frivolen Absurdismus. Auch keine gehorsam erklügelte, widergespiegelte Verrücktheit, weil bekanntlich die Welt (und wie erst in den achtziger Jahren unsere Bonner!) Spuren von Irrsinn erkennen läßt. Man könnte es sich interpretatorisch leichtmachen und einen Satz von Bölls politischem Schauerchef, dem elegant-sensiblen Chundt zitieren; »das Wahre klingt immer unglaubhaft, das Wahre ist die wahre Kolportage« (S. 184). Doch damit wäre die Eigentümlichkeit dieser Flußlandschaft allzu trivial erklärt. Bloß weil die Wirklichkeit – grob gesagt – enorm doof ist, dürfen die Bücher über sie es ja noch längst nicht auch sein...

Böll war, mehr noch als Uwe Johnson, bedrängt von Erinnerungen, von leidvoll erlebtem Leben. Er konnte keine Einzelheiten vergessen.

Für den Schriftsteller Böll existierten mehrere Möglichkeiten, sich zu befreien von den erlittenen, erlebten Gespenstern aus Vergangenheit und Gegenwart: das Pamphlet, die *Kurzgeschichte*, auch das *Hörspiel*, und eben die gewiß viel anstrengendere Großform des *Romans*. Nun beginnt »Frauen vor Flußlandschaft« wie ein Böllsches Hörspiel. Zumal der junge Böll hat, wenn er Geld brauchte und ein großes Publikum wollte, Hörspiele (bescheideneren literarischen Ranges) verfaßt. Das ging schnell bei ihm. Er setzte sich nieder, schrieb ein paar Stunden: dann warf er's – so sagte er mir – entweder weg oder machte es eben rasch fertig.

Der Dialog-Roman »Frauen vor Flußlandschaft« scheint zunächst, ernsthaft oder auch starterleichterungshalber, als Theaterstück, als Fernsehspiel- oder Hörspieltext konzipiert gewesen zu sein. Welchen Sinn könnte die betont szenische Dialogform sonst haben, oder etwa der »Vorbemerkungs«-Hinweis auf einen Literaturwissenschaftler namens Tucheler, »der nur indirekt auftritt«? Der alte Böll, den anstrengenden Forderungen des durchzuschreibenden Romans ausweichend, als Dialogautor. Oder: Szenisch-Theatralisches als heuristisches Prinzip, als Technik, beklemmende Bilder, Entwicklungen, Menschen zu mobilisieren und zu fixieren. Am Ende ließ sich das Ganze – denn Böll war und blieb geborener Epiker – doch ohne weiteres als Sonderfall der Romanform, samt einer die Personen wie im naturalistischen Drama beschreibenden Einführung, verstehen oder bezeichnen.

Der Versuch, die Handlung wie eine Romanstory nachzuerzählen, bringt nicht viel. Herr und Frau Wubler, so beginnt es, beide über sechzig, unterhalten sich darüber, wie sie sich einst kennenlernten. Frau Wubler hat viel von den opportunistischen Scheußlichkeiten, die ihr Mann in hoher Stellung guthieß oder duldete, mitbekommen. Doch jetzt, da ein gewisser Plukanski als Minister untragbar geworden ist (Schiebungen im Polenkrieg) und ein Ex-Nazi namens Blaukrämer sein Nachfolger werden soll, scheinen ihr die Grenzen der Zumutbarkeit allzusehr erweitert. Sie hat auch gar keine Lust, als Offizielle an einem Hochamt teilzunehmen. Später redet sie mit ihrer netten Hilfe, der freilich ziemlich linken »Erika«, die angenehm zusammenlebt mit einem jungen Grafen Karl von Kreyl, der kein seriöser Graf mehr sein möchte, sondern statt dessen lieber – als wahnsinnsnahe Opferhandlung, als stillen Gottesdienst für einen Freund – Konzertflügel zerstört. Unser junger Graf lebt (finanziell) von den Verrücktheiten eines hochgestellten, kapitalismusgeilen Russen. Der alte Graf Kreyl, Karls sympathischer Vater, hat zum Schluß keine Lust mehr, sich seiner Partei zur Verfügung zu stellen.

Diese Mitteilung einiger weniger (von zahlreichen) Handlungsfäden hat mit der eigentümlichen Qualität des Textes herzlich wenig zu tun. Was sich an gemeinsamen Verläufen und identischen Vorgängen durch die zwölf Kapitel zieht, bedeutet kaum mehr als eine lockere Verklammerung. Bankiersflügel werden zertrümmert, schlimme Politiker gestürzt oder lanciert, Dokumente vernichtet – und niemand begehrt gegen die Schiebungen auf. Daß Böll die Feinen, Kultivierten – also etwa die Bankiers und die hohen Kirchenmänner – womöglich noch gräßlicher erschienen als die scheußlich menschenverachtenden Täter und Verdränger mit ihren cleveren, schmutzigen Händen, leidet keinen Zweifel. »Politik ist hart, ist schmutzig, notwendig – und zum Kotzen«, befindet ein schlauer junger Helfer. Alle diese Niederträchtigkeiten werden wie pure Selbstverständlichkeiten dargeboten. Was warum wie passiert, wird kaum zwingend dargestellt, begründet, differenziert, entfaltet. Böll konkurriert nicht mit Balzac. Konkrete Politik ist für die Dialoge gleichsam anonymer Gesprächsstoff, Gesprächsanlaß. Nicht das »Eigentliche«.

Das Eigentliche liegt in der ressentimentgeladenen *Echtheit* aller unangepaßten Seelen und im immer wieder dargebotenen Unterschied zwischen modisch-schicker Beschönigungssprache und Wahrheit. Für die »Echtheit« fallen Böll wild-absurde Episoden und Gestalten ein. Die Beschönigungssprache hingegen wird ganz direkt, fast philologisch-interpretatorisch – Böll war da brillant unerschöpflich – vorgeführt und ad absurdum geführt. Etwa im Selbstgespräch des Ernst Grobsch, der zynisch erzählt, wie er seine Wahlbroschüren abfaßt und dabei Mickriges in Munteres umbiegt. (Nur bleibt dieser Monolog, verglichen mit manchen Szenen, eher harmlos, vorhersehbar, allzu naturalistisch.)

Entschieden weiter geht Böll bei Elisabeth Blaukrämer. Die hat als Politikersgattin Böses über Ex-Nazis und deren Vergangenheit erzählt. Nun muß sie im feinen psychiatrischen Luxushotel einsitzen, da man glaubt, sie lüge, wenn sie herumschreit, wie sie 1945/46 einen (in Rußland wohl später zu Tode geprügelten) Russen liebte und wie ihr Bruder und Vater nicht von den Bolschewisten ermordet wurden, sondern sich verzweifelt selbst erhängten...

Diese Elisabeth ist eine lustige, junge protestantische Adelige gewesen, und dann, als quasi-exotischer Vogel, ins niederrheinisch-katholische Milieu geheiratet worden. Die Verwegenheit, mit der Böll ihre Wildheit als Wahrheit erkennen läßt, ihre hysterische Wut als konkrete Passion: Tolleres hat der sogenannte »gute Mensch von Köln« nie riskiert.

Aber auch hier, selbst wo die Kolportageflammen durchs Textgebäude schlagen, bleibt Böll konkret bei Worten und Verbesserungen. Eine kluge, sanfte Ärztin, Frau Dr. Dumpler, will die Erinnerungen der Patientin »interpolieren«. Elisabeth Blaukrämer berichtet, wie ihr hochgestellter Mann schlau alle Mittel in Bewegung setzte, um »auch eine kirchliche Scheidung zu bekommen«. »Sie meinen Annullierung, eine kirchliche Scheidung gibt es nicht«, verbessert die Ärztin, die sich natürlich auf katholisches Recht besser versteht als die Protestantin. »Na gut, meinetwegen Annullierung. Ich habe nie begriffen, was der Unterschied sein soll«. (Unvergleichlich, wie knapp Böll hier die ja tatsächlich meist taktisch erheuchelte Begriffsdifferenz, an die er auch nicht glaubt, blamiert.)

Wenn die Kranke dann über einen mittlerweile Hochprominenten, der Nazi-Bluthund war, flucht, findet unsere Seelenärztin dafür wieder ein fabelhaft abwiegelndes, beschönigendes Wort: »Es bestreitet niemand, daß er *verstrickt* war, aber er ist rehabilitiert ...« So etwas kann, konnte nur Böll. Die Wahnsinnsszene geht übrigens noch weiter: Man schickt der Patientin einen jungen, hübsch-klugen Therapeuten. Sie soll ja nichts entbehren. Der bietet auch schöne Literaturgespräche an.

Im nächsten Kapitel nennt der vierschrötige Machtmensch Chundt die Sache beim Namen. Elisabeth hat sich erhängt. »Sie ist tot, und auf eine geheimnisvolle Weise haben die Toten immer recht, da nützt dein Gerede nichts. Und ausgerechnet Erika mußte sie finden – es war absurd, ihr diesen doofen Ficker aufs Zimmer zu schikken. Das war doch nicht das, was sie brauchte ...«

*

Böll prüft immer wieder das Gewicht einzelner Wendungen. Aus »Es ist geheim – und lächerlich« wird das wahrheitsnähere »Lächerlich geheim«. Aus der »mörderischen Stimme« die »Stimme eines Mörders«. Fazit: Von vielen solchen nebenher aufgespießten Wortwörtlichkeiten bis zu einigen ins grandios Exzentrische getriebenen

Figuren reicht der vor Betroffenheit und Emotion zitternde Bogen dieses oft schwankend unausgeglichenen Buches. Was gleichsam dazwischen liegt an vermeintlicher Romanhandlung und (tief katholischem) anti-katholischem Sentiment, an Betroffenheit und leider auch manchmal an Alterssentimentalität, sollte nicht blind machen für die teils satirische, teils grandios absurde Kraft dieses Buches, das kein Enthüllungsroman ist. Denn es meint nicht bloß irgendwelche Bonner Bonzen, sondern unsere wahrlich »verstrickte«, nämlich entsetzlich seelenlos gewordene, christlich-marktwirtschaftliche Welt. Böll mochte nicht mehr an sie glauben. Um so aufregender, daß auf der vorletzten (!) Seite von Bölls allerletztem Buch jemand, der einen Selbstmord hat begehen wollen (und nicht ausführte, weil ihn das unvermeidlich folgende Staatsbegräbnis abschreckte), wenn also der alte Graf Kreyl endlich doch sagt: »Aber das andere, das Entscheidende war: ich dachte, leben ist besser als sterben, und vielleicht finde ich wieder, was ich verloren habe.«

11. Günter Eich

Leiser Anarchist

»Wäre ich kein negativer Schriftsteller, möchte ich ein negativer Tischler sein«, hat er behauptet. Da er es nicht liebte, sich – oder gar seine Gedichte – zu erklären, gibt es kaum Selbstinterpretationen oder weltanschauliche Bekenntnistexte von ihm. Als Hilde Domin einst Günter Eich für ihre Sammlung »Doppelinterpretationen« um die Selbstinterpretation eines Gedichtes bat, antwortete Eich: »Ich lehne es immer und überall ab, mich zu mir und meinen Sachen zu äußern.«

Eine der wenigen gewichtigen Ausnahmen, die Eich sich doch erlaubt hat (neben seinem, von Wolfgang Hildesheimer kritisch diskutierten Vortrag: »Der Schriftsteller vor der Realität«), war seine »Rede zur Verleihung des Georg-Büchner-Preises 1959«. Da beharrte er »unbelehrbar darauf«, daß die »Macht« eine »Institution des Bösen ist«. Er begann den Exkurs defensiv: »Ich gestehe, daß ich über die Macht recht unvernünftig denke«. Doch Eichs eigentliche Position kam dann im Verlauf der Argumentation fabelhaft deutlich heraus, als er dem üblichen, logisch-biologischen Plädoyer für Machtstrukturen »das Ressentiment eines anarchischen Instinkts entgegen« setzte! Wie selbstironisch und enthüllend, eine eigene Überzeugung als »Ressentiment« zu bezeichnen, also zu verketzern und dabei das in ihr ressentimenthaft verborgene Wutpotential anzudeuten!

Günter Eich war Lyriker, er lebte vom Hörspiel (dessen Technik und Kunst er meisterhaft beherrschte). Doch wenn nicht alles trügt, haben seine Prosaskizzen »Maulwürfe« die Hörspiele, die in den fünfziger und frühen sechziger Jahren so berühmt gewesen sind, überdauert. Denn das Medium Rundfunk scheint, trotz aller Bemühung engagierter Künstler, jenes »Anarchische« nicht zuzulassen, oder zur Unkenntlichkeit zu verändern – das in diesen laut Heinrich Böll »flinken, zersetzenden, schwer begreiflichen« Prosatieren verborgen überlebte. Ob der Hörspielschreiber Eich das ahnte? Er wußte: »Nachher hat man immer recht. Man sollte gleich nachher leben.«

Zwischen Hörspiel-»Eichmaß« und »Maulwurfs«-Unsterblichkeit

Ob nicht Günter Eich, wenn modisches Tagesgeschrei, Bestsellerrummel und akademische, professorale, publizistische Aufgeblasenheit längst verhallt sind, zu denen zählen wird, die man als reine (das heißt: von Fügung und Unheil tief versehrte und betroffene) Dichter unserer Nachkriegsgegenwart verehren wird? Gewiß: »Geheim« waren Wesen, Wirkung und Weisheit dieses Günter Eich nie, seit er, wenn auch immer aus stiller, nicht nur geographischer Ferne an unserer Literatur teilzunehmen begonnen hatte. Die ihn kannten und liebten – es war schwer, ihn zu kennen, ohne ihn zu lieben –, ahnten schon immer, daß er ein Besonderer, ein, wie Werfel von Kafka sagte, »Bote des Königs«, ein Unerschöpflicher sei. Aber haben wir zu ahnen gewagt, daß er vielleicht sogar in unseren viel schreibenden, viel lobenden, viel interpretierenden Zeitläufen doch so unterschätzt war wie in Amerika einst Emily Dickinson, wie hierzulande einst Georg Trakl?

Er hätte, kein Zweifel, über den hohen Ton dieser Würdigung gelächelt. Über hohe Töne war er artistisch und menschlich hinaus. Wer ihn kannte, als gelegentlichen Teilnehmer an Tagungen der Gruppe 47, als zurückhaltenden Besucher bei Versammlungen der Bayerischen Akademie der Schönen Künste, der bemerkte erschreckt, daß Günter Eich immer schmächtiger aussah. Bebend vor

Interessiertheit, aber mutig genug, seine Ratlosigkeit zuzugeben, sah ich ihn noch bei der letzten Thomas-Bernhard-Uraufführung in Salzburg. Schon damals hatten alle Angst um ihn und für ihn. Kuraufenthalte folgten. Zwei Herzinfarkte. Nach dem letzten wurde er noch nach Hause gebracht, zu seiner Frau, Ilse Aichinger.

Man darf sagen, daß Günter Eich unter Schmächtigkeit litt – natürlich nicht der Schmächtigkeit seiner Person, sondern seines Werkes. Er hätte bestimmt gern einen fabelhaft dicken Bestseller von 700 Seiten geschrieben und stolz in der Hand gewiegt, aber der Genius, der ihn beseelte, wollte es anders und besser.

Seit 1930 publizierte Eich. Seit 1932 ist er freier Schriftsteller gewesen, nachdem er vorher Jura und orientalische Sprachen studiert hatte. Durch die Nazizeit rettete er sich, irgendwie und makellos. 1948 erschien sein Gedichtband »Abgelegene Gehöfte«, danach kamen noch einige, stets schmale lyrische Sammlungen heraus. (»Botschaften des Regens«, »Zu den Akten«, »Anlässe und Steingärten«).

Neben seiner kontinuierlichen lyrischen Arbeit schrieb Günter Eich – weil er es konnte, weil er leben mußte, weil er die Form liebte, weil sie ihn dramaturgisch produktiv machte – zahlreiche Hörspiele, die in den fünfziger Jahren ungemein berühmt und beliebt waren. Man sprach vom »Eich-Maß« für Hörspielqualität. In den »Träumen«, einem seiner ersten Hörspiele, hielt er das anarchische Katastrophengefühl einer ganzen Epoche mit Hilfe packender Bilder fest; spätere Arbeiten, wie Dürrenmatts Erzählung »Der Tunnel«, ja wie ganze Bücherwände voller Horrorliteratur, sind da vorweggenommen. Günter Eich, ein trockener, witziger, aller falschen Feierlichkeit abholder Mann, beherrschte in seinen Hörspielen eine durchaus surrealistische Dramaturgietechnik, mitunter näherte er sich Mystischem (»Die andere und ich«, »Das Jahr Lazertis«). Nie setzte er auf Positives. »Die Gesunden durchschauen die Welt nicht«, hat er einmal geschrieben.

Gegen Ende seines Lebens publizierte er immer kürzere, grandios humoristische, vertrackte, vieldeutige Texte. Sie sind gelegentlich als platte Witzelei mißverstanden worden – dabei bietet die Prosa der »Gesammelten Maulwürfe« eine geheimnisvolle Mischung aus Wortspiel und Weltspiel, aus ins Europäisch-Brandenburgische übertragener, fernöstlicher Philosophie und zartem deutschen Tiefsinn.

Der Weg zur vertrackten und verkürzten Einfachheit seiner späten Gedichte und Prosatexte ist Günter Eich nicht leichtgefallen. Warum soll hier verschwiegen werden, daß er beispielsweise seinen Gedichtband »Abgelegene Gehöfte«, genauso wie die meisten seiner Hörspiele, später nicht mehr billigen mochte? Daß ihm Verse wie:

Am zerschossenen Gemäuer,
weiß ich, grünt wieder der Wein.
Werden mir jünger und neuer
einmal die Stunden sein?

wohl doch zu pathetisch, zu schicksalhaft, zu sentimental klangen? Er hat sich, nach 1945, zu einem ganz und gar sachlichen, man möchte sagen risikolosen Ton hinarbeiten wollen, von dem sein vielzitiertes, karg aufzählendes Gedicht »Inventur« Zeugnis ablegt. Aber es trieb ihn doch zu weniger eindeutigen Entwürfen. Es existiert ein phantastisch gewagtes Poem aus seiner Feder, in dem, in extremer Situation, Hölderlin und die Soldaten-»Latrine« ins Nebeneinander eines Bewußtseins gezwungen werden: lapidar, ohne Sentimentalität, aber nicht, ohne daß der Zweite Weltkrieg als Menschheitskatastrophe nachzittert.

Je älter Günter Eich wurde, desto weniger Lust hatte er, sich *ernst zu nehmen*, obwohl, oder vielleicht weil es ihm mit Welt und Leben verzweifelt ernst war. 1946 hatte er das »Ende eines Sommers« noch so bedichtet:

Wer möchte leben ohne den Trost der Bäume!
Wie gut, daß sie am Sterben teilhaben!
Die Pfirsiche sind geerntet, die Pflaumen färben sich,
während unter dem Brückenbogen die Zeit rauscht.

Dem Vogelzug vertraue ich meine Verzweiflung an.
Er mißt seinen Teil von Ewigkeit gelassen ab. Seine Strecken
werden sichtbar im Blattwerk als dunkler Zwang,

die Bewegung der Flügel färbt die Früchte.

Es heißt Geduld haben.

Bald wird die Vogelschrift entsiegelt,
unter der Zunge ist der Pfennig zu schmecken.

In den sechziger Jahren zog er sich in entsetzlich ernste Scherze zurück.

Entleert von Gedächtnis,
ich war fünf Glaskugeln,
ohne Laub, ohne Ausblicke:
Gestern wäre ein guter
Tag zum Sterben gewesen.
Heute beißen
den letzten die Hunde.

Und er wußte: »Nein, deine Nacht ist immer diese, die Milznacht, die Aschermittwochsnacht, die man mit du anredet, mit schweigenden Klavieren, schweigenden Spiralnebeln. Deinen Maulwürfen entgehst du nicht.«
    Wie haben wir ihn geliebt, und wie hat er von sich absehen können! In einer literarischen Diskussion, er saß dabei, kam die Frage auf, ob nicht irgendein tiefsinniges, gerade eben vorgelesenes Motiv von Günter Eich vorweggenommen worden sei. Man redete und redete. Schließlich sagte ich: »Fragen wir ihn doch selbst, er lebt ja noch!« Eich wurde rot, schien ein bißchen verwirrt. Wie leicht hätte er sich auf Urheberschaft berufen können. Aber er sagte nur: »Ich weiß wirklich nicht. Man müßte mal nachlesen.«
    So war er. Die Reinheit und das Körnige seiner lyrischen Sprache bewogen immerhin einen Samuel Beckett, Eich mit Matthias Claudius in einem Atem zu nennen. Deutsche Kollegen hätten das nicht gewagt.
    Wir aber haben zu begreifen, daß Eichs Text »Des Toten gedenken« mit dem Satz beginnt: »Ich bemerkte, / daß Erinnerung eine

Form von Vergessen ist.« Während wir uns im überfüllten Westdeutschland das Leben so fabelhaft und emsig einrichten, werden wir – wenn schon nicht das Werk Eichs – so doch unvermeidlich den Typus vergessen müssen, den er vertrat. Deutschland: das waren ja nicht bloß Rheinländer, Hessen, Franken und Bayern, dazu gehörten auch Mecklenburger, Pommern, Schwerblütige aus der Mark. Wir bemerken nicht, daß wir deren Tonfall hierzulande nicht mehr bemerken, daß ein stiller, sympathischer, herrlich anarchischer, verbiesterter und leiser Menschenschlag, wie heißt doch das entsetzlich sachliche Wort, *ausstirbt*. Günter Eich hat eines seiner Gedichte Peter Huchel gewidmet, einen anderen Text für Uwe Johnson geschrieben. Weiß man überhaupt noch, daß sie alle aus einer deutschen Ecke kommen, die in der DDR umfunktioniert wird und hierzulande vergessen? Mit dieser Verarmung müssen wir leben. Nichts hält sie auf. Vielleicht, vielleicht erinnert künftige Leser das Werk Günter Eichs an das, was sonst ganz und gar vergessen wäre.

Streit um Witze
Antwort auf Reich-Ranickis
»Maulwurf«-Rezension

Die Kritik, die Marcel Reich-Ranicki in der »Zeit« Günter Eichs Prosa-Stücken »Die Maulwürfe« und dem Colloquiumbändchen »Kulka, Hilpert, Elefanten« unter dem ebenso aufsehenerregenden wie selbstverständlichen Titel »Kein Denkmalsschutz für Günter Eich« hat angedeihen lassen, sollte vernichtend sein. Aber sie war auch fair. Zunächst tat Freund und Kollege Reich-Ranicki nicht so, als gäbe es nur sein Urteil. Er zitierte fünf bereits vorliegende Kritiken. Benutzte sie dann als Trampolin, um dem Eich-Denkmal, das solche Hymnen herausgefordert habe, an die Kehle zu springen. Fair, selbstmörderisch fair war überdies, daß Ranicki nicht nur verurteilte, sondern auch zu begründen versuchte. Ranickis Kritik zielte nur auf Eichs späte Prosa. Der Lyriker Eich wurde gelobt, des *Dichters der »Träume«*, also des Hörspielautors, immerhin anerkennend gedacht. Aber Eichs Prosa sei »faul«, Eichs ostentative Marginalien erwiesen sich (meist) als einigermaßen peinliche Lappalien, sie seien (meist) »geschwätzig«, von (meist) »gewaltsam forcierter Munterkeit, mühsam aufgepumptem Galgenhumor und kaum noch zu überbietender Albernheit«.

Nach solchen Charakterisierungen kann kein Mensch, kein Kritiker mehr sagen, er habe es nicht so gemeint. Da gibt es kein Ausweichen, kein beschwichtigendes »Einerseits–Andererseits« mehr, zumal dann nicht, wenn der Kritiker wie ein Motor ohne Widerstand immer hemmungsloser rotiert und gar nicht erst versucht, zu bremsen. Also: die Zeitkritik Eichs sei zu simpel und zu plump, vollkommene Leere solle getarnt und garniert werden, es handele sich, und diese Charakterisierung bleibt stehen, auch nachdem man sich überlegt hat, welch ein Druckfehler sich möglicherweise hinter ihr verbirgt, um »lustlose, nicht einmal artistische Spiele«. Das alles steht mitten in der »Zeit«, und zwar im »Brennpunkt des Gesprächs«.

Ich will den Beweis zu führen versuchen, daß Reich-Ranicki sich getäuscht, daß er Eichs Eigentümlichkeit weder erfüllt noch begriffen hat, daß er als Gefangener einer billigen ästhetischen Antithetik nicht kapierte, inwiefern Günter Eichs »Maulwürfe« die vermeintliche Grenze zwischen rational-klar-engagierter Zeitkritik und lustvollem artistischem Spiel unterwandern.

Für diesen Beweis wäre folgendes Verfahren möglich: ich könnte stillschweigend zugeben, daß Reich-Ranicki ein bis zwei Dutzend schwache Stellen zitiert hat, und nun ein paar Dutzend gute Stellen zitieren, um den »Maulwürfen« wieder auf die Beine zu helfen. Dann wären wir quitt, jeder hätte auf seiner Tischtennisplatte gesiegt, denn ohne Gegner geht's am besten. Doch so billig soll unser Denkmalsstürmer nicht davonkommen. Die Lust, diese Antikritik zu verfassen, regte sich in mir ja nicht, weil ich mich beim Lesen der Ranicki-Kritik anderer, schönerer Stellen erinnerte, sondern weil ich fand, daß die Eich-Zitate sich auch innerhalb des kritischen Zusammenhanges nicht im mindesten erschüttern und belästigen ließen von Reich-Ranickis Forderungen. Die rote Tinte blieb einfach nicht haften. Unverstört lebten, lächelten und kalauerten die »Maulwürfe« auch unter dem Seziermesser weiter, und wenn man sich noch des Zusammenhanges entsann, in dem sie bei Günter Eich existieren, dann blieb rätselhaft, wie Ranicki zu seinen Kurzschlüssen gekommen war.

Zunächst ein Wort zu Günter Eichs poetischer Prosamethode. Eich zielt nicht etwa auf Kalauer hin, ist froh, wenn er einen gefunden hat, hebt ihn hoch, will, daß alle, sogar Reich-Ranicki, den Fund bewundern, sondern er stellt vielmehr ein Geflecht aus Wortspielen her, das immer viel mehr ist als dieses Geflecht. Eich zeichnet dabei auf eine zugleich pedantische und absurde Art die Wirklichkeit nach, er macht sie porös, »lächerlich« – und darin verbirgt sich nun wiederum ein sanfter, nicht im mindesten moralisierender sprachlicher Erkenntnistrost. Also: er kritisiert die Wirklichkeit und die schändliche Selbstgerechtigkeit des Bestehenden keineswegs direkt. Er weiß traurig, wie fuchtelnd und effektlos eine solche Methode sein kann (»Für Maulwürfe ist nichts gemütlicher als das Mekongdelta vom Parkett aus«), aber er spielt auch nicht nur mit Bedeutungslosigkeiten herum, sondern fängt Realität ein, indem er unnachahmlich nüchtern, unnachahmlich desillusioniert, unnachahmlich heiter von ihr spricht. Wortspiele leisten bei ihm, was in der Poesie Reime vollbringen. Zunächst »beweist« ja der Gleichklang gar nichts: er klammert nur eben zusammen, bringt zwei Gedanken dazu, miteinander einverstanden zu sein.

Ich weiß, das klingt verstiegen, mühselig, man hört viel lieber Reich-Ranicki beim herrlich polternden Schimpfen zu. Ranicki zitiert: »Oft schlage ich die Beine übereinander ... und denke nach. Aber ohne Ergebnis.« Dazu fällt ihm ein, »daß hier eine vollkommene Leere getarnt und garniert werden soll«, und wenn dies einem Dichter zustoße, sei es gleichwohl nicht mitteilenswert. Gucken wir doch erst einmal nach, was sich hinter Ranickis Auslassungspünktchen verbarg. Da hieß es: »Das einzige, was ich von Yogatechnik spontan verstehe.« Das klingt schon anders. Darf man wirklich sagen, hier werde Hilflosigkeit getarnt und garniert? Die Skizze heißt:

»Winterstudentin mit Tochtersohn«. Sie transponiert auf eine aberwitzig kühle und komische Weise die Sprechebenen, die entstehen, wenn es um Personalschwierigkeiten und Heiratsanzeigen geht, auf Maulwurfspflege und die Erfahrungen mit einer Winterstudentin.

Um etwas Verrücktes zu beschreiben, setzt Eich ganz gelassenselbstverständlich ein: »Meine Maulwürfe werden täglich gewaschen und gestriegelt. Das besorgt eine Fachkraft...« Der erste Einfall, den der Prosa-Autor Eich nun hat (wirklich lustlos, wirklich peinliche Lappalie), lautet: »Vergebens habe ich versucht, eine Sodomitin anzuwerben, die gibt es nur in psychoanalytischen Berichten und im Alten Testament. Ich bin mit der Winterstudentin sehr zufrieden, abends lernt sie Yogatechnik, will dann im Sommer in Indien Examen machen.« Den Maulwürfen ist das ausgefallen genug. Eich führt nun mit genauem Kunstverstand seine drei Themen zu Ende. Erstens, was soll im Sommer werden? Zweitens, die Maulwürfe sind nicht simpel, sondern – man kennt es aus Hochzeitsanzeigen – »abhängig von Liebesbeweisen«, jetzt schon über fünfzig, infolgedessen »alle individuell ausgeprägt«. Und im Schlußabsatz wird das Thema Indien und das Thema Hilflosigkeit zu Ende geführt: »Oft schlage ich die Beine übereinander, das einzige, was ich von Yogatechnik spontan verstehe, und denke nach. Aber ohne Ergebnis.«

Reich-Ranicki findet, daß die Sprache sich Eich versage. Er gibt mehrere Beispiele, ich greife zwei heraus. Bei Ranicki heißt es: »Von der Nacht hören wir, die man ›mit schweigenden Klaviern‹ anredet und mit ›schweigenden Spiralnebeln‹.« Ranicki fährt fort: »Hier und da wandelt Eich Redewendungen der Alltagssprache ab (›Dann fällt es einem wie Brillen von den Augen‹) oder nimmt sie wörtlich: Ein Mann soll die Tassen in seinem Schrank zählen, aber es gelingt ihm nicht. Wir verstehen: Er hat nicht alle Tassen im Schrank. Ein Prosastück beginnt: ›Hinter der zuen Tür wohnt Leibniz...‹ Etwas weiter: ›Auch den Optimismus habe ich ihm durch die zue Tür mit Klopfzeichen eingeblasen.‹ Nein, es tut mir leid, ich möchte mich mit einer ›zuen‹ Tür doch nicht abfinden.«

Das wollen wir nun einmal Wort für Wort vornehmen. Die schweigenden Klaviere und Spiralnebel stehen am Schluß des Prosastückes »Kehrreim«. Aber sie sind nicht, wie Ranicki offensichtlich meint, als lyrische Mitteilung zu verstehen, sondern als lyrisches Zitat. In dem Prosastück geht es nämlich um die Spannung zwischen »Gewöhnlichem« und »Besonderem«, um die Möglichkeit von Meditation und Ausflucht. Man kann die Nacht anreden, wie man will, notfalls auch mit schweigenden Klavieren, schweigenden Spiralnebeln, dem Maulwurfskehrreim entgeht man nicht. Bei Eich heißt es: »Nein, deine Nacht ist immer diese, die Milznacht, die Aschermittwochsnacht, die man mit du anredet, mit schweigenden Klavieren, schweigenden Spiralnebeln. Deinen Maulwürfen entgehst du nicht.« Und der erste Satz lautete: »Ein Fenster, dem Gewöhnlichen geöffnet.« Alle diese Zusammenhänge übersehen, dann von unanschaulicher Sprache und »leichtsinnigen Eich-Apologeten« und »peinlichen Lappalien« reden, das ist ungefähr so, wie Shakespeare ankreiden, er lasse den König Lear fünfmal nacheinander »Never« sagen, offensichtlich habe sich ihm da der Ausdruck versagt.

Weiter: Ranicki amüsiert sich nicht so gut, wie er gern möchte, bei der Formulierung »Dann fällt es einem wie Brillen von den Augen«. Aber der Satz stand doch in einem ganz eng komponierten Prosazusammenhang über »Zeit und Zeitung«, und von den Brillen hieß es ein paar Seiten später, sie seien »die Augen der Seele«. Der Kalauer war eben nicht Zweck der Übung, sondern nur Bestandteil der Übung. Und was ist mit dem »zuen«, das Ranicki so besonders scheußlich findet? Darf man übersehen, daß es sich in einer Studie über Leibniz findet, die den Versuch macht, Leibniz als Zeitgenossen zu denken?

Auch Günter Eich weiß, daß die Formulierung »hinter der zuen Tür wohnt Leibniz« sehr redensartlich klingt. Wie, wenn er das gewollt hätte? Wie, wenn dem Poeten Günter Eich das korrektere »hinter der geschlossenen Tür wohnt Leibniz« um eine entscheidende Spur zu gespreizt, zu literarisch gewesen wäre? Hier soll ja gerade erstens auf Gegenwärtiges angespielt werden, zweitens ist das »zu« ja auch noch die inhaltliche Pointe dieses »Leibniz-Versuches«. Leibniz war es ja, der die Formel von der »fensterlosen Monade«

prägte. Eich benutzt und variiert das, indem er es hinüberführt ins Gegenwärtige, Leibniz in seiner Fensterlosigkeit beläßt (»Er verkehrt nur schriftlich mit der Welt, oft höre ich nachts seine Schreibmaschine und klopfe an die Wand, um ihn an der Erfindung der Differentialrechnung zu hindern. Umsonst. Er scheint mich für einen Nomaden zu halten«). Und nun kommt Ranicki, nimmt weder den Pfiff noch die Anspielungsfülle der Skizze zur Kenntnis, meditiert über das »zuen«, als sei es ein Sprachversagen, und hat doch nichts begriffen.

Hat weiterhin nicht begriffen, daß es bei den Sätzen »Heute bin ich kopflastig, das ist selten, ich zitiere wie Espenlaub« um eine Mischung aus Bildung und Angst geht. Der Gebildete zittert nicht, sondern zitiert, wenn die Henkersmahlzeit bevorsteht. Ranicki hat nicht begriffen, daß Eich mit dem Engagement genauso bedeutungsvoll spielt wie mit dem Nicht-Engagement, daß er den Lügen doch mehr Schönheit zubilligt als den Wahrheiten (sowohl im »König Midas« wie im »Äquinoktium«), und daß das Ich dieser Erzählungen ein poetisches Ich ist, nicht unbedingt dasjenige von Günter Eich (schon deshalb nicht, weil dieses Maulwurfs-Ich einmal 1.97 groß sein soll, dann wiederum nur 1.70). Nein, was Ranicki Günter Eich vorwirft, trifft irgendwo hin, aber es trifft kein Denkmal, keinen Dichter. Eich scheint die Kritik vorweggeahnt zu haben, sie bereitet ihm nur Phantomschmerzen. »Ich habe Schmerzen, wo ich nicht bin. In einer Zimmerecke oben, die ich auch mit dem Besen nicht erreiche, ein Pochen wie in einem wehen Finger.« Auch solche Schmerzen möchte man dem Prosa-Poeten Günter Eich ersparen.

12. Arno Schmidt

Ein Autor für Spezialisten?

»Wenn jemand versagt hat bei dem Erkennen und der Aufnahme seines Werkes, das sicher zu den bedeutendsten der deutschen Nachkriegsliteratur zählt, dann die Leserschaft, vielleicht; mit Sicherheit aber haben in den fünfziger Jahren die Verleger versagt, die ihn nicht haben wollten oder herumschubsten oder miserabel bezahlten oder betrogen.«

Zu diesem Fazit kommt Jörg Drews noch 1985. Und daß Schmidts Bücher in der westdeutschen Literatur »seltsam folgenlos geblieben« seien, daß »kaum ein zeitgenössischer Autor... sichtbar von ihm gelernt« habe, las man betroffen in Drews Würdigung zu Arno Schmidts 60. Geburtstag.

Merkwürdiger Fall. Immerhin wurde Schmidt später doch noch zum Zankobjekt und Prozeßgegenstand zweier Verlage. Eine jüngere Lesergeneration interessiert sich mittlerweile lebhaft(er) für ihn. Aber diese relative Renaissance konnte nur stattfinden, weil dem schwierigen, rabiaten, selbstbewußten und doch seltsam verklemmten Autor Arno Schmidt über die Jahrzehnte hinweg hingebungsvoll Hilfe von Freunden, Bewunderern und Interpreten zuteil wurde. Ohne Alfred Anderschs tatkräftigen Einsatz, ohne die generöse publizistische Unterstützung durch Jörg Drews (hauptsächlich in der »Süddeutschen Zeitung«) und Wolfram Schütte (hauptsächlich in der »Frankfurter Rundschau«) gäbe es den beträchtlichen Ruhm und Nachruhm von Arno Schmidt wahrscheinlich nicht.

Dabei hatte Schmidts literarischer Werdegang vielversprechend begonnen. Der Erzählungsband »Leviathan« hatte Aufregung hervorgerufen und bekenntnishaft positive Kritiken erhalten. In den katholischen »Frankfurter Heften« setzte sich Walter Maria Guggenheimer differenziert begeistert für Schmidt ein – und empörte Christen beschwerten sich. Besser kann es doch gar nicht anfangen!

Aber obwohl Schmidt dann in seiner Bargfelder Klause mehr als zwei Jahrzehnte lang Buch auf Buch produzierte, Übersetzungen, Essays, Rundfunksendungen herausschleuderte – er war und blieb immer Spezialistensache. Ja, er wurde eigentlich immer mehr zu einer solchen. Seine prekäre Situation hing nicht nur damit zusammen, daß er alle Welt beleidigte und zusätzlich rabiat reagierte, weil alle Welt sich dann keineswegs geneigt zeigte, ihn trotzdem zu lieben. Und auch nicht nur damit, daß er pessimistisch-aufklärerisch »links« begonnen hatte und zum störrisch unverhohlen konservativen, bewußt elitären Propagandisten eines (aus materieller Not gewählten) literarischen Höchstleistungs- und Schwerarbeitsprinzips wurde. Alles das hätte »die« Öffentlichkit ihm gewiß verziehen. Doch sie schaffte es nicht, Schmidts »Etym«-theorien zu akzeptieren, und sie wagte sich nicht an »Zettels Traum«, die »Summa« der Schmidtschen Schriftstellerei (wie der »Bargfelder Bote« behauptete).

Der »Bargfelder Bote«, das war eine philologische Hilfsaktion, die in über 50 Nummern Schmidts Werk kommentierend und dechiffrierend begleitete: in Deutschland eine beispiellose Institution, die demonstriert, was Liebe, Verehrung, Fleiß und Offenheit vermögen. »Vorausgesetzt ist beim ›Bargfelder Boten‹, daß die Bücher Arno Schmidts jenen Rang besitzen, der eine Beschäftigung mit ihnen lohnend macht.« Allerdings: »Der ›Bargfelder Bote‹ bietet nur Fußnoten und Marginalien, er ist ein philologisches Hilfsorgan, das ... nicht Kritik übt, ... sondern eher den Kommentar pflegt« (im Vorwort zum ersten Heft, September 1972).

Es lag nahe, sich über die Literaturkriminalistik des »Bargfelder Boten« ein wenig zu amüsieren: mühselig schienen viele Beiträger zu erforschen, was ihnen ein Blick in Schmidts Zettelkästen leicht gezeigt hätte. (Aber Schmidt war alles andere als kooperativ, selbst zu seinen Bewunderern und Freunden nicht.) Wolfram Schütte hat ohne jeden Ergebenheits-Bibber mitgeteilt, um was es in Wahrheit ging beim Suchen nach Schmidts Wahrheit: »Blickt man nun, stirnrunzelnd wegen des zu befürchtenden hagiographischen Exegetentums, in die ... Lieferungen des Bargfelder Boten ..., so ist dort der Typus des engstirnig den Meister zurückverzettelnden Gesellentums zwar vertreten; aber es überwiegt der Typus eines Lesers, wie er keinem andern Autor gegenwärtig zu- und nachgewachsen ist ...: nämlich der Typus des sprach- und gedankengewitzten aufmüpfigen Lesers, der dem häretisch-kritischen Denken lustvoll zugetan ist, und wo er dem Meister auf die Schliche gekommen ist, ihm respektlos (wenn auch zugetan) am Zeug flickt.«

Zentral bleibt die Frage, was denn beim maßlos belesenen Arno Schmidt das viele Anspielen und Verschlüsseln bedeutet und erbringt. Arno Schmidt selber hat sich im Hinblick auf James Joyce, dessen »Finnegans Wake« er unseligerweise womöglich noch übertrumpfen wollte, einmal recht abschätzig über dieses Hineingeheimnissen geäußert (In: »Der Triton mit dem Sonnenschirm«, S. 221). Da heißt es: »Aber sehr richtig: ver-schlüsseln ist um 500%, und fast unanständig, leichter, als das Wiederentschlüsseln! Denn wohl ist 2 mal 2 gleich vier; und ›ganz leicht & einfach‹. Wenn aber der Entzifferer die ›4‹ sieht; dann kann das ja 121 weniger 117 sein; oder 64 durch 16; oder Logarithmus 10000; unendlich verwirrende Möglichkeiten präsentieren sich zunächst einmal.«

Doch woher die Gewißheit, daß es auch lohnt, sich viele Jahre in »Zettels Traum« zu begeben? Schmidt hat sich als junger Mensch passioniert der Mathematik zugewandt. Aber ein Kollege aus jenen Jahren »verflucht mit Recht diese Fehlinvestitionen an Energie in die pure Rechnerei und diagnostiziert, daß Schmidt nicht« (wie noch Wolfgang Weyrauch und Alfred Andersch, die beiden Schmidt-Entdecker, glaubten) »ein mathematisches Genie, sondern höchstens ein ›Genie in der klassischen, angewandten Schulmathematik‹ war« (so Jörg Drews im Hinblick auf »Materialien zur Biographie des jungen Arno Schmidt«).

Mich hat Schmidts Schreibweise, sein Wissen und Wüten nie anhaltend faszinieren können. Ich bestaunte immer nur Blitze, tolle Momente. Bewundernd ermüdete ich rasch bei Schmidt. Nun ist »Caliban über Setebos« als eine Art Mustertext bezeichnet worden. Diese Erzählung erschien im August 1964. Sie gilt als ein »wichtiges

Zwischenglied zwischen dem 1960 erschienenen ›KAFF auch MARE CRISIUM‹ und der Summa ›Zettels Traum‹«, für die Arno Schmidt schon seit dem Sommer 1962 Material sammelte und deren Niederschrift er im Juli 1965 begann.

Die folgende »Caliban über Setebos«-Analyse nimmt den Teil fürs Ganze. Was erreicht und gelingt Schmidt hier, wo seine späte, hermetische Prosa gewissermaßen noch überschaubar, bewältigbar, nachprüfbar scheint?

DES SENGERS PHALL –
Assoziation, Wortspiel, Spannung und Tendenz in der Orpheus-Erzählung »Caliban über Setebos«. Eine Nachprüfung.

Gegeben: ein Mythos. Der Sänger, dessen Kunst Götter und Tiere bezaubert. Der Liebende, dem gestattet wird, die Geliebte aus dem Totenreich zurückzuholen, unter einer Bedingung. Der Neugierige, der doch hinsehen will. Das von Mänaden zerrissene Opfer.

Gegeben weiter: Absichten und Ansichten des in den frühen sechziger Jahren lebenden, westdeutschen Schriftstellers Georg Düsterhenn. Düsterhenn reist zu einer Jugendliebe, sieht die Rieke aber anders wieder, als er es sich erträumte. Düsterhenn flieht, unverrichteter Dinge, beobachtet einige aktive Lesbierinnen, wird dabei ertappt und von den militanten Damen fast zerrissen.

Gegeben schließlich: einige plausible Ansichten über diese Erzählung. Zum Beispiel, es handele sich um einen »besonders wichtigen Text« aus der Feder Arno Schmidts. Es gehe da um »die Musikalisierung von Schmidts Fiktionsprosa – jenen, ich möchte sagen, ›mahlerischen‹ Zug zur echohaften Zitatcollage und -anspielung...« (Wolfram Schütte in der »Neuen Rundschau«, Heft 3. Jhg. 1973). Oder laut Heißenbüttel: »Ort und Handlung, die alle auch hier sichtbar werden, sind lediglich Requisiten dieses bestimmten Nominalismus. Sie sind nicht der Inhalt des Textes, sondern nur Versatzstücke, mit denen so etwas wie Inhalt sich ausstaffiert. Inhalt ist hier als eine Art begrenzten sprachlichen Innenraums zu bezeichnen, ein Sprachfeld, das repräsentant ist für eine Art und Weise, in der Welt zu sein und sich zur Welt einzustellen. Inhalt ist ein Typus, etwas, das eher verwandt ist mit dem ›lyrischen Ich‹ als mit der fiktiven Person eines konventionellen Romans. Soweit solche Personen hier sichtbar werden, haben sie unscharfe Ränder, sie verschwimmen ineinander und in die autobiographische Realität des Autors. Das ist nicht ein Zeichen mangelnden Könnens. Es kommt darauf nicht an. Insofern sind dies auch keine Erzählungen, sondern, eben: Texte.« (Helmut Heißenbüttel über »Kühe in Halbtrauer« – wo »Caliban über Setebos« erstmals erschien – in »Süddeutsche Zeitung« vom 17. 9. 1964.)

Solche qualifizierenden, der Caliban-Erzählung eine Schlüsselstellung im Werk Schmidts zubilligenden Urteile sind Folgerungen, wie entweder eine sorgfältige Interpretation sie nahelegen mag oder auch die beziehungsvolle, werkbiographische Konstellation: Caliban also am Ende jener »realistischen«, kleine Erlebniseinheiten sorgfältig koordinierenden Nachkriegsprosa Schmidts und zugleich am Anfang der Befreiungsstufe zur »Etym-ologie«. Doch ob man diese 58 »Orpheus«-Seiten als »Text«, als »Schnittpunkt«, als kenntnisreiche Travestie mit zeitkritischem Hintergrund oder als Einübung in eine originelle Seh- und Assoziationsweise klassifiziert: alle derartigen Beteuerungen können natürlich immer nur Konsequenz einer nachkonstruierenden Interpretation sein. »Caliban über Setebos« ist eine relativ kurze Erzählung. Sie hat, von ihrem Objekt »Orpheus« her, direkt, aber auch indirekt, viel mit Musik zu tun. Ich möchte darum mit der Analyse einiger musikbezogener Anspielungen dieses Textes beginnen. Und die Frage nicht scheuen, was diese Anspielungen erbringen, wie evident, mit welcher Technik sie geschrieben sind. Wir gehen also durchaus jedes Urteils- und Irrtumsrisiko ein – neugierig, wohin uns das führt. Orpheus, obwohl gewiß ängstlich, durfte seinerseits ja auch nicht allzu ängstlich sein...

»Hier soll ich Dich nun finden, Constanze?« – denkt Düsterhenn (S. 12, ich zitiere stets nach Fischer-Bücherei, Nr. 1133). Das ist eine deutliche Anspielung, sie wiederholt zumindest den Rhythmus von Belmontes: »Hier soll ich dich denn sehen, Konstanze, dich mein Glück! Laß, Himmel, es geschehen...« (In Mozarts Singspiel »Die Entführung aus dem Serail« heißt es also, nicht nur um des Reimes willen, sehen, statt finden. Vom Finden singt gleich darauf, in der nächsten Nummer, Osmin: »Wer ein Liebchen hat gefunden«.)

Aber der Name »Constanze«, der Kontext: alles das ist eindeutig, ja überdeutlich. Um eine Entführung geht es, um Wiedersehen, Wiederfinden. Schmidts Düsterhenn kommt sofort in Assoziationsbewegung. »–jaja: Con- oder Nicht-Stanze«. Düsterhenn wählt, für den Namen, die ältere, die richtige, die Mozartsche Schreibweise. »Con-«, nicht, wie in heutigen Klavierauszügen, etwa Edition Peters, »Konstanze«. Und die Variation »Con- oder Nicht-Stanze«, die zugleich eine vage Anspielung auf eine italienische Strophenform mit bestimmten Endreimregeln enthält, sie rechtfertigt sich durch einen erkennbaren Sinn. Denn jener Optimismus, der mit Mozarts so glücklich endendem, höchst humanitärem Entführungs-Singspiel herbeiassoziiert worden ist, wird sogleich in Frage gestellt. Das »Nicht« negiert sowohl die am Schluß harmonisch zusammenfindende (Reim-) Stanzenform, als auch, viel deutlicher und wichtiger, die mit dem »Con-« gegebene Assoziation des »Zusammen«-Findens und Seins. Also: eine logisch sich auf die Konstellation des Textes und des Vorganges beziehende Anspielung, deren Tendenz beim Weiter-Schütteln, beim Weiter-Assoziieren, beim Weiter-Kalauern bewußt verunsichert wird.

In diesem »Euterpe«-Kapitel (S. 13) steht gleich darauf eine etwas nebulosere Anspielung. Düsterhenn möchte ein viel früher geschriebenes Manuskript »in der nächsten Winterzeit dem stillen Heerd« übergeben. Damit wird eine andere Oper anvisiert, wo ein junger Rittersmann, der am stillen Herd in Winterszeit bei der Lektüre des Walther von der Vogelweide dichten gelernt zu haben glaubte, das von ihm geliebte Fräulein Pogner entführen will, und zwar im II. Akt. Und die Eva nicht zu entführen braucht, weil er sie im III. Akt sowieso bekommt. Merkwürdigerweise schreibt

Schmidt hier Heerd mit zwei »e«. Als wolle er die Grenzen seines Musik-Assoziationsbereiches ein wenig vertuschen, buchstabiert Schmidt, bei genau derselben Anspielung, nur eben im späteren »Terpsichore«-Kapitel, besagten Herd anders (S. 56). »Man hatte anschein'nd eine größere Anzahl Fichtenstämme hier gelagert; um sie dann, am stillen Herd zur Winterszeit, brutal durch den Ersteren zu jagen...« Zwei Anspielungen also auf Wagners Entführungs-Oper mit Happy-End. Bei der Schilderung eines Kolonialwaren-ladens heißt es wiederum: »Nicht übertrieben fern vom Bohner-blüh'&-wax das Bücklingskistchen...« Das könnte eine weitere »Meistersinger«-Bildungsanspielung sein. Beckmesser nämlich singt: »Immer bei Sachs – daß den Reim ich lern', von ›blüh‹ und ›wachs‹!«. Insgesamt drei »Meistersinger«-Anspielungen verschiedenen Gewichts, verschiedener Dringlichkeit.

Die mehr oder weniger schwer erkennbare, einsinnige, eine bestimmte Tendenz der äußeren oder inneren Textkonstellation vervielfältigende Anspielung kann zwei Funktionen haben. Eine atmosphärische Funktion: aus zahllosen gebildeten Fäden wird ein Netz, aus Anspielungssplittern ein Assoziationsunterholz geschaffen, ohne daß dieses Unterholz aus immer denselben, gleichartigen, gleichgewichtigen, sorgfältig koordinierten Assoziationsteilchen hergestellt sein müßte. Hauptsache, alles weist direkt oder indirekt, ein wenig oder ganz deutlich, auf die Atmosphäre von Entführung, Orpheus, Musik hin. Damit verbindet sich ein zweites, was solche Assoziationen auf jeden Fall zu leisten scheinen: nämlich Affirmation. Wovon die Rede ist, davon ist auf tausend verschiedene Weisen die Rede: und je lebendiger, verführerischer, je plausibler und provozierender eine solche Textorganisation gerät, desto aktiver wird man beim Erraten. Wo so viele Halme vom »Entführungs«- oder »Orpheus«-Chlorophyll gefärbt sind, da wird dem Lesenden grün vor Augen, da hört er dann das Gras wachsen.

Schmidt assoziiert, damit aus dem Leser ein Detektiv werde, der Indizien erspürt und dabei auch falschen Spuren folgt – Schmidt assoziiert in der Orpheus-Erzählung oft mit bewußt eingebauten Spurenverwischungs-Absichten und bös-»artigem« Ablenkungsziel. Im Kapitel »Kalliope« steht, S. 21, eine Klammer: »(›Der Saure Sklave‹, heroisch-komische Oper in 3 Akten, Text von Kalzabiegi; ›Belästigung von Toten durch Gaze‹)«. Raniero de Calzabigi hat tatsächlich mit der Orpheus-Erzählung zu tun. Aber nicht heroisch-komisch, mit saurer oder süßer Sklaverei. Sondern Calzabigi war, und das ist in diesem Kontext triftig, der opernreformatorische Textdichter von Glucks »Orfeo ed Euridice«. So assoziiert der hier heroisch-komisch ablenkende »Saure Sklave« zugleich den für unsere Erzählung viel naheliegenderen Orpheus-Text herbei – und wer es immer noch nicht glaubt, dem müßte der Nachsatz alle Skrupel abnehmen. »Belästigung von Toten durch Gaze.« Das scheint nämlich auf den berühmten Ballettreigen der »seligen Geister« gemünzt, wo die von allen Regisseuren so heißgeliebten Inszenierungs-Gaze-Schleier in der Tat eine – Lebendige und Tote belästigende – Rolle spielen.

Professorenscherze? Bildungshuberei? Warten wir's ab. Das Muster, beim Assoziieren zwar unterschwellig den in der Erzählung zentralen Gegenstand anzukratzen, aber die erste Lösungsdimension als irreführendes Indiz einzuführen, dieses Muster befolgt Schmidt auch, und geistreich, wenn er (S. 35) den Tenor Richard Tauber erwähnt. »RICHARD TAUBER lächelte fett; und beschwor, ein zum Rühren Bestellter, die Jägerinnen... Die hatten ja ein Heiden-Geld gemacht, dieser LÉHAR-damals! Oder auch KARL MAY...«

Der Hinweis, Richard Tauber sei ein zum Rühren Bestellter, ist in erster Dimension naheliegend und zutreffend, zumal wenn man sich an Taubers Lehár-Erfolge (»Friederike«, den »Zarewitsch«, gar an das »Land des Lächelns«) erinnert. Ob Schmidt, wie mir jetzt beim Titelaufzählen, tatsächlich indirekt über die – nicht genannte – »Friederike« das Riekchen, also die Eurydike dieses Kosmos assoziativ streifen will, sei dahingestellt. Unmöglich ist ja nichts... Weiter: Musik- und Opernfreunde wissen, daß Tauber keineswegs nur ein Schmalztenor war, sondern auch ein berühmter Mozart-Sänger, zum Beispiel ein trefflicher »Belmonte« der hier bereits mehrfach angespielten »Entführung«. Aber das alles meint Schmidt wahrscheinlich wiederum nicht »eigentlich«. Die arglistige Täuschung, die, wenn man so will, Indizienvortäuschung Schmidts besteht hier darin, daß Tauber und Rührung zwar zusammenpassen – daß jedoch spätestens beim »Bestellter« die eigentliche Assoziations-Richtung erkennbar wird: »RÜHMEN, das ists! Ein zum Rühmen Bestellter«, lautet ein Rilke-Vers, den Arno Schmidt hier travestiert hat. Der wohlkalkulierte Zufall will, daß es sich bei diesem Vers um den Beginn des VII. der »Sonette an Orpheus« handelt. Und wenn es kurz vorher (S. 32) heißt, »diese Musik machte sich doch störend ein Bett in meinem Ohr« (Rilkes II. Sonett aus dem 1. Teil beginnt: »UND fast ein Mädchen wars und ging hervor / . . . und machte sich ein Bett in meinem Ohr«), dann ist diese Assoziations-Kettenreaktion über jeden Zufall erhaben. Man fällt nun auch nicht mehr darauf herein, daß, immer noch auf Seite 32, Jacques Offenbachs Operette »Die Reise auf den Mond« als Radio-Musik (und falsches Indiz!) angekündigt wird – während im Zusammenhang mit Offenbach, der eigentliche Assoziations-Gegenstand doch wohl »Orpheus in der Unterwelt« gewesen sein dürfte. Beim »Ballett der Mondgeister«, dessen Darbietung sogleich darauf angedroht wird, liegt denn ja auch die Assoziation zum »Ballett – Chor der seligen Geister« aus Glucks »Orfeo« offen zutage.

Wie ergiebig sind solche Funde? Stellen sie etwas Haltbareres her als mehr oder weniger gut maskierte Zitate, die unschuldig über diese Prosabühne laufen, aber bei einiger Findigkeit oder Belesenheit oder Musikbeflissenheit sogleich als Bestandteile des unabsehbaren Orpheus-Entführungs-Organismus erkannt werden können? Mehr als Witz, als Bildungs-Versteckspiel scheint Arno Schmidt nicht herauszuholen, ja offenbar auch gar nicht herausholen zu wollen. Wie weit das für die Struktur des hier – laut Heißenbüttel – vorgelegten »Textes« ergiebig ist, wie weit dergleichen diese Struktur haltbar und sinnvoll macht, damit sie etwas Spezifisches wird oder »trägt«, das kann im Augenblick noch nicht beantwortet werden. Nur haben alle bisher zitierten Beispiele mit der von Schütte behaupteten »mahlerischen« Vergangenheitsbeschwörung wenig zu tun. Denn bei Mahler wird Vergangenheit nicht assoziiert, sondern (Wunderhorn-Symphonien) im Bewußtsein des Späteren als Phantasmagorie sentimental sehnsüchtig hergestellt, wie sie nie war. Auch wenn Mahler musikalische Perspektiven (räumliche oder zeitliche Entfernung, Echowirkung usw.) komponiert: er nimmt die Vergangenheit dabei nicht als feste Gegebenheit, der man rückwärtsgewandt näherzukommen habe, sondern als etwas zu Erfindendes. Schmidt indessen erfindet den Orpheus-Mythos nicht; auch die Anspielungen beziehen sich zwar oft auf Entlegenes, fast immer aber auf Konkretes. Und zweitens ironisiert, parodiert, travestiert Gustav Mahler wenig; er neigt vielmehr zum gefühlvollen, pessimistischen Idealisieren des Unerreichlichen. Schmidts Technik gleicht mithin eher der eines besessenen, gebildeten und plebejischen Strawinsky, erinnert mehr an das, was Peter Michelsen über die Beziehungen zwischen dem »Blechtrommel«-Oskar des Günter Grass und der Geschichte (des jungen) Jesu entdeckt und sorgfältig belegt hat (»Neue Rundschau«, Heft 4, Jhg. 83, »Oskar oder das Monstrum«).

Im Kapitel »Polyhymnia«, welches der Muse des Gesangs gilt, und dem bereits das Offenbach- sowie das Tauber-Beispiel entnommen werden konnte, darf Wagner nicht fehlen. Obwohl Wagner, charakteristischerweise, den Orpheus-Mythos nicht komponiert, ja sogar Volker den Spielmann aus seiner Nibelungentetralogie verbannt hat (Musik darf nicht trösten, beim Tragiker), hat er doch immerhin die Flucht eines Sängers aus der Unterwelt komponiert: »Tannhäuser«.

Die eigentliche Wagner-Sequenz beginnt S. 36. Gutsherren erscheinen als »Guts«, ihre sich anbahnenden Besäufnisse als »The Night-Life of the Guts«. Daß das »Night-Life« bereits in der nächsten Zeit als »Twei-Leid« ausgegeben wird, macht den Assoziationsschub vollständig: Wagners »Götterdämmerung« heißt englisch »THE TWILIGHT OF THE GODS«. Also im Assoziationsfeld: Der Untergang besoffener Göttergutsherren und natürlich Richard Wagner. Seite 37 folgen dann, unterbrochen von Höllen-Anspielungen aller Art (»Frau von Karon« für diejenigen, die es immer noch nicht verstanden haben sollten) mehrere Vokabeln, die der mittlerweile wagnerisch-hellhörig gewordene Leser nun in besagtem Sinne nimmt: »Wunderbronnen«, »Wal-Farcen«, »Pilgerzüge«, »selig Verdammte«. Das hat alles Beziehung zum »Tannhäuser«. Vom »Wunderbronnen« singt da, II. Akt, 4. Szene, Wolfram von

Eschenbach. An Wallfahrern und Pilgerzüglern fehlt es nicht; ewig oder selig verdammt zu sein, ist Tannhäusers Problem.

Sind das alles die Assoziationen eines mittlerweile zur Erfolgsschriftstellerei übergegangenen, von seinen mittelhochdeutschen Ambitionen längst geheilten, darum verbitterten Düsterhenn – die kaum mehr besagen, als daß hier jemand schnoddrig und gebildet und resigniert daherredet?

Antwort: Dieser Figur wird vieles, oft Vag-Widersprüchliches aufgeladen, was die »Figur« als solche weder bereichert noch präzisiert. Heißenbüttel wollte darum wohl derartige quasi-realistische Ansprüche von vornherein ausschalten. Sie lägen nicht in Schmidts Absicht. Aber: was nicht realistisch oder naturalistisch zu rechtfertigen ist, muß deshalb doch noch längst nicht unbedingt struktur- oder patternbildend im Sinne einer spezifischen Textqualität sein! Bisher haben wir mehr oder weniger zufällig herbeiassoziierte Bildungskrümel von ganz verschiedenem Stellen- und Bedeutungswert herausgepickt. Die Verbindlichkeit eines »Textes« aber wäre doch wohl daran zu messen, welche entschiedene und tragfähige, zusammenhängende Sub-Struktur jene zahllosen Partikel bilden, die gewiß nicht notwendig in erster Linie der Oberfläche des Erzählten zugute kommen, zugute kommen müssen. Oder sollte das alles doch mit dem (kaum kritisierten) Bewußtsein und Bewußtseinsstrom des Düsterhenn zusammenhängen? Aber selbst als Wagner-Parodie wirken Alliterations-Zusammenhänge wie (S. 21) »sparrenöde, durch Sparren wandelnd; (Sparringspartner; spartanisch-sparsam)« nur virtuos verquatscht. Über Wahrheits- und Hintergrundzusammenhänge besagt dergleichen auch höchstens soviel wie die Tertianerableitung des deutschen Fuchs aus dem griechischen alopex. (Alo-Pex, Piex, Paax, Puchs; hurra: Fuchs!) Und »cierliche Centren cünftiger Campingplätze. Cur Ceit aber wesentlich crematoriumsmäßiger« (alles S. 21): dergleichen schafft keinen Text, sondern nur etwas Blödelei – hat mit Wagner und Orpheus nichts, mit Düsterhenns gebildeter, kauziger Verdrießlichkeit schon etwas mehr zu tun. Andererseits war es nicht Düsterhenn, der eine Geschichte erfand, in der alles, auch alle Namen bis hin zur Rieke (Eurydike) orphisch orientiert scheint: wir müssen also einmal der Geschichte den Anspielungsreichtum als objektiv gegeben glauben; dann wiederum dem Düsterhenn, der fabelhaft mythologisch-musikalisch assoziiert. Und wenn er anders assoziiert, dann war es wiederum sein grimmig zynisches, blödelndes Verhältnis zur Welt.

Derartige In-Konsequenzen – bis zum verschiedenen Buchstabieren desselben stillen He(e)rdes – sind nun aber doch kaum noch als mehr oder minder mühsam verschlüsselte Absichten zu verstehen. Bis zum Beweis des Gegenteils darf man sie für Flüchtigkeiten halten, wie sie im Assoziationsrausch halt so vorkommen. Also gerade nicht für Partikel eines sorgfältig durchkalkulierten oder komponierten Textes. Und wenn es, wahrhaft überraschend, heißt: »mitten in der lekkerstn BACH'schen Fuge« (S. 33), obwohl man sich vorher, beim »glissato legato Piezi-Cato... animato-adschitato« noch fragte, ob nicht, während alle anderen Ausdrücke richtig benutzt oder abgewandelt sind, das »glissato« ein einfacher Kunstfehler wäre (statt glissando), dann hat die Musik wiederum etwas vielfach Aufgeklebtes, etwas Angelerntes, ja Angelesenes in diesem Orpheus-Zusammenhang. Schmidt blufft nicht direkt, aber er betreibt Andeutungshochstapelei, Tonfallschwindel. Was als Musik-Spitze eines scheinbar riesigen Orpheus-Eisbergs sichtbar zu werden scheint, das ist – dafür sprechen die Wiederholungen und die zarten Schnitzer, die bei den Deutlichkeiten simple, bei den versteckten Andeutungen wenig bewirkende, wenig Anstoß gebende Tendenz – das ist doch schon alles. Vom »Musikalischen« an sich ist der Text nur bespritzt, aber nicht durchwirkt, geformt, geprägt. Ein wenig Bach, Mozart, Calzabigi, Gluck, Wagner-Nominalismus macht noch keinen Musiksommer; Kenntnis gewisser Apokryphen wiederum wirkt eher einschüchternd als beeindruckend.

Aber wir wollen den Stellenwert dieses soeben gegebenen kritischen Musik-Fazits bedenken: hier geht es zunächst nur um die zusammenhangstiftende, um die poetische oder hermetische oder strukturbildende Kraft der gezielten, der exakt musikbezogenen Anspielungen im Orpheus-System. Sie ist nicht hoch zu veranschlagen. Bei traditionelleren Autoren ganz anderer Art, für die Musik eine erlebte Qualität, etwas Essentielles und Selbstverständliches war (bei Thomas Mann oder Ingeborg Bachmann), besitzen sowohl die exakt musikalischen Anspielungen als auch die indirekt musikalischen, musikähnlichen Formen, eine unvergleichbar größere Dringlichkeit. Arno Schmidt ist – was die Orpheus-Novelle angeht – ein Literat, für den auch Musiksachzusammenhänge nur wertfreies Wortmaterial darstellen, mit dem sich spielen, anspielen läßt.

Diese Literaten-Verlegenheit verschwindet in dem Augenblick, da Schmidt sich – beim Assoziieren wie beim Wortspielen – mit einem nicht spezifisch und musikgeschichtlich geprägten Vokabular befaßt. Gluck, Wagner, eine Bach-Fuge, eine Mozart-Anspielung: wenn dergleichen zum bloßen Auch-davon-gehört-Haben verkümmert, ohne daß es eine innere Anschauung, eine irgendwie entschiedene Assoziationshaltung in Bewegung setzt, dann schlägt gebildeter Erfahrungsmangel um in Unverbindlichkeit. Auch Kalauer wie »Frisia non kann dat« alias »Frisia non cantat« oder »Sigma Tau« für »sing mal tau«, die wenig beibringen außer einer gewissen Überlegenheit beim Vergleich korrekt »gewußter« und derb eingedeutschter Sprichworte, auch solche Kalauer leisten wenig, selbst im Hinblick auf die Sprechweise des sogenannten einfachen Mannes. Viel wirkungsvoller, nur leider in der Minderzahl, sind jedoch jene Anspielungen, die der auf »Handlung« erpichte Leser gar nicht (oder nur halbbewußt, unbewußt) bemerkt. Düsterhenn trifft, damit fängt die Erzählung an, auf vier Weibsbilder, die »gemeinsame Bekanntinnen« durchhecheln. Das ist nur solange ein mäßiger Neologismus, wie man nicht das »Bacchantinnen« in dem seltsamen Bek-antinnen als Gemeinsames mitfühlt. Bacchantinnen haben den Orpheus zerrissen. Oder waren diese Jägerinnen nicht eben doch (S. 36) »Jägerinnyen«? Da stellt sich plötzlich etwas Neues her – Sprache wird mit dem Mut und Freimut großer Lyrik umgeschmolzen. »Ich rannte in die Tür; ich wollte ihr nach rufen, im Sinne von ›Erynnyen Sie sich-nich -?‹ – Sie hatte mich gehört. Sie drehte sich, schon mitten auf der Treppe, noch einmal um:?! –« Zwischen all der witzigen und schnoddrigen Bildung hat ein solcher Augenblick, doppeldeutig in der Sprache, große Gewalt. Der accent grave, den man am Anfang überlesen hatte, überlesen mußte, meldet sich nun auch plötzlich im Leserbewußtsein wieder: jene dämliche Krankenhausschnurre von der »Zehkarte«, die bei Toten an der Großen Zehe befestigt wird. Wobei es freilich einmal zum Rascheln gekommen war, als eine bereits »als tot Ästimierte« doch noch mal kurz aufstand und herumschlurfte. (Die Freundinnen, denen die Medizinstudentin dies mitteilt, reagieren »vampirig-angeregt, die roten spitzen Krallen vor die Saugmäulchen gedrückt« (S. 7). Der Erzähler Düsterhenn indessen drückt die »Aktentasche auf den Schoß«. Das versteht man erst später – nicht die makabre Schnurre an sich verhalf unserem Freund zu einer Erektion, sondern es war die damit auch antizipierte Rückkehr der geliebten Eurydike aus dem Totenreich...

Aufregende, blitzartig erhellende Beziehungen mit Hilfe von Wortspielen werden ein paarmal so hergestellt: zum Beispiel, wenn zwei umgangssprachliche Wendungen (das ist eine »alte Leier«, etwas ist »liederlich«) zwar durchaus, in erster Dimension, im umgangssprachlichen Kontext erscheinen und verstanden werden können – »die älteste Leyer war, liederlich benützt, gerade gut genug für ein ZEIT-Gulyasch aus Okumenischen Konzilen & SKORZENY's Memoiren« (S. 10) – dabei aber zugleich natürlich auf den Lieder singenden Gott mit der Leier hinweisen... Doch viel häufiger ist das Moment der assoziierenden Verzotung, die mehr oder weniger mühsam durch den Kontext gedeckt wird. Statt »In Brudersphären Wettgesang« meint Düsterhenn stolz: »man roch ihn förmlich, den aus Bruder-Hemisfären Wettgestank« (S. 29).

Steckt dahinter eine Ästhetik? Orpheus, als Kunstnovelle, enthält immerhin ästhetische Randbemerkungen. Düsterhenn sinniert, im Zusammenhang mit einem nicht eben tiefgründigen Hamlet-Problem, übers Landvolk. Und er äußert mit schöner Sicherheit: »Die ferkeln schon als Kinder mehr, als Studenten in der DDR; (eine Behauptung, ›durch Reim gesichert‹, wie ich einmal einen Germanisten hatte selbstgefällig dozieren hören: Die sind natürlich noch um 3 Strich einfältiger!).«

Reim sichert demnach nicht ab? Karl Kraus hat in seinem Gedicht »Der Reim« die entgegengesetzte These vertreten... »Nicht Würze ist er, sondern Nahrung, / er ist nicht Reiz, er ist die Paarung. / Er ist das Ufer, wo sie landen, / sind zwei Gedanken einverstanden.«

Nun wäre es müßig, hier Kraus gegen Schmidt auszuspielen, wenn nicht die beiden etwas Drittes verbände: nämlich der Glaube an die Beweiskraft des Kalauerns. Vom Pathos des Karl Kraus abgesehen, ist – und dieses Thema müßte einmal genau ausgeführt werden – auch ein auffälliger Kulturkonservativismus diesen beiden Autoren gemeinsam, ein Zuhandensein von weithin klassischer »Bildung«, die als Assoziationsstoff dient, und eben die Überzeugung, ein schlagender Kalauer beweise zwar nicht, aber er »erhelle«, er könne lächerlich machen, vernichten. Daß Düsterhenn, als schäbiger, opportunistischer Berufsreimer dem »Reim« nichts (mehr) zutraut, ließe sich vielleicht aus der Figur selber motivieren – wir haben ihm ja (S. 15 ff.) beim Reimedrechseln zugesehen. »Stübchen« und »Bübchen«: dieser triste Gleichklang wird durch Reim tatsächlich nur mehr karikiert. Von Absichern kann schon deshalb keine Rede sein, weil ja der zynisch opportunistische Literat Düsterhenn sich wohlweislich hütete, auch nur die geringste Unsicherheit in sein Elaborat einfließen zu lassen. Wäre, diese weiß Gott auch »ungesicherte« Anmerkung sei im Vorübergehen gemacht, Karl Kraus sozusagen das eine Extrem Schmidtscher Prosa, so läge das andere Extrem in Richtung jener »Kontraktionen«, wie sie Weinrich in der »Metasprache« später Celan-Gedichte beschrieben hat. In der Tat ist Celans »Tiefimschnee, Iefinmnee, I-i-e« bei Schmidt nicht undenkbar. Aber solche Übereinstimmungen haben, wenn überhaupt, doch wohl mehr typologische als qualitative Relevanz – um es mal hübsch selbstgefällig dozierend zu sagen...

Zurück zu Orpheus. Offensichtlich besteht die Gefahr, daß man, beim Interpretieren, auf ein Alibi hereinfällt. Nämlich: Was da gesagt wird, sagt also nicht Schmidt selber. Sondern seine Figur Düsterhenn. Was Düsterhenn vorführt, ist wiederum nicht die indirekte oder auch direkte Charakterisierung einer realen, erzählten Person, sondern Bestandteil eines Text-Denk-Musters. Mag sein. Aber: wenn man dieses Muster auf seine Triftigkeit prüft, dann treten doch wieder lauter Düsterhennsche, beziehungsweise Schmidtsche Zwangsneurosen zutage. Die zahllosen Orpheus-Assoziationen fügen der Geschichte, wie sie massiv abläuft, trotz mancher brillanter Doppeldeutigkeiten, nichts Qualitatives oder Erhellendes hinzu. Sondern sie sind ein toter, ein nicht aktivierter, ein meist schlecht gelaunter, nur immerfort grimmige Belesenheits-Überlegenheit demonstrierender Bildungsbeweis. Eigentlich eine Form der Distanzierung: Was wißt ihr schon (etwa über Kristian Hinrich Wolke), ihr zu wenig arbeitenden Nicht-Leser! Ahnungslose Menschen haben nichts besseres verdient, als Objekte für literarisches und anderes Voyeurtum zu sein. Redende Damen gehen auf die Nerven, obwohl deren Geschichten unter Umständen lohnen: »da hör' ich immer gans gerne hin, oft ergibt sich brauchbares« (S. 7). »und wozu ist schließlich der Sänger da, wenn nicht um das Uni-sive-Perversum mitzustenographieren? Allen zum Anstoß, Keinem zur rechten Freude« (S. 56) – außer ihm selber, scheint's.

Dieser Düsterhenn besitzt einen bemerkenswerten Sinn für Farben, zum Beispiel. Ein »Zaun-fahl weißgraugrünschwarz phaulte«: das sieht und kontrahiert nicht jeder so einleuchtend. Andererseits müssen wir ihn auch wieder als ganz fabelhaften Künstlertyp bestaunen, der über Kleinigkeiten souverän erhaben ist, zum Beispiel über die Farbe seiner Socken. So tief nach unten sehen die scharfen Augen des Meisters nicht hin. »Für die irrsinnigen Socken, mit ihren riesig roten Mustern, war meine einzige Entschuldigung, daß ich dergleichen grundsätzlich nicht ›wählte‹, sondern eben einfach anzog« (S. 8), erfahren wir – und fühlen uns alle so klein, demgegenüber. Sollte Düsterhenn sozusagen ein Fatzke sein? Auch wieder nicht, denn über die Deutschen befindet er ernst, wenn auch platt (und wohl falsch, denn die Liebe zu ›Präsentiermärschen‹ ist, von reaktionären Ausnahmen abgesehen, momentan eher einem beflissenen Konjuktur-Demokratismus, einer Verdrängung der alten Soldatenherrlichkeit gewichen), »der Deutsche von 1964 will Sentimentalität & Präsentiermärsche genau wie der von 18- und 1764« (S. 9). Düsterhenn hält sich für einen »basislosen Intellektuellen« (S. 11). Wie sympathisch wäre das, wenn er dabei nicht die massivsten erdverbundensten Vorurteile reproduzierte. Etwa, über Kafka – »der sich vor jeder verschlossenen Tür einmachte«. – Aber auch über zeitgenössische Bilder »in der beliebten modernen Strichführung; das heißt solche wie man sie zu meiner Zeit häufig & gratis an den Wänden öffentlicher Bedürfnisanstalten fand« (S. 31). So ähnlich sagt's der Spießer auch, nur mit ein wenig andern Worten...

Andererseits (S. 24): »›bildungs-mäßich‹ befindet sich das Deutsche Mensch ja auf dem Nie-Wo von 1840. JOYCE hat ebensowenig gelebt wie FREUD. Nich GAUSS, nich CARROLL, PROUST ist ihm schlicht-nur ›schwul‹«. (Was ja auch mürrischer Unfug ist – wer überhaupt, statt Swanns Welt zu ignorieren, Kenntnis genommen hat von Proust, der weiß gewiß mehr als nur ›schwul‹.)

Alles dies sei das Denkmuster eines ressentimentgeladenen Viellesers – also weder real Düsterhenns, noch gar Arno Schmidts Bewußtsein? Aber dann müßte doch das Denkmuster gerade besonders stringent sein. Die Widersprüche müßten vielleicht nicht geglättet, wohl aber entfaltet werden. Sonst bleibt alles Grantel-Zufall, wofür wiederum nicht der Begriff ›Text‹ in Anspruch genommen werden dürfte. Zum gebildeten Granteln gehört auch ein (gebildetes) Grantel-Ich. Unser Ich will sich »schließlich nich mit Allemm befassn«, (S. 48), nicht zum Beispiel mit ›Ah-Gentn‹. (›Entn‹; in Taucher-Überzügen)« Wahlpropaganda lehnt es ab wie die moderne Malerei, ne dumme Frau empfindet es als »Strafe«, ne Intellektuelle als »platterdings unerträglich«, und ein »Globen-Trottel« (S. 55) möchte es auch nicht sein. Letzteres bezieht sich erheiternd schnoddrig und mies auf die Globen, sprich: Rundungen, jenes Geschlechts, bei dem folglich selbst Dichter vertrotteln, wenn sie sich auf diesbezügliche Erkundungsreisen machen. Alles in allem: ein unangenehmes, gelehrt, auch mal selbstironisches, witzelndes Ich, der Orpheus-Düsterhenn. Solange dieses Setebos/Bargfeld-Ich hier assoziiert und kalauert, verbreitet es die Stimmung skeptischer Ressentiments – belesene Landser, die an nichts mehr glaubten, witzelten so in Kriegsgefangenenlagern, weil alles so relativ (und aller Idealismus so blamabel geschändet) war.

Oft reißt Schmidt Worte auseinander, benutzt er die Technik der Dissoziation. Der Silbendissoziation. Die Dissoziationen zerfallen hier, überspitzt gesagt, erstens in einen beziehungsvollen, zweitens in einen »neutralen« und drittens in einen »genitalen« Typ. Für diese Typen ließen sich zahllose Belege anführen. Was besagt: »Ich trat, möglichst festen Schriz-schriz-schriz, an besagten, unangenehm ausgetiftn Grabm rechts – der ßättler am anderen (circa 90 cm entfernten) Ufer, hatte, auf seiner Grund-Styx-Ecke, ein Thuja baumförmich gezogen...« (S. 39)?

Ich unterstelle, der Leser hat, in diesem »schmidt-kritischen« Kontext die Oberlehrer-Frage, »was besagt« hübsch suggestiv polemisch verstanden. Denn dann wäre er in die Falle gegangen. Hier, wo Schmidts Sprache sowohl lautmalerisch (Schriz-schriz-schriz) als auch die Umgangssprache phonetisch fixierend (Grabm) arbeitet, besagt die Umschrift »Grund-Styx« nämlich Entscheidendes. (Styx als Fluß, der das Totenreich begrenzt.) So kommt, und zwar verdeckt, Spannung in einen Text. Doch das gilt weder laut- noch wahrnehmungspsychologisch, weder direkt, noch indirekt, weder im Vor- noch im Unterbewußtsein für die vielen anderen Dissoziationen, die diesen Text erfüllen, ja fast ausmachen. Es handelt sich in der Regel um Silbendissoziation. (Nicht um Buchstabendissoziation.)

Wir lesen: »Li Noljum« (S. 8), später »Li Zenz«, statt Linoleum und Lizenz. Im ersten Fall phonetische Umschrift, im zweiten Fall sinnlose, unergiebige Dissoziation. Wir raten: »deeha hinterm Ofen« – »d. h. hinterm Ofen«. Wir staunen über »afternunij« und »arm-sehlich« und wundern uns bei einem »oxygen Gebrälle«, das man sich gar nicht so sauerstoffreich vorstellen möchte. »Das ›durchgedrückte Kreutz‹ samt männerschweißiger Jehovialität« haben dem Erzähler zeitlebens, begreiflicherweise, gemangelt: gut. Doch »Jehovialität« ist ein Wortspiel, das entweder sein Gegenteil meint oder nichts. Denn »Jehova« war, im Gegensatz zu »Jupiter«, doch wohl nichts weniger als »jovial«. Und »tall Mut« (Talmud), und »Irr-Tum«? Soll »pRatzen« (S. 13) andeuten, daß Hände mit Ratzen zu tun haben. (Die Vermutung, hier sei ein Zungen-R hervorgehoben, entfällt, denn niemand sagt hier »pRatzen«, es wird nur von ihnen berichtet.) »Die mitunter irdischn S-prengungn aabeitn« (S. 13): das tut phonetisch. Aber ob »mit unterirdischn« der Lautwahrheit nicht mindestens ebenso nahe käme, oder »mitunterirdischn« noch näher? Anders ausgedrückt: eine vag allgemeine Dissoziationstendenz spielt sich wie ein grammatisches »na Tour Gesetz« »des ehrt Runz« (des Erdrunds) auf – halbwitzig, halbwichtig.

Nur eben die Bereitschaft des Lesers weckend, auf Sprachspielereien, Lautspielereien von vornherein einzugehen.

Das Ganze hat etwas von dissoziativem Dissimulieren: man merkt den ohnehin nur selten gestifteten Zusammenhang mit dem Erzähl-Ganzen nicht so leicht – und man soll vor allem nicht merken, wohin die dissoziierende Assoziationsreise am häufigsten gehen will. Auf den sinnbezogenen, oder den häufigeren »neutralen« Typ folgt nämlich der »genitale«, beziehungsweise »anale« Typ. Diese Sphäre, deren Unterhaltungswert gewiß recht hoch veranschlagt werden kann, diese jäh und phantasievoll und grinsend denunziatorisch immer wieder hineinspielende Assoziationstendenz hat hier etwas von einer ultima ratio. So als sei die Wahrheit über ein Wort oder einen Gedanken endlich heraus, wenn es möglich ist, einen mehr oder weniger vergnügten, mehr oder weniger zotigen Kalauer damit zu verbinden. Als sei verbale Lust am Beschmieren neutraler Worte mit Assoziationen aus dem Unter-Gürtellinien-Bereich das endlich gefundene Absolute. Als sei die Wahrheit über eine Sache, eine Haltung oder Handlung unwiderleglich gesagt, wenn sprachlich etwas zwanghaft Schadenfroh-Entzauberndes mitschwingt. Dabei sind zotige, sexualprotzige, vergnügt oder verquält kotige Ausdrucks- und Denkweisen doch genauso wenig vom Himmel gefallen, sind sie genauso unbestreitbar gesellschaftlich und generationsmäßig vermittelt wie alles andere...

Nun ist die Sphäre der sogenannten Triebbefriedigung ja bestimmt etwas höchst Attraktives, Bewegendes, oft Schamhaft-Dumm-Verschwiegenes. Auf Seite 59 wird uns denn auch die »Einsicht in die lächerliche Unrealistik sämtlicher bisherijen Literatur« übermittelt.

Aber dieser Unrealistik arbeitet ein Autor ja nicht entgegen, wenn er, deeha sein Held, schreibt: »auch Zecken würde ich mir demnächst ein paar zu ziehen haben; (hoffentlich nich wieder an der Eichel, wie einmal als Twen; das war sehr onangenehm gesesen).« Unangenehm = onangenehm? Wie verhält sich das zueinander? Logisch oder psychologisch besehen hieße es – einigermaßen prüde und gegen weit verbreitete Erfahrungswerte – doch zunächst, daß Onanie etwas Unangenehmes sei. Aber wahrscheinlich meint

Schmidts Düsterhenn das gar nicht so. Sondern, wenn von Animalischem die Rede ist, dann macht es ihm einfach Spaß zu zeigen, inwiefern knappe Variationen genügen, ein mit Sexualität nicht belastetes Adjektiv (unangenehm) in eine Onanieanspielung umzufunktionieren. Das beweist so viel, wie wenn man aus »Hans« »Schwanz«, der »blonde Hans« der »blonde Schwanz« macht. Und dann zufrieden grinst, weil wieder mal die Zurückführung von Neutralem aufs Sexuelle möglich war.

Gewiß, wo immer es sich anbietet, kalauert Düsterhenn halbwegs verständlich, sozusagen aus dem Genital-Anal-Kontext motiviert. Daß die vier Lesbierinnen im Rahmen eines demi-vierge Wochenendes durchaus auch mit ihren Hinterteilen befaßt sein werden, mag halbwegs einleuchten: Schmidt schreibt schlau: »demi-wie-ärschiges, Wochenendlein«. Und daß Düsterhenns Freundinnen Kinder »klug zu vermaiden gewußt«, spricht für sich selbst: Einer jungfräulichen Maid passiert seit altersher nichts, vor allem, wenn sie klug vermeidet.

Doch diese logischen Verklammerungen sind meist gar nicht nötig, drängen sich nicht so auf wie bei »Fuck-Totum« (für weibliches Faktotum) oder »Globen-Trottel«. Meist genügt schon ein Jagd-Bild, wo, und die Reiter »blusn par Fortz« (S. 12). Da kommt dann heraus, daß im Namen der ehrwürdigen Ninon de Lenclos tatsächlich das »Clo« eingeschlossen ist; »Clo; Ninon de.« (S. 18), da hängt das Erschrecken mit dem Arsch zusammen »ärschrak« – während, dies wiederum »durch den Sinnzusammenhang gesichert«, der Zebra-Otto »'n Arsch wie'n Raiffeisen« hat. Anders als ein »Atheist«, »ein widerlicher Geselle, mit arschnaktem Zuchthäuslerschädel«, der aussieht »wie 3 Kommunistn: nich ma richtich Deutsch konnte der Kerl!«

Die Sexualisierung der Kalauerei – so ließe sich einwenden – nimmt im Laufe der Erzählung zu: und wenn sie auch oft nicht von Logik gedeckt ist, so wird die Geschichte selber ja immer toller, mischungsseliger. Und zum Schluß erinnert dann eben »titanisch« an »Titten«, falsch an »phallsch«, »Beifall« an »Beyphall«. »Die ganze Sprache ist ja irgendwie sexuell superfoetiert!« (S. 63). Aber wer so argumentiert, macht die These zum Beweis ihrer selbst. Daß sich, bei zunehmender Enthemmung immer mehr, jeder gegebene Silbenzusammenhang in die Nähe irgendeiner sexuellen Gegebenheit umfunktionieren läßt, beweist etwa so viel, wie wenn man jedes Scheiß-Substantiv, jedes beschissene Adjektiv und jedes scheißerische Tätigkeitswort (wie soeben geschehen) mit dem harmlos befreienden Kraftwort »Scheiße« verbindet – was wiederum höchstens belegt, daß dergleichen möglich ist.

Schmidt bewahrt in der Orpheus-Erzählung oft und genau den tatsächlichen Sprachgebrauch norddeutscher Provinzialität auf. Aber er stellt darüber hinaus keinen konsequent durchstrukturierten »Text« her. Die massive Bildung, die in diese Erzählung hineingepumpt worden ist, macht die Oberflächenhandlung nicht vieldeutiger oder reicher. Sie »hilft« zu nichts. Spannung stellt sich hier immer nur dann her, wenn eine genaue, noch so verschlüsselte Beziehung zwischen Erzählungsfeld und Assoziationsfeld entsteht. Und sonst? »Orpheus« als Vorwand für rüde Erotik. Der Erzähler rümpft – nachdem er derbes Vögeln in der Scheune beschrieben hat – freilich vornehm die Nase: »Ich hatte, vor Jahren ma, 'n katholischen Professor vom ›Vordringen der Renaissance‹ dociren hören, als handle sich's dabei um Mongolenhorden – er konnte ruhig weiter schlafen: die Gefahr bestand in Deutschland noch lange nich!«.

Und warum nicht? Weil ein Landbewohner, nach dem sogenannten Liebesakt, über den Hof schlurft und am Misthaufen »stöhnend 1 sehr großes Ei« legt? Wäre das in Italien oder Frankreich undenkbar? Nein; was diese Erzählung ihrerseits so barbarisch macht, ist nicht die erzählte Barbarei, sondern die unentwegt ressentimentgeladen verströmte »Bildung«, die zwar nichts bewirkt, wohl aber den Hochmut dessen, der alles besser weiß und genauer gelesen hat, absichert. Der darf beobachten, darf sich vorsichtig entfernen, darf eine mächtige Kultur-Vokabel-Distanz zwischen sich und allen anderen für gegeben nehmen. Darf dabei mürrisch den Modernen und den Deutschen und den demokratischen Wahl-Vorgängen und der ganzen Welt eins auswischen: Belesenheit strömt zwar unentwegt aus ihm heraus, aber sie hat ihn genauso wenig geprägt, verändert wie der Orpheus-Mythos Düsterhenns knappes Entkommen durchsichtiger oder vielschichtiger oder spannender macht. Eine strenge

Stringenz, was die Assoziationshöhe und Richtung betrifft, besteht innerhalb der Bild- und Bildungszusammenhänge des »Textes« nicht. Das assoziiert nach allen Seiten.

Düsterhenn aber ist auch keine eindeutig charakterisierte Figur, an der oder über die etwas zutage träte: ein Gehalt, der aus Inhalt und Form vermittelt wäre. Düsterhenn ist partienweise Sprachrohr Schmidtscher Idiosynkrasien, partienweise sanft ironisch vorgeführter Held, partienweise nur Objekt eines konfusen Textmusters. Das zum Selbstzweck gewordene, teils zwangsneurotisch sexualisierte, teils verkrampft bildungsstolze Ausspielen glanzvoller und glanzloser Assoziationsfunde, die gleichermaßen verkrampfte, bissige, ressentimenterfüllt grinsende Distanzhaltung und die mürrisch triumphierende Reduktionsherrlichkeit dieser Erzählung ergeben das Syndrom eines enttäuschten, antiprofessoralen Professors, eines erbitterten, antiidealistischen Idealisten, eines antideutschen boche, der kaputtmachen möchte, woran er nicht mehr glauben will. War nicht in Schmidts gleichfalls glücklos endender Liebesgeschichte »Brands Haide« gut zehn Jahre früher noch von der »Seele« des Enttäuschten die Rede gewesen (»wie meine Seele: leer und hellgrau«)? In dem Maße aber, in dem Schmidt sich selber zurückzieht, in dem er das ganze Erzählfeld nur noch der Assoziationskraft der Sprache, seinem Witz, seiner Enttäuschung und seiner positivistischen Genauigkeit überläßt: in dem Maße isolieren sich die Einzelteile voneinander, statt sich zu ergänzen und zu stützen. Verbitterte Isolation und gebildete Assoziation sind darum hier die eigentlichen Gegensätze, nicht Düsterhenns Pech und Orpheus' Schicksal.

13. Günter Grass

Kultfigur und Haßobjekt

Seine Berühmtheit war eine Zeitlang beängstigend. Er ist der erste Schriftsteller unserer Nachkriegsliteratur gewesen, dem »Time«, das bekannteste Nachrichten-Magazin der Erde, eine sogenannte Cover-Story (eine Titelgeschichte also) widmete. Am 13. April 1970 konnte die Welt lesen:

> »Mann und Camus: tot. Sartre: stumm. Malraux: Kultusminister. Lange schien es, daß sie ohne Nachfolger bleiben würden. Dann erschien ein Überraschungskandidat, eine merkwürdige Figur mit herbem Akzent und bizarrer Vergangenheit. Die ersten Bücher hatten eine erstaunliche Kraft, sie benutzten Zwerge, Trommeln und Vogelscheuchen, um den Alptraum der Naziherrschaft in Deutschland zu erforschen... Mit 42 sieht Grass gewiß nicht aus wie der größte Romanautor der Welt oder Deutschlands, obwohl er möglicherweise beides ist. Er hat bärbeißige Manieren und den Schnauzbart eines Stummfilmkomikers...«

Bereits damals war die »Blechtrommel« in 16 Ländern herausgekommen, in unzähligen Taschenbuchversionen, ja sogar in einer Luxusausgabe, die 98 DM kostet und sich anfühlt, als halte man eine kostbare George-Ausgabe in der Hand, oder eine Gutenberg-Bibel oder einen luxuriösen pornographischen Sonderdruck.

Grass allerorten: als zigarettendrehender Fernsehstar, als erregbarer, aber stetiger, politisch wirkender SPD-Helfer, als Subjekt und Objekt von Affären.

So viel zur Berühmtheit, die manchen Kollegenblick aufs Grasssche Werk trübte.

Neben dem Personenkult, an den Grass sich rasch gewöhnte, gab es freilich auch einen Personenhaß, der ihm galt wie sonst keinem Schriftsteller seines Ranges. 1971 kamen (in der Edition Text + Kritik) »Dokumente zur politischen Wirkung von Günter Grass« heraus. Lauter heftige Kämpfe, die Grass nach rechts, aber auch nach links führen mußten. Immerhin hatte er sich bei der linken Szene so unbeliebt, so rasend verhaßt gemacht, daß – als er mit seiner Frau zusammen am 28. Mai 1971 im Berliner Theater am Halleschen Ufer saß und Peter Steins berühmte Peer-Gynt-Inszenierung ansehen wollte – die Schauspieler ihre Vorstellung unterbrachen, sich auf der Bühne versammelten (angeführt von Peter Stein), und dem eifrigen Dieter Laser Gelegenheit gaben, einen Text gegen Grass vorzulesen! Das Kollektiv bezeugte ihm seine Verachtung (im Zusammenhang mit der wirren Affäre um den in München entlassenen Kammerspiel-Dramaturgen Heinar Kipphardt). Man nannte Grass einen »bezahlten Mietling der SPD«, er stand tapfer auf und versuchte, Antwort zu geben. Man schrie »Raus«. »Grass raus.«

Grass versuchte, alle diese Skandale, an denen er gewiß nicht unschuldig war, durchzustehen. »Und was nun?« – fragte er in der »Zeit«, als er sich gegen die große Koalition SPD/CDU gewendet hatte – »Also Auswandernwollen und ähnliche Sentimentalitäten? Nein. Es wird hiergeblieben. Der Staat sind wir. Es wird auch nicht abgesplittert. Die Schmollwinkel bleiben leer.«

Aber seine Widerstandskraft ließ nach. Hin und wieder bekamen die Schmollwinkel doch Grass-Besuch. Seine – in den Romanen immer finsterer sich abzeichnende – Resignation muß unverständlich bleiben, wenn man diese heißen Auseinandersetzungen vergißt, in die seine Natur (sein Dämon? sein Verantwortungsbewußtsein? sein öffentlicher Geltungsdrang?) ihn immer wieder hineinstürzte. Wahrscheinlich hat er jahrelang seine beträchtliche physisch/psychische Kraft doch überschätzt – und auch seine Bewunderer wie Gegner dazu gebracht, sie zu überschätzen. Da imponierte, im Schreiben und im öffentlichen Reden, eine raubtierhafte Sicherheit, eine souveräne Dynamik. Der Lyriker Erich Fried – ein politischer Gegner von Grass –, faßte 1967 am Ende einer Rezension Grassscher Gedichte die motivierten »Vorwürfe«, die Deutschlands radikale Linke gegen Grass erhoben, folgendermaßen zusammen: »Das sind nicht Entgleisungen, sondern Folgen von Selbstgefälligkeit, Geschwätzigkeit, unscharfem Denken und Überheblichkeit, lauter wuchernden Mitessern einer wirklich großen, aber unkritischen Vitalität.«

»Unkritische Vitalität?« Gedichte, Dramen und Riesenromane als bloßer Ausdruck eines gewiß reichen, doch naiven Lebenselans? Daran mag etwas sein – aber diese, sei es aus dem Kampf, sei es aus zu großer Nähe und unter dem Eindruck der Grasschen »Pranke« gefällten Urteile bedürfen folgender Einschränkungen. Zum einen hat die Öffentlichkeit nie miterleben können, was alle Besucher der Tagungen der Gruppe 47, also auch Erich Fried, wissen: Grass ist ein klarer, scharfsinniger, das Metier des künstlerischen Schreibens mit produktiver Hellsicht beherrschender Analytiker. Was immer er zu den Arbeiten seiner Kollegen sagte, war textnahe, hilfreiche Fachmanns-Kritik...

Zum andern wird wahrscheinlich erst aus zeitlichem Abstand deutlich, daß die Unterschiede zwischen den Grasschen Danzig-Büchern weitaus größer sind als die offenkundigen Zusammenhänge. Grass wiederholt die Situation, die epische Aufbereitung, die Perspektive nicht nur nicht, sondern er schafft jedesmal vollkommen neue Erzählvoraussetzungen. Man vergleiche einmal den komplizierten Aufbau des »Butt« mit der kühnen »Rättin«, wo der Autor die Rättin träumt, die den Träumenden in eine Weltraumkapsel befördert, von wo er dann des homo sapiens Untergang zu beobachten vermag. Die Rättin ist das Produkt dessen, der sie träumt, aber auch sein Gegenüber, sein Widerspruch und die Summe eines uralt-kollektiven Bewußtseins.

In der »Blechtrommel« ging es um einen monströsen physiologischen Protest, der die kleinbürgerliche Perspektive absurd und bewußt anti-gemütlich verzerrte, in der Novelle »Katz und Maus« um die Geschichte eines verzehrenden Ehrgeizes, in den »Hundejahren« um die facettenreiche Arbeit eines aus mehreren Hauptfiguren sich zusammensetzenden Autorenkollektivs. Obwohl auf den ersten Blick die Danziger »Saga« doch etwas Übergreifendes, die »Blechtrommel« mit der »Rättin« Verbindendes zu sein scheint, stellt sich

Grass – im Gegensatz zu Johnson, zu Walser, zu Böll – jedesmal prinzipiell neue Aufgaben. Er ersinnt für jeden Roman ein neues Konstruktionsprinzip.

Seine Kraftausbrüche oder übermütigen Forciertheiten sollten das nicht übersehen lassen. Ob diese Konstruktionseinfälle nur gleichsam extraterritoriale Einfälle sind, die im Grunde nichts zur Sache tun, höchstens den immergleichen Stoff ein bißchen anders präsentieren, oder ob sie die Romane bestimmend durchwirken im einzelnen und im Gesamten: genau darum geht es.

PS. Übrigens habe ich mir erlaubt, ein »Leseerlebnis« zu fälschen. Der Text »Wartezeit« beschreibt und beurteilt einen Roman, den Grass nie schrieb. Dieser Silvesterscherz löste damals einigen Wirbel aus. Die Buchhandlungen wurden bestürmt; man machte dem Autor Vorwürfe, er sei mittlerweile offenbar derart hochnäsig, daß er und sein Verlag es schon nicht mehr für nötig hielten, neue Werke im »Börsenblatt« zu annoncieren. Und der Philosoph Ernst Bloch konnte es in der Tübinger Buchhandlung Gastl, einem intellektuellen Umschlagplatz der Universitätsstadt, gar nicht fassen, daß man ihm die »Wartezeit«, auf die er so neugierig war, trotz seiner Bitten störrisch vorenthielt.

Gelassene Gedichte

Was für Beethoven das Klavier war, ist für Grass die Lyrik. Dieser unpassende Vergleich soll keine Beziehung herstellen zwischen klassischen Bekenntnissonaten und modern-intimem Parlando, sondern nur andeuten, welche Rolle der Vers, die lyrische Notiz bei und für Grass spielt. Seit er schreibt, produziert er Gedichte. Manche Gedanken und Empfindungen, die später in größeren Zusammenhängen wieder auftauchen, hat er zuerst im Vers formuliert. Seinen ersten Literaturpreis bekam Grass für Lyrisches. Dem berühmten Verleger, der – lange bevor jemand wußte, daß es einen Schriftsteller

Grass gibt – sich im Atelier eines bildenden Künstlers namens Günter Grass umsah, legte der junge Mann Verse vor. Aber der Verleger sah nicht recht hin. Auch bei der Gruppe 47 führte sich Grass mit Versen ein. Er scheint sie kontinuierlich zu produzieren. In regelmäßigen Abständen findet man in unseren Kulturzeitschriften neue Grass-Strophen.

Die lyrische Form nötigt Autoren, die sich in Prosa ganz handfest auszudrücken verstehen, oft zu dem, was man »sprachliche Verdichtung« nennt, also zu einem angestrengt hohen Ausdrucksniveau, auch zu poetischem Faltenwurf, Anti-Alltäglichkeit. Oder zum steilen verbalen Experiment, zum Versuch, an der Grenze der Sprache und des Sagbaren sich wohnlich einzurichten. Lyrik ist das *Besondere*. Nichts davon bei Grass. Er scheint in seinen Gedichten »direkter« zu sprechen als in seiner Prosa. Oft meint man, ein Tagebuch zu lesen. Grass' Lyrik ist gelassen, heiter, prätentionsarm. Gelassene Gelegenheitsgedichte sind es, freilich nicht nur aus dem Gelegenheitsanlaß eines Vorkommnisses etwa wie Hochzeit oder Trauerfall, sondern auch gelegentlich eines Zornesblitzes, eines verbalen Einfalls, eines ärgerlichen Politikums, einer Jahreszeit. Da läuft, wie zur Entspannung, auch Harmloses mit, heiteres Parlando buhlt mit Worten, spielt mit Witzen, ruft sich oft erst am Schluß zur Ordnung und Bedeutung.

Das alles soll keineswegs heißen, die Gedichte seien also ungewichtig. Nein: Grass erweist sich schon dadurch als der große, seiner Mittel so erstaunlich und erschreckend sichere Schriftsteller, der er nun einmal ist, daß er dem Leser nichts vormachen muß. Nie wird gemogelt, Bedeutung erschlichen, fühlt der Lesende sich schuldig oder unmündig.

Die Gedichte sind, auch und gerade beim zweiten Lesen, spannend. Sie teilen die wortmächtige Sprechweise eines wichtigen Menschen und bedenkenswerte Einsichten mit. Das Prosa-Understatement hat etwas anheimelnd Nüchternes. Selbst da, wo man nicht folgen kann, weil man eine Anspielung nicht begreift, wird man nicht ungeduldig: der Autor hat so oft bar gezahlt, daß man den Scheck annimmt, auch wenn man ihn im Augenblick nicht einzulösen weiß. Es gibt da ein paar Spielereien:

Zwischen Anna und Anna
entscheide ich mich für Anna.

Bevor das jemand noch plausibler erklärt, deute ich es mir so: In Brechts »Sieben Todsünden der Kleinbürger« kommen zwei Annas vor: die eine ausnehmend hübsch, für die Liebe, die andere intelligent, fürs Geschäft gemacht. Zwischen diesen beiden entscheidet sich Grass für – Anna. So nämlich heißt seine Frau.

Vergleicht man den Band »Ausgefragt« mit den früheren Versen von Grass, so zeigt sich, daß ein verhätschelter Lieblingsterminus der Grass-Kritik nicht mehr anwendbar ist. Die *Infantilitätsperspektive*, die in manchen Gedichten und Prosakapiteln zu einer Mischung aus Kindervers-Schlagkraft und amoralischer Grausamkeit führte: sie existiert für Grass nicht mehr. Er ist nicht nur erwachsen geworden (das war er auch als Blechtrommelautor), sondern er schreibt nun aus der Perspektive des Erwachsenseins. Der »Direktheit« mancher Mitteilung – etwa im schönen »Ehe«-Gedicht, in seiner schroffen Absage an die engagierte, für Machtlosigkeit und Aufrufe schwärmende Literatur – entspricht auch die Direktheit der Aussageform. Kinderverse, wie

    Schreib keinen Brief,
    Brief kommt ins Archiv.
    Wer den Brief schreibt,
    unterschreibt,
    was von ihm einst überbleibt.

sind, leider, selten geworden. Darin war Grass Meister. Doch obwohl er im Gedicht »Schreiben« ausführt

    Im Vakuum heiter bleiben.
    Nur eigenes stehlen.
    Das Chaos
    in verbesserter Ausführung.
    Nicht schmücken – schreiben:

hat er anscheinend keine Lust mehr, sich am eigenen Tonfall zu berauschen und unaufhörlich donnernd klappernde, abgründige Kinderverse herzustellen.

Während man in diesem lyrischen *Journal intime* liest, blickt man in ein Gedächtnis, das erfüllt ist von Jugenderinnerungen der 45er-Generation, sieht man einem Autor zu, der nicht nur an sein Danzig-Troja glaubt, sondern auch an die Magie der Namen. Namen müssen, wie Schlager, Stimmungen evozieren. »Vergleiche und ähnliche Alleskleber« mag Grass nicht, er aktiviert Metaphern zu realen Vorgängen.

Mittlerweile ist er so erwachsen geworden, daß er sogar Ironie und Zynismus nicht überschätzt, sondern nur noch nebenher einfließen läßt, wenn er den Barzel ein bißchen ärgern, Globke bloßstellen oder »Prinz Eugen, den Großwildjäger« schmähen möchte. Manche seiner Gedichte kranken an Gründlichkeit. Zum Schluß wird dann, damit es nur keine Mißverständnisse geben kann, das Thema ganz genau gesagt. Doch das ins ruhige lyrische Schreiten ruhig sich hineinfügende private Innehalten, das fast zum Bekenntnis wird, oder der fast zur warnenden Beschwörung tendierende politische Hinweis gefährden die Gedichtform weniger als die etwas pedantische Tendenz zum Thema, zum Fazit, zum gesetzten Abschluß: Lyrik soll verstanden werden und einen Schluß haben. Ins Pathos »Die Menschen? – Seh ich gern im Film« oder »Im Dunkeln glaubst du mir alles« rutscht Grass selten. Übrigens meint man zu spüren, daß diese Stellen, die anfechtbar sein mögen, ihm besonders wichtig sind. Er schreibt sie mit einem souveränen »Sei's drum!« hin. Böse wendet er sich gegen Peter Weiss (in einem Peter Weiss und dem Apostel Paulus gewidmeten Gedicht)

> Er stülpte sich um, lächerlich um.
> Damals war ich, heute bin ich.

und gegen die, grob gesagt, Linksliteraten:

Eng wird es zwischen Ideologen
und Söhnen aus zu gutem Haus.
Sie kommen näher. Ich will raus.

Grass schreibt mit dem Selbstbewußtsein dessen, der längst in die »politische Arena hinabstieg« und den Literaten nun ihre politisierenden Ersatzbefriedigungen übelnehmen darf. Das Gedicht »Irgendwas machen« bildet zusammen mit der »Schweinskopfsülze« eine zehn Seiten lange Abrechnung. Man kann sich daran halten, damit streiten, die Witzeleien der »Politischen Landschaft« oder der »Neuen Mystik« schwach finden: selbst die anfechtbarsten Arbeiten des Bandes haben Hand und Fuß. Und die besten, die Porträtgedichte, die bekenntnishaften Verse, die Mixturen aus Wortspiel und Gedankenkraft sind so originell, so männlich, so gelassen und vernünftig, daß die Lektüre nicht nur einem kunstbeflissenen »Man sollte« entspringen mußte, sondern einem zeitgenössischen »Man muß«.

Der »Butt« – ein Danziger »Zauberberg«?

Thema des »Butt«: die zu Ende gehende Geschichte des Mannes, der hier in mythologischen und geschichtlichen Zeitläufen auftaucht, »zeitweilt«. Weiteres Thema: die Frauen, die diesen Männern, die einst Geschichte machten, kochend, liebend, proletarisch-anonym zur Seite standen. Bis sie nun, in West-Berlin, über die Historie des Mannes und den rational beratenden Butt vernichtend Recht sprechen. Ihnen soll die Zukunft gehören.

Originell, aber das heißt keineswegs auch unbedingt: tragfähig, vorwärtstreibend, scheint die Konstruktion dieses gewichtigen Werkes und Wälzers. Grass hat sich inspirieren lassen von der weiberfeindlichen Version eines Grimmschen Märchens. Im »Fischer und syner Fru« hilft der Butt dem armseligen Fischer, die Wünsche der maßlosen Fischerin zu erfüllen. Im »Butt«-Roman hilft nun der Butt den Männern vieler Zeiten und Jahrhunderte, mit ihren Frauen fertig zu werden. Die Männer sollen sich zunächst von dreibrüstiger matriarchalischer Herrschaft befreien, sollen dann dem antigeschichtlichen Stillstandsprinzip fortschrittsfeindlicher Urmütter das rationale Erfindungs- und Kampfprinzip unsteten männlichen Geistes siegreich entgegensetzen. Und so geschah es auch. Ein sehr emanzipiertes und sehr in sich verstrittenes Frauengericht macht daraufhin dem Butt (und also auch den von ihm geführten, intellektuell verführten) Männern die historische Rechnung. Und der Butt verargt es den Damen nicht. Er gibt die Männer auf.

Was wegen der sinnlichen, unflätigen, manchmal phantastisch erfinderischen, manchmal auch nur mit massenhaften Worten und Fakten überschüttenden Grass'schen Sprache gar nicht so ohne weiteres auffällt, sei hier als erstes herausgestellt: im Mittelpunkt dieses Riesen-Romanes steht ein abstraktes Prinzip. Das der fortschrittlichen, reformierenden Vernunft. Eben: der alleswissende Butt. Einst, in der »Blechtrommel«, war es anders. Da stand (wie Peter Michelsen in der nach wie vor bedeutendsten Analyse des Grass'schen Roman-Erstlings festgestellt hat) ein *Monstrum im Mittelpunkt*, ein Zwerg, eine die Schöpfung verneinende, die Zeit negierende, unpolitische anti-christhafte Kunstfigur. In den Grass'schen »Hundejahren« begegneten wir dann einem zugleich realistischen und surrealistischen, Nazizeit und Nachkriegszeit gewaltig umfassenden Freundschaftsepos. Was aber stellt der »Butt«-Roman dar?

Also: groß, frisch, oft überraschend, vor allem dann, wenn Grass sinnliche Sagas oder menschliche Tragödien unserer Gegenwart beschreibt, sind Sprache und phantasmagorische Phantasie dieses genialischen Erzählers. Ein wenig albern geraten Grass hingegen die rüden Hemmungslosigkeiten skatologischer (feineres Wort für Scheiße und Arsch) Selbst- und Leserbefriedigungen, ein wenig ermüdend denn doch die kulturhistorischen Panoramen. Es ist erstaunlich und manchmal verdrießlich, was Günter Grass mit der Zusammenlesewut und Zitierseligkeit des geborenen Autodidakten alles in sein Buch hineingepfropft hat. Wo er *Er-lesenes* auf keineswegs immer zwingende Weise mitteilt, umformt, da läßt er unbeteiligter, als wo er Erlebtes, nämlich seine Menschen- und Seelenkenntnis, darbietet.

Im Hinblick auf sein Assoziationsvorbild läßt sich der Roman untertreibend »Märchen« nennen. Was hieße, daß die Welt magisch ist, daß der Tod in ihr nur eine geringfügige Rolle spielt (weil ja alles in tausend Gestalten, Re-Inkarnationen weitergeht). Man kann auch die »Variation« als Hauptprinzip dieses Buches bezeichnen. Ein Thema, das identisch bleibt, obwohl es in immer wieder neuen Gestalten und Gestaltungen vorkommt. Endlich wäre die ganze Verknüpfungs- und Fortspinnungsarbeit auch als äußerliche Klammer zu bezeichnen. Dann bliebe der »Butt« ein Reigen mehr oder minder oberflächlich miteinander verbundener Novellen.

Meine »Kritik« läuft auf drei Thesen hinaus.

Erstens: weil der Butt, also der redende, beratende Fisch, nichts anderes ist als ein Prinzip, weil er nicht getötet werden kann (sondern nach dem Durchschneiden gleich wieder zusammenwächst), weil die Figuren der fortlaufend historischen Erzählung alle immer nur als Re-Inkarnationen oder Variationen bestimmter männlicher und weiblicher Verhaltensweisen erscheinen, darum fehlt, von den tatsächlich in der Gegenwart spielenden Kapiteln abgesehen, diesem Roman eine wichtige epische Spannungsvoraussetzung. Nämlich die Endlichkeit menschlicher Zeit, nämlich das Altern und Sterbenmüssen, der Tod. Das macht den Butt, etwa zwischen Seite 100 und 500, recht langwierig. Es steht zu fürchten, daß viele vom Anfang mit Recht begeisterte Leser dieser Langwierigkeiten wegen gar nicht mehr bis zu den grandios gewagten und mitleidvoll geschriebenen Schlußkapiteln vordringen werden. Allzu lang handelt es sich nur um punktuelle, zeitlose Szenen, Ideenvariationen, behängt freilich mit strotzenden, auftrumpfenden Qualitäten, Einzelheiten, Völlereien.

Zweitens: Grass will sein Danzig-Vineta, er will die proletarische Küche, mythologische und reale Vergangenheiten *beschwören*. Da, wo er seiner Phantasie und dem, was er eigentlich zu sagen, zu formen hat, nicht traut, wo er mit lauter »Heimatkunde« aufbläht, da langt es aber nur zum wortreichen *Benennen*. Zu einer Folge oft virtuoser Kabinettstückchen. Übrigens wirkt seine Prosa dabei fast immer lebendiger, klingender, produktiver, als es die prosaischen Gedichte sind, die er häufig, meist am Szenen- oder Kapitelende, einfügt.

Drittens: Die Haltung, die Skepsis dieses am Schluß tief bewegenden Buches ist grundkonservativ. Grass stellt der brillant herausgearbeiteten Fragwürdigkeit dessen, was einst war, sein ironisch-skeptisches Mißtrauen in die Frauenbewegung und in alle revolutionären Riesenabsichten entgegen. Ausgesprochen wird das nicht ganz direkt, aber für Grass scheint die Geschöpflichkeit, das unüberwindliche So-Sein der Frau genauso gegeben wie die unvermeidliche, propagandistisch verbrämte Entartung aller nicht wirklich demokratischen, sondern kommunistischen Staatsformen zur menschenverachtenden, zaristisch-stalinistischen Diktatur. Einem Arbeiter, der, bei den Danziger Aufständen vom 18. Dezember 1970 die Internationale singend, erschossen wurde, und zwar von der Miliz der Volksrepublik Polen, diesem Jan und seiner daraufhin versteinernden Frau Maria setzt Grass ein ergreifendes Denkmal. Sollte der Roman »bleiben«, sollte er dank der Sprachkraft des Autors einer kurzlebigen literarischen Vergänglichkeit entrissen sein, dann wird er eine unvergängliche Anklage bilden auch gegen linken Faschismus. (Polnische und russische Übersetzer müßten mithin viel streichen.)

Was gibt er sich nicht für eine Mühe, quer durch die Zeiten zu verknüpfen! »Nicht erst die dicke Gret und Amanda Woyke verschränkten die Arme nackt und hellbeflaumt unter der Brust, um streng bis gütig jeweils den Tisch zu überblicken: in dieser Haltung schaute auch meine Mestwina dem Bischof Adalbert zu, nachdem sie ihm aufgelegt hatte...« Gewiß, glanzvoll beschreibt Grass immer wieder das ewig Weibliche und unausstehlich Männliche. Aber nachdem er mit herrlich fabulierender Kraft den Niedergang des Matriarchats, den Raub des himmlischen Feuers geschildert hat, müssen wir doch schrecklich viel über Kochrezepte (seitenweise unterliegt das Buch eher der Gastronomie-Kritik!), über die Kultivierung der Kartoffel (der fünfte Monat des in neun Schwangerschaftsmonate aufgeteilten Buches ist wirklich schwer überstehbar), über Danziger Interna erfahren.

Aber die schärfste Kritik, die am Buch geübt werden kann, liefert Grass selber. Wenn nämlich die Gegenwart da ist, dann beschreibt er mit ungeheurer Schamlosigkeit und Kraft, wie ein paar mehr oder weniger lesbische Mädchen einen Vatertagsausflug machen, wie sie die eine entsetzlich benützen, »schänden«, wie dieses Mädchen dann flieht, plötzlich und strahlend verwandelt nun doch die Frauenrolle auf sich nehmen möchte. »Ich will. Und zwar als Frau. Und zwar eindeutig.« Aber Rocker haben sie beobachtet, verfolgt. Bringen sie gedankenlos, zugleich moralistisch-schadenfroh um. »Danach ging das Leben weiter.« Es ist eine entsetzliche Szene. Man darf an Genet, Faulkner, Albee, Selby denken. Niemand übertrifft da Grass.

In diesem großen »Vatertags«-Kapitel hat der skandalöse Ton sein skandalöses Recht. Das ist nicht nur Moment. Sondern Unwiderbringlichkeit. Gerade am Schluß des Romans gelingen Grass, weil keine Zukunft tröstet, einige solcher Beschwörungen. Wenn hingegen vieles zum »Pimmel«-Symbol erhoben wird (was auch nicht sehr erotisierend wirkt), wenn Grass sich geradezu Mühe gibt, Obszönitätsprozesse auf sich zu ziehen, dann herrscht einige Rabelaisische Monotonie.

Beschwört übrigens die imitierende Sprache wirklich Vergangenes? »Das mecht Liebgottchen erbarmen!« »Abä als es nu duster wurd auf Oktobä ond ausse Wäldä...« Ich weiß nicht. Dabei weiß ich sehr wohl, im Gegensatz sicherlich zu süddeutschen Lesern, was ein »Pomuchelskopp« ist (in meiner Tilsiter Jugend beschimpfte man sich so...).

»Es sollen in diesem Buch Obszönitäten möglichst vermieden werden«, schrieb – nein, nicht Grass, sondern Böll –, als er im »Gruppenbild mit Dame« eine Nonne schilderte, die sich lebhaft für Kot interessierte. Bei Grass soll nicht vermieden werden. Es heißt auch nicht »Kot«. Im übrigen macht es Grass, weil ihm so viel einfällt, überhaupt nichts aus, auch mal Nietzsche oder eben Böll oder Claudel oder Frisch sozusagen weiterzuschreiben. Es wimmelt von Analogien.

Und woher der Konservativismus? Wenn er die Emanzen blamiert, wenn er einen radikalen Revoluzzer bald zum Faschisten werden läßt, die Grüppchenhysterie der Nicht-mehr-Bürgerlichen vorführt, wenn er die prügelnden Männer zwar kritisiert, aber dann doch eine wer weiß wie aufgeklärte moderne Frau privatim fordern läßt: »Los! Schlag schon zu. Ich brauch das!« sedimentiert sich da die Lebenserfahrung eines großen Schriftstellers, der nun auch 50 ist und genauso konservativ geworden wie der alte Goethe, der alte Balzac? Oder hat – um ein schönes Wort dieses Romans zu zitieren, der an einer Stelle die Brandt/Guillaume-Pleite mit dem Bebel-Begräbnis in Zürich so ineinanderschiebt, wie Grass im größten »Hundejahre«-Kapitel einst Freundesverrat und Tänzerinnenvereisung ineinanderschob – oder hat anhaltender Kampf um Gerechtigkeit auch des Günter Grass »Hoffnungssubstanz verbraucht«?

In Zukunft nur Ratten noch

Das neue, staunenswerte, bewunderungswürdige, freilich auch manchmal nur banal-verschmitzt fabulierselige Buch von Günter Grass – ein Roman ist es nicht, ein Essay auch nicht, ein figurenreicher Alptraum nur partiell; am ehesten könnte man es als *apokalyptisches Feature* bezeichnen – »Die Rättin« also kommt aus der Fülle. Dem 58jährigen Autor hat es gutgetan, daß er nicht zu jeder Buchmesse mit einer Novität auftrumpfen wollte oder mußte. Verglichen mit den Qualitäten dieses Textes krankte der »Butt« (1977) doch an allzu viel pittoresker Kulturgeschichte, boten die »Kopfgeburten« (1980) allzu viel wahlkämpferisch räsonierende Zeitkritik.

Der poetische Rang der »Rättin«-Vision hängt zusammen mit einer Befindlichkeit des Autors Grass, die andere Schriftsteller eher lähmen, einsilbig machen, in depressives Schweigen stürzen würde: nämlich mit seiner tief verzweifelten Ratlosigkeit angesichts des unausweichlich nahen Atomtodendes, das die Menschheit sich gerade zubereitet. Grass gibt keine Rezepte, wie man Schlimmes vermeiden kann, er weist auch nicht der einen oder anderen Seite *Schuld* zu.

»Gesagt« sei sowieso schon alles. Sondern Grass nimmt die wahnsinnige und automatische Absurdität des zwanghaften Wettrüstens als Faktum hin, beschwört die unvermeidlichen Folgen in klirrend ironischen, absurden Szenen. Überlebenschancen nach dem End-»Knall« räumt er den Menschen nicht ein, sondern nur gewissen vorausschauenden, wandlungsfähigen Geschöpfen. »In Zukunft nur Ratten noch... Euch gab es mal«. Weitere Aussichten? »Könnten wir doch in Kreide uns betten und überdauern, / bis in fünfundsiebzig Millionen Jahren genau / Touristen der neuen Art kommen, die, vom Glück berührt, / Teilchen von uns versteinert finden...«

Gegeben sind also: eine alles durchdringende *Endzeit-Gestimmtheit,* changierend zwischen bitterem Spott und herzlicher Melancholie (Es ist schade auch um die fehlkonstruierten Menschen). Weiterhin ein origineller, die Zeitgrenzen mühelos überspringender Erzählort. Nämlich des Autors, die Weltgeschichte wirbelnd vom Anfang bis über das Ende hinaus umspannenden, *Traumgespräche mit der Rättin.* Und endlich *mehrere anekdotisch novellistische Verläufe,* parallel zu den Rättin-Dialogen. Gelegentlich schneiden sich die Parallelen, weil sie ja alle an derselben Katastrophenentwicklung teilhaben... Grass erzählt also hier auch recht lustig die einst berühmte Fälscherkarriere des Malers Malskat, womit er indirekt auf die gefährlichen politischen Fälschungen unserer fünfziger Jahre, der »falschen Fuffziger« anspielen möchte. Er berichtet auch sehr ausführlich von der Fahrt eines mit Frauen und Wünschen be-weibten Schiffes, der *Neuen Ilsebill,* dessen Damen eigentlich etwas Wissenschaftliches unternehmen wollten, am Ende aber das versunkene Vineta finden. Auch Oskar Matzerath, der Blechtrommelzwerg, darf gealtert wieder aufleben: als Filmproduzent, für den Grass eine Grimm-Musäus-Märchenwelt über Hänsel und Gretel, Rübezahl, Bäumesterben, subversive Kanzlerkinder und verschwundene Politiker lehrhaft-lebhaft-redselig montiert. Selbst die mittlerweile 107jährige Großmutter, in deren Röcken sich einst Koljaiczek versteckte, existiert noch. Lange nach dem »Schlag« stirbt auch sie und wird – ein phantastisch wüster, ebenso religiöser wie blasphemischer Einfall – von einem nach-humanen Rattenheer als Quasi-Gottesmutter in den Danziger Dom transportiert.

Bereits diese Andeutungen über den Inhalt dürften zumal auf Leser, die nicht literarisch wohlgebildet »grass-fest« an das Buch herangehen, einigermaßen verwirrend wirken. Doch daß die »Rättin« tatsächlich nicht gerade leicht lesbar ist, daß man auf der *Neuen Ilsebill* Flauten spürt, bei den Verwirrungen im Märchenwalde den Faden verliert, erlahmt, sich wieder bewundernd auf den Leseweg macht, stockt und dann eines gewissen literarisch-zeitgenössischen Pflichtbewußtseins bedarf, um diese »Rättin«-Vision Zeile für Zeile zu bewältigen: es ist keineswegs Folge oder Schuld von allzuviel Erzählperspektiven oder gar stilistischen Schwerfälligkeiten.

Im Gegenteil. Grass schreibt hier mit bewunderungswürdig leichter, entkrampfter Hand. Seine Sprache ist dabei nicht billig-flott-modern, sondern gediegen, lebendig und reich. Oft unpreziös *gewählt* in dem Sinne, daß althergebrachte Wendungen wie »Platz finden«, »getrost«, »beitragen« beispielsweise schon auf den ersten beiden Seiten vorkommen. Sprachmeister Grass lehrt durch sein souveränes Beispiel, wie leblos stromlinienhaft unser Deutsch ist, wenn immer nur modische Wendungen blinken und blitzen.

Alle diese Vorzüge sind aufgehoben in einem unwiderstehlich rhythmischen, Bildungsgüter nebenher assoziierenden Parlando, dessen Meisterschaft oft lächeln läßt. (Eben dieses Parlando aber vermag jene im Eichborn-Verlag auf die »Rättin« und das vermeintliche Grassche Selbstmitleid verfertigte literarische Parodie des Pseudonymos *Günter Ratte:* »Der Grass« überhaupt nicht zu produzieren, zu karikieren oder zu übertreffen. Auch strotzt nur die Parodie, nicht die »Rättin« von jenen muntern, maulhurenden Sauereien, die der späte Grass nicht mehr nötig hat. So erweist sich der fehlgehende Hieb des Pamphletisten als Ritterschlag für Grass und seine Prosakunst.)

Auch die ungefähr 30 in dieses Untergangsfeature hineingefügten, reimlosen Gedichte demonstrieren ein unverschwitztes Parlando. Sie tun es fast zu sehr – ihnen bekommt die Altersstilentspanntheit weniger gut. Wenn sie nicht mit wirklichen »Funden« und Gewichtigem beeindrucken, bleiben sie, was kein Unglück ist, redensartlich banal, unergiebig prosaisch. Etwa: »Es war einmal ein

Land, das hieß Deutsch. / Schön war es, gehügelt und flach / und wußte nicht, wohin mit sich.«

Leicht, elegant, ja fast übermütig wechselt Grass die Figuren und Perspektiven, demonstriert er, wie souverän er seine Objekte herbeizitieren oder aus einem Schicksalsverlauf in den anderen bringen kann. Wie kommt er zur Auferstehung des Oskar Matzerath? Ganz einfach: »Also rufe ich – ›Hallo, Oskar!‹ –, und schon ist er da. Mit seiner Vorortvilla und dem dicken Mercedes.« Woher rekrutieren sich die *Neue Ilsebill* und ihre Besatzung? »Hätten sich andere Frauen als diese in Travemünde einschiffen können? Zum Beispiel alle, die abgesagt haben und lieber in Betten schlafen wollen?« Offenbar nicht. Warum? Der Dichter mystifiziert unwiderleglich: »Ich ließ fünf übrig. Oder es blieben mir fünf. Meine und keine Wahl traf ich...«

Aber an einem entsetzlichen Sonntag, »da zerreißen nahbei und entfernt Blitze den Himmel. Nie gesehenes Licht. Sie sind geblendet. Hitze haucht sie verzehrend an. Sie vergehen. Wo ich hindeute, suche, ist nichts mehr«.

Was für ein Ende! »Da verdampfen an Bord deines Schiffes deine fünf Weiber«, faßt die Rättin das später zusammen. Doch der Erzähler ruft: »Lüge«. »Auf dem Schiffswrack wird nicht gestorben. Ich will das so.« Ein verständlicher Wunsch. Denn die eine der »Ebendoch-nicht-Toten« liebt er. Doch ein solcher, noch so plausibler *Kampf der Versionen* birgt gewisse Risiken. Man nimmt ja als Lesender Handlungsverläufe nicht wie irgendwelche Offerten ruhig zur Kenntnis – sondern man reagiert auf episch beschworene Vorgänge mitfühlend, mitdenkend. Wird nun die Geschehens-Tendenz munter durcheinandergebracht, gleichen sich Hänsel und Gretel allzu umstandslos den Kindern eines Bundeskanzlers an, leben Tote auf, nehmen Oskars Videofilme die Zukunft vorweg, dann läßt man sich aufs Vorgetragene nur noch mit Vorbehalt, wie auf einen mehr oder weniger lustigen Vorschlag ein. Es liegt im Wesen gewichtig-bildhafter Prosa, mehr zu sein als nur ein Denkspielangebot.

Diese hübsche Umfunktioniererei ist nur kleiner Problemteil jener größeren prinzipiellen »Rättin«-Schwierigkeit. Hier werden einerseits durchweg thesenhafte Setzungen und Endzeit-Vorstellungen derart kräftig einfühlsam mit vitalen und realistischen Vergegenwärtigungen behängt, daß Masken, Puppen, Allegorien den Anschein erwecken, als seien sie lebendig. Man möchte sich für die Vorgänge wie für Leibhaftiges, wie für realistische Fiktion interessieren – und erwartet damit, andererseits, etwas von ihnen, was sie ihrer Art und Eigentümlichkeit nach als Kopfgeburten nicht zu leisten vermögen.

Freilich: die erzählerische Hauptaktion gelang enorm kräftig, die anekdotische Umgebung indessen blieb zu beiläufig verspielt. Bei der Hauptsache, also den Dialogen mit der Rättin, glückte Grass Großes. Es ist ein genialer Einfall, daß der Autor die Rättin träumt, daß sie dem Tag- und Nachtträumenden berichtet, wie die Ratten ihr Überleben lernten zwischen Dinosauriern und verbotener Arche Noah, daß sie den Träumenden in einen Sessel bannt, der zur Weltraumkapsel umfunktioniert wird, von welcher aus der Erzähler den Untergang der Menschheit und den Fortgang der Weltgeschichte beobachtet. Dabei erscheint die Rättin als verdammt dialektisches Tier. Sie ist Geschöpf des Autors Grass, der sie träumt – und zugleich ihren Widerspruch auszuhalten hat. Sie ist Einzelstimme, aber auch Ausdruck uralten kollektiven Bewußtseins. Also: Lese-Ratte, die alles Vergangene weiß, und darüber hinaus Kassandra, die gelegentliche, sich selbst Trost spendende Abwiegelungsversuche ihres Urhebers heiter abwehrt.

Toll erfunden, *gefunden* auch die Stationen der Agonie: wie die Politiker nur verlegen grinsend, und am Ende, nach Absendung der Raketen, einander sogar um Verzeihung bittend tun, was sie tun zu müssen glauben. Wie böse Vorzeichen abwiegelnd übersehen werden, junge Leute sich überall auf der Erde in Massen warnend verbrennen – und doch nichts erreichen. Grandiose, grandios beschriebene Alpträume!

Kein Wunder, aber doch bedauerlich, zwiespältig, daß manche Episoden und Histörchen des Buches die flammende Alptraum-Schrift an der Wand gleichsam verleugnen. Der Text wird dann kauzig, spielerisch, anekdotenselig-kaschubisch. Nicht so sehr, indem er die Schicksalsdynamik, die er pathetisch schafft, auch gleich ein paarmal eifernd dazu ausnutzt, Animositäten gegen BRD und

DDR, gegen die ungeliebten fünfziger Jahre (in denen immerhin Böll, die Bachmann, Grass selber, Johnson, Walser an die Öffentlichkeit traten), gegen Adenauer und Ulbricht gleichmacherisch auszuspielen – wie wenn da gar keine Unterschiede gewesen wären zwischen freien Wahlen, schweigenden oder redenden Oppositionen, wie wenn Grass nie Grund gehabt hätte, »Die Plebejer proben den Aufstand« zu schreiben.

Angesichts des gegenwärtigen Entsetzens mögen solche Differenzierungen mehr oder weniger gleichgültig sein in einer Welt, wo der Papst den Kindersegen empfiehlt (»So wurde der Hungertod gottgefällig«), wo in Bonn die Übergänge von Fraktion zu Fraktion zerfließen (»ich erkenne keine Parteien mehr, ich sehe nur noch Interessen«), wo die Menschen wegen ihrer humanen Anmaßung zugrunde gehen, weil zu wenig »Rattiges«, nämlich bescheiden Arterhaltendes (Ich bin nichts, mein Volk ist alles – sagte man einst dafür) in ihnen ist.

Grass muß da einen Zweifrontenkrieg führen. *Über*-Ratten existieren nicht, wohl aber schlimme »Über-Menschen«. Zwar besitzt die Fehlkonstruktion Mensch auch die Fähigkeit, Opfer zu bringen, aber sie klammert sich halt doch verzweifelt an ihr Ich fest. Menschenseelen empfinden sich eben nicht als Anonymes, sondern – daher ihre Würde wie ihr Verderben? – bei ihrem Namen gerufen vom personalen Gott... Überlebensfähige Arten dürfen, offenbar, so auserwählt nicht sein. Doch der Autor Grass beschreibt jene netten, langweiligen blonden Rattenmenschen, die sich 75 Jahre nach dem Endschlag als lebensfähige posthumane Figuren entwickelten, auch so distanziert, daß man auf ein Leben nach dem Atomtod keineswegs sehr neugierig ist.

Der Grund des Grasschen Pessimismus: Die Menschen können sich trotz offenkundigster Bedrohung nicht ändern. Sein trister Trost: »Natürlich sage ich Herrn Matzerath nicht, daß es ihn nicht mehr gibt, soll er doch weiter so tun, als ob er Chef ist. *Andere – und ich selbst – glauben ja auch, daß es weitergeht, irgendwie.*«

Immer die gleiche Problem-Mischung: es wird eine welthistorische Apokalypse entfaltet, relativiert und zugleich süffig erzählt – als ginge es doch bloß um eine Mischung aus Schelmenroman und

Saga. Zwischen der Visions-Hitze der Haupthandlung und dem Lokalkolorit, dem Blechtrommelstakkato sowie den Direktheiten der Malskat- und Ilsebill-Szenerie bestehen zu große, den Rang der Hauptvision versehrende Kontraste.

Vielleicht hatte der Erzähler Angst, nur von seiner Angst zu schreiben. Wie verständlich! Und es ist ja auch makaber, über die »Rättin« zu orakeln, als fänden richtige Katastrophen nur auf anderen Planeten statt. Während ich diese Buchkritik zu Papier bringe, während der geneigte Leser sich durch dieselbe müht, kann ein (irrtümlicher) Knopfdruck jenen Knall besorgen, an den zu erinnern geradezu banal und naiv unliterarisch wirkt.

Grass hat Angst um die Menschheit, keineswegs nur um sein Ego. Obwohl der Text manchmal als Nachfeier des Grasschen Gesamtwerkes mißverstanden werden könnte: mit sich selber, seiner Angst vor weißem Papier, auch gewissen, männlichen Altersgebrechen geht Grass ehrlich und unweinerlich um.

Einzige zur Identifikation einladende Figur bleibt der Autor selber, der alle Träume und Perspektiven entwirft. So wurde »Die Rättin« ein apokalyptisches Feature über den Selbstmord der Menschheit, nicht einzelner Menschen.

»Wartezeit« – ein ganz ungewöhnlicher Roman

Der vielleicht entscheidende Bestandteil des Talentes von Günter Grass ist die Beständigkeit, die Zielstrebigkeit. Während seine Gegner in ihm nur einen begabten Luftikus sehen, der Wahlreden hält, bei seinem New Yorker Besuch zusammen mit Holthusen durchs Fenster des Goethe-Hauses klettert und vernarrt ist in Parties und seinen Ruhm, widmet er sich unauffällig seinem Werk. So entstand, ohne Vorabdruck und Funkreklame, die »Blechtrommel«, so setzten die »Hundejahre« episches Fett an, und so brachte Günter Grass, fast unbemerkt, seinen jüngsten Roman »Wartezeit« heraus. Auch dieser Roman bietet nur denjenigen eine Überraschung, die sich von Günter Grass' politischer Aktivität ablenken oder ins Bockshorn jagen ließen. Sorgfältigere Beobachter des Grasschen Schaffens wissen, daß schon im großen Grass-Aufsatz des »Spiegel« (Nr. 36/Jahrgang 1963) von der »epischen Ergiebigkeit des Themas ›Vertriebenentreffen‹« die Rede war.

Der Roman »Wartezeit« bietet eine – offenbar wiederum nicht die letzte – Auseinandersetzung des Epikers Günter Grass *mit Danzig und dem Vertriebenenproblem.* Im 111. Kapitel ziehen gelegentlich einer hinreißend karikierten Wahlrede in »brandt-eiliger, brandt-gefährlicher, ver-brandter Zeit« die Geschöpfe des Grass-Kosmos vorbei: Oskar trommelt nicht, weil er zuhören will, Joachim Mahlke erwägt den Austritt aus der DRP, Eddie Amsel, längst hochbezahlter Journalist geworden, will die Springer-Presse mit Kinderversen angreifen. Eddie erwähnt dabei den – gerade für alle hinlänglich informierten Danziger sehr überraschenden – Sohn von Tullas Tanzlehrer aus alter Danziger Zeit, dessen Schicksal noch der Beschreibung harre.

Wir sind also noch nicht am Ende. Günter Grass hat hier seine Technik, Biographien miteinander zu komponieren, weiter verfeinert. So konte er auch die unvermeidliche Schwäche des Riesenromans beinahe paralysieren: die Unvereinbarkeit von Flüchtlingssituation und Infantilismus. Da Grass einerseits die Position der Berufsflüchtlinge, Flüchtlingsbetreuer, Heimatsehnsüchtigen und Konjunkturdemokraten aufzeichnen wollte, andererseits aber an seinem Prinzip festhielt, vor allem Kindern das Wort zu geben und magischen Infantilismus festzunageln, ergab sich ein Widerspruch. Denn die Kinder des Jahres 1964, in dem der Roman spielt, sind dem eigentlichen Flüchtlingsproblem gewissermaßen biologisch enthoben.

Grass meistert diesen Zwiespalt mittels einer außerordentlich kühnen Parallelschaltung. Während die »Erwachsenen« von Erinnerungen, Visionen und weitläufigen Fabeln heimgesucht werden (masurisches Sagengut erscheint in unverwelkbarer Frische, zudem hat Günter Grass auch die bisher kaum erschlossenen Beziehungen zwischen der lettischen und der neugriechischen Sprache in kühnen, freien Rhythmen darzubieten vermocht) –, beschäftigen sich die

Kinder mit sehr unkindlichen Spielen. Da findet, ähnlich wie in »Katz und Maus«, eine rauschhafte Orgie wildester Selbstbefriedigung statt, die natürlich nur als Symbol zu verstehen ist. Als Symbol sowohl für infantilen Drang der Kinder, wie auch für die Unproduktivität des Flüchtlingstreibens der Erwachsenen. Es ist eine Szene genialer Spiegelungen.

Um den Gedanken an eine Versöhnung mit Polen nicht auszuschließen, läßt Grass auch einen Bruder des bereits aus der »Blechtrommel« bekannten Spielwarenhändlers Sigismund Markus – er heißt Bronislav Markus – auftreten. Während es von Sigismund hieß, er habe alles Spielzeug dieser Welt mit sich genommen, wird Bronislav zum leisen Inbegriff ferner Hoffnung.

Die Fülle der Beziehungen und der Reiz infantiler Kontraste verbindet sich zu einem meisterhaften, wenn auch in den politisch-agitatorischen Passagen etwas langwierigen Werk. Ungebrochen blieb die Sprachkraft des Günter Grass. Nur selten stellt sich eine gewisse Manier ein, zum Beispiel, wenn der Autor auf poetische Art zwischen dem Oder-Neiße-Gerede und der Torheit mancher Unverbesserlichen einen Grass-Rhythmus herzustellen sucht: »Neißeweiß, nonnenweiß, nachtweiß, naseweis.«

Gleich nach dem Erscheinen des Romans haben sich zahlreiche christliche Akademien zur Abhaltung öffentlicher Diskussionen über die Frage entschlossen, ob Obszönität eine moralisch-politische Funktion haben könne. Auch erfährt man, daß der Generalstaatsanwalt Buchholz, nachdem er sich ja bereits am 31. Juli 1962 beim Hamburger Genet-Prozeß für den Unterschied zwischen dem Obszönitätsgeschmack literarischer Laien und literarischer Fachleute verwendete, nunmehr erwägt, ob er nicht eine Lex-Grass, also eine Erweiterung des § 184, fordern soll. So kündigt sich ein Sensationserfolg auch dieses Grass-Romans zweifelsfrei an.

14. Hans Magnus Enzensberger

Genialisch unverkrampft

Unmittelbar nach dem Höhepunkt der APO-Revolte von 1968 schrieb Enzensberger ein witziges, keckes, nicht allzu schwergewichtiges Gedicht, das manche seiner jungen, linken Bewunderer gewiß nicht gern lasen (auch wenn sie über die offenbare Wahrheit der Verse vielleicht grinsen mußten).

Der Papier-Truthahn

Den ganz echten Revolutionär
finden Sie heute auf Seite 30
der Unterhaltungsbeilage

Der ganz echte Revolutionär
kann über den Kommunismus
nur noch mitleidig lächeln

Der ganz echte Revolutionär
steht irgendwo ganz weit links von Mao
vor der Fernsehkamera

Der ganz echte Revolutionär
bekämpft das System
mit knallharten Interviews

Der ganz echte Revolutionär
ist volltransistorisiert
selbstklebend und pflegeleicht

Der ganz echte Revolutionär
kriegt das Maul nicht zu
Er ist ungeheuer gefährlich

Er ist unser Lieblingsclown

Das waren gewiß nicht bloß die Aussagen eines älter, mithin konservativer gewordenen Autors, der sich auf dem typisch deutschen, immerhin von so verschiedenen Dichtern wie Gerhart Hauptmann und Frank Wedekind beschrittenen Wege von radikaler Kritik zu Affirmation befand. Sondern es waren gewiß Äußerungen eines spontanen, typisch Enzensbergerischen Freiheitstriebes. Auf diese Weise verstand Enzensberger es immer, der Diktatur des Parteichinesisch oder des widerlichen Gleichschritts zu entkommen.

Er ist so frei (auch in dem Sinne, in dem man früher sagte: Ich bin so frei...) sich dabei keineswegs paralysieren zu lassen vom Gedanken, daß solche Gedichte und Zitate nun von irgendwelchen Leuten, mit denen er sich nicht gern identifiziert sähe, »ausgespielt«, dem »Beifall von der falschen Seite« ausgesetzt werden könnten. Er kann taktieren, wenn es drauf ankommt – aber er denkt nicht »taktisch« (was auch eine Form seiner Freiheit sein mag). Zu dieser Freiheit gehört ein koboldhaftes Element, das seine Freunde an ihm deutlicher zu erkennen vermögen als diejenigen, die Enzensberger nur aus seinen Publikationen kennen. Ich habe ihn, diese ungewöhnliche Mischung aus poeta doctus und elegantem Rübezahl, einst in vorgerückter Stunde auf einem Tisch jubelnd herumtanzen sehen, weil es ihm gelungen war, irgendeine Aktivität oder Resolution in der Gruppe 47 durchzubringen, die irgendeine spätkapitalistische Bastion ins Wanken bringen sollte.

Diese, bei einem so klugen Mann durchaus dämonische Koboldhaftigkeit verleiht ihm eine herrliche Unzuverlässigkeit, die ja eine unfeine Verwandte der »Freiheit« ist. Gefährlich dabei: ihm fällt das Formulieren, das »Dichten« offenbar leicht. Ihm gerät auch das umgangssprachlichste, lockerste Parlando (selbst scheußliche Abkürzungen wie »z. B.« oder »usw.« oder »d. h.«) noch durchaus zum Gedicht. Der lyrische Ton, der dabei konstituiert wird, hat wenig zu tun mit einer hohen, edlen Ausdrucksweise, aber viel mehr mit gespannter, meditativer Heiterkeit, die der deutschen Sprache schwer abzutrotzen ist.

Kehrseite dieser Vorzüge ist: allzu rasches Raffinement hat polemischen Pfiff, aber der Pfiff verhallt, hinterläßt manchmal nur das Echo virtuoser Geschicklichkeit. Enzensbergers stets gescheites Parlando ist zwar interessant und hörenswert – aber es hindert ihn manchmal daran, zu kondensieren und den Satz auf einer ihm gewiß erreichbaren, höheren Stufe der Kunst zu sagen. Er meidet die Dichtergebärde vorsätzlich und zu seinem Schaden. Allzu geheimnislos bleiben Verse, die auf eine Pointe hinauslaufen: auf eine plötzliche Antithese, eine griffige Bilanz, »selbstklebend und pflegeleicht«. Solche kabarettistischen »black outs« schließen nicht ab, sondern sie schneiden ab, würgen ab. Das ist schade bei einem Autor, dem Texte gelungen sind, wie sie nur großen Lyrikern gelingen können.

Manchmal leistet er sich – wirklich unberechenbar – aber auch den Rhapsodenton eines erhabenen lyrischen Ich: »Ich seh' es euch an: / ihr glaubt mir nicht / was ich sage.« Und er orakelt wie Stefan George von »seinen Feinden«, was im Bezirk Enzensbergerscher Verskunst doch ein Stilbruch scheint. Der Umstand, daß es ein paar offizielle Narren gibt, die ärgerlich und abendländisch zusammenzucken, wenn der Name Enzensberger fällt, sollte ihn doch nicht dazu veranlassen, von »seinen Feinden« zu reden. So wichtig sind die nicht...

Liest man seine Lyrik, dann macht man eine paradoxe Erfahrung. Bei Enzensberger besteht kaum je die Gefahr, daß er nicht fündig wird. Sondern vielmehr die: daß er zu rasch findet. Es ist ja nie albern oder offenkundig schwach, was ihm zufliegt. Nur setzen sich gewisse brillante Bekundungen des Unmuts oder auch der Zustimmung dann nicht in lyrische Bilder um, geraten nicht zum lyrisch wahrhaft »Gesehenen«. Wir erfahren kein Bild – trotz oder wegen so vieler Bilder. Man kann das auch positiv formulieren: dieser Enzensberger ist ein genialisch unverkrampftes Talent. Nicht einmal von der Forderung nach höchstem Ausdruck läßt er sich den Mund verbieten. Möglicherweise war er darum immer so offen für spannende Wandlungen.

Übrigens: ein Kobold, ein dichtender Taugenichts, ein Meister des »suchenden parlando« muß keineswegs – das klingt bei solchen Charakterisierungen ja mit – ein lustiger, schalkhaft-anarchischer, munter brillanter Typ sein. Man begreift die Lyrik dieses Dichters nur halb, wenn man nicht auch die Indolenz mithört, die Obertöne des finstern Ekels, des tagelang nicht ans Telephon-Gehen-Wollens, der Acedia. Alles das gehört gleichfalls zum verborgenen psychischen Haushalt dieses Poeten...

Spannende Wandlungen eines Poeten

Hans Magnus Enzensberger verabscheut seit jeher alles Klebrige und Zähe, das sich zwischen Menschen und ihren Einrichtungen absondert, wenn die armen Erdenbürger nicht klug und ehrlich und erfahrungssüchtig miteinander umgehen. Enzensberger hat sich immer gewehrt gegen den »Schaum«, der steigt und sich töricht bläht, aber auch gegen den Sudelzauber des Sentimentalen. Eigentlich gegen alles, was einem bedeutungsschwanger auf den Leib rückt und nicht intelligent mit sich reden läßt. Seine frühen poetischen und essayistischen Texte kennen wahrlich die Solidarität mit den anonymen Leidenden: aber sie zeigen keine Lust, sich mit der Psychologie der Haifische abzumühen. Dafür äußern sie herrisches Befremden wegen der Feiglinge, die sich nicht trauen. »Fürchtet euch oder fürchtet euch nicht!«, hat Ingeborg Bachmann in ihrer »Anrufung des Großen Bären« gedichtet: weil es ihr angesichts des universalen Verhängnisses gleichgültig schien, ob die Menschen im Banne des Großen Bären nun Angst haben oder nicht.

Das fiele ihm, Hans Magnus Enzensberger, keineswegs ein: zwar ekelt er sich vor dem Schaum, vor dem Zähen, Klebrigen, Farblos-Rührseligen: aber sein Unmut ist genau das Gegenteil von Mutlosigkeit. Bei ihm heißt's unzweideutig: »Ich sage euch: Fürchtet euch nicht! Greift in die Tasten. Greift wohin ihr wollt ... aber habt keine

Angst...« Er war es denn auch, der einstmals die notwendige und wahrlich hilfreiche Formel vom »Gratis-Mut« ins Gespräch einführte – nämlich vom »Gratis-Mut« derjenigen, die sich so wunderbar heroisch und märtyrerhaft vorkommen, wenn sie, gottbehüte, irgendeine mächtige Instanz attackieren: eine Partei, einen Minister, eine Mode, einen Mumpitz. *Courage,* als Objektivation innerer Freiheit, ist für Enzensberger etwas schlicht Selbstverständliches. Darum erfüllt ihn auch nicht das erhebende Selbstwertgefühl, wer weiß wie mutig zu sein, bloß weil er mitteilt, wie ihm *zumute* ist.

So spannungsvoll sich das, was er anstrebte, was er für zutreffend, nötig, verwerflich hielt, auch geändert haben mag im Lauf der Jahre: als Charakter im Strom der Welt blieb er sich immer und bewunderungswürdig produktiv treu. Noch jüngst hat er auf die Scherzfrage eines Schweizer Magazins gar nicht nur scherzhaft geantwortet. »Was ich mag – was ich nicht mag« heißt das Spiel. Was mag er also nicht? Zum Beispiel: »Galeristenkunst«, »photographiert werden«. »Sämtliche Werke des Marquis de Sade«. Er mag weiterhin nicht: »Sektierer, Alle Arten von Sport. Gäste, die nicht gehen. Personen, die das Bedürfnis haben, andere Personen festzunageln.« Gewisse Avantgarde-Eitelkeiten mag er gar nicht. Er mag also höchstbegreiflicherweise »Theaterrezensenten-Theater« nicht, »Film-Kritiker-Filme«, »Expressionismus und andere Formen der Kraftmeierei«. »Machterotiker, Städteplaner. Östliche Weisheiten aller Art.« Letztes Beispiel fürs von ihm Nicht-Gemochte: das sogenannte »gemütliche Beisammensein«. Warum nicht? Wir ahnen es zunächst: weil es erfahrungsgemäß so leicht zu klebrigen Unaufrichtigkeiten verleitet.

Erscheint ein Talent, ein literarisches Naturereignis solchen Formates, so wie Enzensberger Mitte der fünfziger Jahre in der Bundesrepublik erschien: in der Gruppe 47, in Zeitungen, Rundfunkanstalten und Diskussionen – dann beginnt nicht tastend-unauffällig eine bescheidene Schriftstellerkarriere. Sondern dann fällt ein Blitz über die literarische Landschaft. Ein Blitz, der Bewunderung, Verblüffung, Respekt hervorruft. Freilich provozieren Könnerschaft, Metier, Parteilichkeit und Einfallsreichtum auch viel säuerliches oder mokantes Mißtrauen. Denn sichere Brillanz deutet auf Leichtfertigkeit hin – so als ob jemand, der mit originell gestellten Aufgaben unverschwitzt und leicht fertig wird, darum auch ein Leichtfertiger sein müsse.

Jetzt ließe sich Enzensbergers Laufbahn, die ihn zum Star internationaler Kongresse machte, zum anthologie-reifen Lyriker, zum eminenten Essayisten, zum unternehmungslustigen erschreckend belesenen Herausgeber der »Anderen Bibliothek«, zum literarischen Markenartikel – jetzt ließe sich diese Karriere als blendende Success-Story ausbreiten.

Das begann spätestens mit der »Verteidigung der Wölfe«, seinem ersten Gedichtband, der 1957 herauskam. Enzensberger war damals ganze 28 Jahre alt. Als kritischer Essayist, als Redakteur und Dozent hatte er sich schon längst hervorgetan. Nach der »Verteidigung der Wölfe« feierte ihn die literarische Öffentlichkeit. »Endlich haben auch wir einen zornigen jungen Mann«, jubelte Alfred Andersch. Bald kamen weitere Gedichtbände. Enzensbergers große Essays wurden berühmt. Er griff »Die Sprache des Spiegel«, also die effektvolle Magazin-Häme, an, und er ironisierte den beschwichtigenden Eiertanz-Journalismus der »Frankfurter Allgemeinen« – wobei er sich übrigens keineswegs die Feuilletons vornahm, sondern die ihm bedeutungsvoller scheinenden politischen Redakteure. Hans Magnus Enzensberger war noch nicht 35 Jahre alt, da hatte er bereits den wichtigsten deutschen Literaturpreis bekommen, den Büchner-Preis, da war er bereits in ganz Europa, in Rußland, Amerika, Mexiko gewesen, da galt er als Institution.

1965 gründete er das »Kursbuch«, eine undogmatisch linke, aufklärerische Zeitschrift, die das Denken einer ganzen Generation begleitete, prägte, durcheinanderbrachte. Dieses »Kursbuch« war Zentrum, Kaffeehaus, Tummelplatz und Podium der ehrgeizigen studentisch-politischen Intelligenz Deutschlands, aber keineswegs nur Deutschlands. Wer damals wissen wollte, wohin der Weltgeist unterwegs sei, verschlang Enzensbergers Essays. Ich erinnere an den »Baukasten zu einer Theorie der Medien«, aus dem »Kursbuch 20«. Ich senke die Stimme zum ernsten Gedenken an das mittlerweile fast rührend historisch gewordene skandalumwitterte »Kursbuch 15«, wo der »Tod der Literatur« konstatiert, aber auch als unsterb-

liche literarische Unmutsmetapher relativiert worden war. Im
»Kursbuch 30« beschäftigte sich Enzensberger mit dem »Revolutionstourismus«, denn er war ja auch, anfänglich voller idealischguten Willens, in Castros Cuba und Chruschtschows Moskau gewesen, worüber manche entweder ahnungslosen oder verbiesterten Enzensberger-Hasser bis heute noch nicht hinwegkommen konnten. Ein wenig später publizierte er eine hellsichtige »Kritik der politischen Ökologie«, das war um 1973. 1978 begrub Enzensberger im »Kursbuch 52« die linke Heilsgewißheit der revolutionären Utopisten. »Diese akademischen Exorzisten«, schrieb er, »begreifen nicht... daß man Mythen nicht durch Seminararbeiten widerlegen kann... Statt dessen weigern sich unsere Theoretiker bis heute zuzugeben..., was jeder Passant längst verstanden hat: daß es keinen Weltgeist gibt; daß wir die Gesetze der Geschichte nicht kennen; daß auch der Klassenkampf ein ›naturwüchsiger‹ Prozeß ist, den keine Avantgarde bewußt planen und leiten kann..., daß wir mithin, wenn wir politisch handeln, nie das erreichen, was wir uns vorgesetzt haben, sondern etwas ganz anderes, das wir uns nicht einmal vorzustellen vermögen; und daß die Krise aller positiven Utopien eben hierin ihren Grund hat...«

Gewiß, er verschmäht die »Pointierung« nicht, den Effekt, die radikale Formulierung, die sich aus dem offenen Parlando seines Diskurses löst und einen Gedanken auf die Spitze treibt. Das ist wahrlich viel, aber nicht sein Spezifischstes und Bestes. Eigentümlich für ihn scheint etwas anderes zu sein: dieser Schriftsteller klebt nicht am mühsam Zusammengebrachten. Er verteidigt nicht eifernd Positionen. *Er sucht nicht, Investitionen zu retten – sondern er sucht.* So als hänge er gar nicht am Glanz des eben noch so schön und vielbelobt Formulierten. Er läßt sich immer wieder ein, geht zu weit, probiert Hypothesen, kaschiert Rückzüge nicht. Sieht sich gleichsam neugierig zu beim Suchen, beim Herstellen radikaler oder potentiell anarchistischer Versuchsanordnungen. Das schafft natürlich Gegner, Feinde, Kontrahenten. Wir kennen seine noble Auseinandersetzung mit Hannah Arendt; Uwe Johnson wiederum ärgerte sich im Band II der »Jahrestage« pedantisch-maliziös über des jungen Enzensberger hochmütige Amerika-Schelte; Habermas schrieb

Herrn Matthias Kepplinger, der ein dickes Buch gegen Enzensberger verfaßte, er habe mit dem von ihm gescholtenen *Harlekin am Hof der Scheinrevolutionäre* tatsächlich Enzensberger gemeint, was wiederum besagter Kepplinger auf Seite 306 seiner Anti-Enzensberger-Bibel in einer triumphierenden Fußnote vermerkte. Und so weiter...

Leute, denen das Organ für Enzensbergers anarchische Substanz, für seine Neugier und sein Tempo fehlt, begreifen nicht recht, daß dieser Schriftsteller sozusagen immer wieder Selbstversuche unternahm, daß er offen war und ist für neue Erfahrungen, daß er sich nicht ängstlich hinter seiner Marx/Engels-Ausgabe verkroch, sondern daß er viel und ausführlich reiste – nach Cuba, nach Moskau und anderswohin. Er ließ sich mit Haut und Haar, vor allem aber mit wachen Augen ein auf die Lebensformen, die Mühsal des zu reproduzierenden Daseins sowohl im gnadenlos real existierenden Sozialismus wie auch im gnadenlos funktionierenden Kapitalismus. Und er ließ sich nirgendwo zur Einseitigkeit nötigen – nur weil es anderswo noch schlimmer ist. Mittlerweile ging er so weit, spöttisch zu formulieren, daß die Leute, die immer so dröhnend vom »sozialistischen Lager« reden, eigentlich mit Recht das schlimme Wort »Lager« wählen... Doch darum denkt er über Bonn nicht milder.

Nicht einmal die furchterregende Forderung nach »Konsequenz« vermag ihn zu schrecken! In seinem großen Text vom »Ende der Konsequenz« schrieb er Anfang der achtziger Jahre, die Liebhaber der Konsequenz wollten auch dort, wo kein Weg weiterführt, ihre Idee in die Tat umsetzen. Das könne mörderische Folgen haben. Und nun wörtlich: »Wo Konsequenz nur um den Preis der Barbarei oder der Selbstverstümmelung zu haben ist, kommt sie mir als ein verabscheuungswürdiger Anachronismus vor... Dabei liegt die Alternative ziemlich nahe. Wenn euer Denken, liebe Kollegen«, so fährt Hans Magnus Enzensberger fort, »diese Grenze erreicht hat, warum kehrt ihr dann nicht einfach um und probiert den nächsten unerforschten Weg aus... Natürlich müßt ihr mit eurer Sehnsucht nach den heroischen Zeiten fertig werden, in denen es noch so aussah, als könne einer ein für allemal im Recht sein. Natürlich dürft ihr keine Angst haben vor dieser oder jener Partei...«

Da haben wir sie wieder, diese Freiheit von Angst, diese Freiheit zur produktiven Inkonsequenz. Sie ist das Gegenteil von bequemem Opportunismus. Hier will jemand immer und unter allen Umständen auf der Höhe dessen leben und schreiben, was er für wahr erkennt. Vor gut 180 Jahren hat Friedrich Schlegel die Tücken des Systems genial erfaßt und zusammengefaßt: »Es ist gleich tödlich für den Geist, ein System zu haben und keins zu haben. Er wird sich also wohl entschließen müssen, beides zu verbinden«, schlug Schlegel konsequent inkonsequent vor. Und Goethe gestand: »Ich für mich kann... nicht an einer Denkweise genug haben; als Dichter und Künstler bin ich Polytheist, Pantheist hingegen als Naturforscher, und eins so entschieden als das andere. Bedarf ich eines Gottes für meine Persönlichkeit als sittlicher Mensch, so ist auch dafür schon gesorgt.«

Enzensberger braucht sich also seiner Konsequenzfreiheit nicht zu genieren. Aber macht ihn das alles nicht unheimlich, unberechenbar, unmenschlich? Steckt nicht etwas Ungreifbares hinter alledem? Er reagiert so unsentimental, er lächelt so unangefochten über Nostalgien, die er beschreibt wie exotische Krankheiten. Kurz: er nimmt auf sich, aufs anheimelnde Seelenleben so wenig Rücksicht. *Ein kluges, reptilartiges Geschöpf* soll ihn Freund Lars Gustafson voller erschrockener Hochachtung genannt haben...

Es scheint naheliegend, ist aber gleichwohl ein Kurzschluß, in Enzensberger den wohlbekannten Typus des genialisch unverbindlichen Literaten zu sehen. Wäre er Franzose, ein bißchen Rimbaud, ein Schuß Cocteau, eine Prise André Glucksmann, wir brauchten nicht viel zu rätseln. Aber von modisch-gesellschaftlicher Literaten-Betriebsamkeit kann in seinem Fall nicht, oder längst nicht mehr, die Rede sein! Was seine Analysen, seine meisterhaften Texte über große Forscher und Politiker betrifft, in dem faszinierenden Balladenbuch »Mausoleum«, wo die Naturwissenschaftler mit ihrer kühlen Erkenntnislust in der Überzahl sind und die Lebensläufe der Poeten kaum eine Rolle spielen – so nehmen typisch literarische, schöngeistige Themen in seinem bewunderungswürdig reichen spirituellen Haushalt einen auffallend kleinen Raum ein. Er ist wirklich kein Cocktailparty-Literat, den nur Kritiker, Kollegen und Neuerscheinungen interessieren. Auch seine Fernsehpersonality ist unterentwickelt, bedürfte lebhafter Pflege. Dieser vermeintliche Hans Dampf entzieht sich allen langweiligen, verregneten Gassen wie seine Lieblingsfigur: der fliegende Robert. Das Pathos gefühlvoller Selbstdarstellung fehlt ihm ganz – nicht weil er's nicht kann, sondern weil er's nicht will, weil er sozusagen außerstande ist dazu, was übrigens mit Bescheidenheit gar nichts zu tun hat. Das Fehlen des sich selbst affirmativ Wichtig-Nehmens, dieser Mangel an gefühlvollem Bedauern für die eigene Person bewirkt einen Nachteil – aber wir wollen diesen Punkt rasch hinter uns bringen –, nämlich den, daß Enzensberger mit der Bühne gewisse Schwierigkeiten hat.

Figuren, die es auf dem Theater zu etwas bringen wollen, müssen sich enorm ernst nehmen – müssen sich so ernst nehmen wie selbst in Becketts »Endspiel« der Ham, wie selbst beim absurden Ionesco der Behringer, beim kühlen Brecht der Galileo oder der Azdak es tun. Das ist nicht Enzensbergers Stil. Er, Hans Magnus Enzensberger, akzeptierte beispielsweise ohne Spur von Beleidigtheit und Gekränktheit einst in der »Gruppe 47« Hildesheimers harsche Kritik an einem von ihm verlesenen dramatischen Versuch, den ich übrigens seltsamerweise bis heute nicht vergessen habe. »Das ist vollständig mißlungen, und ich kann auch sagen, warum«, begann Hildesheimer temperamentvoll die Diskussion. Hans Magnus zog die Augenbrauen hoch – und das Stück zurück. Sollte er wirklich ein sozusagen staunenswertes Naturereignis sein aus Helle, Freiheit, Heiterkeit? Wirklich nur, um ihn selbst zu zitieren, »unter den Propheten der Katastrophe der Muntersten einer?«

Ja, wenn es seine Gedichte nicht gäbe! Jetzt ist der Augenblick herangerückt, dem bisher entworfenen Bilde vom mutigen, klugen, wandlungsfähigen und brillant unternehmungslustigen Charakter noch die Farben, die Halbschatten und Heimlichkeiten des wahrhaft Lebendigen hinzuzufügen. Die dunklen Töne: nämlich Enzensbergers poetische Sendung, sein lyrisches Vermögen!

Neben diesen Gedichten, die Enzensbergers Existenz wie ein lyrisches Tagebuch begleiten, hat er einen bedeutungsschweren, aus 33 Gesängen bestehenden Zyklus vorgelegt: »Der Untergang der Titanic«. Das nennt sich, unter nicht unberechtigter, aber koketter Berufung auf Dante »eine Komödie« und verbindet die tief-symbolische Havarie des Jahres 1912 mit dem Altern unserer Welt und dem Älterwerden unseres Autors. Ein kleines, gewichtiges Meisterwerk »großer Poesie«, wie Nikolas Born bewundernd schrieb.

Manchmal ordnet der Lyriker Enzensberger sprachliche Wendungen mit wunderbar enthüllendem Sinn. Etwa über das, was ein Mund tut, was eine Redensart verschweigt, was man »verliert«. Er wählt aus und macht lebendig. Das Geheimnis der beziehungsvollen Wahl scheint dann in der Tat größer als das der beliebigen Erfindung. Der Lyriker Enzensberger arrangiert dann Sprache, wie er als Epiker Texte und Dokumente zu arrangieren versteht. Aus der von ihm gestifteten Bewegung des Materials werden bewegende Texte. Seinem lyrischen Ich gönnt er übrigens manchmal jenen hymnisch-prophetischen Ton, den er als empirische Person gewiß nicht so ohne weiteres anschlüge: finsterer Zorn gebiert über-private Verse.

Die kritische Phrase, daß Enzensberger auf dem Wege sei von Brechts klarem Wissen zu Benns lakonischem Zweifel, hilft zum Verstehen seiner Gedichte überhaupt nicht. Man muß sich vielmehr immer wieder hineinfühlen in eine beherrschte Flucht gelassener und origineller Bilder.

Wenn man jung und klug ist, kann man fabelhaft eifrig über den »Tod« reflektieren. Muntere Seminare aufgeschlossener 20jähriger Studenten und Studentinnen diskutieren dann lebhaft über das Todesmotiv bei Thomas Mann, bei Schubert oder bei Heidegger. (Wie engagiert habe ich selbst einst dabei mitgetan!) Das Sterben wird begrifflich seziert, die Referate werden sorgfältig benotet, und unter Aufsicht eines souveränen Professors gelingt es ohne Rest und ganz zweifellos, den Tod »akademisch« zu erledigen.

Bereits der ganz junge Enzensberger war über solche wichtigtuerischen Seminarspiele hinaus. Er schrieb ein zartes Gedicht, das »Erinnerung an den Tod« heißt. Lauter verwunderte und verwundete Feststellungen fangen da etwas ein, was soeben doch nur ein Dichter festmachen kann: Jene Wehmut, die sich, falls sie geschmacklos beim Namen genannt würde, in lauter Phrasen auflöste: »Alkibiades, mein Spießgeselle...«.

Dreißig Jahre später, als er schon für sprachlose Kreaturen, ja sogar für tote Substanzen das lyrische Wort ergriffen hatte, gelang ihm eine Metapher für den verlorenen Zukunftsglauben, wie sie eleganter, sinnfälliger, persönlicher und betroffener schwerlich zu denken ist. Dieser kurze Text aus Enzensbergers bislang letztem Gedichtbändchen heißt »Sprechstunde«. Er scheint zunächst die höchst private Klage eines Mannes, dem seine Liebe zu einer ziemlich mühseligen, heißbegehrten Frau abhanden kam. Diese Frau, auf die so gar kein Verlaß ist, die nie pünktlich sein kann, die sich kokett entzieht – diese Frau war, am Ende stellt es sich überdeutlich heraus, kein Weib, sondern die Zukunft. Wenn man diese Pointe durchschaut, dann weiß man, daß der Verlust der Zukunftsperspektive für ehemals überzeugte Aufklärer eben kein bloß theoretisches Abbuchen irgendeines Irrtums war, sondern das Zuendegehen einer schicksalhaften Beziehung. Insofern gibt Enzensbergers sachliche Romanze viel mehr als nur eine Variation über Valerys berühmten Satz »Die Zukunft ist auch nicht mehr das, was sie einmal war.« In Form einer banalen Szene bietet uns der Poet die Metapher eines fatalen Verlustes.

Enzensbergers Kunst bei alledem ist: eine Sache, ein Problem ganz und gar zu durchdringen – dabei aber selbst ganz und gar undurchdringlich zu bleiben...

15. Martin Walser

Ein Ich und seine witzigen Ängste

Mit Tonfällen, Redensarten, abgenutzten Flickwörtern kann Martin Walser virtuoser und produktiver umgehen als irgendein Autor seiner Zeit, seiner Generation. Unnachahmlich, was er etwa dem Wörtchen »schon« entlockt an Resignation, Ingrimm, Skepsis. Im Roman »Der Sturz« ist Anselm Kristleins Chef ein gewisser Blomich.

> Er wohnt drüben im Haupthaus. Ich bin im Haupthaus nur auf ausdrückliche Einladung erwünscht. Das weiß ich schon. Diese Einladung wird aber häufig genug ausgesprochen. Gut, es ist immer wieder ein Warten. Aber niemals lasse ich mich etwa herbei, die Tage zu zählen.

Unübersehbar, wieviel Angst, wieviel Sich-Selbst-Überreden-Wollen hier in das »schon« und in das »Gut« katapultiert scheinen.

Aber dann kommt unvermeidlich der Einwand, der bei Martin Walsers Dramen noch lauter ausgesprochen wird: aus solchen gewiß geistreichen Sprachfunden oder wohlformulierten »Feuilletonismen« werde kein Stück, kein Buch, kein großer Roman.

Darüber, daß Walser der originellste Rhetor oder Porträtist oder Essayist der deutschen Nachkriegsliteratur sei, wäre schon eher Übereinstimmung zu erzielen. Unwiderstehlich vermag er sich ins Zeug zu legen, wenn er eines Autors vermeintliche Schwäche als dessen wahre Stärke feiert, wenn er »Liebeserklärungen« abgibt: amüsant, fesselnd, existentialistisch-ironisch. Nie müht er sich um banale Probleme, verirrt er sich ins Abwegige. Seit Thomas Mann hat kein deutscher Schriftsteller schöner, hingebungsvoller, neugieriger machend zitieren können.

Walser schreibt, daß dem Leser die »Neutralität«, die »Objektivität« vergeht. Wenn man selber aus der Generation des 1927 geborenen »47«ers ist, findet man das Generationsgefühl, die individuelle Mühsal und den politischen Kummer unserer Zeit bei Walser derart authentisch formuliert, daß man irgendwie urteilsunfähig zu werden meint. Über *neueste Stimmungen im Westen* vermag niemand treffender Auskunft zu geben als dieser Bodensee-Anrainer. Wer im 21. Jahrhundert herausbringen möchte, was »die« deutschen Intellektuellen und Schriftsteller so zwischen 1955 und 1985 umtrieb, der sollte bei Walser nachlesen. Walser übersetzte unser bundesrepublikanisches, nicht sehr großzügiges, hauptstadtloses Denken und Fühlen in ein proustisch-anmutiges Deutsch. Enzensbergers spöttische Charakterisierung seines Freundes Walser »Der Proust von Wasserburg« traf Wahres.

»Um sich zu unterscheiden, müßte man nicht anders denken, sondern anders sein, denkt Meßmer« (und formuliert eben doch nur ein Walser). Oder: »Ohne Hoffnung ergreift dich Geschäftigkeit«. Und: »Das ist typisch für die Erschöpfung, sie erlaubt nichts mehr als ihre Betrachtung.«

Walser stand der DKP nahe, was die Bürgerlichen beunruhigte; später wollte er Leipzig nicht als Heimat verloren geben, wollte er um Gerechtigkeit für Leo Schlageter werben, was ihm Linke und Antifaschisten entsetzt übelnahmen. Tatsächlich waren Walsers eigentliche politische Parteinahmen oder Polemiken stets weniger typisch und repräsentativ als die zum Ton, zur lebendigen Formulierung geronnenen Wahrheiten, auf die er so häufig bei seinem irrenden Suchen oder blitzenden Finden stieß.

Oft führte des einst heftig-linken Schriftstellers Vokabular scharfe Zeitkritik vor – während die erzählte Welt, die Kulissen, durch welche seine Outcasts sich quälten, sich bei näherem Hinsehen als archaische Ur-Welt herausstellten, mehr für Molloy oder Odysseus als für mobile Angestellte bereitet. Als entfesselter Subjektivist schuf Walser sich einen gleichsam marxistischen Überbau (so wie bürgerliche Schriftsteller sich einst einen idealistischen Überbau leisteten).

Um alles das scheren Walsers Helden sich kaum. Das Ich, das keinerlei produktiven Zugang zur (kapitalistischen) Welt findet, nutzt seine Isolierung als Chance zur Verdoppelung. In »Jenseits der Liebe« fühlt Horn sich als Opfer von Umständen, wird dabei um so weniger mit sich fertig. Wie so viele erzählende Ichs des Autors Walser verhandelt er dialogisch mit sich selbst.

> Er wagte es nicht.
> Feiger Hund.
> Bitte.

So verkehrt Walsers Ich mit seinem Ego. »Was lag ihm schon an ihm.«

Später hat Walser solche Sätze und Ansätze in einem substantiellen Quasi-Aphorismen-Büchlein – »Meßmers Gedanken« – zu Ende formuliert. »Ich kann mich mir bald nicht mehr leisten.«

Innenspannungen, Unausgeglichenheiten, Widersprüche, Schrägheiten machen Martin Walser erst eigentlich produktiv. Am gefährdetsten ist er paradoxerweise immer, wo ihm etwas glatt und brillant gelingt. Natürlich: sein ewiger Selbsthader fordert Mitleid heraus. Manchmal möchte man Walser zurufen, was Meßmer sich selber rät: »Laß dich in Ruhe«. Doch glücklicherweise war Walser eben dazu nie imstande. In Ruhe ließ er sich nicht. Fazit: »Früher oder später wird alles Kunst.«

»Das Einhorn« – Schwimmen und Untergehen im Sprachozean

Fluor, so versichern die Chemiker, ist ein nicht frei vorkommendes gelbgrünes Gas. Martin Walsers Genie – und wer gutgesetzte Worte achtet, wird Walser Formuliergenie zugestehen – kommt gleichfalls nicht frei vor. Immer, sowohl in den Dramen wie auch in den Romanen »Ehen in Philippsburg« und »Halbzeit« (am wenigsten in den Essays) scheint Walsers Bestes gebunden an Begleitumstände, die selbst stumpfe Leser irritieren. Es ist ärgerlich leicht, gegen Walser zu argumentieren. Man spürt das Fluor in den Walser-Büchern und tadelt die Verbindungen, in denen es erscheint. Bei Walser wird unentwegt Brillanz bestätigt und dann aufs Nächste gehofft.

Daß Walser die Einwände, die sich gegen sein »Einhorn« nahelegen, in seinem Proust-Essay formulierte und dort in Vorzüge umdeutete (»schön, der Erzähler Proust verliebt sich in drei Frauen auf diesen fünftausend Seiten, er verreist zweimal oder dreimal... aber das ist noch nicht einmal die Spur einer Handlung«. Und es lasse sich da auch kein »sinnträchtiges oder bedeutungsvolles episches Nacheinander« entdecken), macht die Sache nicht besser. Doch lohnt es überhaupt, Walser entgegenzuhalten, was er selber weiß? Hat es Sinn, ihn rechthaberisch, demütig und »besorgt« zu bitten, das nächste Mal seine Figuren nicht in schöner Sprache ertrinken zu lassen, die Proportionen ordentlicher herzustellen? Soll man ihm nahelegen, nicht so strömend zu formulieren wie Bluter bluten, auf daß Ordnungskrusten entstehen, Gewichte sich ergeben, Menschen erkennbar auf dem Wortmeer herumschwimmen und Lesesympathien möglich werden?

Nein, das hat keinen Sinn. Dieser Martin Walser bedarf anscheinend der Enthemmtheit, um sich auf die epische Spur zu kommen, des unreinen Rauschs, um zu entdecken. Was an Arzneien überhaupt verfügbar war, um die Bluterkrankheit einerseits zu heilen und andererseits zu motivieren, ist ja alles klug und wirkungslos und selbstkritisch eingebaut, vom Leitmotiv über die formale Klammer. Aber das Bedürfnis jeder Walserischen Sprachgebärde, in Rage zu geraten, ironisch und selbstironisch und anspielungsreich und originell und linienuntreu und manchmal einsam treffsicher und manchmal ein ordinärer Kalauer und manchmal irrwitzig zu sein, blieb bestehen. Darum scheint die Formel vom »geglückten Walser-Roman« einstweilen eine contradictio in adjecto, ein Widerspruch in sich selbst.

Was da alles nebeneinander herläuft! Zunächst geht die epische Eigenständigkeit, der Wunsch, Welt herzustellen, so weit, daß von den »Ehen in Philippsburg« über die »Halbzeit« bis hin zu diesem »Einhorn« einige Rand- und Hauptfiguren erhalten blieben, weil unter Walsers Direktion zunächst kaum gestorben wird, wohl aber geliebt und geboren, was jedoch beileibe nicht als Zeichen von Optimismus auszulegen ist. Diese Verschränkung der epischen Tafelrunde des Königs Martin aber wirkt eher wie eine Schutzmaßnahme, wie eine Übermalung des hier oft eindeutigen Porträt- wenn nicht Essaycharakters. Adorno wird genannt, Lumumba ermordet. Das muß Uwe Johnson, dies könnte unser lieber S. sein, und trägt nicht jene Dame die Züge von der schönen Soundso? Freilich sind es immer nur Einzelzüge, von Wortmassen versteinert, erdrückt. Fiktionswesen, deren Namen oft das Charakteristischste sind, was sie an sich haben, sagen Walser-Sätze und halten sich über die Romane hin fest aneinander.

Natürlich gibt es Unterschiede. Während etwa die erosfrohe Schweizerin Melanie doch nur wie ein lustiger Einfall wirkt (es ist komisch, Sinnliches ausgerechnet in Schwyzerdeutsch zu lesen, von dem – Vorurteil hin oder her – der Reichsdeutsche alles andere erwarten möchte), taucht die liebe Düsseldorfer Barbara, mit der Anselm sich in eine eher anstrengende Affäre einläßt, recht amüsant aus der Brillanzflut auf. Walser hat ihr eine ziemlich genau durchgehaltene Sprachgestik geschenkt. Barbaras reicher, wenn auch ungeschiedener Freund ist »Berliner, Kaiserreichsadel, Bankier, hat in Brüssel in die Branche geheiratet, Privatbank, nicht gerade Lambert, aber immerhin, war lose protestantisch, jetzt irre katholisch, kann sich natürlich nicht scheiden lassen, aber Bibisch kränkelt«. So plappert das ganz einleuchtend dahin, heult los, hält auf, errät Weglaufgedanken. Anselm, dem die Liebe nicht leicht wird, hat hier die größte Distanz, die prächtigste Ironie. Später, wenn es eigentlich ernst sein müßte, bei Orli – dann wird nur der Jäger fühlbar (nämlich Anselm), aber die Gejagte bleibt hold-großes Phantom. Und die Gattin hat sich doch nur in Richtung Schweigsamkeit verändert: Sie ist nicht ganz mehr dieselbe wie in »Halbzeit«, auch nicht erkennbar neu, obschon aus Alissa von damals Birga von heute wurde: Warten wir ab, wie wir sie wiederfinden im nächsten Roman, für den sie den Vornamen Anna noch in petto hat.

Der Roman hat das Handikap, ein Schriftstellerroman zu sein, also das Schreiben und das Intellektuellendasein notwendig wichtig zu nehmen und dann erst der Distanz auszusetzen. Wie in Max Frischs weit härter durchkonstruiertem Gantenbein-Buch regiert oft die Möglichkeitsform.

Anselm Kristlein, der einst Werbetexter war, wegen eines aufsehenerregenden ersten Romans nun die Autorenexistenz auf sich genommen hat, blickt vom Erschöpfungsbett zurück auf einige Monate, die ihn höchstbegreiflicherweise niederstreckten. Seite 7 bis 21 befindet er sich auf der Flucht in die Krankheit. Seite 21 bis 67 wird Vorgeschichte nachgeholt: der Umzug von Stuttgart in die Münchner Marsstraße und die etwas forcierte Schilderung eines Münchner Festes, auf dem die meisten Hauptakteure keineswegs unvergeßlich erscheinen. Dann folgt wieder ein bißchen gegenwärtige Lagebesprechung. Darauf, bis Seite 95, kommt die Sache in Gang: Eine sehr anspruchsvolle, in Liebesdingen denkbar freien Anschauungen huldigende Schweizerin verlangt von Anselm (erstens ihn selbst und zweitens) einen Sachroman über die »Liebe«. Anselm schreibt ihr dafür auf, was er erlebt; wir lesen aber auch, was er der Dame lieber doch nicht mitteilt und denken mit Anselm nach, was eigentlich alles zu diesem Roman gehört und was doch nicht formulierbar sein mag. Zunächst ist da eine Schilderung der Schriftstellerexistenz (bis Seite 102), dann drängt eine Vortragsreise sich vor, mit stellenweise brillant geschilderten Liebes- oder Leibesepisoden.

Ab Seite 200 beginnen die bewußten Wiederholungen. Also noch einmal Liebe mit der Auftraggeberin, noch einmal Fest, aber diesmal am Bodensee bei Bloomich. Rosa-Episode. Erst ab Seite 349 kommt die Leidenschaft ins Spiel. Sie heißt Orli und will erobert sein. Das ist nun ganz etwas Neues in diesem Roman. Anselm, zur Arbeit am Bodensee, tut sein Bestes und hat Erfolg. Freilich nicht bei der Schweizerin Melanie-Moumoutte, die sich lieber an aller Prüderie entronnene, junge amerikanische Eros-Autoren hält und sogar die monatlichen Zahlungen einstellt, wohl aber bei jener großen und doch nie ganz sichtbar werdenden Orli, die glücklicherweise schließlich verschwindet, während Anselms Gedächtnis seinem Leib die Verlorene nicht wiederzugeben vermag (für diesen Leib zählt nur Gegenwart, natürlich versagt die Sprache, weil ihre Vergangenheitsformen eben etwas anderes im Sinn haben, als Gegenwart, nichts als Gegenwart zu geben). Allmählich verliert sich also die Verlorene zum zweitenmal. Im letzten Satz überlagern sich geliebte Gattin und Geliebte Orli: Aus Birga und Orli werden Birli und Orga. Anselm aber liegt in München zu Bett und versucht, Vergangenes zu schreiben, ohne daß die »Zufälle vom Bedeutungsschimmel befallen werden. Am liebsten wären sie mir: naturrein, ohne Bedeutung. Mir genügte es, ihnen entströmte, aufgehängt, beim Trocknen, ein Hauch Notwendigkeit. Besonders bei Tag und bei Nacht«.

Wie ist dieser letzte Satz des Anfangskapitels zu lesen: »Besonders bei Tag und bei Nacht«? Ist das eine ironische Umschreibung für das dünnere »Immer«? Oder ein Witz wie »Von der Wiege bis zur Bahre sind die schönsten Lebensjahre«, oder ein auf Originalität zielendes Ausschwingen einer allzu starken Formulierenergie, der man nicht pedantisch wortklaubend kommen darf? Mit dieser Frage könnte man, ich weiß, zwischen Odysseus und »Ulysses« jedes große Werk der Weltliteratur unzählige Male belästigen. Nein, doch wohl nicht unzählige Male. Homer schläft manchmal, Joyce kümmert sich nicht um Wahrscheinlichkeiten. Was bei Walser (und diese Nachbarschaft ist nicht als Qualitätsnachbarschaft zu nehmen) ratlos macht, ist die Verselbständigung des Sprachflusses. Das ist oft nicht mehr er, nicht mehr der Erzähler. Der autonome Sprachfluß drängt das Ich beiseite. Vielleicht gibt es keinen Autor, und darin läge eine Erklärung für unser Fluor-Rätsel, der einem solchen Sprachfluß gewachsen sein könnte, der so viel zu erreichen und dennoch die Beherrschung zu behalten vermöchte. Jetzt sieht man erst, was das Konstruktionstalent von Grass eigentlich wert ist.

Während Walser in seiner Sprache sich verstrickt, fördert er freilich mehr Prosa-Virtuosität zutage als jeder andere. Sein Wortschatz ist atemberaubend, für jeden Schreibenden ein Gegenstand des Neides, Anlaß zu reiner Resignation. Aber er schreibt auch Schweizerdeutsch, das man laut lesen muß, Mittelhochdeutsch, ein paar Fremdsprachen; mischt, fabuliert, wird vollends unverständlich, erbarmt sich wieder.

Er übertreibt mit dem Bewußtsein zu übertreiben, weil es eine geheime Übereinkunft zwischen dem Autor und dem Lesenden gibt, daß schöne, phantasievolle Übertreibung erlaubt sei. Man fragt nicht: Stimmt das auch, wenn ein Walser die Tatsache, daß jemand erschöpfungskrank zu Bette liegt, dahingehend ausbeutet, daß der Leser den Betreffenden als »verschwitzten Klaustrophilen« nehmen wird. Zu solchem Spiel macht man hilflos gute Miene. Und wie herrlich wird's dann, wenn wir einer kunstvoll Zigarettenrauch von sich gebenden Schönen zuschauen, und wenn ein einziger Satz sowohl eine blöde Floskel als auch Bildung als auch die Selbstironie sinnloser Bildung, als auch den Hinweis, daß der Betreffende natürlich an was anderes gedacht hat, enthält. »Diesen türkisfarbenen Rauch blies die Dame in zwei auseinanderströmenden Bahnen aus. Solche scheinwerferhaft solide Bahnen dürfen sonst nur aus den Nüstern mythologischer Pferde strahlen. Und erst weit draußen über ihren Knien lösten sich die zwei Rauchbahnen in Wirbel auf. Es entstanden aber nicht für kleinen Beifall ein paar flach schwebende Kringel, sondern zwei wirbelnde Wolken.« Jetzt aber kommt der Satz: »Ich darf sagen, Anselm hat sofort an Laplace gedacht.« Herrlichkeiten dieser Art sind ein paar Hundert aus diesem »Einhorn« zu zitieren. Endlich auch löst sich ein Autor aus der Umklammerung durch den Duden, unterwirft die Kommasetzung, die Groß- und Kleinschreibung, die Grammatik dem Gesetz des Ausdrucks ohne jeden Krampf (während ja die strikte Befolgung regelmäßig in Krampf auszuarten pflegt). Daß da manchmal ein bißchen reaktionär argumentiert, ein bißchen gehässig fixiert, ein bißchen »gewagt« assoziiert wird, nimmt man in Kauf.

Aber die große Richtung ist Walser im Rausch der Worte nicht etwa *naturrein, ohne Bedeutung* geraten, sondern als Dämonologie. Derselbe Autor, der distanziert von den »Übergrößen« der klassischen Tragödie schrieb, stellt lauter Übergrößen her. Ich kann die Notwendigkeit, die gezielte Übertreibung in der Gestalt des ungemein schlauen, rasend selbstbewußten, Parties in Vernichtungsschlachten mit Ohnmacht und Blut verwandelnden Komponisten namens Nacke Dominik Bruut nicht erkennen. Solche tausendfach potenzierten Wagners, die den Papst Unanständiges singen lassen, laufen hier und heute nicht mal andeutungsweise herum, eher verhemmte Akkordarbeiter, die sich mit Dirigenten und Intendanten gutstellen.

Und was es da sonst noch so alles gibt: Masochistenkoffer, besinnungslos verliebte Diskutanten, herrlich echte Feindseligkeiten: das hat alles anscheinend nur die Freude am dramatischen Formulieren mit sich gebracht, das ist manchmal überzogen wie die Wunschträume des einsamen, jahrzehntelang hinter Gefängnismauern verbannten de Sade, klingt mehr nach dem Zeitalter der Borgia als nach 1960 ff.

Anselms christlich-abendländische Hemmungen ersparen dem Leser wenig. Der blamiert sich witzig, sagt manchmal mehr als »alles« und hat ebenso viele herrliche Worte über gleißendes Wachsein und Menschenbetten, in denen es den Unparteiischen nicht gibt, wie über brutal animalische Vorgänge, die Walsers potentielle Feinde jetzt nach Lust und Laune zitieren können. Ein paar Kristlein-Besessenheiten entschädigen das lesende Deutschland für unseren Mangel an *four letter words*. Daß dieser sich sanft im Wege stehende und darum so sympathische Taugenichts einerseits die hier als »Veranstaltung zur Zerknirschung, Skrupelzüchtung und Gewissensüberschärfung, Selbstbeschimpfung und Entmutigung«, wie sagt man doch: *denunzierten* Diskussionen mit spielendem Hohn glänzend erledigt, andererseits aber treuherzig über seinen Mangel an Diskutierzitaten klagt, weshalb er immer so drauflosquatschen müsse, macht immerhin einige der zahlreichen hier vorgeführten Anselme unwahrscheinlich. Kann Charakterisierung tatsächlich durch fortlaufende, stets neu ansetzende Beschreibung ersetzt werden?

Martin Walser hat also sein Einhorn nicht zähmen können. Das ist ein herbes Fazit, freundschaftsgefährdend und vielleicht von Askese angekränkelt. Zu diesem Fazit gehört freilich auch, daß mich, den Lesenden, seit langem nichts so beschäftigt hat wie Walsers Buch, und daß ich, fasziniert von solchem Mißlingen, auf den nächsten Roman aus Friedrichshafen warte, weil Niederlagen eines mit solchen Waffen ausgestatteten Streiters tausendmal aufregender sind als vernünftige Siege von rechts oder links.

»Fiction« – Ein Romancier fällt sich ins Wort

Da es sich doch nicht vermeiden lassen wird, jenes vornehme und so ungemein besorgt klingende nobel-gemeine Wort, wollen wir es lieber gleich zu Anfang aussprechen, damit es nicht wie eine mühsam erarbeitete Konsequenz klingt: Das Wort *Krise*. Zwei sorgfältige und umfängliche Besprechungen von Walsers neuestem Erzählwerk – von Günter Blöcker in der »FAZ«, von Wolfgang Werth im »Monat« – umschreiben es gewählter: »Resignation«, »Schwierigkeiten«, »Sackgasse«. Und auch unter Walser-Freunden, ob sie nun in »Fiction« direkt zitiert werden oder nicht, scheint das Büchlein Bestürzung hervorgerufen zu haben. Viele von ihnen verhalten sich nicht als Leser, sondern als besorgte Ärzte, sie stehen um ein Buch herum wie um einen hochinteressanten, diffizilen, bedenklichen Fall. Haben aus lauter Liebe zum Patienten weiße Chirurgenkittel an. Die Operationsgeräte sieht man nicht.

Also »Krise«. Was heißt das? Es heißt, daß jemand, dessen Talent bis zum Exzeß entwickelt ist, die Wahrheit, die Unwahrheit und die Selbstbewegung von Worten, Formeln, Abläufen zu erfüllen und zu durchschauen, daß dieser jemand immer wieder, solange er bewußt schreibt, den Versuch macht, seinem zur Selbstauflösung, zur Wort-Atomisierung drängenden Talent etwas entgegenzuordnen, was einerseits ihm selber glaubhaft erscheint, andererseits Haltbarkeit, man sagt vornehmer: Struktur oder Konsequenz oder auch Evidenz, verspricht. So gesehen, wird Walser bis zu dem Augenblick in einer »Krise« sein, da er tatsächlich resigniert, also irgendein von ihm als Unterhaltungs- oder Bedeutungsschablone empfundenes Vehikel benutzt. Dazu ist er im Augenblick noch zu tapfer. Vielleicht ekelt es ihn auch zu sehr davor. Er hat eben noch nicht resigniert. (Dazu Böll: »Die immer wiederkehrende, nachgerade schon peinliche Parole, der oder jener Autor stecke in einer Krise, ist nur unbewußte oder versteckte Schmeichelei, denn Autor und In-einer-Krise-Sein sind ja identische Begriffe.«)

Wie von jedem bewußten, sich verändernden, fortwährend befragten, nur durch seine Verbalisierungsfähigkeit lebenden und seine Existenz erhaltenden Schriftsteller gibt es natürlich auch von Martin Walser theoretisierende Äußerungen, die sich nun, da »Fiction« vorliegt, gegen ihn wenden lassen. Walser hat ja in den großen Romanen oft genug das Bewußtsein jemandes beschrieben, der als radikaler Privatmann seinem Beruf beziehungsweise einem jungen Mädchen nachgeht und in dessen Hirn die kursierenden Meldungen über Lumumba oder Vietnam kreisen, ohne etwas zu bewirken. Isoliert man dergleichen, ist das Ergebnis schon falsch. Man kann natürlich auch den Kunstargwohn Walsers isolieren. Es paßt ihm nicht, es stimmt ihn mißtrauisch, daß Kunst, wenn sie auf irgendeine Weise zustande gekommen ist, sogleich »Bedeutung« hat, sogleich zum Imitationsmodell gerät. Schöne Haltungen, in denen man sich nachfühlend einrichtet, für ein paar Stunden. Und es paßt ihm – wahrlich »andererseits« – nicht, daß sozusagen jeder Autor mit einer kostenlosen Handbewegung diese oder jene Haltung seines »Helden« vorführen kann.

Aber die Diskussion solcher Theorien ist eine Sache, das literarische Produkt, das mit der Gesamtperson Walser und nicht nur mit ihrem theoretischen Vorraum zu tun hat, eine andere. In »Fiction« wird keineswegs darüber entschieden, ob man »heute« noch erzählen kann, darf, soll oder nicht (wen, in aller Welt, könnte eine solche nichts besagende Entscheidung eigentlich interessieren?), sondern in »Fiction« wird an entscheidenden Stellen der Versuch gemacht, gehäuftes Klischeevokabular unseres neudeutschen Bewußtseins derart in Eigenbewegung zu bringen, daß die Wortbedeutungen (fast, so weit wie möglich) schwinden, verblassen und daß eine *prosapoesie-concret* entsteht. Da »Phrasen« nicht informieren, sondern einfach ihre Gravitation zur nächsten Phrase haben, macht Walser den Versuch, dem Wort seinen Informationswert zu entziehen. Dann entstehen Felder. Das ist aber keine soziologisierende »Kritik« am Umgangsdeutsch, keine Parodie des Partygeschwätzes. Es ist vielmehr die Reduzierung meinender Sprache zum Wortmaterial, wie man dergleichen bislang eher von Lyrik gewohnt war. Beispiel: »Wenn du deine nackten Füße vom Tisch nehmen würdest. Wenn ich dir sage. Wenn das so weiter geht. Wenn ihr noch zu mir kommen wollt. Wenn die Amerikaner nicht bald.« Oder: »Es lebe Cuba. Es lebe die Sehnsucht. Es lebe die Tendenz. Es lebe der größere Wunsch. Es lebe die Ideologie. Es lebe die Befreiung. Es lebe der Tod.«

Die interessantesten Passagen dieses nach Unverbindlichkeit dürstenden und darum gar nicht gelingen könnenden (es sei denn, die Unverbindlichkeit mißlingt...) Büchleins sind die, die logisch unverständlich scheinen. Die Frage, was da passiert, scheint mir viel aufregender, als daß man den Rat des Theaterdirektors Striese an die dramaturgisch tätige Gattin: »Was de nich verstehst, streichste« beim Rezensieren wiederholt und nur die plausiblen Sachen kritisiert, mit dem versteckten Hinweis, der Rest sei so ähnlich...

Plausibel ist an »Fiction«: Jemand, ein Heimleiter, spielt in fünf immer kürzer werdenden Kapiteln lauter Möglichkeiten des Sich-Verliebens und des Herumredens mit Münchner Freundinnen und Freunden durch. Da der Betreffende nur erzählt, kann er beliebig ändern, neu anfangen lassen, usw. Es ist kein Zufall, daß die sogenannte Omnipotenz des Erzählers ihre Entsprechung findet in seiner messerscharf peinlichen Impotenz bei der erotischen Sache selbst. Und man muß wohl keine unmäßig verdorbene Phantasie haben, um sogar im Titelwort eine ordinäre Assoziation mitzuhören...

Walser setzt immer wieder neu an, berauscht sich immer wieder neu, probiert immer wieder neue Selbstenthemmung wie unter Drogen, weil er dem würdigen Kunstbedeutungsanspruch einer notwendig also auch irgendwie bedeutenden Fabel entrinnen will. Er fällt sich ins Wort, er möchte die Selbstbewegung der Sprache, das reine Sprachmaterial ohne dessen verfluchte, bewußtseinsmanipulierende Implikationen ausgraben, vorführen. Das ergibt eben jene oben erwähnte Lyrik, oder es werden doch immer wieder unvermeidlich Walser-Sätze daraus. Was tut Walser nicht alles, um das Eingeschliffene vorzuführen, ohne sich damit zu beflecken. Sein »Ich« steht außerhalb, greift ein, die Prosa ist absatzlos, obwohl, gerade am Anfang, jeder Satz von einer anderen Bewußtseinsebene zu kommen scheint. Beobachtung und Erzählreflexion zur Beobachtung verschränken sich manisch und mühselig miteinander.

Muß man sagen, daß passiert, was unvermeidlich scheint: wie auch Walser sich stellt, umstellt, anstellt – bestimmte Einzelheiten, bestimmte Vokabeln streben, von seinem Rhythmus und seiner Individualität gehalten, zueinander, werden Halbgeschichten mit Halbbedeutungen. Oft schlägt der Autor um sich. Er wird blasphemisch, er probiert Sauereien, er überläßt sich einem nichts mehr sagenden, besagenden, aussagenden Wortrausch.

Wie aber ist das Bodensee-Ich beschaffen, dem München so imponiert? Der Nenner aus 1000 Fiktionen? Nun, es ist Walsers Ausschmückungsgabe, sein Talent der werbenden Übertreibung. »Ich bin ein großer Organisator... ich erledige das für Sie, ich könnte ohne Computer die Eroberung des Pazifik organisieren, allerdings müßten Sie es sein, die ihn erobern wollte.« Ein Walser-Satz. Und die Gemeinde kniet nieder.

Merkwürdig: wo er ins Fabulieren gerät, also gerade nicht bei der fortwährend sich selbst aufhebenden Fiktion, sondern etwa bei der Passage, wo der Erzähler sich erschreckt ausmalt, daß er sein Abiturzeugnis leider ausnahmsweise nicht bei sich hat: da wird's durchschaubar routiniert, mäßige Kafka-Nachfolge, wie so manche von Walsers früheren Sachen.

Bewußt kintopphaft erfahrene Wirklichkeit und Walsers Sprach-Sensibilität stoßen zusammen. Walser versucht, aus dem ästhetischen Patt herauszukommen. Rasend unkontrollierte Flucht nach vorn, eklektische Rückerinnerungen, wohlbekannte Walseris-men lassen sich erkennen.

Wie gesagt, ein solches Buch kann nicht »gelingen«. Aber ein Text namens »Fiction«, keine 100 Seiten lang, tut doch nie so, als biete er Ergebnisse, die man nach Hause trägt, die eine wohlgemute Antwort auf die selbstsicher realistische Frage zulassen, was der Autor mit dem Werk sagen, welches Bild von der Gesellschaft er malen wollte. Walser macht hier »nur« darauf aufmerksam, was mit Sprache geschieht und was seiner Ansicht nach beim Erzählen geschehen kann. Er findet lyrische Fluchtwege. Er verstrickt sich in sich selbst. Er ist in einer fürchterlichen Krise – und möge in ihr bleiben.

»Seelenarbeit« – Zwischen den Stühlen ist Welt

Wenn man ungefähr gleich alt ist wie der 1927 geborene Martin Walser, begegnet man hier einigen Erfahrungsberichten, einigen Krisen- und Seelenmomenten, die von zugleich niederschmetternd genauer und hinreißender kollektiv-autobiographischer Wahrhaftigkeit sind. Wenn Walser etwa zu Erzählszenen macht, wie Generationsgenossen (und nicht nur entfernte »Ältere«) dem Herzinfarkt konfrontiert werden. Wenn er vorführt, wie Kinder im lieblichen Alter zwischen 16 und 18 mit ihren Schulproblemen den häuslichen Frieden... also jetzt fehlt mir das treffende Wort, denn »überschatten« wäre arg geschmeichelt. Oder wie das seit 1945 preisgegebene Ostdeutschland, über dessen Verlust man als junger intellektueller, vorbildlich demokratisch und antirevanchistisch gesonnener Mensch spielend leicht hinwegkam, wie sich dieser ferne Osten plötzlich doch als Körper des eigenen Blutes erweist.

Mit alledem hat Walsers Seelenarbeiter nämlich auch zu tun. Und manchmal schreiben große Autoren ja direkter, wenn sie über ein »Er« formulieren, als wenn sie sich im Ich verstecken. (Kein Zufall, daß Dürrenmatts »Totentanz«-Bearbeitung »Play Strindberg« mehr über sein Allerprivatestes verriet als jene Ehedramen, in denen er scheinbar direkt zur Sache kam.)

Xaver Zürn ist Chauffeur. Sozusagen Herrenfahrer. Mit einem Mercedes 450 und dem feinen, aus Königsberg gekommenen Boß Dr. Gleitze rollt er durch hauptsächlich deutsche Lande, während der Chef entweder Unterhaltungen mit Hochgestellten führt, an denen Xaver diskret nicht einmal durch Mitlachen und Stirnrunzeln teilzunehmen wagt. Sonst hört Gleitze über Kopfhörer Mozartopern, dabei wie ein Baby und idiotisch knochenlos musikergeben ausschauend. »Wenn der Chef noch eine Heimat hätte«, dachte Xaver, »würde er auch nicht immer hinter Mozartopern herfahren.« Was für ein toller Satz! Kommt Xaver heim, dann erwartet ihn nicht so sehr die ungeachtet aller Seitensprünge heißgeliebte Gattin, als vielmehr deren stets inhaltsstarker Katastrophenbericht über die Lage auf dem Kinder-Schul-Liebhaber-Kriegsschauplatz.

In seinem 1961 geschriebenen Drama »Der Abstecher« hat Walser schon einmal die Herr-Knecht-Situation im Bilde des Verhältnisses zwischen dem Direktor Hubert und seinem Fahrer Berthold dargestellt. Hubert bat den Untergebenen stets aufgeräumt, doch über sein Seelenleben, seine Geheimnisse zu plaudern. Aber die hatte Fahrer Berthold nicht. Der Geständniszwang entriß ihm nur Mitteilungen darüber, wann er barfuß oder mit Strümpfen schlafen wolle. Berthold war also der Banale, Blamierte, damals.

Doch in 18 Jahren haben sich Walser und sein Chauffeur heftig entwickelt. Diese Xaver Zürn ist ungemein wort- und empfindungsmächtig, weit über sich selbst hinaus. Der beobachtet so lustig genau wie außer ihm auf dieser Welt nur Martin Walser. Manchmal möchte man fast eine Beziehung unterstellen zwischen hypochondrischer Überformulierfähigkeit und Xavers Mangel an Zivilcourage. Doch diesen Xaver, der alles so gut sagen könnte, fragt leider kein Chef mehr. Der formuliert nur in sich hinein.

Eine abgerundete Handlung hat das Buch nicht. Jemand erfährt alles Mögliche auf Autobahnen, kommt über seinen ostpreußischen Chef und einen in Königsberg gefallenen Bruder mit dem Osten in Berührung, muß ins Krankenhaus (zu hinreißend geschilderter, demütigender Untersuchung), sieht die eine Tochter, die sich keineswegs brav anpaßt, ihr Schulziel nicht erreichen, die andere, die sich kalt, verachtend, petzend und streberhaft anpaßt, auf schlimme Weise reüssieren. Zum Schluß, aber das ist kein Schluß, wird Xaver seiner Chauffeursvorzugsstellung beraubt und muß banaler Werksfahrer werden.

Szenen also aus dem deutschen Untergebenenleben. Die könnten noch ewig so weitergehen. Auf diese Weise macht sich Walser, der Schriftsteller, die Autorsituation aber nicht etwa leicht, sondern schwer. Denn nichts trägt weiter. »Spannt«. Stellt einen Systemzwang, ein Abwicklungsgefälle her. Nichts? Doch, etwas: nämlich die selbstgewählte Verpflichtung des Verfassers, stets präsent, stets interessant, witzig, originell zu sein. Bei jeder kleinen Schwäche reißt der Faden. Da kommen ein paarmal Übertreibungen vor, ein paar allzu gebildete historische Hinweise. Gleich wird der Leser überdrüssig – Seelenarbeit ohne Handlungsnetz!

Doch sonst: Walser at his best. Manchmal, beim Dialekt-Imitieren, bei der umgangssprachlichen Leichtigkeit, fast zu entspannt, seiner Mittel beängstigend sicher. Immerhin: die Szenen, wie Xaver – ein zu spät wirkendes Abführmittel im Leib, mit sich und seinem dunklen Drange kämpft, ohne ihm nachgeben zu dürfen vor Düsseldorf (selbst der Ortsname Darmstadt quält ihn) – die grausigen Dialoge mit hochbegreiflich frecher Tochter, die peinliche Untersuchung in der Klinik: diese Szenen gehören zum Komischsten, was Walser je geschrieben. Die Kriegsliebesgeschichte mit einer Ostpreußin namens Henriette, während Königsberg fiel, für mich zum Rührendsten. Das Buch ist offener, ist weit weniger kompliziert und zur effektvollen Konstruktionsetüde, hinter der fast nichts steckt, abgesichert als eben noch der Reißer vom »Fliehenden Pferd«. Und es hat ein unheimliches Thema, das nicht wie im »Fliehenden Pferd« wegmystifiziert wird, sondern mit etwa jener Konsequenz erscheint, wie in Sartres »Kindheit eines Chefs« die innere Entwicklung eines Antisemiten vorgeführt wurde.

Um diese Entwicklung Xavers darbieten zu können, muß Walser freilich eine etwas exzentrische Experimentalsituation herstellen und als sozusagen schlecht-normal erscheinen lassen. Ein Chauffeur leidet bis Seite 32, weil er sich nicht traut – nicht trauen darf? – die stundenlange Autofahrt mit dem Satz: »Ich muß mal austreten« für zwei Minuten zu unterbrechen. Ein Untergebener verdankt seine Stellung irrigen Lobsprüchen – doch obwohl er tüchtig ist, wagt er jahrelang nicht, die ihn keineswegs sehr belastende Wahrheit zu sagen...

Dies alles müssen wir hinnehmen entweder als Ausdruck eines schwäbisch verängstigten Verfolgungswahns oder als Zuspitzung der Tatsache, daß in entwickelten Gesellschaften die Menschen weder gleich noch gleichgestellt, noch zu einander offen und taktvoll sind. Begreifen wir es als Zuspitzung einer verängstigten Seele. Dann wird die Situation nämlich zum Ausgangspunkt einer psychischen Stufenleiter zwar ausgesprochener, aber faktisch verdrängter terroristischer Phasen!

Erster Ausgangspunkt: »Die ewige, ihn ihrer Lächerlichkeit wegen längst peinigende Demonstration von Fleiß, Eifer, Treue, Alkoholfeindschaft, Nikotinverachtung.« Zweiter Verzweiflungsausgangspunkt: »Wenn er sich so benimmt, wie die ihn haben wollen, merkt er, daß er nicht so ist.« Dritter Verzweiflungsausgangspunkt: Die »Schule«, die in den Familien die schwachen Punkte herausarbeitet. Vierter: die (psychogenen) Leibschmerzen.

Ungeheuer genau entwickelt nun Walser, wie aufgrund dieser Gegebenheiten bruddelnde und brodelnde Verzweiflung sich eine Mischung aus Ressentiment, Neid und Zerstörung sucht. Walser ist zu klug, schwarz-weiß zu malen. Weil die Reichen, die Herren, die Mächtigen dieses Chauffeurskosmos ziemlich unerträglich, gemein, böse sind – werden die Armen, die Abhängigen und Kleinen längst nicht »gut«. Beileibe nicht. Warum auch? Walser verfaßt doch keine Traktätchen... Nur entwickeln sie einen Haß, der um endlicher Zerstörung willen Selbstzerstörung mit einschließt.

Schauen wir uns einmal die Phasen der Haßkonsequenz an. Man muß diesen »Herrschaften unrecht tun«. »Er hatte das Gefühl, er werde bald etwas tun. Einen Glücklichen töten, zum Beispiel... Dr. Gleitze... Wenn einer einen tötet, der glücklicher ist als er, wird er so glücklich wie der war«. Dem folgt ein archaischer Mord-Tagtraum, wie ihn Zola in »Germinal« als Bergarbeiterrache an den Besitzenden sogar konkret geschildert hat. Nächste Verzweiflungsüberlegung: »Da es Gott nicht gibt, bleiben nur die Russen. Warum marschieren denn die Russen nicht endlich ein und machen Schluß mit diesem Pack und setzen offenes Unrecht ein, das ist doch besser als dieser Schein...«.

Denn: »Nichts wäre ihm jetzt so angenehm gewesen wie die Vorstellung einer allgemeinen und völligen Vernichtung, durch die notwendigerweise die Sieger mehr getroffen würden als die Unterlegenen.« Anders ausgedrückt: Warum nicht die Katastrophe, sie trifft die Reichen mehr... Das ist ein idealistisches, sehr deutsches, selbstmörderisches Alles- oder Nichts-Wollen aus furchtbarer innerer Not. Um damit irgendwie still fertig werden, seine bewunderte Frau tatsächlich lieben zu können, braucht Xaver... nun eben: »Seelenarbeit«.

Wie sich hier Wahrheit, extreme Situationsanordnung, Hypochondrie und Glückstraum mischen, so stehen im Stil Walsers die genaue Beobachtung, die witzige Zuspitzung, die rauschhafte Übertreibung und die Formel, auf die dann alles gebracht wird, nebeneinander. Mühelos verbindet er Spoerl, Woody Allen, Bloch, die Protestbewegung und Heimatliebe. Diese rationalen und irrationalen inneren Spannungen halten Walser lebendig. Der beredet anstößig offen sexuelle Notstände. Der pointiert lustig, wie eine grauenhaft zudringliche Halbgeliebte aus Potenzleistung Schwerarbeit macht.

Und nun ist in diesem Bodenseemenschen noch ein Gefühl, eine Erinnerungs-Verantwortung für etwas ihm so Fernes wie krebsfressende Flüchtlinge und den deutschen Osten erwachsen! Mit Abscheu zitiert natürlich die prokommunistische Zeitschrift »Kürbiskern« in ihrer Januar-Nummer des Jahres 1979, daß Walser Äußerungen fertigbrächte wie: »Sachsen und Thüringen sind für mich weit zurück und tief hinunter hallende Namen, die ich nicht unter ›Verlust‹ buchen kann... Leipzig ist vielleicht momentan nicht unser. Aber Leipzig ist mein.« Walser führe laut »Kürbiskern« ungewollt Sätze im Mund von... klar... von Revanchisten und kalten Kriegern.

Zwischen den Stühlen ist Welt. Gerade seine Ehrlichkeiten und eingestandenen Abgründe, aus denen er sich mit allmächtiger Sprache rettet, lassen unseren Martin Walser nach wie vor umgeben sein von Bewunderung, leisem Schauder, herzlicher Sympathie.

16. Uwe Johnson

Unbestechlich, pedantisch, besessen

Verriet nicht schon sein Gesicht die Spannung, die diesen großen Schriftsteller erfüllte und am Ende zerbrach? Mischte sich nicht in den Zügen des jungen Uwe Johnson, bevor der Alkohol sie aufschwemmte, etwas objektiv DDR-haftes, Preussisch-Karges, Fanatisches und Provinzielles mit subjektivem Genie, mit souveräner Gelassenheit? Er ist ein wahrhaft unbestechlicher Zeuge und Autor der deutschen Teilung gewesen. Er hat sich die Riesenaufgabe auferlegt (und sie trotz aller privater, aber auch aus der Sache kommender Schwierigkeiten gelöst): nämlich den Beginn der Nazizeit, den Krieg und die Nachkriegswirklichkeit sowohl in der DRR, in der Bundesrepublik wie in New York gelassen chronikalisch zu beschreiben.

Johnson machte es niemandem leicht. Seinen Freunden nicht, seiner Frau nicht, sich selber schon gar nicht. Daß der Alkohol ihm zum Schicksal werden und seinen einsamen Tod herbeiführen würde (wie er ja auch das Schicksal von Johnsons Vorbild Faulkner gewesen ist), muß Uwe Johnson schon früh gespürt haben. Bereits in den sechziger Jahren schrieb er über die Beziehung zwischen Gesine Cresspahls Tochter Marie und D. E. im ersten Band der »Jahrestage«-Tetralogie auf Seite 44: »Ihm nimmt sie das Trinken nicht übel (er liegt nicht auf den Stufen vor den Notausgängen des Kinos in der 97. Straße, zerlumpt, verschuppt in Schmutz und Bart, heiser schnarchend, die Hand noch an der Flasche in brauner Tüte, er ist kein Broadwaybettler, er ist ein Professor).«

Gelegentlich erlaubte der so Genaue und Verläßliche sich Übermut, Spielerei. Es gab, beispielsweise, einen albernen privaten

Briefwechsel zwischen ihm und mir, wegen meines angeblich grauenhaft falschen Verhaltens und seines unvermeidlich nötig werdenden Eingreifens, als meine Frau in der Türkei entführt werden sollte. (Reiner Phantasie-Unfug natürlich das Ganze – aber was die Johnson-Forscher des Jahres 2088 sich dabei wohl denken werden?)

Bei den Büchern, die ihn in der Bundesrepublik berühmt machten, bereitete Johnsons rücksichtslos selbständig feststellendes und darum manieriert wirkendes Deutsch Schwierigkeiten. Nicht nur die Kritiker und Germanistikprofessoren, sondern auch Max Frisch und Günter Grass äußerten verstohlen ihr respektvolles Unbehagen. Johnsons Deutsch läse man »wie eine Fremdsprache« (Max Frisch). Man müsse Johnsons langen Sätzen nur die notwendigen, gliedernden Kommata einfügen, dann würden sie »ganz leicht« (Günter Grass).

Der kluge Professor Richard Alewyn unternahm in den siebziger Jahren sogar eine öffentliche, späte »Nachprüfung« des Johnson-Deutsch der »Zwei Ansichten«, die 1965 erschienen waren. Aber beim Nachprüfen der Alewynschen »Nachprüfung« wurde deutlich, und zwar Wort für Wort, warum Johnson mit Recht so schrieb, wie er schrieb.

Es kann eben doch nicht heißen, »der Abschluß einer amtlichen Ermittlung«. Es muß durchaus auf Johnson-Art hart gefügt lauten: »der amtliche Abschluß« der Ermittlung – weil mit der Formulierung »amtlicher Abschluß« ein Hinweis gegeben wird nicht auf ein gültiges, absolutes Ergebnis, sondern darauf, daß die Behörde an einem Punkt der Untersuchung Entscheidungsschluß gemacht und das Ergebnis als Amtsabstraktion gegen jemanden verwendet hat... Und wenn Alewyn etwa tadelt, statt »dauerhaft vergrätzt« hätte Johnson doch einfacher und richtiger formulieren sollen: »andauernd vergrätzt« seien gewisse Beamte gewesen – dann zeigt nähere Überlegung wiederum, wie genau Johnson die Worte setzte. Die Beamten waren eben nicht »andauernd« vergrätzt, weil sie ja gelegentlich auch andere Regungen, zum Beispiel Enttäuschung über das Heulen des weiblichen Opfers, in sich aufkommen ließen. Aber sie waren doch dauerhaft genug vergrätzt, um trotzdem stur immer neue Unannehmlichkeiten zu ersinnen.

Vielleicht wären Johnson manche Mißverständnisse erspart geblieben, wenn die Öffentlichkeit bereits seinen ersten Roman, die »Ingrid Babendererde«, rechtzeitig hätte kennenlernen dürfen. Denn dieser Erstling des 20jährigen war ein Talentstück sondergleichen. Leichter zu lesen als die »Mutmaßungen über Jakob« oder »Das dritte Buch über Achim«, staunenerregend wegen seiner Kunstfertigkeit, seiner Heiterkeit, seiner politischen Charakterfestigkeit, seiner ironischen Genauigkeit. Voll von scheu-empfindsamem Seelenleben. Diese brillante Schulgeschichte aus der DDR hätte Johnson im Westen einen leichteren Start ermöglicht. Aber sie durfte statt 1953 erst 1985 herauskommen.

Was der blutjunge Autor geschrieben, vielfach umgearbeitet und dann – während der etwas liberaleren Periode nach dem XX. Parteitag – an mehrere DDR-Verlage, auch den Aufbau-Verlag, geschickt hatte, wurde sogleich als etwas Besonderes erkannt. Aber gewisse »Vertiefungen des gesellschaftlichen Hintergrundes« erwiesen sich dann doch als *nötig*. Nur ließ sich ein Uwe Johnson zu solchen Substanzveränderungen nicht *nötigen*. Außerdem hatte sein akademischer Lehrer Hans Mayer bereits weitreichende Beziehungen spielen und den Frankfurter Suhrkamp-Verlag neugierig werden lassen. Eine Abschrift ging 1953 nach Frankfurt.

Dort lasen das Ding drei Leute, die ich alle aus ziemlicher Nähe kannte, die mir sogar damals ein wenig von der Sache erzählten, mich aber – leider – überhaupt nicht neugierig machten, Walter Maria Guggenheimer (als Lektor), Siegfried Unseld (als Juniorchef), der alte Peter Suhrkamp (als kranker Prinzipal). Guggenheimer gefiel das Manuskript sehr, er hatte bloß ein paar Änderungswünsche; dem alten Suhrkamp gefiel es auch, aber er entschloß sich nicht gern, sondern gefiel sich als verzögernder Widerstand. Der junge Siegfried Unseld indessen mochte die »Babendererde« gar nicht. Er hat später nobel seinen Irrtum eingestanden. So erschien das Buch damals weder im Osten noch im Westen... Um so bereitwilliger nahm der Suhrkamp-Verlag etwas später – und zwar mit des Autors ausdrücklicher Billigung – Johnsons »Mutmaßungen« zur Erstveröffentlichung an. Die »Mutmaßungen über Jakob« wurden zum Durchbruch. Der intellektuelle »Osten« reagierte entsprechend verärgert. Hermann Kant: »Johnsons Bücher sind gegen die DDR gerichtet. Sind Produkte aus Unverstand und schlechtem Gewissen. Ihre Aussage ist falsch und böse.« Peter Hacks, weniger opportunistisch als eifersüchtig: »Ein schlechthin unlesbares Buch, das ist es, was herauskommt. Und die Meute der Kunstaufpasser macht einen großen Jubel um dieses Buch und lobt Johnson und bestärkt ihn in seiner Dummheit.«

Ein Glück, daß Jahrzehnte später die »Jahrestage« vollendet wurden, die alles Johnsonsche in sich aufgenommen zu haben scheinen, ja gerade im letzten Band den auch verhältnismäßig entspannten Quasi-Fontane-Ton des jungen Uwe Johnson. Er soll seinen Erstling übrigens später für das unreife Produkt eines jungen Mannes gehalten haben. Vielleicht hatte er auch damit recht – und mit den »Jahrestagen« genug für die Unsterblichkeit getan. Für seine Mitwelt gewiß. Beispielsweise Anselm Kristlein (also auch Martin Walsers alter ego), Hans Magnus Enzensberger und Frau, Hannah Arendt, Günter Grass und manche andere Personen der Zeitgeschichte kommen so nebenher auch vor in den zwölf Schicksalsmonaten der Gesine Cresspahl.

Die »Jahrestage«-Tetralogie.
Für wenn wir tot sind

»Der Roman ›Jahrestage‹ soll im Herbst 1970 erscheinen«, versprach Uwe Johnson 1969 in einer »Vita«. 1970 kamen dann stattliche 477 Seiten heraus, aber das war nur der erste Band, waren nur die ersten vier Monate des epischen Jahres. Weiter kein Unglück – denn der zweite Band lag pünktlich 1971 vor, und der, wie Johnson meinte, abschließende dritte Band erschien immerhin 1973. Doch für die 365 Tage des Lebens und Sich-Erinnerns von Cresspahl reichten diese drei Bände immer noch nicht. Die Fülle des Ganzen erzwang einen abschließenden vierten. Darum verspricht denn auch der letzte Klappentext-Satz des dritten Bandes wohlgemut: »Nächstes Jahr, wie üblich, mehr.«

Es vergingen aber zehn Jahre ohne die abschließenden »Jahrestage«. Eine schwere private Krise setzte den Schriftsteller Uwe Johnson physisch und psychisch außerstande, die Tetralogie zu Ende zu bringen. Im »Spiegel« und in der »Zeit«, in Johnsons Novelle »Skizze eines Verunglückten« (erschienen in der Max-Frisch-Festschrift, 1981) und in dem Text »Begleitumstände«, den der Suhrkamp-Verlag auch zu drucken für richtig hielt, wurden schlimme Aspekte von Johnsons Unglück ausgebreitet. Er kam, offenbar, irgendwie darüber hinweg... Der vierte Band führt – gelassener manchmal in Form und Sprache, erbitterter, gnadenloser in der antitotalitären Sache – bruchlos und beeindruckend zu Ende, was die vorhergehenden Jahrestage-Werke exponiert hatten.

Wir halten in Händen ein opus magnum. Eine Tetralogie, die in den großen Werken unserer deutschen Literaturgeschichte an die Seite zu stellen ist, ein Zeitmosaik von staunenerregender, präziser Fülle, von politisch-aufklärerischem Rang, von verhalten melancholischer Zartheit auch und von einsamer schriftstellerischer Meisterschaft.

Alle möglichen Bedenken, die sich nach dem Erscheinen des ersten, auch noch des zweiten Bandes einstellten: sie waren vielleicht nicht einmal vorlaut oder vorschnell. Aber sie besitzen kaum mehr Gewicht. Sie wurden nicht *widerlegt*, sie verflüchtigten sich jedoch zur Unbeträchtlichkeit angesichts dessen, was nun das Ganze erbringt und bedeutet.

Johnson ist nämlich gelungen, was so noch kein Autor der deutschen Nachkriegs-Literatur fertigbrachte: Bei ihm wurden die Ereignisse des politisch gesellschaftlichen Geschehens von 1968, zusammen mit dem Entwicklungsroman von Gesine in den vierziger und fünfziger Jahren, zum immer spannender sich darstellenden Handlungsverlauf. Johnson gelang es, sich mit der Politik des Jahres 1968 und mit dem Protest der heranwachsenden Gesine Cresspahl gleichsam als Autor zu verbünden. Sein Werk hat die power einer strengen politischen Dokumentation und die Seelensubstanz einer persönlichen, individuellen Geschichte.

Auch Faktenhäufungen, die an den Schiffskatalog aus Ilias erinnern (Dutzende von ostzonalen Zuchthaus- oder Todesurteilen gegen Lehrer, Arbeiter, Intellektuelle, Kleinbürger) fügt Johnson so in den Erzähl-Zusammenhang ein, daß sein Rhythmus und sein unerbittlich redliches Wahrheitspathos auch Sperrigstes einzuschmelzen vermag ins Epische. Er schreibt ein zugleich schwerblütiges, ironisches, über alle Parodie hinweg mimetisches, wunderbar rhythmisches und eigenständiges Deutsch. Johnsons Hauptfiguren drängen sich weder temperamentbesessen, sonderfallhaft, pittoresk noch modisch exhibitionistisch vor. (Johnson hat Takt. Wer was zu sagen hat, kann sich den leisten.)

Man kapiert nicht immer alles, und schon gar nicht rasch. Johnson fügt Fremdsprachen ein, wobei er, etwas versnobt, nicht alles übersetzt; er schwelgt in mecklenburgischem Platt (liest man es laut, ist man gar ein wenig norddeutsch belastet, dann wird's leicht). Er holt in erinnerungsempfindsamen Beschreibungen die mecklenburgische Landschaft heim in seine epische Welt. Er rettet viele alte (nicht: veraltete) Worte, die unserem Fernsehzeitalter nicht schick genug sind. Was die Satzstellung betrifft, so hat er Manieren – und liebt die Manier. Nur: Seine »Manier« leistet etwas, sie erreicht meist, gegen die Usancen geschleckter Grammatik, in harter Fügung die Hervorhebung des Hervorzuhebenden.

Im IV. Band scheint die Sprache etwas geläufiger, heiterer, gelenkiger. Oder man hat sich mittlerweile ans Sperrige gewöhnt, nimmt Manier für Natur. Und als Allerwichtigstes sei nicht vergessen: Die Lektüre macht Lesespaß! Man muß sich Tage, ja Wochen mit den Bänden zurückziehen, gewiß; leichter ist ihre Wahrheit, ist die Sprachheiterkeit der »Jahrestage« nicht zu haben. Doch die Tetralogie hat Zeit. Sie ist kein Saisonrenner, sondern von Dauer. Im Band I heißt es vorsorglich auf Seite 285: »Es gehört nicht zu den Kennzeichen der deutschen Nation, ihre Bücher gleich zu lesen.«

Vier Bände also. Fast 2000 Seiten. Ein Lebenswerk – zumal Johnsons Erstling »Mutmaßungen über Jakob«, wo Gesine und ihr Vater Cresspahl bereits existieren, oder »Das dritte Buch über Achim«, aus dem wir Karsch kennen, und manche andere Gestalt aus Johnsons *Vor-Jahrestage-Zeit* auch mit der Tetralogie verbunden sind.

Man muß sich vor Augen halten, daß der Suhrkamp-Verlag, weil die Sache so umfänglich und unübersichtlich ist, ein »Kleines Adreßbuch für Jerichow und New York« von Rolf Michaelis hat zusammenstellen lassen, ein sehr hilfreiches Register, in dem man die wichtigsten Zitate über alle vorkommenden Figuren und ihr Schicksal nachschlagen kann. Dieses »Jahrestage-Who-is-Who?« ist seinerseits, obschon *klein* genannt, 302 Seiten stark.

Roland H. Wiegenstein, Karl Heinz Bohrer und manche andere seriöse Kritiker haben nach Lektüre des ersten und zweiten Bandes der »Jahrestage« bewundernd Johnsons eindringliche Fähigkeit gerühmt, »eine Kleinstadt und ihre Bewohner während der Nazizeit« zu zeigen, also einen politischen Roman zu schreiben. Vorgeschichte und Anfangsgeschichte der kleinbürgerlichen Nazi im mecklenburgischen Jerichow, gespiegelt in Tagebuchnotizen der Jahre 1967/68, die von Vietnam-Krieg, Großstadtleben und Großstadtterrorismus New Yorks vibrieren – das ist der Inhalt des ersten Bandes. An dergleichen erinnert Gesine im Gespräch (und auch auf Tonband »für wenn ich tot bin«) ihre lobens- und liebenswert wissensdurstige, manchmal geradezu hebammenhaft alle möglichen Historien der Mutter entbindende Tochter. Die 35jährige Gesine – keine Dame, eine Frau – geht einer relativ ruhigen Tätigkeit als Bankangestellte nach. Um Zeitgeschichte in ihre kleine Wohnung (und in die »Jahrestage«) zu bringen, liest sie fanatisch die »New York Times«, wobei ihr der Erzähler gedankenvoll-ironisch über die Schulter blickt.

Im zweiten Band ist die traurige Geschichte von Gesines Mutter Zentrum: Die mochte nicht mit ihrem Mann, Heinrich Cresspahl, zurück nach England, obschon er dort beruflich ganz erfolgreich gewesen war. Jetzt nimmt sie im NS-Deutschland ein undeutliches Selbstmord-Ende und provoziert einen vorher beflissen vorsichtigen Pfarrer bei der Begräbnisrede zu heillosem Mut. Dieser zweite Band enthält auch Johnsons berühmte, heftig höhnische Abrechnung mit Hans Magnus Enzensbergers damals noch arrogant, allzu unkonventionell und unangemessen selbstbewußt wirkendem Brief an Amerika, und warum er die USA in Richtung Cuba verlasse.

Im dritten Band der »Jahrestage« dominiert die Kriegs- und die beginnende Nachkriegszeit. Gesines Vater (Jahrgang 1888, zunächst in der SPD, später ausgetreten, während der Nazizeit widerstrebend nach Deutschland zurückgegangen, nominelles NSDAP-Mitglied, für die Engländer spionierend) – dieser Cresspahl wird nach 1945 Bürgermeister, aber dann absurderweise von den Russen verhaftet, kommt in ein Straflager: Fünfeichen. »Nach wie vor leitete die Rote Armee die Anstalt« – selbst hier, wo es blutig wird, gibt sich Johnson noch ironisch, denn diese Worte wiederholen ausführlich travestierend den Anfang von Thomas Manns Sanatoriums-Novelle »Tristan« (»Nach wie vor leitet Dr. Leander die Anstalt«).

In der Finsternis schlimmer Rechtsunsicherheit, in der Nacht mies nötigender und mit Zuchthausstrafen drohender sowjetischer und deutsch-kommunistischer Gewalt, beginnt also der Band IV.

Die Augen einer (nichtchristlichen) Bürgerlichen *sehen Schlimmes und halten es fest*. Solange in unserer Welt überhaupt noch jemand liest, solange Worte Wirkung haben in einem Bewußtsein und einer Seele, solange wird man mit Erbitterung und Zorn zur Kenntnis nehmen, was Uwe Johnson und Gesine Cresspahl im Band IV der »Jahrestage« mitzuteilen haben über das Verhalten der Sowjets und der deutsch-kommunistischen Behörden gegen alle, die nicht einverstanden schienen, die nicht gleich kuschten, die nicht bedingungslos logen, mitmachten oder sich anpaßten. Johnson beschwört die Erinnerung an geschändete Menschenwürde. An ein wüstes »Vae Victis« (Wehe den Besiegten!). Natürlich weiß man von alledem, könnte man es wissen. Johnson selbst hat bereits in seinem Nachwort zu Barbara Bronnens Piper-Büchlein »Ich bin Bürger der DDR und lebe in der Bundesrepublik« (München 1970) kühl zusammengefaßt, was in der DDR positiv versucht wurde, aber auch, was an Abstoßendem geschah.

Diese schlimme Wahrheit trifft nun aber im Band IV der »Jahrestage« zusammen mit der 1968 ja immer heftiger, immer don-quixotehafter, freilich auch immer spannend-unheimlicher werdenden Euphorie des »Prager Frühlings«. Herzstück des vierten Bandes ist das – von Johnson in glänzender, überzeugender deutscher Fassung vorgelegte – berühmte, hierzulande viel zu wenig bekannte Prager »Manifest der 2000 Worte«.

Noch etwas sei festgehalten. Johnson und Gesine schauen, trotz aller ihrer Erbitterung über den absurden Zwiespalt zwischen herrschendem Propagandawort und Wirklichkeit in ihrer Arbeiter- und Bauernwelt, doch nicht ganz so verzweifelt zum Sozialismus hin, wie es etwa die prominenten russischen Dissidenten und Emigranten tun. Für Johnson und Gesine scheint der »Prager Frühling«, der erhoffte und dann strangulierte »Sozialismus mit menschlichem Antlitz« doch eine mögliche Alternative zu sein. Solschenizyn oder Wladimir Bukowski dürften nicht so denken. Bukowski hat beispielsweise in seinem Buch »Dieser stechende Schmerz der Freiheit« unterschieden: »Außerdem unterstützt die überwältigende Mehrheit der Emigranten aus der Sowjetunion – im Gegensatz, sagen wir, zu einem auffallenden Teil der tschechischen Emigranten – den Sozialismus nicht und ist überzeugt, daß er sich kein ›menschliches Antlitz‹ zulegen kann. Unsere Erfahrungen gehen tiefer, sind grausamer und länger.« Freilich, was Gesine nach 1945 in Mecklenburg durchzustehen hatte, das war schon schlimm und bestürzend genug.

Zwingend und aufregend verknüpft nun Uwe Johnson die weltpolitische Entwicklung in der ČSSR mit Gesines privat-beruflichem Geschick. Weil Gesine Tschechisch gelernt hat, läuft ihre Karriere auf eine verantwortungsvolle Position in Prag zu, wo sie die Interessen ihrer New Yorker Bank wahrnehmen soll.

Ihr Lebensschicksal hängt von zwei Männern und einer auch nach Westen geöffneten ČSSR ab. Der eine Mann ist D. E., Dieter Erichson, ein junger, diskreter und origineller Wissenschaftler. Der probiert als hoher Geheimnisträger für die amerikanische Luftwaffe Frühwarnsysteme aus (was Gesine eher mißfällt). Zur geplanten Heirat kommt es nicht; er verunglückt tödlich in Finnland. Der andere Mann, ihr Bankpräsident, bestimmt Gesines berufliche Karriere. Johnson schildert diesen Präsidenten ausführlich, ja sogar etwas detailbesessen, detailprotzend. Trotzdem wird die Figur nicht so selbstverständlich präsent wie manche, weniger umfangreich beschriebene Mecklenburger. Aus dem New Yorker Bankpräsidenten kann (will?) Johnson kaum mehr machen als einen guttrainierten Popanz. Der also entschließt sich, Gesine nach Prag zu schicken. Dort will die Bank bei Devisengeschäften mit der ČSSR ihre gottgefällig kapitalistische Pflicht tun und auch ein wenig Profit machen. Gesine reist am letzten Tag der »Jahrestage«! (Es ist der 20. August 1968, der Tag, an dem die sowjetischen Panzer sich in Bewegung setzten.)

Das Neue an Band III und IV aber ist der anti-totalitäre, antisowjetkommunistische Parallelismus, ist die Verurteilung aller unmenschlichen Gewalt in Prag sowie in der DDR! Johnsons frühere Schilderung der Naziuntaten – »Jahrestage« Band I und II – galt einem ja wahrlich besiegten, erledigten, von aller Welt verdammten Ungeist. Seine herbe Chronik der Gemeinheiten nach 1945 indessen gilt Kräften, die zu Johnsons Lebzeiten immer noch existierten und sich nicht übermäßig distanzierten von dem, was heute noch Lebende dort einst ihren Landsleuten antaten. Die Mittel, mit denen Johnson vernichtend beschreibt, wie man mit den Besiegten verfuhr, sind Ironie, Pathos und Dokumentation.

So sind die kleinen Miserabilitäten des Alltags in totalitärer Gesinnungsschnüffelei: man muß aktivistisch protestieren, Schwachsinn daherreden, Lippenbekenntnisse leisten, Prozesse durchstehen, Angst haben...

Aber Johnson geht einen Schritt weiter, den ihm manche verargen dürften. Er – und nicht irgendeine Flüchtlingspostille, irgendein Propaganda-Blättchen, das sich nie ein Wort gegen Heuss oder Kiesinger erlauben würde vor lauter konjunkturdemokratischer Beflissenheit –, er also gibt die ergreifende Schilderung eines jungen Märtyrers.

Dieter Lockenvitz, so heißt der bebrillte, schüchterne, verbiestert kluge (eigentlich Johnson selbst nicht unähnliche) junge Held, dem es gelingt, seine Lehrer überlegen zu verunsichern, dem es lange Zeit glückt, Urteile deutsch-kommunistischer Gerichte gegen Andersdenkende (Zuchthaus, Zuchthaus, Tod, Tod) geheim abzuschreiben und seinen Landsleuten anonym vervielfältigt zuzusenden. Lockenvitz wurde gefaßt und eingesperrt, klar. Aber seine Dokumentation dessen, was Deutsche in Mecklenburg erleiden mußten nach 1945, bleibt.

Dabei geht Johnson mit zähneknirschender Intelligenz vor. Sein Märtyrer nimmt nämlich *nur* die ideologischen Urteile aufs Korn –

nicht die wirtschaftlichen. Folgendes ist diesem idealistischen deutschen Genius als zu meldendes Unrecht *nicht* genug: »Dem Verfasser« (also Lockenvitz) »war es als Wirtschaftspolitik zu geringfügig, daß der Bauer Utpathel in Alt Demwies wegen seiner Rückstände in der sollgemäßen Ablieferung von Fleisch, Milch, Wolle, Ölsaaten zu zwei Jahren Zuchthaus kam; obwohl er hinwies auf seine dreiundsiebzig Jahre, auf die minderwertige Qualität des vom Staat gelieferten Saatgutes, auf den Verlust seines gesamten Viehbestandes an die Rote Armee 1945, auf die Viehseuche von 1947...« (Armer alter Mann).

»Ich meine nicht«, hat Johnson einst geschrieben, »daß die Aufgabe von Literatur wäre, die Geschichte mit Vorwürfen zu bedenken. Die Aufgabe von Literatur ist vielmehr, eine Geschichte zu erzählen.« Diejenigen, die Johnsons literarische Entwicklung »kritisch« betrachten, haben ihm geglaubt. Er schreibe seit Beginn der »Jahrestage« wieder traditionalistischer, rückschrittlicher, bedauert Bernd Neumann in einer Habilitationsschrift (»Utopie und Mimesis«, Athenäum-Verlag), die Johnson eine Wende von Brecht zu Lukács vorwirft und ihm als ehemalige Tugend die avantgardistische Technik vorhält, die er 1967 in seinem »Brief aus New York« beherrschte. Auch Heinrich Vormweg bedauert, daß die Objektivität des traditionellen Realismus aus Johnsons Erzählen »das Element des Protestes« herausnehme.

Aber die »Jahrestage« sind am Ende doch ein einziger Protest im Namen des Prager Frühlings gegen die, die nur Gewalt anwenden können. Protest auch gegen Nazi in Bonn.

Die Sprache des Bandes IV hat sich gegenüber den früheren erstaunlich wenig verändert. So wie selbst sehr kundige Wagner-Freunde kaum hören können, wo im »Siegfried« nach 12jähriger (!) Pause Wagner mit dem Komponieren fortfuhr, so fließt auch der Wortstrom der »Jahrestage« unbeirrt weiter. Vielleicht sind im vierten Band anfangs die Scherze gar zu harmlos. Nebenbemerkungen jemandes, der wieder in Schwung kommen will. Offenbar gibt es auch, wenn Johnson beispielsweise einmal die Kinderperspektive ins Sprachspiel zu bringen scheint (S. 1490–92) ein momentanes Ermatten der Sprachkraft. Gegen Ende spürt man, wie der Autor platterdings fertig werden will. Manches, was möglich und nötig wäre, verschenkt er. Übrigens druckt Johnson seinen »Brief aus New York« (Kursbuch 1967) hier nur unwesentlich verändert wieder ab. Jetzt darf freilich das Magazin »Time« nicht mehr erwähnt werden, weil doch die im Band IV Gott sei Dank nicht mehr so dominierende »New York Times« die einzige Informationsquelle sein soll. Beim Einfügen des Textes von 1967 in einen Zusammenhang von 1983 rauht Johnson (Dissertanten kommender Jahrzehnte haben da was zu vergleichen) das alte Prosastück sogar eher gestisch auf, als daß er es glättete. Solche Selbstzitate könnten als Zeichen einer gewissen Schwäche, eines Zusammensuchens alter Bestände genommen werden – wenn nicht Johnsons prinzipielle Tendenz, alles vorherige in dieses Fazitwerk hineinzuholen, ohnehin offen zutage läge.

Was die Parallelschaltungen betrifft, so werden sie von Johnson jetzt nicht mehr demonstrativ vorgenommen. So lange sie irgend etwas zu »beweisen« hatten, waren sie künstlich und äußerlich. Jetzt, da das Hin und Her mehr wie Ein- und Ausatmen wirkt, wie ein *Zusammen* im gleichen Bewußtsein, in gleicher Angst, in gleicher Welt – scheint alle Veranstaltungshaftigkeit dieses Prinzips zum Ruhme höherer Natürlichkeit getilgt.

Die »Jahrestage« sind kein *Frauen-Roman*. Sie sind eine Chronik, in der eine selbständige Frau auf ihre Weise leben darf und sich dabei heiter-maskulin verhält. Das ist ein pedantischer Nachteil und ein chronikalischer Vorteil. Wäre sie hysterisch oder ein »Typ« – viele ihrer Erinnerungen und Ansichten blieben allzu privat. Wäre sie indessen nichts als ein Sprachrohr – das Buch bliebe ohne Leben, unmenschlich. Aber es ist ja Gesine, die dem Erzähler gebietet, trotz seiner scheuen Bedenken hinzuschreiben, was ihr durch die Seele geht über Heimaterinnerung und Tod.

Johnson schreibt nicht »tief«, auch nicht »platt«, sondern ernst; seine virtuose Rhythmisierung einfachster Sätze kann das nicht verschleiern. Diesmal ist ihm sein Stoffanliegen zu wichtig, als daß er es einem unendlichen Relativismus opferte. Hier wird der Erzähler denn doch, schlechten Gewissens, fast allwissend.

1500 Seiten nehmen wir als epische Gegebenheit hin, daß Gesine

– eine Heilige Johanna im New Yorker Bankgewerbe – sich nicht nur wunderbar erinnern, sondern auch »Stimmen« längst Verstorbener hören kann. Merkwürdig, ja forciert wirkt es, daß sie diese Voraussetzung der Riesenchronik plötzlich anzweifelt und sich vom Psychiater ihre geistige Gesundheit, trotz Stimmenempfangs, bescheinigen lassen möchte. Als ob Fidelio plötzlich fragte: Wieso kann ich im Gefängnis eigentlich Arien singen?

Das Prinzip des Zeit-Ebenen-Wechsels gefährdet die Triftigkeit, wo es auf Blackouts, auf süffige Schlußsätzchen hinausläuft. Dadurch entsteht Kurzatmigkeit und Weltverlust. Lauter kleine epische Punkte springen hin und her – bilden aber keine Linie. Doch je weiter die Chronik fortschreitet, desto umfangreicher und ruhiger konstituieren sich die Ganzheiten.

Ein allerletztes: Johnson kann auch wunderbar zart schreiben. Er weiß, was Innigkeit, was Landschaft ist – und wie schnell alles zerredet werden, zu Tode formuliert werden kann. Wenn er gar von seinen geliebten Tieren, von Katzen etwas zu erzählen hat, vom Erschießen eines gutartigen, vertrauensvollen Pferdes – dann herrscht er so vollkommen, so ohne Rest über die Seele seines Lesers und Opfers, wie, dies die tröstliche Utopie der »Jahrestage«, auch die rücksichtsloseste Diktatur nicht die Seelen ihrer Opfer zu beherrschen vermag.

17. Peter Weiss

Revolutionärer Sozialist auf Dantes Spuren?

Die Tagung der Gruppe 47 in Berlin, damals, 1962, auf dem Höhepunkt der Cuba-Krise, als der Dritte Weltkrieg auszubrechen drohte und wohl auch ausgebrochen wäre, wenn Chruschtschow seinen Schiffen nicht den Befehl zur Umkehr hätte geben lassen – diese von Angst, Gefahr und übermächtiger Politik überschattete Tagung wird mir unvergeßlich bleiben. Sie war nämlich besonders intensiv. Wir diskutierten Ästhetisches, als wäre es das Wichtigste von der Welt (vielleicht um uns abzulenken, um nicht an das anscheinend Unabwendliche denken zu müssen). Henry de Montherlant hat diese seltsam weltfremde, weltflüchtige Haltung in seinem Tagebuch schon 1932 erklärt: »Während die Barbaren auf Byzanz marschierten, stritten die byzantinischen Gelehrten über das Geschlecht der Engel und ernteten den Spott der Nachwelt. Aber da sie Gelehrte waren, was hätten sie anders tun sollen? Und wenn sie über ›aktuelle Probleme‹ diskutiert hätten: hätte das etwa den Vormarsch der Barbaren aufgehalten?«

Aber wir 47er diskutierten damals nicht nur mit entschlossen konzentrierter Hingabe, sondern wir provozierten und erlebten ein Duell, an das ich mich nicht minder deutlich erinnere. Johannes Bobrowski, für einen einzigen Tag von Ost-Berlin nach West-Berlin gelassen, wo am Wannsee die Gruppentagung stattfand, hatte schöne, ziemlich traditionalistische, für mein Empfinden bieder-harmlose Gedichte gelesen – Peter Weiss die lustigste, wenn vielleicht auch nicht stärkste, Passage aus seinem experimentellen Prosatext: »Das Gespräch der drei Gehenden«. Es kam zur Stichwahl. Und das vergesse ich nie: wie Peter Weiss, der wieder heimgekehrte Emigrant –

in Berlin geboren, war er auf abenteuerlichen Umwegen nach Schweden gelangt, schwedischer Staatsbürger geworden – plötzlich die Chance hatte, nicht nur immerhin 7000 DM zu gewinnen, sondern den immensen Öffentlichkeitseffekt eines Preises der Gruppe 47. Was tat er, während wir Kritiker noch stritten und die Stichwahlstimmen abgegeben wurden? Er rauchte zitternd, wie vor einer Hinrichtung oder auch einer Hochzeit, eine Zigarette. Ich hoffte sehr für ihn, hatte für ihn gestimmt. Vielleicht, weil mir meines Tilsiter Landsmanns Johannes Bobrowski Texte zu ostpreußisch nah waren, zu schwerfällig, zu privat... Und dann erhielt doch Bobrowski den Preis. Für ihn, den DDR-Autor, war die Auszeichnung auch lebenswichtig. Sein Status – nicht nur im Westen, sondern vor allem im Osten – änderte sich dadurch gewiß.

Der Welterfolg des Peter Weiss ließ nicht lange auf sich warten. Es war ein Erfolg, der sich angekündigt hatte, der von Peter Weiss' Freunden erhofft worden war. An jeder seiner Arbeiten, schon vor Konrad Swinarskis Sensations-Uraufführung des Marat/Sade-Dramas in Berlin, war etwas höchst Originelles zu bewundern gewesen. In Peter Brooks Inszenierung (und Film) wurde Marat/Sade dann zur Sensation auch in London und New York. Biederes Aufklärungstheater, absurd verschleierte Rätseldialoge oder pointierte »Problem«-Stücke schienen plötzlich ein wenig altmodisch zu sein. Nicht nur die Situation des deutschen Dramas änderte sich »schlagartig« nach »Die Verfolgung und Ermordung Jean Paul Marats – dargestellt durch die Schauspielgruppe des Hospizes zu Charenton unter Anleitung des Herrn de Sade.«

Peter Weiss blieb keineswegs stehen beim zumindest mehrdeutigen, interpretierbaren und um-interpretierbaren Stil des Marat/Sade-Stückes. Er bezog immer entschiedener und anti-bürgerlicher, anti-kapitalistischer Stellung. Der Kapitalismus war für ihn entweder Verbrechen – oder zumindest die unmittelbare Ursache von Verbrechen und Ausbeutung. Solche Lehren ließen sich umstandslos aus den folgenden Stücken ziehen.

In den siebziger Jahren sahen sich die Sachwalter bürgerlich-liberaler Literaturbetrachtung, die Weiss gewiß nicht den Erfolg, wohl aber manches allzu simple, direkte, prokommunistische und scharf anti-»westliche« Bekenntnis übelnahmen, darum zu etwa folgender Erklärung der Entwicklung von Peter Weiss genötigt. Er sei anfänglich ein hochbegabter (auch als Maler und Filmemacher hochbegabter) Artist gewesen mit der Tendenz zu plastischer Flaubert-Nüchternheit, zur Differenziertheit, auch zu panisch-visionären Bildern. Zu erinnern wäre beispielsweise an das Ölgemälde des 19jährigen: »Die Maschinen greifen die Menschheit an«, oder an »Die Gefangenen« aus der Serie »Konzentrationslager«, Tusche, gemalt in Stockholm 1946. Der von Grausamkeiten auffällig faszinierte Künstler habe dann aber, des Hyper-Individualismus müde, ein geistiges Beziehungssystem gesucht und gefunden im allzu spät studierten, dann aber lichterloh geglaubten Karl Marx. So hätte der Artist und melodiöse Dekadent früher Biographien (»Abschied von den Eltern«, »Fluchtpunkt«) sich allmählich die Derbheit theaterwirksamer Knittelverse (zwischen »Marat/Sade« und »Hölderlin«) sowie ein klirrend klares politisches Koordinatensystem zu eigen gemacht.

Aber das letzte große Werk von Peter Weiss, die drei Bände seiner romanhaften »Ästhetik des Widerstands«, die eine Quasi-Autobiographie sind mit minutiös und faszinierend konkret wiedergegebenen »Wirklichkeiten«, Szenen, Bild-Interpretationen und Charakter-Porträts historischer Figuren, stehen doch quer zu einer solchen, billig-plausiblen Deutung der Entwicklung von Peter Weiss. Der Literaturkritiker Heinrich Vormweg hat den umfangreichen »Notizbüchern« von Peter Weiss entnommen, daß dessen gelegentliche Hinweise auf Dante, auf die »Göttliche Komödie« als Muster (Das Auschwitz-Prozeß-Stück »Die Ermittlung« nennt sich »Oratorium« und besteht aus 11 »Gesängen«) immer noch nicht hinreichend ernst genommen worden seien. Vormweg kommt zu dem Schluß, Peter Weiss sei okkupiert gewesen »von dem Ziel, ein heutiges Welttheater nach dem Vorbild von Dantes ›Divina comedia‹ zu entwerfen, also die Welt als ganze im Theater erkennbar werden zu lassen und so als Autor auf die Welt als ganze einzuwirken. Alle Stücke waren Entwürfe zu einem solchen Welttheater... Das Bekenntnis zum revolutionären Sozialismus hatte Funktion im Kontext dieser Absicht. Nur der revolutinäre Sozialismus nämlich bot nach der

Überzeugung von Peter Weiss noch eine Idee von solch fordernder Größe, daß sich ein Welttheater, das ja immer auch ein Weltgericht ist, auf sie berufen konnte. Der Sozialismus ist für Peter Weiss damit gleichsam die eigentliche christliche Idee heute...«

Wenn man mit ihm zusammen war und sprach, ist Peter Weiss kein donnernder Rhetor, kein Volkstribun, kein hitziger Fanatiker gewesen, sondern ein leiser, kränkelnder Mensch, mehr ein Hypochonder als ein Hassender.

Stichworte zum Marat/Sade-Drama

Weltläufigkeit. Keine Rede mehr von moralistischer Selbstforschung oder sentimentaler Selbstbespiegelung im Marat/Sade-Drama des Peter Weiss. Statt dessen: clevere, kalte, höhnische und brillierende Weltläufigkeit. 1963, in Hochhuths »Stellvertreter«, ging es noch um den absoluten Anspruch von Moral, um Gewissenskonflikte, Eidbruch, Tapferkeit, das stellvertretende Opfer. Pius XII. stand vor dem Tribunal eines moralistischen Schiller-Nachfolgers. Martin Walser schrieb damals ein rationalistisches Clownsstück über die Nazizeit (»Eiche und Angora«), 1964 eine Hamlet-Paraphrase »Der schwarze Schwan«, wo der Sohn sich mit der väterlichen (Nazi-) Vergangenheit auseinandersetzt. Dem stellte Peter Weiss sein sadistisch inspiriertes, sinnlich aufgeladenes Theater entgegen. Knittelverse, Kasperle-Klamauk als Vehikel einer Gewaltdiskussion. »Handelt es sich um das Ende einer Ära?« fragte Elizabeth Hardwick 1966 in der »New York Review of Books«. Und fuhr fort: »In jedem Fall wurde jetzt ein bestimmter Typ amerikanischer Stückeschreiber disqualifiziert. Edward Albee, Tennessee Williams und William Inge produzierten in der vergangenen Saison Stücke höchst altmodischer Art. Plötzlich erlebten wir, wie die Zeit, die Mode, die Art des Theatermachens weitergegangen sind! Zweifellos übernahm Marat/Sade die Herrschaft. Die Harmlosigkeiten unserer Autoren konnten dem Messer der Charlotte Corday nichts entgegensetzen.

Der herbe Idealismus von Marat, der zerstörerische Naturalismus des Marquis de Sade, die Kranken in ihren Kitteln: sie alle drückten etwas aus von den verborgensten Sexualphantasien unserer Zeit, von unseren Ängsten, unseren Grausamkeiten. Die feinsinnigen und dekadenten Themen unserer Dramatiker wirken demgegenüber wie die Ausläufer einer langweiligen Mitternachtspartie, die man am nächsten Morgen lieber samt den störenden Kopfschmerzen vergessen sollte.« So weit also Elizabeth Hardwick, nachdem Peter Brooks Marat/Sade-Inszenierung am 27. Dezember 1965 in einem Broadway-Theater gezeigt worden war.

Kluger Kunstgriff. Indem Weiss sich an Knittelverse, Possenreißer, Effekte und Möglichkeiten des »Theaters der Grausamkeit« hielt, entging er klug der Falle der Ungleichzeitigkeit, die immer dann zuschnappt, wenn das Bewußtsein und die Sprache eines Dramatikers ungleich entwickelt sind. Hochhuth benutzte Dramaturgie und Sprachformen Schillers, der sozialistische Realismus griff oft auf den Dialogstil Gerhart Hauptmanns zurück: darüber kam Weiss hinaus. Er hatte bei seinem Marat/Sade-Stück ein anderes Kunstziel als realistische und aufbauwillige Zeitdramatik – gerade er, der ein paar Jahre später schon eindeutig parteiische Agitprop-Stücke wie den »Lusitanischen Popanz« oder den »Viet Nam-Diskurs« schreiben sollte.

Isolationen. Marat, der vermeintliche Gegenspieler des de Sade, ist, genaugenommen, nur ein Geschöpf und Opfer de Sades, der diese Dialoge für eine Aufführung im Irrenhaus zusammengestellt und inszeniert hat. Erst später behauptete Peter Weiss, seine Vorliebe habe von vornherein Marat gehört. Das war zur Zeit seiner Konversion. Marat und de Sade – beide ohne individuelle Sprache – führen auch keinen Dialog, der Entscheidungen oder den Verlauf des Stückes motiviert. Sie tragen konsequenzlose Wortarien vor. Beide sind Skeptiker – mit dem Unterschied, daß Marat dezisionistisch etwas glauben will, etwas als »gut« bezeichnet, während de Sade über solche Naivitäten hinaus zu sein meint. Weil aber de Sade der Autor dieses Marat ist, wird das Stück zur Darbietung des Untergangs von Marat. Kein Sieg des Revolutionärs, sondern seine Tragödie. Aber man kann auch die paradoxe Frage stellen, wieviel vom ehemals die Revolution befördernden de Sade eigentlich in Marat steckt. Sollte er diesen Marat erfunden haben, um zu zeigen, was er für sich selber verdrängte, weil seine Natur ihn woandershin trieb? Zwei Theoretiker, die sich anhören und wiederholen – einsam und konsequenzlos.

Faule Vieldeutigkeit. Wenn *gebundene* Vieldeutigkeit bedeutet, daß innerhalb von dramatischen Figuren und Konstellationen eine sinnvolle und spannungschaffende Beziehungsfülle herrscht, dann meint *faule* Vieldeutigkeit, daß man sich bei Widersprüchen, die nicht geklärt werden, oder Symbolen, die nichts Faßliches bedeuten, alles Mögliche und Aufregende denken kann. Der Reiz, aber auch die faule Vieldeutigkeit des Brechungssystems im Marat/Sade-Stück hat damit zu tun, daß wir uns doch irgend etwas denken (müssen), wenn eine Charlotte Corday, also eine Mörderin aus religiöser Überzeugung, von einer Schlafkranken, einer Somnambulen verkörpert wird, wenn Duperret, der girondistische Abgeordnete, ein Erotomane sein muß, wenn der ehemalige Priester und radikale Sozialist Jacques Roux – der eigentliche und unbeirrbare Revolutionär dieses Ensembles – einer Zwangsjacke bedarf.

Doch dergleichen hat – im Sinne wissensdurstiger Deutschlehrer oder Germanisten – nichts ganz Bestimmtes zu »bedeuten«. Es macht schillernd, es trägt zum theatralischen Überrumpelungseffekt bei. Alles ist möglich. Sogar, daß die vier Possenreißer mit ihrer proletarischen Bravour – wie einer Rezension über die Rostocker Inszenierung, über die DDR-Erstaufführung durch Hans-Anselm Perten zu entnehmen war – keine Possenreißer mehr sind!: »Die vier Sänger treiben nirgends Possen, wie's noch in den Regieanweisungen steht; ihr Tun ist immer einem *Sinn* unterstellt, immer revolutionärem Wach-Sein verpflichtet.«

Sadismus und Natur. Das faszinierend sinnliche Klima dieses Dramas, das zugleich im Irrenhaus und in Auschwitz sich abzuspielen scheint (unabweisbar die Entsetzens-Assoziation des geschlossenen Duschraumes – und hat nicht Peter Weiss in einem bekennerhaften Essay »Meine Ortschaft« Auschwitz als den Ort seiner Bestimmung bezeichnet, der er nur eben entging?), hängt zusammen mit der unaustilgbaren Naturverfallenheit von Tätern, Folterern, Aufsehern und Opfern. »Ich hasse die Natur / ich will sie überwinden / ich will sie mit ihren eigenen Waffen schlagen / in ihren eigenen Fallen fangen« eifert de Sade. Und stellt fest: »Jeder Tod auch der grausamste / ertrinkt in der völligen Gleichgültigkeit der Natur / Nur wir verleihen unserem Leben irgend einen Wert / die Natur würde schweigend zusehn / rotteten wir unsere ganze Rasse aus.«

Marat, tyrannisch, blutbefleckt auch er, wiederholt offensichtlich den Sprachgestus de Sades. Und tönt: »Gegen das Schweigen der Natur / stelle ich eine Tätigkeit / In der großen Gleichgültigkeit / erfinde ich einen Sinn / Anstatt reglos zuzusehn, greife ich ein / und ernenne gewisse Dinge für falsch.«

Eine Silbe macht deutlich, daß Marat de Sades solipstischem Skeptizismus nichts entgegenzusetzen hat. Er »findet« nicht Sinn, sondern er »erfindet« ihn. De Sades Beobachtung: »Ich weiß / jetzt würdest du allen Ruhm und alle Volksgunst hingeben / für ein paar Tage Gesundsein« ist kein logisches Argument, sondern nur ein schadenfroher Hinweis, daß auch Marat – der ideal Wollende – seiner Geschöpflichkeit unterworfen sei. Finstere Faszination, bewirkt von Hinfälligkeit, Triebhaftigkeit, Folter, Auspeitschung, gehört in diesem Drama wahrlich zur Sache. Peter Weiss nutzt sie zu einem Theater fieberhafter Grausamkeit, das gewiß nicht für Konfirmanden-Aufführungen geschrieben ist, sondern die Darstellung oft verdrängter anthropologischer Grundbefindlichkeiten zum Ziel hat. (Daß es um Grausamkeit und körperliche Züchtigung auch in der »Ermittlung« geht, im »Viet Nam-Diskurs«, ja sogar im »Hölderlin«, braucht hier glücklicherweise nicht interpretiert zu werden.) In der Irrenhaus-Auschwitz-Sphäre, in der dantesken Hölle des Marat/Sade-Stückes jedenfalls wird auf dem Umweg über das sadomasochistische Ritual die Notwendigkeit von Gewalt ebenso wie die Despotie einer wertneutralen Natur vorgeführt. Sentimentalisches Entsetzen darüber, zu dem bürgerliche Christen und Humanisten neigen, findet nicht statt. Darin liegt die nach wie vor wirksame Herausforderung dieser theatralischen Partitur.

Das Ich und der Schmerz.
Über die Sprache der »Ästhetik des Widerstands«

In der deutschen Nachkriegsliteratur sucht dieses anstrengende, fordernde, wegen auffälliger Absatzarmut ungemein schwer lesbare Roman-Unternehmen seinesgleichen. Peter Weiss schreibt in der »Ästhetik des Widerstands« gelegentlich auch über Gegenstände, die andere Schriftsteller unserer Gegenwart abhandelten. Beim Vergleich tritt sein schriftstellerisches Können überlegen zutage. Wie hat er, beispielsweise, seine Interpretation von Géricaults Bild »Das Floß der Medusa« hier künstlerisch ergiebig zu machen verstanden: dagegen bleibt Ernst Schnabels Oratorientext, den Henze vertonte, nur ein braves Medusa-Libretto. Die Sprachmacht, mit der Peter Weiss das Lenin-Dada-Zürich des Jahres 1917 knapp fixiert, verweist Tom Stoppards »Travesties«-Stück in die Bezirke des Boulevard. Und wenn Weiss Größen der Zeitgeschichte wie Willy Münzenberg oder Bertolt Brecht mit dem Faltenwurf seines bilderreichen und noblen Deutsch umgibt, dann darf man berühmte Porträts großer Schriftsteller zum Vergleich heranziehen – wie dasjenige Münzenbergs durch Arthur Koestler oder das Bild, das Max Frisch von Brecht gegeben hat...

Peter Weiss hat etwas sehr Problematisches unternommen. Er hat eine erdichtete, in die Vergangenheit zurückgehoffte, resignationserfüllte Biographie versucht. Es ging ihm wirklich und mit schmerzhafter Dringlichkeit um Fragen des Ästhetisch-Schönen, des Erhabenen, des unerschütterlich sprachvollendeten Schreibens einerseits, und um die Forderung nach kollektivem Widerstand gegen Gewalt andererseits. Worin liegt nun die Spannung zwischen ästhetischer und politisch-widerständlerischer Haltung? Den von Not, Emigranten-Elend, von Bildern, Erinnerungen, Armut und Heimatlosigkeit bedrängten Erzähler finden wir teils in Paris, teils in Stockholm. Über die Tschechoslowakei und Spanien ist er dahin gekommen. Die westliche Appeasement-Politik, das Schicksal der Tschechoslowakei, Stalins auf alle mögliche Weise interpretierbares, nur eben im Effekt heilloses Bündnis mit Hitler-Deutschland verdunkeln Gegenwart und Zukunft des Emigranten.

Von alledem, dazu von beziehungsvoll hineingewobenen Kunstwerken, berichtet das erzählende Ich. Einmal heißt es, und zwar im Zusammenhang mit der Aufzeichnung von Gesprächen, die beim kühl informationssüchtigen Brecht geführt worden waren: »Die Ausarbeitung der Notizen zu diesen Gesprächen wurde diktiert von einem Chor... Nicht nur Rogebys, Ströms Stimme hörte ich, sondern die Stimmen all derer, die genannt worden, die aufgetaucht waren und jetzt Gestalt annehmen. Ich begann meine neue Tätigkeit als Chronist, der gemeinsames Denken wiedergab.«

Gemeinsames Denken – im epischen Temperament eines einzelnen gebrochen und gespiegelt. Eines Erzählers, der jene faszinierenden Fähigkeiten besitzt, die Peter Weiss im »Gespräch über Dante« an dem von ihm zum Vorbild gewählten Dichter rühmt. »Die Dämonen und Ungeheuer, die er schildert, können ihm nichts anhaben. Er steht unter dem Schutz der höchsten Poesie, und wenn das Toben der Teufel gar zu schlimm wird, schließt er die Augen und sinkt in Ohnmacht.« Nun, das Ich von Peter Weiss sinkt während solcher Momente nicht in Ohnmacht, sondern es gibt dann den sonst tapfer bekämpften Versuchungen zum irrationalen, todmüden Skeptizismus nach. Im übrigen verhält Weiss sich durchaus wie Dante. »Er führt uns alle Leiden vor« (Weiss tut es unersättlich). »Er katalogisiert alle Sünden« (Weiss macht das ausführlich und verständnisvoll). Er »zittert auch« (wenn er Schlimmstes wiedergibt, etwa die Schreie einer aus Schweden nach Nazi-Deutschland hübsch korrekt abgeschobenen tschechischen Juden-Familie) »und vergießt Tränen« (nein, so weit geht Weiss nicht), »doch stets behält er den Abstand und die Fähigkeit, weiterzuschreiben« (allerdings). Vermag auch Weiss das alles, weil er sich als »Auserwählter« betrachtet?

Hohe Prosa – nämlich diejenige des späten Peter Weiss – besitzt nicht nur die Fähigkeit, aus ästhetischer Schönheit in sprachliche Erkenntnis umzuschlagen, sondern sie vermag beim Setzen des schönen, gewählten, noblen, differenzierten Wortes Erkenntnis zu vermitteln. Die Spannung zwischen den Objekten dieser Prosa und ihrem Faltenwurf (sie hat etwas vom Kühl-Lateinischen Thomas Manns, von der harten Partizipien-Fügung Brechts) wirkt streng, abgründig, feierlich grausam. So hoch formuliert Weiss: »Immer hatte ich meinen Weg vor mir gesehn, hatte meine Beschlüsse gefaßt, auch damals, tief im Untergrund, in der faschistischen Umzingelung, war eine Sicht frei gewesen, erst hier, in der Hauptstadt der Offenheit, der Erleuchtung, wurden wir hineingezwungen in Blindheit. Am ersten Abend in Paris waren wir plötzlich überwältigt worden von der Fremdheit voreinander ... Der Gedanke an die Aufnahme in die Partei verband sich mit dem Begehren nach unbegrenzten Entdeckungen, schon sah ich mich vor den bemalten Flächen stehn, sah mich in der Begegnung mit Géricault, Delacroix, Courbet, Millet, in die geschlossene Organisation, in den kompromißlosen Kampf wollte ich mich begeben, und zugleich in die absolute Freiheit der Phantasie.«

Der Eintritt in die Partei wird hier parallelisiert mit dem Eintauchen in die Freiheit der Phantasie. Der hohe Stil erstreckt sich auch auf Politisches. Es steckt viel Ernst-Jünger-Stolz in diesem hohen Deutsch des roten Emigranten. »Bei Géricault war allein eine Vision, eine seelische Erscheinung vorhanden, es fehlte die rettende Arche, die in Poussins Werk still hinter den aus dem Wasser ragenden Dächern schwamm, und Mond und Blitz waren einem Sturm, einem Schrecken gewichen, wie sie nur in innrer Aufgewühltheit zu finden sind« (Einen solchen Satz, zumal das kühl zusammenfassende, »wie sie nur ... zu finden sind«, müßte und würde jeder analysierende Stilbetrachter Ernst Jünger zuschreiben).

Aber warum wird bei Peter Weiss aus dem erlesenen »sich begeben«, aus dem »Begehren nach Entdecken« nicht einfach Edelkitsch oder Beschönigung? Weil die Sprache rhythmisch gegliedert ist und die Totalität des Wirklichen zu greifen versucht. Am Satzende steht statt des Verbums (das Weiss schon vorher gesetzt hat) wie eine kraftvolle Kadenz das Objekt (»Erst hier ... wurden wir hineingezogen in Blindheit«). Noch etwas kommt hinzu. Weiss formuliert auf der Höhe seines Tons, ohne Ironie und rasche Besserwisserei, auch was gegen seine Position gedacht, gesagt werden könnte. Etwa über kommunistische Ängste vor unberechenbarer intellektueller Aktivität, über linke Geistfeindlichkeit, über kollektiven Anti-Avantgarde-Stumpfsinn. Er hat, wegen seiner ästhetischen Leidenschaft, das schlechte Gewissen des Künstlers angesichts realer Leiden, und zugleich das gute Künstlergewissen im Namen beglaubigender ästhetischer Wahrhaftigkeit. Beim altgewordenen Autor der »Ästhetik des Widerstands« kann man sogar ein resignatives Plädoyer finden gegen sterilen politischen Aktivismus, der schon darum keine Hilfe für die Welt zu sein vermöge, weil er selber soviel Unheil produziert habe.

Man darf bei einem Peter Weiss niemals bloß den Endpunkt seiner episch-reflektierenden Erwägungen zur Kenntnis nehmen wollen. Die Denkkurve selber, in allen ihren Einzelpunkten, Einzelmomenten ist das Eigentliche – nicht das »Fazit«. Etwa seine ausführliche, in dichterischer Sprache mitgeteilte Analyse, wie in fünf oder sechs Stufen Denkfähigkeit, Neugier und Passivität des betrachtenden Ich entstehen.

An die Fensterbank gelehnt, in meinem Zimmer, zur Stunde, ehe uns, die wir hier wohnten, der Schlaf überkam, konnte ich Einblick nehmen in etwas, das tagsüber verschüttet lag, zu diesem Zeitpunkt entstand etwas wie Denkfähigkeit, Sinne regten sich, die Einzelheiten der sonst unmerkbaren Vorgänge ringsum aufzufassen vermochten. Die Fleminggata war leer, hin und wieder nur fuhr eine Elektrische vorbei, durch die Straßen ging niemand, der hier kein Ziel hatte, und diejenigen, die hier wohnten, legten sich früh zur Ruhe. Rechter Hand war die Masse der Fabrik zu erkennen, hinter einem Häuserblock mit erloschenen Fenstern, die Wohnkammern drinnen waren angefüllt mit einem schweren Atmen, einem fortwährenden Einsaugen und Ausstoßen von Luft, in der rauschenden Enge lagen dort Leiber zusammengedrängt, schlaff, bewußtlos. Schien mir auch, als könnte ich jetzt, die Müdigkeit von mir abschiebend, hellsichtig werden, so wußte ich doch noch nicht, was ich ergründen wolle. Es hatte zu tun mit meiner Versetzung aus der Bewegungsfreiheit in ein dicht umsperrtes Gebiet. Der europäische Kontinent, mit seiner Fülle von Beziehungen und Aufgaben, war weggesunken, ein mühevolles

> Suchen nach neuen Verbindungen hatte begonnen. Der Weg von der direkten Beteiligung an politischen Vorgängen und Auseinandersetzungen in den Bereich einer mahlenden Monotonie brachte mich jener Passivität nah, die immer die stärkste Bedrohung unsres Selbstvertrauens ausgemacht hatte. Vergangnes, Verbrauchtes dominierte den Arbeitsplatz. Manchmal war mir, als sei ich in die Situation des Analphabetentums geraten, in der es nichts andres gab als eine trübe Unveränderlichkeit, einen fortwährenden Stillstand, und in der jeder Impuls von einer Gleichgültigkeit umfangen, jeder Ansatz zum Nachdenken zermahlen wurde. Trotzdem war auch dies, selbst wenn es mich mehr erschöpfte als die körperliche Anstrengung, lehrreich für mich. Ich hatte den Zustand dieser Selbsteinschränkung, den mein Vater immer bekämpfte, und gegen den ich im Kreis der Gefährten in Berlin angegangen war, fast vergessen. (»Ästhetik des Widerstands«, Bd. 2, Seite 106 f.)

Früher, im Untergrund, wenn auch entmachtet, hatte eben doch, so heißt es im weiteren Zusammenhang, die politische Anspannung, »die Einordnung unsrer Handlungen in große Zusammenhänge uns vor einem Abgleiten in die Benommenheit bewahrt«.

Wer nun, angestrengt durch das Lesen solcher und noch viel längerer absatzloser Passagen, achselzuckend fragt, was denn die Beschreibung solcher Bewußtseinsstufen, aller dieser feiner Differenzierungen des Isoliert-Seins und über die Isolierung Hinauskommens überhaupt für einen Sinn habe, wer also nur Ergebnisse einheimsen und nichts über seelische Zustände und Entwicklungen zur Kenntnis nehmen will, der wird in Peter Weiss später Prosa höchstens gelegentlich eine Formel oder Beschreibung akzeptieren können. Dem Anspruch der »Ästhetik des Widerstands« ist ein solcher vorlauter Frager nicht gewachsen.

IV. GEBRAUCHSSCHRIFT-STELLER UND AUSSENSEITER

18. Johannes Mario Simmel

Inwiefern er nicht manipuliert und doch Erfolg hat

Beunruhigt vom verblüffenden, auch die negativsten und spöttischsten Kritiken mühelos verdauenden Auflagenerfolg der Simmelschen Romane nun schon seit vielen Jahrzehnten, unbefriedigt wegen der allzu trivialen Ergebnisse mannigfacher soziologischer oder literarhistorischer Erörterungen der Attraktion von gehobener Kolportage, scheinen viele westdeutsche Literaten bereit, zuzugeben, daß an dem Simmel doch etwas »dran« sein müsse. Daß er sein Handwerk verstehe. Wofür oder wogegen spricht nun Simmels so sicherer Erfolg? Besagt er nur etwas über Verführbarkeit und Manipulierbarkeit eines Publikums, auf dessen Schwächen oder Lüste Simmel schlau spekuliert? (Als wären solche Erfolge auf gewissermaßen »ehrlichem« Wege unmöglich.) Oder soll man sich auf die vage Vermutung eines überall latenten, weitverbreiteten Lesebedürfnisses zurückziehen und auf die ziemlich plausible Unterstellung, daß »die Leute« nach faßlicher Lektüre hungern und sie nehmen, wo sie sie finden? Gehört demnach Simmel zu den erfolgreichen Unfeinen?

Zu sagen, der Simmelsche Erfolg wäre ein gemachter Erfolg, ein Werbeerfolg, und die Bücher seien so viel wert, wie ihr Verlag in die Reklame investiere, heißt natürlich, das Gegenargument provozieren, mit entsprechendem Aufwand müßte sich demnach jeder quasi-realistische Romanautor zum Bestseller-Produzenten hochjubeln lassen über die Jahre hin. Das wäre schön für steinreiche Leute. Aber auf dem Markt gibt es eine Bereitwilligkeitsgrenze. Noch so kompakte Werbung für Ungewolltes oder Ungeliebtes scheitert erfahrungsgemäß nach eventuellem kurzem Überraschungseffekt.

Oder bringt Simmel immer genau das, was »die Leute« hören wollen? Dann ließe sich also Erfolg dadurch erzwingen, daß ein geschickter, geldgieriger Autor dem Publikum brühwarm oder eiskalt nach dem Munde schreibt. Solche zu allem entschlossenen literarischen Glücksritter gibt es bestimmt. Aber Simmels Honorare kassieren sie nicht. Der bloße Wille, sich anzubiedern bei den Lesern, genügt offenbar auch nicht.

Dauererfolge hängen ab einerseits von einer spezifischen, spezifisch geweckten und spezifisch befriedigten Erwartungshaltung des Publikums. Und andererseits von einer spezifischen, keineswegs ohne weiteres nachahmbaren oder manipulierbaren Leistung des Autors. Simmel versteht es, teils genau recherchierte, teils offen absurde, phantastische Einzelheiten bruchlos aufeinander zu beziehen, so daß sich Absurdes und Reales in einem Scheinsystem ausgleichender Gerechtigkeit stützen und bedingen. Dazwischen streut er viel edles Bildungsgut, Schillerzitate, Brechtzitate, Shakespeare-Worte. Dazu anheimelndes name-dropping, Vornamen-Vertraulichkeiten, Liebes, Indisches, Kindisches. Ein Autor, der zu erfinden und seine Suada hitzig zu verströmen wagt wie keiner seiner Kollegen, läßt sich rauschhaft gehen, im berechtigten Gefühl, daß die Leser mitgehen. Sein vehementes Über-alles-Reden-Können wirkt wie die Selbstbefreiung eines Menschen, der sich an den strengen Forderungen »guter« Literatur zugleich reibt und rächt.

Simmel ist kein Simulant der Bedarfsdeckung. Er ist eher ein Temperament des schwarzen Verhängniskitsches. Ein Glücksfall für Unglückliche, Unzufriedene, Verängstigte, Besorgte, Entfremdete. Er ist ein Katalysator mit Phantasie. Bestimmt kein Zyniker, sondern eher ein Enthüller, dem die entdeckte Wahrheit nur eben manchmal zum Alptraum gerät, manchmal zur Operette, gelegentlich zu beidem auf einmal. Wir vernehmen dann Warnungen im vehementen Dreivierteltakt, nach denen die Bedrohten süchtig werden. Simmels Leser gehören zu jener schwer fixierbaren Gruppe von Zeitgenossen, die zwar an gelegentlicher »moderner« Romanlektüre interessiert wären, aber kaum an der real existierenden gegenwärtigen oder vergangenen »Literatur« interessiert sind. Solche Leute und Leser brauchen den Simmel. Diejenigen jedoch, von denen seine zunehmend engagierten Bücher immer mehr handeln – also die Politiker, die Chefredakteure, die Männer der Öffentlichkeit – gerade sie können mit Simmels Romanwelten, wie es scheint, am allerwenigsten anfangen.

»Mit den Clowns kamen die Tränen« und »Die im Dunkeln sieht man nicht« – Wirklichkeit als Alptraum

Jahrzehntelang ist Johannes Mario Simmel zwar vom Publikum leidenschaftlich gelesen (über 60 Millionen verkaufte Romane meldet der Verlag berechtigt stolz), aber von der sogenannten höheren Literaturkritik entweder verrissen oder verachtet worden. Letzteres hat sich in den achtziger Jahren zu Simmels Gunsten verändert. Analysen über die Gründe seines Erfolgs und die Technik seines Schreibens wurden unternommen. Gleichwohl klingt bei mancher Anerkennung eine gewisse Gönnerhaftigkeit mit, so als beruhe Simmels Beliebtheit auf Tricks, auf Verfahrensweisen, derer sich seriösere Autoren genieren.

In Wahrheit ist Simmel, über den immerhin Schriftsteller wie Böll oder Walser sich voller Respekt geäußert haben, ein Getriebener. Ein schreibender Triebtäter von Format, der immer öffentlichere, »politischere« Stoffe sucht, braucht und findet für sein robustes Talent des spontanen Darstellens, Entfaltens, Verknüpfens, Dramatisierens, Maskierens und Überraschens. Wer beim ziemlich aus der Mode gekommenen Begriff der »Engagierten Literatur« immer nur an Schriftsteller vom Rang und der Geisteshelle Sartres oder Brechts, von der Art und Einseitigkeit des Peter Weiss oder Günther Wallraff, von der Inständigkeit des Harald Mueller (»Totenfloß«)

oder der Unbedingtheit des Rolf Hochhuth denken mag, dem dürfte es paradox erscheinen, einen unterhaltenden Volksautor wie Simmel im Jahre 1987 zu den engagiertesten Romanschreibern unserer Literatur zu zählen. Die skeptische Gegenfrage, ob dieser Befund, falls er wirklich zuträfe, nicht viel mehr gegen Simmels Kollegen als für Simmels Bücher spräche, wäre aber nur berechtigt, falls Simmels Romane wirklich nur aus Effekthascherei und Gefallsucht bestünden.

Die beiden letzten Romane Simmels – »Mit den Clowns kamen die Tränen« (1987) und »Die im Dunkeln sieht man nicht« (1985) – haben viel Gemeinsames, Aufregendes, Couragiertes und Überdrehtes. Sie sind politisch, parteilich, faktenfreudig, katastrophengesättigt und manchmal verkitscht. Aber nie Science-fiction mit dem Alibi der Zukunft, sondern stets Wirklichkeit mit der Last des Heute.

In seltsamer Verkennung seines zwangsneurotischen Triebs zur fesselnden Kolportage hat Simmel seine Unterhaltungskunst einmal als Verpackungstechnik denunziert: »Wenn Sie ein Buch über behinderte Kinder schreiben, brauchen Sie eine Kolportagehandlung, die so stark ist wie das Thema schwer. Es ist eine mathematische Verbindung: je schwerer das Thema, desto dicker die Kolportage.« Da erweckt Simmel den Anschein, als ginge es ihm nur um's Problem, als könnte er so handlungsarm schreiben wie Proust oder so vornehm wie Hesse, wenn er sich »leichtere«, sagen wir: musischintellektuelle Themen vornähme. Doch dafür spricht, außer daß Simmel es so will, wenig.

Sein letztes Buch (»Mit den Clowns...«) beginnt mit einem circensischen Kindermord – und endet damit, daß diese Szene wie eine Rückblende bevorsteht. Die Heldin, eine tapfere Journalistin, entdeckt beim Versuch, die Hintergründe der Zirkusschießerei aufzuklären, was in den Zentren der Gen-Forschung – Hamburg, Paris – geschieht. Sie kommt mit Hilfe eines polnischen Wissenschaftlers Entwicklungen, Absichten, brandgefährlichen wissenschaftlichen Irrtümern auf die Spur. Simmel zitiert fleißig (vor allem: Erwin Chargaff), er scheut sich auch nicht, brisante Vermutungen aussprechen zu lassen.

»Mir kommt ein grauenhafter Verdacht«, sagte Westen. »Ich muß an die ›neue Pest‹, an AIDS, denken. Plötzlich war AIDS da. Von einem Tag auf den andern. Man hat uns erzählt, daß diese tödliche Immunschwäche aus Afrika kommt, daß man AIDS dort schon seit einer Ewigkeit kennt. Wieso haben wir davon niemals zuvor etwas gehört? Wieso nicht, Doktor? Könnte es sein – und mich schaudert bei der Frage – könnte es sein, daß das Virus, das AIDS hervorruft, aus einem Gen-Laboratorium entwichen ist?«

Indem Simmel zunächst konkret von dem ausgeht, was in gewissen Kliniken gemacht wird, wobei er andeutet, wie gefährlich es wäre, neue Lebensformen zu entlassen (die nicht zurückrufbar sind, während man, wenigstens theoretisch, doch mit der Atomspaltung usw. »aufhören« könnte), gerät das Buch allmählich in die typisch Simmelsche Beschleunigung. Westliche und östliche Geheimdienste kämpfen um wissenschaftlichen Vorsprung. Man hat, unglücklicherweise und durch einen Arbeitsunfall, ein ideales Virus für den Soft War gefunden. »Ein neuer Rüstungswettlauf – nach der neuen Waffe. Wer diese Waffe zuerst hat, ist Herr der Welt.«

Das klingt wie Hans Dominik oder gar wie Wotans Abwehrkampf im »Ring des Nibelungen«. Mordversuche werden unternommen; Geheimpolizisten werfen sich dazwischen, jeder könnte Verräter sein. Supermächte schreiten über Leichen. Die Kämpfenden wiederum sind entweder idealgesinnt engelsrein (wie im Edelwestern die Sheriffs) oder rücksichtslos kriminell (wie Fanatiker, Idealisten, Gekaufte). Hier geht es gerade noch einmal gut, weil weitblickende Heroen ein Gen-politisches Patt herstellen. (»Denn jeder der beiden Großen hat nun zwar das Virus, aber auch den Impfstoff... Und das bedeutet, daß diese herrliche Waffe stumpf geworden ist...«)

Chesterton warf Shaw vor, es dem Publikum zu leicht zu machen. Shaw verzuckere die gesellschaftskritischen Thesen – die Zuschauer aber leckten schlau das Angenehme ab und spuckten die bittere Pille aus. Den Simmelschen Problemstellungen, so naiv und alptraumhaft sie auch vom Autor gesteigert, in Thriller-Kolportage verwandelt werden, entkommt man nicht so ohne weiteres. Und zwar deshalb nicht, weil Simmel einen beängstigend sicheren Instinkt dafür zu haben scheint, wo geheime Entwicklung und öffentlicher Wettlauf wirklich an Schauerliches, Alptraumhaftes grenzen. Er findet Themen, bei denen man sich nicht mit einem »alles nicht so schlimm« zurücklehnen kann. Fesselnd sind dabei aber eben nicht nur die Gegenstände – Chargaffs Bücher liegen ja vor –, sondern kolportagehaft spannend wirken Simmels Steigerungsmittel. Er katapultiert seine Helden von einer Schreckenssituation in die andere. Entführung, Schießerei, Nötigung. Er benutzt die Technik schlauer Gegenschnitte (bei einem verschwörerischen Treffen in einer Kirche wird dauernd das Gewäsch der kunsthistorisch erläuternden Reiseführer pfiffig dazwischen geblendet. Der Kontrast ist nicht ironisch, sondern vehement, atemlos). Simmel läßt die Welt als Verschwörung der Mächtigen erscheinen. Er – und das ist wahres Künstlerpech – überzeugt freilich immer nur beim Alpträumen – nie beim Liebestraum. Schreckliche, exzentrische Begebenheiten bei Simmel finden aus ihrer Dynamik die passenden Worte. Aber die Liebesszenen bleiben namenlos trivial. Es liest sich, als ob ein Unglücklicher, ein Alpträumer sich die Schlafzimmerszenen ungeschickt und sehnsüchtig vorstellt, dabei mit Süße, Sehnsucht und Glück begeistert hantiert – aber immer im Banalkitsch landet.

Was die epische Technik, die Fülle und die Virtuosität zeitgeschichtlicher Vergegenwärtigung angeht, so gelang Simmels 1985 erschienener Roman »Die im Dunkeln sieht man nicht« weit besser, reicher, literarischer. Ein junger, auf Beruhigungsmittel angewiesener Fernsehjournalist – »Ich bin nicht süchtig. Ich brauche nur mein Quantum. Es wird nicht mehr. Was glaubst du, wie viele Menschen Tranquilizer nehmen?« – stößt auf ein zeitgeschichtliches Filmdokument von hoher Brisanz. Sein Vater, der ein alter, hoher Nazi war und für gestorben galt – aufregend die Schilderung der U-Boot-Fahrt von 1945, die diesen Vater und einige andere Auserwählte nach Südamerika brachte – will den Dokumentarfilm von Argentinien aus der Weltöffentlichkeit zeigen (gegen viel Geld). Es geht um einen in Teheran geschlossenen Geheimvertrag zwischen Amerika und Rußland auf Kosten der rücksichtslos betrogenen übrigen Welt.

Simmels fast gespenstische Kunst des Arrangierens und Umfunktionierens besteht darin, daß immer neue Erklärungen für die Möglichkeit oder Unmöglichkeit eines solchen – eventuell auch von der NS-Propaganda hergestellten – Films gegeben werden. Was sich da, zwischen Geheimdienstlern, ziemlich exakter Zeitgeschichte mit Churchill-Zitaten und wohlrecherchierten Erinnerungen ans Berlin der letzten Kriegsmonate, vor dem Leser aufbaut, ist enorm spannend und gewinnt eine typische Simmelsche Eigendynamik, der schlaue Skepsis nur mühsam gewachsen ist. Man wird überfahren von wüsten (aber nicht unmöglichen, denk-unmöglichen) Vorgängen und Einfällen. Man reist um die Welt in höchstens 8 Tagen, wohlbekannte Hotels werden ebenso zitiert wie Juhnkes Suff oder die Stern-Blamage mit den Hitler-Tagebüchern, die so dumm gewesen sei, daß etwas anderes dahinter gesteckt haben müsse. Simmels Alptraumwelt beginnt rücksichtslos knallig und unsentimental finster mit einem – unterbrochenen – Selbstmordversuch, doch noch finsterer endet das Buch dann mit dem gelingenden Selbstmord des Helden. Es wimmelt von Erpreßten, Lügenden, faschistoiden Flüchtlingsvertretern, Zeugen, die entweder offenbar schwindeln oder umfallen (letzteres allerdings, weil sie erschossen werden vom Shakespeare-verehrenden und mutterliebenden Agenten Hyde).

Phantasie, Fülle, Katastrophenrausch. Mit erlesenen Adressen, Hotels und peniblen Realitäten hat, beispielsweise, auch Alfred Andersch manchmal zu beeindrucken versucht: doch gegenüber Simmels dreistem Kolportageschwung blieb Andersch künstlich und blaß. Nur wenn die schönen Träume von Liebe und Geborgenheit beginnen sollten, hört Simmels Sprache auf. »Das glückliche Lächeln eines Babys erhellte sein Gesicht.«

Es ist wirklich, als wollte die Muse engagierter Kolportage ihrem Lieblingskind Simmel bedeuten, doch auf alle Fälle vom Glück zu lassen.

19. Gert Ledig

Ein allzu kurzer Wahrheitsmoment

»Nach ›Die Stalinorgel‹ und ›Vergeltung‹, den Büchern von der Ostfront und vom Bombenkrieg, schuf der junge Gert Ledig, der heute in der ersten Reihe der deutschen Gegenwartsliteratur steht« – so tönte 1957 der Desch-Verlag im Klappentext zu Ledigs drittem Roman – »ein Dokument der Nachkriegsjahre, die wir alle erlebt haben und schon wieder zu vergessen beginnen.« Dies Dokument war dann der Roman »Faustrecht«. Der ist nun in der Tat ganz und gar vergessen worden, und zwar keineswegs zu Unrecht. Auch von dem Bombenkriegbuch »Vergeltung« weiß begreiflicherweise kaum jemand mehr. Aber wenn sogar Gert Ledigs »Stalinorgel« völlig aus dem Bewußtsein der Lesenden und Schreibenden verschwunden wäre, dann schiene mir das ein Verlust.

Ich will versuchen, diese Behauptung zu begründen. Gert Ledig, Jahrgang 1921, gehörte zu einer Generation, die vom Krieg nicht nur »dezimiert«, sondern fast ausgerottet worden war. Er hatte sich 1939, als Achtzehnjähriger, freiwillig zum Kriegsdienst gemeldet, war Offiziersanwärter gewesen, schließlich wegen aufrührerischer Reden in eine Strafkompanie gekommen. Er hatte den Krieg wirklich kennengelernt.

Daß der Zweite Weltkrieg, daß vor allem der »Rußland«-Krieg mit seinen unsäglichen Schrecken sich kunstvoll-literarisch schlechthin nicht bewältigen ließ, so wie Troja oder die Schlachten Napoleons einst dichterisch bewältigt worden waren, hielt man in den fünfziger Jahren für ausgemacht. Der Siegeszug der »absurden« Literatur wurde eben damit begründet: realistisch seien Stalingrad und Auschwitz nicht beschreibbar.

Dann aber kam Ledig, der eine wüst-bunte Biographie hinter sich hatte, und legte 34jährig die »Stalinorgel« vor. Er zeigte, daß der Kampf kein inneres Erlebnis (mehr) war, daß panisch ums Überleben Ringende aus Stahlgewittern nichts zu lernen vermögen, daß zwischen dem Einzelschicksal und der Materialschlacht so wenig eine Beziehung sich herstellen ließ wie zwischen Individuum und Atomtod. Präziser gesagt: er »zeigte«, »reflektierte« dies alles nicht, sondern machte es durch die Art seines Schilderns erkennbar. Da gab es keine Biographien mehr, sondern nur noch Schatten, namenlose Dienstgrade. Da war der Tod kein heroisches Ende, auch kein indirekt anklagendes Krepieren, sondern ein bloßes, gleißendes Verbrennen, Verlohen. Ledig fand – vielleicht oft ungeschickte, vielleicht auch manchmal steife – Worte für das, was eigentlich nicht zu sagen ist. Und wenn da ein Landser den anderen seltsam wohlgesetzt tantenhaft warnt: »Wir wollen deinen Leichtsinn nicht mit dem Leben bezahlen«, dann waren das eben Schönheitsfehler, Unangemessenheiten in einem unroutinierten, aber authentischen Kriegsbuch. Diese Authentizität wurde damals begriffen. Die »Stalinorgel« ist in mehr als 10 Sprachen übersetzt worden.

Unbeantwortbar die Frage, ob dieses Gelingen sich gewissermaßen einem Zufall verdankte. Vielleicht hob die entsetzliche Heftigkeit des Durchlittenen Ledig für einen allzu kurzen Wahrheitsmoment über das ihm normalerweise Mögliche hinaus. Jedenfalls erreichte er nie mehr auch nur annähernd, was ihm in der »Stalinorgel« gelungen war. Der Nachkriegsroman »Faustrecht« blieb derb unergiebige Mini-Kolportage, mäßig clever. Die Schrecken, von denen die »Stalinorgel« vibrierte, schienen da verdünnt, vertan zur Kintopp-Schnoddrigkeit, zum Hemingway-Epigonentum letzter Dürftigkeit. Der Romancier des Rußlandkriegs schloß seinen Frieden mit der Kolportage. Und wurde vergessen. Aber das Gesetz von der Erhaltung der Energie darf auch im geistigen Bezirk kein leerer Wahn sein. Darum sei nun festgehalten, was 1955 einem Gert Ledig gelang und was damals ein beklemmendes Lese-Erlebnis war.

»Die Stalinorgel« – ein Zwölftonakkord

»So war es ja gar nicht«, sagt Herr Z., ehemals Oberleutnant, und legt Gert Ledigs Kriegsroman »Die Stalinorgel« beiseite, ächzend, weil seine Kopfverletzung (Italien, 1944) ihm wieder einmal zusetzt. »So war es nicht. An der Front flogen ja nicht ständig Leichenteile durch die Luft. Gewiß, das kam natürlich auch vor, aber es war nicht alles. Man erlebte im Krieg auch Kameradschaft und fremde Länder, ich habe Rußland in den Jahren geradezu lieben gelernt. Und sehen Sie...« fährt Herr Z. fort, während er eine Saridontablette schluckt, »es gab doch massenhaft schneidige, vorbildliche Unteroffiziere und Offiziere. Solche Kriegsromane tun immer so, als ob sich das Unteroffizierskorps, aber auch das Offizierskorps, überwiegend aus feigen, brutalen Schurken zusammengesetzt hätte.«

Es ist bereits nötig, den Oberleutnant Z. in Schutz zu nehmen. Wer denkt wie er, muß nicht unbedingt ein sturer Militarist sein. Herr Z. empfindet eher wie ein »Hindenburg-Deutscher«, wie ein Mann also, in dessen prägnanter Welt ganz bestimmte Dinge gut neben- und ineinander Platz haben: J. S. Bach, die »Dreigroschenoper«, deutsch-nationales Pathos, die Psalmen (übersetzt von Luther oder auch von Guardini), leidenschaftlicher Familiensinn, ökonomisches Raffinement und Aufgeschlossenheit für Herrenwitze. Unser Freund wäre durchaus bereit, Robert Merles Soldatenbuch »Wochenend in Zuidcote« samt dessen deftiger Vergewaltigungsszene gelten zu lassen. »Soldaten sind keine Heiligen, so etwas hat es gegeben.« Beumelburg fände er »gut«, Mailer »doll«, bei Remarque und Plievier hätte er zwar Bedenken, aber immerhin... »Die Stalinorgel« jedoch würde er ablehnen. Er würde sie einseitig, unkünstlerisch und abstoßend nennen, er würde die literarische Gestaltung und profilierte Figuren vermissen, er würde von einer derben Reportage, von einer unnötigen Häufung nackter Schrecknisse reden. Man kann dem Oberleutnant Z. nicht einfach Unrecht geben. Dennoch verkennt er instinktlos und borniert ein erstaunliches Buch.

Gert Ledig hat aus dem Kampf, der im Sommer 1942 vor Leningrad geführt wurde, einen kurzen Zeitraum herausgegriffen. Es geht um einige Höhen und Gräben. Die strategische Bedeutung von alledem ist unerheblich; der Leser kommt nicht auf die Idee, einen Atlas aufzuschlagen. Keine billige Feldherrnromantik, sondern Krieg aus der Perspektive des Landsers im Graben.

Das ist natürlich nichts Neues. Bei Remarque (»Im Westen nichts Neues«), Nekrassow (»In den Schützengräben vor Stalingrad«), Mailer (»Die Nackten und die Toten«) und in zahllosen anderen Kriegsbüchern gab es dergleichen schon. Neu ist der radikale Verzicht, den Krieg als persönlichkeitsbildendes Erlebnis, als Phase eines, und sei's noch so fürchterlichen, Entwicklungsromans anzuerkennen. Die Disproportion dessen, was geschieht, zu den Objekten, mit denen es sich vollzieht, wurde in der deutschen Nachkriegsliteratur noch nie ungeheuerlicher dargestellt. Nicht Menschen bestimmen, prägen oder verursachen die Geschehnisse, sondern Materialschlacht und Mord. Von ein paar halben Ausnahmen abgesehen, begegnet man lauter geschichtslosen Figuren; oft erfährt der Leser nicht einmal den Namen, der Dienstgrad genügt. Anonym hastet es zwischen Gräben und Granaten hin und her; bevor noch die Anteilnahme des von Schock zu Schock gehetzten Lesers an dieser oder jener verwischten Gestalt hängen bleibt, holt manchmal, unmotiviert, nie als Abschluß, immer nur als Abbruch, ein scheußlicher Tod sie weg, und die Kamera schwenkt weiter.

Obwohl in diesem 222 Seiten langen Roman erschreckend viel passiert, gibt es keine eigentliche Handlung. Der Aufbau des Buches ist verwirrend. Anfangs begleitet man einen Melder und erfährt durch heranassoziierte Einblendungen, was alles an diesem Frontabschnitt möglich war und ist. Hin und wieder berichtet Ledig dann auch, was sich auf russischer Seite abspielt, kurz hält er sich mit den Gesprächen der Offiziere auf, einmal sogar mit einer albernen Kriegsgerichtsverhandlung. Aber im Mittelpunkt steht doch der sinnlose, fürchterliche Tod im sinnlosen, fürchterlichen Krieg. Ledig hat, und das muß eine schlimme Arbeit gewesen sein, aufgezeichnet, wovon die Soldaten, die verstört aus Rußland zurückkamen und »erzählen« sollten, nicht erzählen wollten und konnten. Er hat rekonstruiert, womit kein Gedächtnis, kein Bewußtsein und kein

Mensch wohl jemals »fertig« werden kann. Sich selbst hat er nicht erlaubt, was er dem »Melder« gestattete: »Den Anblick... vergaß der Melder nie und er sprach auch nie über das, was er gesehen hatte. Seine Worte hätten dazu nicht ausgereicht.«

Folgende Szene wurde 1955, im Jahre des Entschlusses zur Aufstellung von 12 deutschen Divisionen, gedruckt:

Der Gefreite schob die Sprengkapsel in die Mine. Es war still im Loch. Er konnte das Schleifen der Sprengkapsel am Metall der Mine hören. Auf dem Zifferblatt seiner Uhr waren weder Zahlen noch Zeiger zu erkennen. Die Leuchtkraft des Phosphors hatte sich verbraucht.

»Was machst du da?« fragte eine Stimme aus dem Dunkel. »Wir wollen deinen Leichtsinn nicht mit dem Leben bezahlen.«

»Jeder kann tun, was er will«, antwortete der Gefreite. »Ich zum Beispiel werde jetzt einen russischen Panzer sprengen!«

Die Stimme sagte: »Es sind zwei. Der zweite wird uns dann...«

»Quatsch nicht so dämlich.«

Wieder das Kratzen der Zündkapsel am Metall.

»Das wirst du nicht tun!« sagte die Stimme. Sie zitterte. Der Gefreite antwortete gleichgültig: »Ich hab's mir eine Stunde überlegt!« Er zog, jedes Geräusch vermeidend, die Beine an, drückte seinen Rücken langsam an der Wand hoch. Die Mine war schwer. Ihm gegenüber entstand eine Bewegung. Eine Hand griff nach seinem Arm. Er versetzte ihr einen kräftigen Schlag. Zwei Hände griffen nach seinen Schultern. Er zog ein Knie an und stieß es mit aller Kraft zurück. Ein Schmerzenslaut. Übler Mundgeruch schlug ihm ins Gesicht. Er warf sich bereits dem Ausgang zu. Hielt die Mine mit der rechten Hand, versuchte sich mit der linken aus dem Loch zu ziehen. Jetzt erst bemerkte er, daß seine Glieder steif waren, daß er fast keine Kraft mehr hatte. Außerdem blendete ihn das Tageslicht.

»Du bist irrsinnig! Bleib hier!« schrie hinter ihm die verzweifelte Stimme.

Sein Kopf ragte bereits aus dem Loch. Da wurden seine Füße gepackt. Eine eiserne Zange hielt sie fest. Er mußte sich befreien.

Fünf Schritte vor ihm ragte die lehmbedeckte Wand des Panzers. Eine unförmige Raupe, Schraubenköpfe, Schweißnähte. Er kämpfte angestrengt. Wollte die Mine über das Loch heben. Wollte sie dem Panzer entgegenrollen. Die Hände hielten ihn wie ein Schraubstock fest. Seine Kräfte schwanden. »Laß mich«, wimmerte er. Die Mine drückte auf seine Brust. Er bekam keine Luft mehr. In der Panzerwand öffnete sich eine kleine Klappe. Ein Rohr, wie von einer Gießkanne, zielte auf seinen Kopf. Mit letzter Anstrengung riß er die Sicherung aus der Mine.

In diesem Augenblick tropfte aus dem Strahlrohr des Flammenwerfers eine ölige Flüssigkeit. Ein harmloser Funke zuckte auf. Plötzlich spritze glühendheiße Lohe in sein Gesicht. Sein Kopf brannte wie Zunder. Die Mine begann zu glühen. Eine gewaltige Detonation: den Gefreiten gab es nicht mehr. Eine Druckwelle fauchte in das Loch. Eine Welle von Luft schlug gegen Erdwände, gegen Beton. Stichflammen rasten auf andere Minen zu. Im Nu verkohlten Papier, Uniformstoffe, Fleisch. Der entzündete Sprengstoff hob den Betonklotz auf, warf das Gerippe des Mastes in die Luft.

Der Leutnant in dem Panzer hörte im Kopfhörer noch einmal die fremde Stimme. Dann begann sich der Turm mit ihm zu drehen. Das Gehäuse aus Stahl zerbarst. Die Stimme, die zum letzten Male »Acht Uhr und zehn Minuten« sagte, hörte er nicht mehr.

Solch eine Schilderung bestätigt wieder einmal, was im Grunde gar keiner Bestätigung bedarf: der moderne Krieg läßt sich nicht in Kunst verwandeln. Wohl hat etwa Hans Joachim Lange die Erlebnisse des Oberleutnants Clausen in Italien zu einem literarisch hochqualifizierten, präzisen Roman umschmelzen können, aber in Langes Buch »Die Mauer von Mallare« geht es nicht um Materialschlachten, sondern um die vom Krieg verursachten Abenteuer harter, intelligenter Männer in einer gewiß gefährlichen, aber immerhin noch kommensurablen Umwelt. Von alledem ist bei Ledig nicht die Rede. Er spricht nicht vom ganzen Krieg, sondern – mit verstörender Entschiedenheit – von dessen furchtbarsten Seiten. Er entwirft keine Personen, sondern bei ihm wird krepiert. Nicht ungerecht ist sein Buch, sondern schonungslos.

Aber der gehäufte Schrecken schmeckt nach Kintopp. Verdauen, ästhetisch apperzipieren kann man dergleichen nicht mehr. Ledigs »Stalinorgel« intoniert ständig den »Zwölftonakkord«, die dissonanteste Dissonanz, den berühmten Todesakkord der »Lulu« in Alban Bergs gleichnamiger Oper, demgegenüber alle Harmonielehre, alle musikalische Erfahrung und Differenziertheit kapitulieren müssen. Weiter geht es nicht mehr. Der ästhetisch mögliche Gegensatz Spannung: Entspannung hat sich in den (ästhetisch unmöglichen) Gegensatz Schock: Lähmung verwandelt; der Künstler hat sich der Forderung des Wirklichen gebeugt. Die Szene, da der Hinrichtende im Dunkeln den entsicherten Revolver verliert und ihn zusammen mit dem – nichtsahnenden – Opfer todesängstlich sucht, wirkt wie eine Kapitulation vor dem Reiz der Kolportage. Unausgeglichen, oft geradezu unentwickelt, ist auch die stilistische Kraft des Autors. Wer schreibt »wie es vom Dramatischen« (sic!, gemeint wahrscheinlich »Tragischen«) »zum Komischen nur ein Schritt ist, so hockte im verlausten Kotloch unter dem Todeshügel neben dem Grauen der Schalk« und natürlich nicht das bieder altmodische Wort »Schalk« im Sinne haben kann – es geht darum, daß zu einem »Himmelfahrtskommando« abkommandierte Soldaten sich an ihrem Feldwebel rächen, indem sie seine, an das Bataillon gerichteten Schriftsätze und Meldungen verändern –, wer trotz teilweise großartig reproduzierter Situationen stilistisch immer wieder so viel verpatzt, dem wäre ein unnachsichtigeres kritisches Bewußtsein zu wünschen.

Begreiflicher scheint mir dagegen Ledigs auffällige Unsicherheit in der »Erzählhaltung«. Der Autor müßte ein Übermensch sein, wollte er dem standhalten, wogegen mit subjektiver Kraft nichts auszurichten ist. Meist jedoch bleibt Ledig sachlich; manchmal versucht er, den Schock zu verstärken, indem er zynisch, ironisch oder auch bloß schnoddrig pointiert. Aber Bosheit kommt vielleicht einem Unteroffizier Himmelstoß (aus »Im Westen nichts Neues«) bei, dem Entsetzlichen gegenüber wirkt sie läppisch, wenn sie nicht präzis und mit souveräner Kraft durchgehalten wird.

Ich kann eine letzte, möglicherweise mißverständliche Bemerkung nicht unterdrücken. Gerade die Leser, die aufatmend feststellen werden, daß Ledig die unbeschreibliche Inhumanität des Krieges weder verklärte noch dosierte, sondern sie kraß reproduzierte, werden es vielleicht bemängeln, daß selbst in dieser, im Effekt defaitistischen Predigt die Kämpfenden und Aushaltenden anscheinend ehrenvoller, besser wegkommen als die Überläufer, als diejenigen, die das Gewehr wegwerfen oder die das Blutvergießen vermeiden wollen wie der Hauptmann Waldmüller. Um dem Autor gerecht zu werden, muß man allerdings zugeben, daß er auf jede direkte Aussage, auf jede politische Stellungnahme verzichtet hat. In diesem Buch geht es nicht um weltanschauliche Entscheidungen, sondern um den Kampf zweier Gruppen, die einander gegenüberliegen und vernichten wollen. Schon das Wort »Krieg führen« träfe die Situation nicht mehr. Es klingt viel zu groß, zu global dafür, daß hier arme Kerle sich selbst behaupten, irgendwie »durchkommen« wollen. In solcher Kampfsituation erscheint der Überläufer verächtlich, er läßt »im Stich«, mag er, aufs Ganze gesehen, auch Recht haben. Andererseits hat Ledig durchaus den Mut auszusprechen, daß manche seiner Landser den Tod der Kameraden wünschen, wenn er ihnen nur das Leben rettet.

Ledigs grandiose Szenenfolge besitzt die Kraft, solche Fragen unmittelbar aufzuwerfen, aber nicht, sie scharf zu beantworten. In der »Stalinorgel« wird endlich einmal ausgesprochen und nicht bloß verdrängt. Darum konnte dies Buch ein politisches Ereignis sein.

20. Hans Scholz

Pfiffiger Fachmann fürs Überleben

Hans Scholz war in der literarischen Szene so unbekannt, und sein Roman »Am grünen Strand der Spree« war so eminent gut gemacht, komponiert, geschrieben, daß die überraschte literarische Öffentlichkeit im Jahre 1955, beim Erscheinen des Buches, platterdings nicht glauben wollte, ein gewisser Maler namens Scholz könne es verfaßt haben. Man rätselte nach dem wahren (und angesichts solcher Kunstfertigkeit natürlich längst berühmten) Autor. Aber die Wahrheit ließ sich nicht verhehlen. Das Buch von Hans Scholz war von Hans Scholz.

Es stellte den hochamüsanten Gegentypus dar zur »Stalinorgel« des Gert Ledig. Die »Frankfurter Allgemeine Zeitung« druckte es als Fortsetzungsroman ab, der Bestseller wurde bereits wenige Jahre nach seinem Erscheinen zu fünf abendfüllenden Fernsehfolgen verarbeitet. Preise, Auszeichnungen, ehrende Akademiemitgliedschaften waren für den Verfasser – der einst Tanzmusiker gewesen und dann Maler geworden war – die wohlverdiente Folge. Nun sattelte Scholz zur Literatur um, schrieb Bücher über Berlin und Brandenburg, wurde Feuilletonchef und Literat, den es gelegentlich zurückzog zur Malerei.

Vielleicht muß man alt werden, um in einer zynisch-tapferen Weltläufigkeit nicht vor allem den Hedonismus zu beklagen, sondern auch die noble Haltung angesichts des Grauens zu respektieren (ja verstohlen zu bewundern).

»Am grünen Strand der Spree« –
So gut wie ein sehr guter UfA-Film

Der Quasi-Roman beginnt mit einem Telefongespräch, einem Kabinettstückchen witziger Schriftstellerei. Hans Schott, der Erzähler, wird da von Herrn Dr. Brabender, einem vielbeschäftigten Berliner Anwalt, angerufen und um gesellschaftliche Unterstützung gebeten. Ein Vetter des Anwalts, Hans Joachim Lepsius, ist aus der Kriegsgefangenschaft entlassen. Ihm täten Erholung und sanftes Wiederanfangen not. Seine Ehefrau jedoch hat ihm nahegelegt, die Scheidung einzureichen. Nun sitzt der arme Kerl in Berlin. Dr. Brabender, der telefonierende Anwalt, bittet also den Erzähler, einen Herrenabend zu improvisieren, um den deprimierten Heimkehrer ein bißchen aufzuheitern.

Aber wir wollen uns diesen Anfang noch etwas besser ansehen. »Meine Mutter«, so erzählt Dr. Brabender per Telefon, »hat das wachsgraue Klappergestell zuerst gar nicht als ihren Neffen identifizieren können, und er immer: Aber Tante Minchen, kennst Du mich denn nicht mehr? Grinsend und zahnlos auf dem ›Schlesischen Bahnhof‹.« – Das ist die Ausgangssituation, trotzdem erscheint sie in einem recht lustigen Zusammenhang. Denn Dr. Brabender kommt nicht einen Augenblick lang zu kontinuierlichem Telefonieren. Immer wieder muß er zwischendurch noch seinen Sekretärinnen Anweisungen geben, muß er wartenden Besuchern ein paar Worte zurufen, muß er an einem zweiten Apparat noch ein weiteres Telefongespräch führen im Vollbesitz seiner zungenfertigen berlinischen Betriebsamkeit.

Der Jargon wird da phantasievoll reproduziert mit seinen Abkürzungen, Slangausdrücken und Schnoddrigkeiten. Brabender ist kein schlecher Kerl (schlechte Menschen kommen in dem Buch nämlich nur am Rande vor), er möchte sich um seinen Vetter kameradschaftlich bemühen. »Ich will ihn«, sagt er, »erstmal richtig ausstatten: Hemden, Anzüge, Mäntel, Schuhe und so weiter – Zähne und das Notwendigste hat er schon –, dann schick' ich ihn nach

Neuenahr. Generalüberholung. Das sind alles Selbstverständlichkeiten. Ich war nicht Soldat, er war es. Ich war nicht Gefangener, er war es. Ich... Augenblick, ich werde hier eben verlangt...« (Und dann spricht Brabender in einen zweiten Apparat.)

Bereits die ersten sechs Seiten legen den Stil des Buches fest: Die Ausgangssituation ist ernst, fast tragisch, der Ton, in dem man über ebendiese Situation redet, schnoddrig, intelligent unsentimental – und in alledem schlägt, so möchte es der Autor, hilfsbereit das goldene, unbesiegbare Berliner Herz. Hat Hans Scholz es sich mit diesem Klischee nicht ein wenig leicht gemacht? Nun, die Geschichten, die dann beim Herrenabend in der Jockey-Bar vorgetragen werden, scheinen das Gegenteil zu beweisen. Schon die erste ist so anstößig, daß ein Verlagslektor sie, laut »Spiegel«, zur Schonung bundesbürgerlicher Nerven aus dem Buch »herausschmeißen« wollte. Aber Scholz blieb unnachgiebig. Und so stehen denn am Anfang des Novellen-Reigens die Tagebuchaufzeichnungen eines Obergefreiten. Lepsius hat sie aus der Gefangenschaft mitgebracht.

Der Tagebuchschreiber berichtet, was polnischen und russischen Juden von den Deutschen angetan wurde, er selbst leistet sich kleine Aktionen des Mitleids, er entfremdete sich sogar von seiner Braut, die im Hochgefühl der Nazi-Siege durch Italien reist und ihren Bräutigam brieflich auffordert, doch etwas mehr für seine Karriere zu tun. Wilms, so heißt der Tagebuchschreiber, bleibt nur ein Zuschauer. 1939 hat er eine Jüdin geliebt und verlassen, ein unklares Schuldgefühl erfüllt ihn nun, und wie eine Buße nimmt er es auf sich, den Massenerschießungen des SD zuzuschauen. Aber auch er kann nicht mehr tun, als hilflos wütend fortzurennen, damit der SD den lästigen Zeugen nicht erwischt, auch er findet trotz allem keine andere Lösung, als, wenn auch mit schlechtem Gewissen, weiter ein Soldat des Führers zu sein.

Aber das ist nur die erste der Geschichten, die in der Jockey-Bar feucht-fröhlich zur Sprache kommen. Bereits die zweite läuft kaum noch Gefahr, bundesbürgerliche Nerven zu strapazieren. Sie dreht sich um einen hohen deutschen Stab in Norwegen, verklärt einen General, den Hitler in die nördliche Untätigkeit abgeschoben hat, und findet ihren Höhepunkt in der Flucht eines jungen, wegen Verrats zum Tode verurteilten Leutnants. Dieser sympathische Krieger schlug den NSFO – den nationalsozialistischen Führungsoffizier –, der ihm in der Todeszelle einen Besuch zum Zwecke der Seelenstärkung machen wollte, nieder, und, jetzt zitiere ich wörtlich, »verhielt kaltblütig eine Weile, in welcher er für den Feldgendarmen auf dem Gange ein Wechselgespräch nachahmte, bettete den Besinnungslosen in einer Attitüde ergreifender Zerknirschung auf die Pritsche (allerdings so, daß man den Knebel nicht sah); eignete sich Mantel und Mütze des Opfers an, die leidlich paßten, ließ sich nach einem wohlmeinenden ›Heil Hitler‹ die Zellentür wieder öffnen, Koppel nebst Pistole, die laut Vorschrift hatten abgegeben werden müssen, aushändigen im ölfünzligen Wachlokal, wo man den NSFO sowieso noch nie gesehen und nicht eben sehr beachtet hatte; sagte etwas wie: ›Wirklich ein bedauerlicher Fall und so jung noch!‹ oder dergleichen und verließ noch dazu auf dem Motorrad seines Opfers unbehindert das Gelände der Divisionsarrestanstalt, um nie wieder von irgendeinem Mitglied der Division gesehen zu werden. Der NFSO... wieder bei Sinnen, schlug Lärm, auf den lange Zeit niemand hören wollte; denn die Gendarmen dachten, der arme Delinquent tobe.

Niemand hätte dem doch eher verträumten Sternberg etwas derartiges zugetraut. Man lachte schallend und mit schmerzendem Zwerchfell. Man fand im Lachen einen Abglanz der Freiheit wieder, die wohl sonst die Welt verlassen hatte, wer weiß für wie lange.«

Solche Kriegsanekdoten aus dem Landser-Wildwest – so verschieden übrigens die Sujets sind, der Erzählstil ist immer der gleiche – ziehen sich durch das ganze Buch. Manchmal werden die Geschichten auch ernster, wenn etwa Leutnant Hans dem tödlich und fürchterlich verwundeten Kameraden mit den Worten »Es war schön, Jentzsch, daß es dich gegeben hat« den Gnadenschuß gibt oder wenn in einem meisterhaften Omnibusdialog die Atmosphäre der DDR beklemmend dicht entsteht.

Scholz hat seine Geschichten glänzend miteinander verbunden, »componiert«, es scheint ihm eine beinahe spielerische Freude gemacht zu haben, alles aufeinander zu beziehen, und etwa die schöne Babsybi, eine junge Dame, die zum Schluß auftaucht und deren Vorbild die Schönheitskönigin Susanne Erichsen gewesen sein soll, spielt in immer anderen Zusammenhängen mit. Wenn man dies Buch liest, unterhält man sich immer mit einem gescheiten Menschen, mit jemandem, der Bescheid weiß, der die Mensur einer Klarinette oder die Heeresdienstvorschrift oder die stoische Philosophie oder den märkischen Dialekt gleich gut zu kennen scheint und schriftstellerisch zu bewältigen versteht. Ja, ich möchte den Erfolg des Scholzschen Romanes geradezu darauf zurückführen, daß hier ein Autor nicht seine eigenen Schwierigkeiten kafkaesk ausbreitet, sondern daß er »Welt« zur Sprache bringt, »Welt« im Spiegel wohlpointierter Geschichten, gesehen durch ein kesses Berliner Temperament. Dieser Roman hat Pfiff, er ist ein Großstadtbuch, er verrät, daß auch bei uns noch Leute leben, die etwas können. Kurz gesagt, ein Buch, ohne den Anhauch des Provinziellen.

Trotzdem bietet Scholz nicht mehr als das, was man in den zwanziger Jahren als guten Ullstein-Roman bezeichnet hätte. Mag es auch spielverderberisch sein, den Geschichten der trinkfesten Herren auf den Grund zu gehen – wenn man es tut, dann entdeckt man rasch, daß sie alle nur jenes effektvolle Modell wiederholen, das wir bereits in den ersten sechs Seiten entdeckten: Da war ein böser Krieg, in den lauter feine Kerle verwickelt wurden, sie kamen alle in einen scheußlichen Schlamassel, aber sie verloren nicht den Humor und das gute Herz. Und nun lebt es sich wieder ganz amüsant am grünen Strand der Spree, trotz KZ, Russenkrieg und Luftangriffen. Obwohl Hitler ein »Pflaumenaugust« war, den kaum jemand leiden konnte, mußte man sich wohl oder übel, mit ironischem Vorbehalt im Herzen, für ihn schießen. Schön und gut. Nur merkt es der Getroffene unglücklicherweise nicht, ob ein ironischer oder ein entschlossener Schütze die Kugel abgefeuert hat.

Scholz und die Lobredner seines Buches könnten einwenden, daß es in unserer bundesdeutschen Wirklichkeit ja nun tatsächlich Figuren gab und gibt, die mit fixem, dann und wann sentimentalem Zynismus jene pausenlosen Unglücksfälle der neueren Weltgeschichte hinter sich bringen. Natürlich gibt es sie. Nur sollten sie nicht Gegenstand flotter Verklärung sein, sondern Objekte schriftstellerischer Kritik, gegebenenfalls teilnahmsvoller Kritik. Der Scholzsche Humor jedoch, hinter dem kein Bild des wahren Lebens steht, wird bald zur bloßen Attitüde. Durch dies Buch zieht sich darum ein furchtbares, feuchtfröhlich maskiertes Schweigen. »War doch der schickste Saftladen von der Welt, unser Jockey«, heißt es einmal, und aus dem Nazistaat wird in den Köpfen der Barbesucher und der Leser unmerklich ein Amüsierlokal, zu dem Juden keinen Zutritt hatten, was man als gebildeter Mensch andererseits natürlich auch bedauerte.

Ich möchte nicht mißverstanden werden. Ich werfe Scholz keineswegs vor, er habe die Untaten der Nazis verschwiegen und das Dritte Reich in einen Kameradschaftsabend verwandelt. Das nicht. Aber ich komme nicht darüber hinweg, daß der fröhliche Zynismus der Noch-einmal-Davongekommenen das Dritte Reich zum Ufa-Film verzerrt, zu dem es freilich in der Tat eine aufschlußreiche Affinität besaß. Und wenn Hellmuth Jaesrich in der Zeitschrift »Monat« folgende Sätze passieren: »In solcher Hinsicht ist Scholzens Buch eine Ehrenrettung dieser Generation von fröhlich daherzaselnden Jünglingen aus gutem Hause, die im Verlauf der über sie hineinbrechenden Weltgeschichte hin und wieder Gelegenheit hatten, mehr Charakter und Humor aufzubringen, als ihnen gemeinhin zugetraut worden war«, dann erwähnt dies, bemerkenswerterweise höchst anerkennend gemeinte Zitat genau die Gefahren, vor denen man erschrecken sollte – daß nämlich der Krieg wieder zum Turnier der Tugenden gemacht wird, zum Ort der Bewährung, wo man Charakter und Humor an den Tag legt, auch wenn ein paar Millionen daran glauben müssen.

Hinter dem ziellosen Humor des Autors Scholz und seiner Geschöpfe steckt Zynismus, und hinter der oft rührend vorgetragenen Anständigkeit und Selbstlosigkeit humaner Offiziere steckt die Anerkennung einer »Haltung« um jeden Preis, einer selbstlosen Pflichterfüllung. Solcher Selbstlosigkeit wohnten gewiß Größe und Anständigkeit inne, die Respekt fordern, aber man darf nicht einen Augenblick die Bedeutungslosigkeit, ja, die Zweischneidigkeit solcher Größe vergessen. Von alledem sagen die Herren am grünen Strand der Spree kaum ein Wort, sie reagieren mit klassenbewußtem

Egoismus, verzweifelter Lustigkeit und männlich bezwungener Wehmut auf die Widrigkeiten der Welt.

Darum gehört dies erfolgreiche Buch auch nicht neben Remarque und Böll, die unbeirrbar Forderungen stellen, sondern es gehört neben Ernst von Salomon und seinen intelligent-zynischen »Fragebogen«, der ja auch ein formal gelungenes, originelles Experiment war. Gewiß, Scholz schreibt nicht pseudofaschistisch wie Ernst von Salomon – hinter Scholzens Buch steht nicht einmal deutsch-nationales Pathos, sondern schlechthin gar keines, sein Humor gründet sich nicht auf die ethische Distanz der großen Epiker, sondern auf die Pfiffigkeit des Eudämonisten, des Genußmenschen, der sich an der Weltgeschichte dafür rächt, daß sie ihn vom regelmäßigen Besuch der Jockey-Bar abhielt.

Aber wir würden unser Thema verfehlen, wenn wir uns nur auf es beschränkten. Es geht nicht nur um den Bestseller von Hans Scholz, sondern darum, ob und wie man aus dem Grauen ein Kunstwerk oder gar ein Stück Heiterkeit machen kann. Scholz hat sich hinter nichtssagender Jovialität verschanzt und die Dinge im übrigen so gelassen, wie sie waren. Er hat den Edelkitsch nicht gescheut, wenn er einen Offizier das vollblonde Haar der Mutter preisen läßt, und den Realismus nicht, wenn er von Gräbern spricht, »um die sich kein Schwanz kümmerte«. Der Autor wollte die Katastrophen in unverbindliche Pointen verwandeln, in tragische, lustige und banale Pointen. Und darum hat er sie künstlerisch nicht bewältigt, sondern nur ein witziges Buch geschrieben. Scholz zieht sich auf den Zynismus des hilflosen Individuums zurück. Mag dieser Zynismus Mode sein, mag er um sich greifen, mag es ein Verdienst sein, ihn darzustellen – wahrhaft gute Bücher können so nicht entstehen. Darüber muß der Leser sich klar werden, dann darf er, ohne Schaden an seiner Seele zu nehmen, sich mit einem Gin-Fizz zu den Gästen der Jockey-Bar setzen.

21. Gregor von Rezzori

Bunter Vogel

Ein witziger Mann. Ein Edelmann. So versnobt, wie nur wünschenswert. Die Honorare für seine enorm geistvollen Kolumnen einst in der »Süddeutschen Zeitung« wurden stets gepfändet. Unbezahlte Schneider, Schuster, Handschuhmacher. Und als ich ihm – er hatte sich anfang der sechziger Jahre ein Luxusauto geleistet, das den für damalige Zeiten wahrlich phantastischen Preis von DM 95000 gekostet haben sollte – damals sehr neidisch sagte, mir würden zum Erwerb eines solchen Wagens leider doch noch 93000 Mark fehlen, lachte er und äußerte voller Verachtung für den kümmerlichen Bürgerlichen, ihm fehlten sogar mindestens 97000 Mark dafür. Aber das schöne Gefährt hatte und genoß er...

Einen derart bunten Vogel muß man vor dem Klatsch in Schutz nehmen, den er sorglos, oder vielleicht sogar sorgfältig, in die Welt setzt. Über eine seiner Figuren schrieb Rezzori fachkundig: »Er ließ sich bei Flunkereien ertappen, die tatsächlich darauf zielten, seiner Herkunftsgeschichte einen Glanz zu geben, der schwerlich Glaubwürdigkeit beanspruchen konnte; flüchtete sich, um diesen Fehler zu korrigieren, in eine windige Selbstironie, die ihn nur noch suspekter machte; übrigens lebte er damals bei recht unregelmäßigen Einkünften weit über seine Verhältnisse...«

Leute, die sich über derartige Capricen eines Schriftstellers amüsierten oder die Nase rümpften, taten Rezzori Unrecht, wenn sie um widerstandsloser Häme willen übersahen, was er als Autor geleistet hatte. »Ödipus siegt bei Stalingrad« (1954) nannte sich zynisch »Kolportageroman«, war aber süffisantes und souveränes Meisterstück stolzer schriftstellerischer Selbstbehauptung in noch so scheußlichen Zeiten. Gewiß, Halbseidenes über die Schickeria hat er gelegentlich auch angefertigt, Anekdotengarn über Maghrebinisches skrupellos gesponnen. Trotzdem: wer jenes Ödipus-Buch geschafft hat und wer 25 Jahre später noch (unter dem falschen, ärgerlich reißerischen, alles ins hochmütig Aneckende ziehenden Titel »Memoiren eines Antisemiten«) einen sprachlich beeindruckend sensiblen und amüsanten Roman aus fünf vage, aber doch hinreichend zusammenhängenden Novellen fertig bringt, der ist ein Schriftsteller von Rang. So viele seinesgleichen gibt es im deutschen Sprachraum wirklich nicht, als daß stumpfes Vergessen oder beleidigtes Achselzucken nur eine läßliche Sünde wäre.

»Memoiren eines Antisemiten«

Die Ortschaft lag nachts ergreifend verloren im weißen Licht des Mondes? Nein – so was beschreibt Rezzori besser: »Die kleine Ortschaft, in der meine Verwandten als die gewichtigsten Arbeitgeber lebten, war eine Siedlung im vorgeschobenen kontinentalen Kolonialland, gewissermaßen aus kulturellem Flugsand aufgegangen und vergessen worden. Besonders nachts, wenn man sich ihr von auswärts näherte, griff einem ihr Verlorensein unter dem Sternenhimmel ans Herz: Eine Handvoll über einen flachen Hügel an der Krümmung eines Flußlaufs gestreuter Lichter, mit der Welt verbunden einzig durch den Schienenstrang der Eisenbahn, der in der Ziegenmilch des Mondlichts gleißte.«

Während des Winters erstarrte alles im beißenden Frost? Auch das kann Rezzori genauer: »Im Winter nahm beißender Frost die Welt in seine weiße Klammer, Eiszapfen vergitterten die kleinen Fenster...«

Aber wie beschreibt er eine liebenswerte, spätverliebte jüdische Geschäftsfrau, die sich zur sanften Beschämung ihres jungen Liebhabers gern um eine Spur zu damenhaft gibt? Mit Worten wie »auftakeln«, »geschmacklos«, »kleinbürgerlich-verkitscht«?

Bestimmt nicht so, wie er die fern-idealisierte Geliebte verklärt: »Die Herzform des Gesichtes war eingebettet in eine Fülle dunkelbrauner, geradezu knirschend kräftiger Ringellocken – wahrscheinlich würde sie mit Vierzig oder gar schon mit Dreißig Schwierigkeiten mit einem Anflug von Schnurrbart haben...« (Dies die ferne Dame). Bei der Näheren, Dickeren wird's noch konkreter. So brillant die Beziehung zwischen den »Locken« und dem »Knirschen« auch war. Also: »Aber meine Liebe zur schönen Jüdin, in deren Gesicht ich alle sonnendurchglühte Leidenschaftlichkeit Andalusiens sah, wo zum Dank für alles, was jüdischer Geist in der grandiosesten Weise zur Verschmelzung von Ost und West zum eigentlichen Abendland beigetragen hatte, die Scheiterhaufen aufgelodert waren – (wer hier, auf Seite 123, noch immer nicht merkt, daß Rezzoris »Antisemitismus« keiner ist, sollte sich selber verdächtig werden) doch weiter: – meine Liebe... wurde zerstört, zernagt, zerbohrt von der Art, wie sie sich kleidete, wie sie den kleinen Finger abstehen ließ, wenn sie Eis aß, von der prätentiös gespreizten Respektabilität, mit der sie sich vor ihren Kunden gab, die Pracht ihrer Brüste und Hüften kanonenfest in Gummipanzer schnürte, um als ›Dame‹ aufzutreten, oder ihr schönes schwarzes Haar zur Konditorleistung frisierte, wenn sie mit mir ausgehen wollte...«
Klassenästhetik?
Diese schönen, Originalität, Witz, Erinnerungskraft und Beobachtungskunst verratenden Zitate sollten den Leser faszinieren, zumindest beschäftigen und ablenken von den Vorurteilen, die mechanisch losplärren, wenn der Name Rezzori fällt.
Endlich also ein Meisterwerk über das Problem und die Genesis des Antisemitismus in Alt-Österreich, in Südost-Europa nach dem Ersten Weltkrieg? Schön wär's für uns. Möglich war's für ihn nicht. Rezzori gibt sich viele Blößen. Man könnte ein paar Dutzend Bemerkungen herausreißen, die auf prinzipielles Anders-Sein »der« Juden programmatisch (aber nicht zum Programm, sondern zur Erkenntnis der Verschiedenheit führen wollend) hinauslaufen. Rezzori, der Rassist, wäre in schiefer Situation. Und man könnte, vor allem in der vierten Erzählung (»Reue«, aber auch in der bilanzierenden letzten, »Prawda«) ein Übermaß an Anekdotischem, an Allge-

meinem, Geschwätzig-Diskursivem beklagen. Rezzori, der Plauderer, wäre dann im literarischen Aus...

Doch wer so recht behalten wollte, übersähe, ja verlöre ein Buch, wie es derart erfüllt von weltkundigen Einzelheiten, von Gescheitheiten, von – dies das Wichtigste, und da hat Rezzori wenig Konkurrenz zu fürchten – blendender, mitleidsvoller Menschenkenntnis in gegenwärtiger Produktion ganz selten ist.

Zunächst nimmt man dieses fiktive Memoirenbuch ohne weiteres für »Literatur«. Für etwas, was ein Sprachkunstwerk sein möchte. Dabei hat man sich natürlich schon ein wenig selbst täuschen, über ein paar Banalitäten und gleichmütige Floskeln hinweglesen müssen: beeindruckt, wenn nicht geblendet von der Kraft schwungvoll beschriebener Jugendschwermut. Später sieht man dann, daß diese Memoiren den Ansprüchen großer Literatur aber, alles in allem doch nicht ausgesetzt, gegenübergestellt werden dürfen. Sie sind etwas anderes, Hochachtbares, Realismus vom Schlage des Hans Scholz (»Am grünen Strand der Spree«), vom Schlage Alfred Kazins (»Meine Straßen in New York«), vom Schlage immerhin Torbergs und Milo Dors. Wie sich Rezzori in dieser Dimension behauptet, das hat Rang, Geist und rhetorischen Glanz.

Die erste Erzählung kann man als Charakter-Novelle lesen. Hauptsächlich über die Wirkung, aber auch über die Entstehung eines Ressentiments. Nervöse Eltern, Sympathielenkung zu der guten Familie des Onkels, die dann eben doch keine so gute Familie ist. Und dann der ach so gescheite, so realistisch bis zynisch-kühl argumentierende, junge jüdische Freund, den der Erzähler mag, ein wenig haßt, bewundert. Am Schluß die Rache-Explosion.

Das gleiche Modell: Die lange, in Liebe getunkte Vorbereitung einer dann ausbrechenden, kurzen Gewalttätigkeit liegt auch der zweiten Erzählung zugrunde. In beiden Geschichten erlebt man die unentschuldbare Entstehung von Gewalt. Aber der Erzähler macht dabei kein moralisierendes Schwarz-Weiß zum langweilig den Opfern recht gebenden Handlungsausgangspunkt. In der dritten Erzählung wird die Liebe des Erzählers zur interessanten Jüdin von keiner großen Untat, sondern (man ist erleichtert) nur durch einen kränkenden kleinen Verrat versehrt (Männergequatsche); die vierte und fünfte endlich strafen den Titel ganz Lügen. Wer mit einer Jüdin, vielleicht aus Sentimentalität, verheiratet ist und sie dann, möglicherweise aus eigener Schuld, hassen lernt, ist vielleicht im Unrecht, vielleicht ein Ungeheuer. Aber schwerlich Antisemit.

In diesen »Memoiren« liegt Schönes neben Angerissenem, Fertigware neben Banalem. Wenn Rezzori sehr, ja ausgetiftelt »literarisch« zu schreiben versucht, spürt man manchmal eine gewisse Inszenierung der Argumente und Personen. Dann redet der eine überdreht, aber zur Sache passend, wie ein kakanischer Settembrini. Dann fehlt die Selbstverständlichkeit der erinnerten Natur, dann wollte ein Autor sich eine Konstruktion zurechtbiegen. Wenn er's aber nicht wollte, wenn er nur beschrieb, erinnerungslüstern, versonnen, dann blitzt hohe Kunst durchs Parlando-Unterholz.

22. Alexander Kluge

Mimikri und bizarre Partikel

Ob er nicht – so offen er lacht, so spielerisch unsentimental er Haltungen fixiert, Dokumente ordnet, Dialoge fingiert – der Geheimnisvollste, nein: der am schwersten Durchschaubare von allen ist? Als Alexander Kluge in den frühen sechziger Jahren mit seinen *teils erfundenen, teils nicht erfundenen* »Lebensläufen« berühmt wurde, da bestaunte man seine Fähigkeit, sich bis zur vollendeten Mimikri hinter Dokumenten, Fakten, Mitteilungen zu verstecken. Er schien nur auszuwählen, literarische Schnitte und Gegenschnitte vorzunehmen. Damals fand ich, er gleiche »in den gelungenen Stücken seines durchaus glanzvollen Buches oft mehr einem Regisseur als einem Schriftsteller. Diese Regie verwandelt sich nur dann in Manier, wenn man zu deutlich die Absicht, das ›Fabula docet‹ heraushört. Nie, fast nie hat Kluge es nötig, den offenbaren Wahnsinn der von ihm entwickelten Verhaltensweisen zu unterstreichen. Es genügt, daß sich seine Opfer in ihrem Jargon erklären. Indem das Unnormale als normal hingestellt, das Abwegige als erzwungen ›bewiesen wird‹, stellt sich die Fatalität einer fürchterlichen Selbstverständlichkeit her«.

Das wäre schon viel gewesen, aber Kluge bot – wie sich im Nachhinein herausstellt – doch noch weit mehr. Während die Dokumentarspiele von Heinar Kipphardt (»In der Sache J. Robert Oppenheimer« 1964, »Die Geschichte von Joel Brand« 1965), partiell auch von Hochhuth (»Der Stellvertreter« 1963, »Soldaten« 1967) oder Peter Weiss (»Die Ermittlung« 1965) unheilbar daran laborierten, daß sie – eben als *Spiele* – auch gespielt, interpretiert, akzentuiert, umgedeutet werden mußten, hatte Alexander Kluge den Prosatypus des ästhetisch verbindlichen Dokumentations- oder auch Pseudo-Dokumentationstextes geschaffen. Er brauchte keine Bühne, keine Spielfreiheit. Seine Dokumente mußten nicht gesprochen werden, sondern sprachen für sich. Die ästhetische Unsauberkeit der Dokumentar-Spiele war schwerlich zu tilgen. Langweilte man sich im Theater, dann hieß es, die Dokumente selber seien halt etwas sperrig. Beschwerte man sich über Lücken oder fälschende Zuspitzungen, die der historischen Wahrheit Gewalt antäten, dann konnten die Autoren darauf hinweisen, daß die Bühne eben ihre eigenen Gesetze habe und Verdichtungen erzwinge.

Über solche Schiefheiten war Alexander Kluge bei seiner literarischen Produktion von Anfang an bewunderungswürdig hinaus. Kühl, und aller Ironie scheinbar fern, führt er das Dämonische und Bizarre am Formalismus männlicher Haltungen vor. Gleichviel, ob es Formalismus von Offizieren ist, die (in preußischem Gehorsam erzogen) kein Mittel gegen einen Hitler finden, oder der Formalismus von Leuten, die sich – ohne die Frage der Verhältnismäßigkeit ihres Tuns auch nur zu streifen – für an ihnen begangene Missetaten oder Fehler rächen, oder der Formalismus von Juristen. Dabei wird die Utopie, die Kluge seinen Verstrickten doch eigentlich entgegenhalten müßte, die Vision des wahren oder zumindest wahreren Lebens, kaum ausgesprochen und kaum deutlich. In einer aufgeklärt-rationalen, von allen inhaltlichen Zielen oder Ideen befreiten Existenz findet Kluge diese Utopie offenbar auch nicht. Was er im Kapitel »Sinnentzug« seines 1973 erschienenen Buches »Lernprozesse mit tödlichem Ausgang« über »Angehörige der Werkschutzzentrale« mitteilt, »die Sonden in das sterbende Hirn Hinkes einführten, um wertvolle Informationen zu retten, die nur Hinke kannte« – klingt schaurig, klingt desillusioniert genug. In den »Lebensläufen« hatte der Oberleutnant Boulanger noch vergleichsweise nachvollziehbar für die wissenschaftlich biologische Forschung des Dritten Reiches die Schädel jüdisch-bolschewistischer Kommissare »sicherstellen« sollen (nämlich den Getöteten abschneiden, was freilich »verschiedene befreundete Offiziere« mißbilligten).

Ziemlich genau läßt sich die Stelle angeben, wo Kluges Realismus nicht nur phantastische Wirklichkeit fixiert, sondern explodiert,

Science-fiction wird, dem Aberwitz des Bestehenden mit erfundenem Aberwitz antwortet, nicht bloß mit Mimikry. Im Stalingrad-Buch »Schlachtbeschreibung« lautet der vollkommen wahnhafte, mehr Verzweiflung und Verbiesterung als Realitätssinn bezeugende letzte Satz eines Stabsoffiziers: »Da gab es welche, die sagten: ›Am wenigsten paßt der Russe im Osten auf!‹ Die wollten also im tiefen Winter nach Osten bis irgendwo in Richtung China.« (»Schlachtbeschreibung« S. 183). Eben diese Verrücktheit unternehmen vier Offiziere der VI. Armee in »Lernprozesse mit tödlichem Ausgang« (S. 269):

> Am 30. Januar 1943 bewegten sich vier Offiziere der großdeutschen Wehrmacht: Ziltz, Boltzmann, von Ungern-Sternberg und A. Dorfmann, über das verminte Eis der Wolga von Stalingrad fort. Die Offiziere beabsichtigten in Richtung Osten, weil da der Russe am wenigsten aufpaßte, aus diesem Elend auszubrechen, zu Fuß, irgendwie in Richtung China.
> Das Eis bildete keine glatte Fläche. Die Soldaten hatten Strümpfe um ihre Stiefel geschlungen, um leiser aufzutreten. *In China kamen sie zu Frühlingsanfang an.*

160 Jahre später leben sie immer noch.

Die Massaker auf Planet Wurst, August 2103. 6 Stunden später war der Mond Ust-Urt, 4 parsec nördlich, auf dem die Experten ihre Büros unterhielten, im Bürgerkriegszustand. Zwicki, der mehrfach verjüngte, jetzt 180jährige Gründer, Dorfmann, v. Ungern-Sternberg, neben ihnen Boltzmann. Aber das war längst nicht mehr Boltzmann im alten Sinne. Die Unterschenkel, Schultern, der Kopf, der Brustkorb zweimal ausgewechselt, Beckenpartie, große Teile der Haut erneuert – man konnte ebensogut sagen: dies war Boltzmanns Urenkel…

Hat die »irre Realität«, die sich für ihn gespenstisch abzeichnende Zukunft den Alexander Kluge dazu gebracht, in zunehmendem Maße nur noch bizarre Partikel spielerisch isolieren und als pars pro toto darstellen zu wollen?»Um Zusammenhang herzustellen, muß ich ›Zusammenhang‹ aufgeben«, erläutert er. Schriftsteller ist dieser einstige Erfinder origineller Prosaformen nur noch im Nebenberuf, leider.

Dabei scheint er *an sich* für das Schreiben noch weit begabter als für das Filmemachen. Schon was er mit der albern abgesunkenen (Philosophen-)Phrase »an sich« auszurichten vermag! General Hu. hat den Stalingradkessel verlassen, um im Auftrag seiner Kameraden Hitler im Hauptquartier kraß die Wahrheit zu sagen über die Situation der durch die Luftwaffe miserabel unterstützten VI. Armee. »Hi. sagte: ›Eine Reorganisation der Luftversorgung ist an sich machbar...‹.« Später, unmittelbar vor dem Ende, heißt es: »In St. gab es zwar keinen Flugplatz mehr, aber eine hinreichende Luftversorgung wäre jetzt an sich bald möglich gewesen.«

Und nach dem Atomkrieg, im Jahre 2102, erhebt sich folgende Frage: »Wie kann der Schwarze Krieg vier Jahre dauern, wenn doch gleich am ersten Tag die Erde völlig zerstört wurde?« Dazu kommentiert Zwicki: »Man hätte diesen Krieg, der nur einen Tag dauerte, nicht mit einem Tag Dauer charakterisieren können, da die Folgen dieses Krieges damit nicht angemessen bezeichnet gewesen wären. An sich wurde dieser Krieg nie beendet...«

Mit der umfassenden Realitätsvertrautheit des Juristen macht Kluge klar, daß Wirklichkeit bizarr ist, von verrückter Scheinlogik sinnlos gesteuert. Seltsam, daß ausgerechnet die Juristen als Schriftsteller (auch Herbert Rosendorfer ist ein Jurist und E.T.A. Hoffmann war es) in der Realität so zielbewußt auf phantastischen Aberwitz stoßen.

»Schlachtbeschreibung«

Alexander Kluge, wahrscheinlich der intelligenteste unter den jungen deutschen Schriftstellern, hat kein Buch über Stalingrad geschrieben. Er hat nicht geurteilt. Wohl aber hat er, kalt und umsichtig operierend, Folgerungen nahegelegt. Für diese Folgerungen steht jedoch weniger der Autor Alexander Kluge ein als – so scheint es – das von ihm organisierte Material. Es ist Sache moderner Historiker und Militärs, die Stichhaltigkeit (Lückenhaftigkeit, forcierte Einseitigkeit, Tendenz) der von Kluge mit unauffällig absichtsvollem Geschick montierten Dokumente zu beurteilen. Andreas Hillgruber hat das in der »Welt der Literatur« getan, ohne dabei dem Buch eine eindeutige Antithese entgegensetzen zu können – was vielleicht darum so schwer wird, weil Kluge sich kaum zu einer These bekennt. Hillgrubers Korrekturen betreffen jedenfalls meist Sekundäres und münden alles in allem doch in den Absichtsfluß von Kluges Schlachtbeschreibung ein.

Das Planziel ist deutlich. Es heißt: Entmythologisierung. Dem Autor dröhnt wahrscheinlich, wie jedem Deutschen, der damals mit halbwegs wachen Sinnen lebte, die aus Eroica und Götterdämmerung gemischte Trauermarschwoche noch im Ohr, mit welcher der NS-Rundfunk auf Stalingrad antwortete. (»Was alles passieren muß, damit der Radio endlich einmal gute Musik bringt!«, sagten die musischen Hausfrauen meiner Heimatstadt.) Der Autor mag sich aber auch des Pathos erinnern, mit dem man das hunderttausendfache Sterben bei Stalingrad zur *Wende des Krieges, zum Schicksalsdatum, zum Fatum* schlechthin erklärte. Stalingrad: Das tönt eherner noch als Langemarck oder Titanic und ist Symbol geworden für den Zusammenbruch einer Welt (so wie Langemarck mittlerweile das sinnlose Opfer einer Idee und der Titanic-Untergang das Ende des zivilisatorischen Unüberwindlichkeitstraumes bezeichnen).

Dem stellt sich Kluge auf seine Weise. Er spricht die Namen nicht aus, sondern tippt nur die Anfangsbuchstaben an. Er mischt sich nicht ein, sondern vergegenwärtigt. Sein Buch ist die Transposition der Möglichkeiten des Funk-Features und vor allem des Dokumentarfilms auf literarisches Terrain. Der Autor versteckt sich hinter seiner Kameratechnik. Wenn man ihn mühsam enttarnt oder ein paar herbe Randbemerkungen aufbläst zu zwingenden, aus dem Material hervorgehenden Konklusionen, dann vergewaltigt man bereits die Beschreibung und den Beschreiber.

Freilich, man vergewaltigt eine literarische *demi-vierge*. Denn in der langatmigen Fülle des Zusammengetragenen decken sich höchst vertrackt reiner, quasi unschuldiger Zufall und Absichtlichkeit. Kluge geht in seiner Schlachtbeschreibung den unmodern gewordenen deduktiven Weg. Er zitiert zunächst fünfzig Seiten lang Wehrmachtsberichte, die alles tönend verschweigen; er zitiert Militärgeistliche, die alles tönend beschönigen; Richtlinien für den Winterkrieg, die alles Vergessene heranassoziieren. Unmittelbar langt er dann bei lauter Stalingrad-Einzelheiten an. Er charakterisiert die Generäle, leuchtet die Beziehungen zwischen einer Militärtradition und der Hilflosigkeit des deutschen Generalstabs gegenüber Hitler an. Ohne zwingenden Gedankenzusammenhang kommen dabei Einzelheiten ans Licht, die entscheidend sein können. Der Autor räsoniert nicht darüber, in welchem Maße alles das zur militärischen Maschinerie gehören muß. Er bringt es nur kühl in Zusammenhang mit dem effektlosen Hinsterben einer Armee.

Beim ersten Lesen (und wer hätte damals geahnt, daß Deutsche noch einmal in der Lage sein würden, »St.« als literarisches Problem zu reflektieren), ist man enttäuscht. Kluge, so empfindet man, wirft nur die Materialien für ein Stalingrad-Buch hin, aber er wagt nicht, dieses Buch zu schreiben, zu verantworten, die Hintergedanken seines Ordnungsprinzips zu exponieren.

Kluges Dokumentar-Mimikri, seine Fähigkeit, den jeweils verfestigten Jargon nachzusprechen und eben dadurch verdächtig zu machen, bleibt hier eine Mischung aus Tarnung und Kritik. Beides zugleich, beides fast fugenlos. Nur manchmal guckt der Zeigestock des Aufklärers durch. Es ist Kluges Schuld, wenn Kritiker und Klappentexter dann über die relativ wenigen Sätze herfallen, in denen er sich zu stellen scheint. Aber die Behauptung, daß die Ursachen des St.-Unglücks »30 Tage oder 300 Jahre« zurückliegen, wirkt, verglichen mit der Gewalt des Materials, nur wie eine literarische Pointe, die zwar etwas Richtiges meint – aber so, wie sie dasteht, auch nicht stimmt. Das Datum 1933 oder 1871 wäre in dem Zusammenhang genauso richtig... In gleichem Maße möchte man nach der ersten Lektüre Kluge auch die allzu geschickten Montagen verübeln.

Doch wenn Kluges Stalingrad-Buch wieder im Schrank liegt (gescheit, wohl ganz richtig, aber ohne diskursiv erarbeitete und eindeutig vorgetragene Urteile), dann beginnt es zu arbeiten. Kluge war vielleicht noch klüger, als er es selber wußte und wollte. Tausend Einzelheiten seines Buches – nicht Produkte eines erklärten Systemzwangs – haben sich im Bewußtsein des Lesers festgehakt, plötzlich rumoren sie! Man kann sich nicht mit der persönlichen Anständigkeit, der Intelligenz und dem objektiven Versagen des Generals Paulus beruhigen. Man wird Kluges Schilderung davon nicht los, wie die Offiziere der eingekesselten Armee es weder fertigbringen konnten noch durften, sich »draußen« (im Führer-Hauptquartier) zu erklären. Man sieht schaudernd ein, daß Beckett, der in seinen »Glücklichen Tagen« eine im Sand versinkende Frau sich die Nägel feilen und »Lustige Witwe« singen ließ, schwache Symbole schuf gegenüber einer Wirklichkeit, in der es möglich war, daß der Soldatensender Charkow einer Armee von Munitionslosen, Halberfrorenen, zum Tode Verurteilten als Stalingrad-Programmfolge übermittelte: »Solang' der Steffel steht, ist alles gut« oder »Wir Wiener, wir Wiener, wir sind zwar Geldverdiener«. Und der endlose organisatorische Querelen abschließende Satz: »In St. gab es zwar keinen Flugplatz mehr, aber eine hinreichende Luftversorgung wäre jetzt an sich bald möglich gewesen...« besetzt die Angstträume, zumal das totenblasse *»an sich bald«* mit seinem schauerlichen Spekuliertum für gräßliches Verhungern einsteht.

V. DIE ZWEITE NACH-KRIEGSGENERATION

23. Peter Handke

Das Wagnis, Poet zu sein

In einer Zeit, da viele Schriftsteller so tun, als seien sie Textfabrikanten, demokratische Vertreter der Rechte von Minderheiten, Wahlhelfer von Politikern oder nützliche Spezialisten für die literarische Aufbereitung von Problemen der Einsamkeit, Zweisamkeit, mobilen Angestelltengesellschaft, wagt Peter Handke etwas Unpopuläres und im Wortsinne Hoch-Mütiges: er führt eine poetische Existenz und bekennt sich emphatisch zu einem, seinem konservativen Dichtertum. Er hat seit den siebziger Jahren im Bereich bundesdeutscher Nachkriegsliteratur eine extreme und provokante Position inne. Er darf sich nicht darüber wundern (tut es, manchmal wütend, aber offenbar doch), daß ihm darum nicht nur, wie allen anderen Autoren, Kritik antwortet, sondern auch Haß, Spott, Beschimpfung.

Dabei dürfte den Hassenden nicht entgehen, daß Peter Handke – gleichviel, wie seine oft sehr komplexen und heiklen Texte auch beurteilt oder akzeptiert werden – längst eine »Instanz« ist. Eine beredte Rezension von ihm hat genügt, und der junge Thomas Bernhard war plötzlich vielbeachteter Nachwuchsautor. Noch toller und unheimlicher: ein ausführlich preisender Aufsatz entriß den bereits sechzigjährigen, kaum bekannten, als harmlos, still und schwäbisch geltenden Schriftsteller Hermann Lenz der Vergessenheit, der Anonymität, dem Mißerfolg! Handkes Essay über Lenz verwandelte das Leben dieses Autors von Grund auf (»Einladung, Hermann Lenz zu lesen«. Süddeutsche Zeitung vom 22. 12. 1973). 1978 erhielt H. Lenz sogar den Büchner-Preis. Im letzten Band der siebenteiligen Romanfolge über das Leben seines Helden, des »Abseitsstehers« Eugen Rapp, hat Hermann Lenz diese späte, märchenhafte Wendung seines Lebens dankbar beschrieben. (»Dann sah er sein Photo in der ›Süddeutschen Zeitung‹ mitten auf der Seite. Und alles, was darum herum gedruckt war, beschäftigte sich nur mit ihm. Stephan Koval hatte über ihn geschrieben... Hanne schwieg, als sie die Zeitung sah, fing an zu lesen, staunte. – ›Ich hab's ja g'wußt, daß du noch mal berühmt wirst!‹ rief sie aus, was ihn zum Lachen reizte.... Dann bekam er einen Brief von Stephan Koval, und der ließ ihn wissen, Eugen solle sein Manuskript an Kovals Verleger schicken [das hättest du dich nie getraut]... Eigentlich erstaunlich, was dir jetzt passiert ist... Was hast du für ein Glück, was hast du für ein Glück! Ein Fernsehteam erschien im Häusle...« Und so weiter bei Hermann Lenz: »Seltsamer Abschied«, S. 274ff.) So viel bewirkt Peter Handkes aus extremer dichterischer Position gesprochenes Wort.

Dabei hält sich immer noch die idiotische Unterstellung, das fast zur Historie gewordene Literaturgerücht, Handke habe seinen Eintritt in die deutsche Gegenwartsdichtung mit Hilfe eines cleveren Reklame-Protest-Auftrittes bei der sonst so langweiligen Tagung der Gruppe 47 in Princeton gemanagt – wo der erregt gegen Höllerers »Beschreibungs-Impotenz« polemisierende junge Mann eigentlich gar keine rechten Argumente zusammenbrachte, sondern nur allgemeinen Unmut ausdrückte. Im Lauf der Jahre erschrieb Handke dann freilich eine Abstraktionshöhe, der keinerlei Effekthascherei, kein Opportunismus zum Vorwurf gemacht werden konnte.

Vergleicht man Handkes in Amerika spielende Erzählung »Langsame Heimkehr« (1979) mit seinem mittlerweile zum Oberstufenpensum literarischer Leistungskurse gehörenden Amerika-Roman »Der kurze Brief zum langen Abschied« (1972), dann zeigt sich: was 1972 noch regelrechte Ich-Erzählung in einem zwar imaginierten, aber eben doch nachvollziehbar genau beschriebenen Amerika gewesen ist (der »lange Abschied« war sogar mit Landkarten ausgestattet, er reizte zur Verfilmung), das hat in der »Langsamen Heimkehr« die fast namenlose, hinweisarme Strenge eines Bewußtseins-Essays, dessen Hauptthemen Entgrenzungs- und Selbstfindungs-Vorgänge sind. Orte, Städte und dergleichen sind für des Helden

»Bewußtsein« wichtig – aber nicht, damit zur Mitteilung komme, was wo warum geschah. Der Vorgang wirkt hier wie bloße Zutat, Dekoration. Was als »Fazit« mitgeteilt wird, so als habe es sich aus der vorgetragenen Sache ergeben – wird gewiß nicht als Konsequenz der Handlung sinnfällig. Oft scheinen Fragen und Zitate wie aus einem anderen Novellenkosmos, gleichsam fremdbestimmt, in diese Erzählung hineingetrieben zu sein. Als ob Handke sich auf ein Muster beziehe, das er nicht preisgeben will oder kann, als zitiere er aus anderer Dimension einen verschwiegenen Text. Erzählung und Bewußtseins-Essay durchdringen sich nicht reinlich, so wie ja Handkes einst auf Studiobühnen Sensation machende »Publikumsbeschimpfung« ein dialogisch rhythmisierter, mit allen möglichen Darbietungsschikanen versehener *Essay* über die Voraussetzungen des Illusionstheaters, die Verhaltensweisen des Publikums war – vorgetragen von vier Schauspielern angesichts des Publikums.

In der »Langsamen Heimkehr« sind die Reflexionen von hohem Niveau und poetisch zugleich. Handkes Bewußtseins-Öffnung, die Ich und Welt umkreist, hat nicht nur definitorische, sondern sogar ethische Konsequenzen. »Das Gefühl einer unsühnbaren Schuld spielte mehr mit ihm als daß es ihn ergriff, und da er nur ahnte, konnte er nicht einmal bereuen, nichts wieder gut machen...«

Derartige Funde und Differenzierungen – eine Bewußtseinslage wird kenntlich gemacht, in der *Schuldgefühl* mit dem *Schuldigen folgenlos* spielt! Man vergleiche das einmal mit Graham Greenes witzigerer, aber auch entsprechend simplerer Aussage: »Reue kann man nicht wegargumentieren. Man verfällt der Reue ein bißchen so, wie man einer Frau verfällt« – derartige Einsichten Handkes sind kaum auf knappe Formeln zu bringen. Der reif gewordene Handke setzt ja gerade alle diese Formeln, die er weder kritisiert noch ironisiert, als eine Art Banal-Widerstand, als Kino-Dialog-Floskel voraus. Unvermeidbare Folge: seine Sätze, die hinter dem Komma gewissermaßen unendlich viele Differenzierungsstellen hinzufügen wollen, werden lang. (Und machen es fast unmöglich, knapp-gefällig über sie zu befinden.)

Wer eine extreme Position stolz innehat, ist Partei – wer Partei ist, wird angegriffen. Gegen ihm unangemessen scheinende Kritik, ja gegen den Rezensionsbetrieb wehrt Handke sich heftig. In seiner Erzählung »Nachmittag eines Schriftstellers«, einem zur novellistischen Begebenheit umstilisierten tagebuchähnlichen Text, beschreibt Handke, brillant und böse, den Tod eines Schriftstellerkollegen. Den beschäftigen noch im Sterben, mehr als alles andere, die Kulturteile der Zeitungen. »In den Schmerzenspausen fragte er, zum Lesen inzwischen unfähig, wie denn in diesem und jenem Blatt diese und jene Neuerscheinung besprochen worden sei... Doch als dann der andere im Todeskampf lag, den Kopf schon hintüber, und man ihm immer noch die Meinungen aus den druckfrischen Zeitungen rezitieren mußte, gelobte sich der Zeuge, es mit sich nicht so weit kommen zu lassen wie mit seinem Ebenbild da!«

Übrigens kritisiert Handke auch sich selbst scharf, nimmt sich »hochfahrende« Briefe übel, verteidigt Positionen nicht wütend und um jeden Preis. So hat er viel Wirbel hervorgerufen mit dem Satz »Sicheres Zeichen, daß einer kein Künstler ist: wenn er das Gerede von der ›Endzeit‹ mitmacht«... Im »Nachmittag eines Schriftstellers« jedoch fallen skeptische Worte über die Möglichkeit von Kunst... »angesichts des nicht mehr bloß eingebildeten, sondern von heute auf morgen schon möglichen Weltuntergangs«. So nimmt Handke eine eigene Position einschränkungslos zurück. Und eindeutig kritisch sogar gegen die eigene Existenzform gerichtet fragt er: »Und wer durfte bei alledem sich darauf berufen, er sei ein Künstler und behaupte in sich einen Weltinnenraum?« Dies also macht die Würde einer poetischen Instanz aus: daß die Instanz sich gerade nicht als starre, unantastbare Instanz begreift, sondern immer neu fragt und antwortet – notfalls alles Bisherige preisgebend.

»Die Wiederholung« –
respektgebietende, hohe Heimatkunst

Ein schweres Buch. Prosa hohen poetischen Anspruchs. Essenz eines kunstvoll gebrochenen und gegliederten Entwicklungsromans: Jugend, Familie, Suche und endlich strahlende Gewißheit des Filip Kobal, dessen herbes, unflexibles Ich zugleich nach stolzer Einsamkeit verlangt und nach anonymer Eingliederung sich sehnt. Imponierend Handkes originelle, reiche Kraft, nicht Literatur über Literatur zu machen oder distanziert ironisch Zeitkritik am schlechten Bestehenden zu üben, die ja mittlerweile auch jeder Esel von sich geben kann – sondern statt dessen etwas zu »sehen«, was so noch niemand sah, Daseins-Funken poetisch in Sternbilder zu verwandeln, wie sie vor ihm noch niemand so zusammenfügte. Jenseits alles Witzigen und Amüsanten reflektiert Handke die Welt pathetisch – wie Jünger oder George. Er hat seinen hohen Ton, mit dem er eine bäurische Welt besingt – weggeblendet scheint alles Großstädtische, Zivilisatorische, Verbindliche. In emphatischer Lyrik, auch bei Beckett oder im schwarzen Heimatfilm, geht es ähnlich gesellschaftsfern zu.

Aber Handke macht es sich nicht so leicht, schlicht archaische Modelle oder vorindustrielle Idyllen aufzubieten. Sein »Ton« enthält und durchdringt die Jahrhunderte, als wäre das selbstverständlich. Auf einer Seite (315) geht eine Frau nicht im Stockwerk über dem Zimmer des Beamten, sondern »zu seinen Häupten« (was die Gravität des barocken, religiösen 18. Jahrhunderts hat) durch eine »Gemächerflucht« (was an erlesenes Kunstbeschreibungsdeutsch des 19. Jahrhunderts erinnert). Der Beamte, zu dessen »Häupten« die Frau sich bewegt, sitzt jedoch »vor der leuchtenden Schalttafel ... wie in seiner Weltraumkapsel«. Und in dieser »Wüstenstille« schrillt ein Telephon, haben die Geräusche der sich nähernden Züge, »das Rattern und Rumpeln, einen Hall, vergleichbar dem in den Schächten einer Untergrundbahn«. Er schreibt – noch weitaus radikaler, provokanter als Günter Grass sich großer alter Wendungen bedienend –, als gäbe es keine altertümelnd eklektischen Wörter, nachdem der Funke poetischen Lebens sie berührt hat, kein »Kann-man-nicht-mehr-Machen«, wenn der Dichter es tut. Ja, als banne des Dichters beschwörender Blick die »Furie des Verschwindens«, von der seit Hegel und Adorno alle Fortschrittlichen behaupten, sie gestatte keinen Klassizismus.

In die Rhythmen des hohen Tons fügt sich bei Handke Trivialvokabular wie »Hintern« und »furzen«. »Hahnenschrei« und »Mopedknattern« durchdringen sich, Verschlissenes, Verstaubtes erlangt Würde. Jugoslawiens (volksdemokratisches) Grau in Grau wird hier – als »Offenheit« – der Aufmerksamkeit heischenden, kärntnerischen Buntheit sogar vorgezogen.

Ohne offenkundig zu beschönigen, hat Handke in seinen letzten Werken seit der Erzählung »Langsame Heimkehr« und dem oratorienhaften Stück »Über die Dörfer« zu einer bejahenden, unsere Welt affirmativ preisenden Haltung gefunden. Die Haare betroffener Zeitkritiker sträuben sich ja, falls überhaupt vorstellbar, noch steiler, wenn sie solchem *ruchlosen Optimismus* begegnen. Doch daß Handke der bedeutendste Autor seiner Generation sei, stellte seufzend selbst der »Spiegel« fest (Urs Jenny), und im Pariser »Nouvel Observateur« ging 1982 ein entflammter Kritiker so weit zu erwägen: »Es könnte möglich sein, daß Peter Handke ganz einfach der größte Schriftsteller der Gegenwart ist.«

Ein Kind »bestaunt«, ein Zwanzigjähriger »beschaut«, ein 45jähriger »überblickt« (S. 152). Diese fast pedantische Wahrnehmungsdifferenzierung (überhaupt, Pedanterie bei Überleitungen, kleinsten Übergängen fällt hier auf: eine Fülle von verknüpfend-weiterführenden »nämlich«-, »doch«-, »demnach«-Partikeln) soll offenbar den Beschreibungs- und Erkenntnisvorgang gliedern. Im ersten Teil macht sich der fast zwanzigjährige Filip auf eine Reise ins Ausland, in die jugoslawische Republik Slowenien. Er sucht seinen älteren, irgendwie verschollenen Bruder – und findet am Ende seine eigene Bestimmung. Zurückbleiben die in Irrsinn gehüllte Schwester, der finstere, alle Gemütlichkeit, wenn er ins Zimmer tritt, tötende, ruhelos verbiesterte, momentweise rührende Vater, die wilde, temperamentvoll animalische, schwerkranke Mutter. Handke skizziert deren Sein und Verhalten in schicksalhaften Kurzmomenten. Ganz unsentimental, oft zugleich lakonisch und schneidend grell, dann um so beeindruckender verstohlen herzlich. Was der junge Mann im Haus seines Vaters, im Heimatdorf Rinkenberg und in ziemlich scheußlichen Schulen erlebte, vergegenwärtigt er sich also auf dem Bahnhof von Jesenice. Freilich erst dem ein Vierteljahrhundert älteren Schreiber sei möglich, dies alles gleichsam ordnend-ortend auch zu fixieren. Im zweiten Teil geht die Reise nicht nur in (wenige) Orte, sondern auch in zwei, vom Bruder hinterlassene Bücher. Die weltenthüllende, nein: weltschaffende Kraft gewisser Wörter, »Ein-*Wort*-Märchen« wird bewunderungswürdig vorgeführt. Des Bruders Werkheftnotizen (Handke vergleicht manche Formulierungen mit den Fragmenten der Vorsokratiker!) gelten sehr goethisch der richtigen Anlage eines Obstgartens.

Dazu treten natürlich Reiseeindrücke. Die Nacht im Tunnel, die Freude am Eisenbahn- oder Busfahren, Kellner, Fremde. Dann, im dritten Teil, die Erleuchtung im Karst, einer »Hochfläche über dem Golf von Triest«. Hier ahnt der Erzähler visionär, wie die »Restmenschheit, nach der Katastrophe«, wieder und richtiger neu anfangen werde. Denn – und das liest sich wie eine Direktantwort auf Heiner Müllers Untergangsstücke oder die Atomblitz-Zäsur der »Rättin« –: »So freundlich war der Raum, in den ich hinabblickte, und eine solche Kraft stieg aus der Tiefe empor, daß ich mir vorstellen konnte, selbst der Große Atomblitz würde dieser Doline nichts anhaben; der Explosionsstoß würde über sie hinweggehen, ebenso wie die Strahlung.«

Was mir in Peru die Wissenden zuflüsterten, was strahlungs-cäsium-betroffene Münchner Intellektuelle für wahrscheinlich halten, nämlich daß die Menschheit in den südamerikanischen Anden die kommende Katastrophe überdauern könnte – das stellt sich Handkes Held also von jenem Karst vor. Er gewinnt davon ein stets bedrohtes Hochgefühl des Erfahrens und Erzählens.

Jetzt kehrt er beschwingt zurück. Auf Seite 323 steht ein Satz, den Thomas Bernhard einstweilen noch vor sich hat: »Das Wiedersehen mit Österreich machte mich froh.« Gleich erwachen freilich auch »Haß und Ekel«. Trotzdem ist der Autor, der vorher seine Mutter

eben dafür mit Vorwürfen bedacht hatte, nun »dankbar, geboren zu sein«. – »Die Erzählung muß weitergehen.«
Handke gibt die mystische Welterfahrung eines Kindes, eines jungen, bäuerlichen Menschen, dem alles Neuerlebte riesig, geheimnisträchtig, seltsam-zusammenhängend erscheint, und er tut das wahrlich nicht mit kindlichen, sondern mit erhaben-erlesenen, gelegentlich sehr derben Mitteln, die er ungeniert, ohne Angst vor unfreiwilliger Komik oder stilistischer Unreinheit, aufeinandertreffen läßt. Im Zusammenhang mit des Bruders Obstgartenkultur etwa ist von verschiedenschmeckenden Birnen und einem geheimen Zweig mit ganz besonderen Früchten wohlgesetzt die Rede, »welche einem aber, wenn man in sie hineinbiß, nicht – so der geläufige Spruch – ›das Arschloch zusammenzogen‹, vielmehr die Augen aufgehen ließen«.

In wechselnden Situationen umkreist der Erzähler immer wieder die gleichen Sachverhalte; er schont sich und sein einstiges Ich keineswegs. Filip, der sich nicht bedanken, nicht herausheben, nicht einfügen möchte, der ganz auf sich »allein gestellt, ohne Zuspruch, ohne Lob, ohne Erwartung, ohne Forderung« (das heißt doch: ohne Du, ohne Gegenüber, ohne soziale Verantwortung und Bindung) seine Arbeit verrichten will, fühlt zugleich, daß »mutwillig allein zu sein, ein Frevel« ist – »Ein Frevel wogegen? Gegen mich selber.« Des Helden genauer Blick nimmt kurze Harmonien (in Omnibussen, im Sterbebett) wahr – und fragt oder interpretiert, wie dergleichen sein Verhältnis und seinen Zugang zur Welt modifiziert, der er daheim, in der Schule, erst recht auf Reisen immer als Fremder, Außenseiter gegenübersteht. Er erahnt geheime Zentren. »Der blinde Mann, der auf der Brücke steht, grau wie ein Markstein namenloser Reiche, er ist vielleicht das Ding, das immergleiche, um das von fern die Sternenstunde geht«, besang Rilke solche Diesseits-Mystifizierung, auch das »Erde, du liebe, ich will« der 9. Duineser Elegie oder Rilkes Verklärung der »Reisenächte« antizipiert Handkes rauschhafte Bejahung, was hier gewiß nicht um maliziöser Enttarnung willen erwähnt wird. Also: geheime Zentren erahnend – »das Dorf... trat aus der Bedeutungslosigkeit, als des Reichs innerster Kreis...« (S. 50) –

ersehnt und findet die Dreipersonen-Person des jungen, mittleren und reifen Filip endlich das Gemäße, den Erzählauftrag. Selbstsichere Zufriedenheit oder wirtschaftswunderlich Aufgedonnertes werden verworfen.

Man kann nun ohne weiteres durchschauen, daß Peter Handke, als er zum ärgerlichen Gelächter einer Literatenwelt immerhin einem Franz Kafka »Geschlenkere« und lebenslängliche Sohnschaft vorhielt – vor allem sein einstiges Ich meinte und strafte. »Eleganzlos schlenkernder Arme«, tiefer Ungeschicklichkeit und Katastrophensüchtigkeit bezichtigt dieser Filip sich selbst: alles das glaubt er am Ende überwunden zu haben...

Auf die Gefahr hin, daß Sie, vorbildlich geduldiger, lieber Leser nun ärgerlich auflachen: um Handkes enorm konzentrierter, beträchtlicher Anstrengung gerecht zu werden, hätte ich dieser »Wiederholung«, die sich (zweimal) auf Kierkegaard beruft, die eine kindliche Nachäff-Aktion, mit der ein grundlos böser Mitschüler den Filip zur aggressiven Verzweiflung und aus der Schule treibt, gleichsam als Satyrspiel zum seriösen *Wiederholungs*-Drama fügt, gern einen Essay von vielfacher Länge gewidmet. Bisher war, genaugenommen, hauptsächlich die Rede vom »Was« und vom »auf welche Weise« – aber doch nicht davon, mit welchem Gelingen Handke seine außerordentlichen schriftstellerischen Mittel einsetzt. Gelingt es Handke, aus seinem Aller-Individuellsten das Aller-Allgemeinste herauszuholen? Wird evident, daß – in seinen Worten das Landhaus und Dorfhaus zum Weltvolk und Weltstadthaus sich steigern?

Denn alle klassifizierenden oder analysierenden Hinweise, denen der Leser bisher begegnete, solche Feststellungen allgemeiner »Tendenzen« und stilistischer Höhenlagen mögen ja diskutierbar, zitierbar, klappentextfähig oder anfechtbar sein. Nur besagen sie wenig über den poetischen »Wert«, über Gelungenheit und Nachvollziehbarkeit des anschauungsgesättigten Textes. Dichterische Qualität wird erahnbar beim Abwägen der Momente, der Gehalte. Wie stellt sich beim Lesen Faszination her dergerstalt, daß man unmittelbar begreift und weiter wissen will? Warum endet diese Faszination, wenn man, sagen wir, spürt, daß man nicht weiterfolgen kann? Wer solche Erörterungen achselzuckend als »bloß subjektiv« abtut, wer nur der begrifflichen Herauspräparierung von Tendenzen wissenschaftliche Objektivität beimißt, der sei um die Überprüfung der Ergiebigkeit seines »Wissenschaftsverständnisses« ersucht. Denn alle verfügende Begrifflichkeit bleibt leer, wenn sie nicht über jenen heiklen Stoff zu verfügen hat, der aus Gewißheiten besteht, welche aus der Gespanntheit der Leseerlebnisse kommen oder eben mit Ungewißheiten fertig werden muß, die der Nichtfaszination entspringen.

Nun gibt es aber, auch in diesem Buch, viele Handkes. Zuerst und bewunderungswürdig: den Künstler, der sieht, der ohne jede effekthascherische Brillanz-Tendenz die richtigen, überraschenden Worte findet und Seelisches oder Sinnliches »in ewige Sicherheit bringt«. Auch ein heftiger, ideologisch oder kulturpolitisch motivierter Handke-Hasser müßte bemerken, wie bewegend genau Handke den Abschied vom wütenden Vater schildert: »Dabei hatte er mich gerade noch, zum erstenmal überhaupt, umarmt, und ich hatte ihm über die Schulter auf seine taunasse Hose geblickt, in dem Gefühl, er umarme in mir eher sich selber. In der Erinnerung aber wurde ich dann von der Umarmung des Vaters gehalten, nicht bloß an jenem Abend vor dem Bahnhof in Jesenice, sondern auch über die Jahre, und seinen Fluch hörte ich als Segen. In Wirklichkeit war er todernst gewesen, und in der Vorstellung sah ich ihn schmunzeln. Möge seine Umarmung mich auch durch diese Erzählung tragen.« (Seite 14.)

Das ist schön und tief zugleich. Ein leichtzärtlich festgestellter und umgedeuteter Lebensmoment. Taunaß und wutgeballt der Vater, dem Sohn Untergang prophezeiend: »Geh doch zugrunde, wie dein Bruder zugrunde gegangen ist, und wie alle aus unserer Familie zugrunde gehen!« Aber unmittelbar, wie von selbst, in Wahrheit Handkes Seelenkraft zu danken, wandelt sich des ältlich geknickten kleinen Vaters Fluch in etwas Alt-Testamentarisches: den Segen. Und die Bitte, der Segen dieser Umarmung möge den Erzähler tragen, evoziert zugleich die klassische Anrufung der Musen. Wer schreibt das Peter Handke heute nach?

Mit Zitaten, so stellte Reinhard Baumgart einst in einer grimmig scharfen Handke-Rezension fest, läßt sich leicht ein demagogisches

Spiel spielen. Immerhin möge der Leser mir abnehmen, daß ich noch zahlreiche solcher in Prosa aufgehobener großer Momente zitieren und feiern könnte – obwohl Handke manchmal sorglos schreibt und sich Ungeschicklichkeiten, die leicht tilgbar wären, durchgehen läßt.

Obschon man aber fast immer mitfühlt und mitversteht, *was* Handke meint, beobachtet hat, was ihm auffiel und was er festhält, gelingt es ihm häufig nicht, evident werden zu lassen, inwiefern ein bestimmter Eindruck (den man nachvollziehen kann) für Filips Existenz eine so weitreichende Konsequenz hat (die man nicht nachvollziehen kann). Manchmal ist der Autor mir ferner als ein Antipode. Er verfolgt mit einem alten Mann gemeinsam das Straßengeschehen: »Beide hatten wir dasselbe im Auge, betrachteten es gleichlang, ließen zugleich das nächste erscheinen.« Aber daraus folgt sofort die Konsequenz, die man glauben muß, ohne sie nachvollziehen zu können, weil sie doch mystifiziert, unwahrscheinlich wirkt: »Nie mehr habe ich einen solchen Blick erlebt wie damals nach meiner längsten Nacht; nie mehr einen solchen Raum und solch einen Horizont vor mir gehabt wie in jenem Sehen, das ich eins wußte mit dem meines Nebenmanns.«

An derartigen gewaltsamen Elevationen, Erhöhungen, fehlt es nicht. Man begreift die Beobachtung »Einmal stand er (der liebenswerte Kellner) am Vorabend in dem kahlen, leeren Raum, reglos vor sich hinblickend, schritt dann zu einer entfernten Nische und vollführte an der Karaffe dort eine kleine zärtliche Wendung...« Aber vermag diese *Wendung* dann nicht fast kitschig viel: »welche das ganze Haus erfüllte mit Gastlichkeit.«

Vielleicht reagieren manche Leser da anders. Doch daß Handke von bösen Mitschülern, eigenen Unfähigkeiten – »Und erschöpfen wollte ich mich, immer wieder; war ich schon kein Dörfler geblieben und kein Arbeiter geworden, so war Erschöpfung meine einzige Rechtfertigung« – zu apodiktisch spricht, daß er beschreiben, aber viel seltener lebendig mitfühlen lassen kann, zeigt sich häufig. Wie eine apotheosenhafte Coda rauscht die Positivitätsorgie des Endes. Zwar wird manches Gefundene nahezu lyrisch vom schwungvoll hymnischen Ton getragen... von durchaus eleusischem Rausch beglaubigt, »Erzählung, nichts Weltlicheres als du, nichts Gerechteres, mein Allerheiligstes... Patronin des Fernkämpfers, meine Herrin. Erzählung, geräumigstes aller Fahrzeuge, Himmelswagen...« (usw. usw.) Aber Handkes sprachschöpferischem und originellem Wahrnehmungsniveau entsprechen für mein Empfinden nicht die kalenderhaften Bejahungen und Aufforderungen. So sorgfältig Handke den Optimismus aus Filips Beobachtungen und Erlebnissen herauszuspinnen versucht: Eine fazithaft aufzählende Zwanghaftigkeit ergibt sich doch, wenn zum Symbolschluß der Wein, das Weib, die Mahnung einer unbekannten Toten an den Lebenden (S. 308, 310, 312), wie affirmative, freilich immer wieder auch angefochtene Apotheosen erscheinen. Es ist gewiß kein schnöde angedrehtes, wohl aber ein schrill herbeigewünschtes Happy-End.

Der späte Wagner wollte im »Parsifal« mit seiner Kunst den Kern einer längst ausgehöhlten Religion ästhetisch retten. Handke geht es um etwas ganz Ähnliches – wobei es unstatthaft wäre, des Dichters Beweggründe für eine solche hymnische Positivität zu verdächtigen, jedoch erlaubt sein muß, nach ihrer künstlerischen Überzeugungskraft zu fragen.

Mit banausenhafter ideologie-psychologischer Kritik, die Kunstwahrheit nicht wahr-nimmt, kommt man weder dem »Parsifal« noch dem Kobal-Filip bei. Aber epische Imperative wie »Entfern dich vom Vater!«, Nationalhymnen-Slogans wie »Nein, wir sind nicht heimatlos«, Kalendermahnungen wie »Fang an!«, »Jetzt (Paradieses-Gedanke)« diskreditieren doch eher die große Absicht, als daß sie sie stützten...

Arno Schmidt, Günter Grass, Peter Handke und wohl nur noch ganz wenigen bedeutenden deutschsprachigen Schriftstellern unseres Jahrhunderts ist es gelungen, sich vom Durchschnittlichen, Normalen, Gängigen schöpferisch abzustoßen. Ist es gelungen, eine eigene Kunst und Haltung zu finden, deren Intensität unsere (literarische, denkende, lesende) Welt mitprägte. Dieser triumphale Moment einer erfolgreichen, neue Standards setzenden Entfernung ist ein – starke Kräfte freisetzender – stolzer Augenblick in jeder Künstlerbiographie. Später muß dann allerdings wohl noch eine zweite Entscheidung fallen. Entweder gelingt es dem Autor, die Mitwelt andauernd zu beeinflussen, auf seine Seite zu ziehen. Dann wird er zum Klassiker seiner Epoche. Oder der Avantgardist verspinnt sich in sein Anders-Sein, ohne daß andere als seine allerengsten Bewunderer ihm bedenkenlos und tief-überzeugt folgen können. Dann droht, wie beim späten Schmidt, aber auch beim mittleren Handke, respektgebietende Außenseiterhaftigkeit oder gar Sektierertum.

24. Thomas Bernhard

Verzweifelter Rhetor

Thomas Bernhard ist kein »realistischer« Schriftsteller, sondern ein visionärer Rhetor. Ein Autor, der offenbar nur weiterleben und weiterschreiben kann, wenn er immer wieder furchtbare Erfahrungen, zwanghafte Schreckenserwartungen, haß-schäumenden Überdruß grandios monoton, grotesk, vom Leben gekränkt und vom ressentimenterfüllten Darstellen belustigt, auszudrücken vermag.

Bernhard ist musikalisch – und seine Prosa, erst recht seine dramatische Dialogtechnik, auch. Eine bestimmte Wortkonstellation, irgendein typischer kurzer Satz, kommt innerhalb eines epischen oder dramatischen Zusammenhanges häufig vor, wie ein Fugenthema. Wird ausgesponnen, kräftig gesteigert. Allmählich tritt dann ein neues Motiv hinzu. Es wird, als hätten wir es mit einer Doppelfuge zu tun, gleichfalls variiert und durchgeführt. So entsteht ein Gewebe. Ein Gewebe aus Sprache – jenseits der Charaktere. Diese Sprache geht, als Kunstsprache, als Äther aus Worten, durch die Figuren hindurch. Überdies wird sie dazu benutzt, Charaktere zwar nicht realistisch-psychologisch zu fixieren, aber doch als erkennbare Einheiten vorzuführen. Wir begegnen Wesen, die Geschöpfe einer Sprache sind, welche über eben diese Wesen hinausreicht und sie doch auch erschafft. Die Musik hat in Mozarts Opern – beim Charakterisieren einer Figur und beim Herstellen einer über die Figuren hinausreichenden Klangwelt – eine analoge Funktion.

Als Bernhard 1959 mit Lyrischem debutierte – »Die Rosen der Einöde. Fünf Sätze für Ballett, Stimmen und Orchester« –, war den gefühlvollen Kombinationen, Wiederholungen und Poetisierungen (banaler Sätze) schwerlich zu entnehmen, daß da jemand die Feder

geführt hatte, der zu einem Autor von Rang und Rasse werden sollte. Bernhard suchte erfolglos nach seinem Ton, nach seiner später so beeindruckenden Technik, Worte durch rhythmische Manipulationen aufzuladen. Aber der Satz: »Laß mich, ich will allein sein« gewann nicht nennenswert, wurde kein Thomas Bernhard-Satz, bloß weil er folgendermaßen gelesen werden sollte:
laß mich
ich will
allein sein
allein
ach
allein
Vielleicht steckt immer noch etwas von diesen längst vergessenen Anfängen in Bernhards nunmehr hochentwickelter Technik. In seinem 1986 publizierten und uraufgeführten Drama »Ritter, Dene, Voss« gibt Bernhard auffällig oft eine präzise Trinität der Steigerung. (Sie ist der typischen Psalmstruktur, dem »Parallelismus membrorum« – zwei Verse umschreiben den gleichen Sachverhalt – vergleichbar.) Wer sich bei Bernhard in etwas hineinwütet, muß es also dreimal nacheinander, möglichst in Steigerungsform, vorbringen. Bernhard macht uns das Verfahren bewußt. Im ersten Akt heißt es: »Ich mußte schließlich dreimal sagen, daß es häßlich ist« – »Warum dreimal.« – »Weiß ich nicht. Dreimal mußte ich sagen...«
Wenn Bernhard eine Formuliersteigerung geben will, vollzieht sie sich streng im Dreierrhythmus. Spezifisch literarische Interessen als Lebensalibi werden folgendermaßen ausgedrückt:

Papierbindungen
Bücherbrüder
gedruckte Liebesverhältnisse

Unsere Kunstepoche geht nicht in die Geschichte
ein oder aber

als weißer Schandfleck ja
als Katastrophe ja
als Kunstkatastrophe

Als die ersten Prosawerke Bernhards die literarische Öffentlichkeit Österreichs und Deutschlands faszinierten und verstörten, wurde Bernhard berühmt als manischer und sprachmächtiger Autor von lauter Endspielen, von Urängsten, Agonien, alpenländischem Irrsinn.

Doch mit solchen Kennzeichnungen verband sich – für zeitgenössische Literaturinteressenten – unvermeidbar die Assoziation eines radikalen Avantgardismus (so als hätten erst Beckett und seine Brüder im Geiste die Formen und Spielarten einer bodenlosen, zynischlustigen Verzweiflung erfunden). Aber der Prosaschriftsteller Bernhard ist ein traditionalistischer Erzähler. Er kann an Stifter genauso gemessen werden wie an Ilse Aichinger. Vielleicht verhält es sich so, daß verstörte Abwehrhaltungen gegenüber dem herandrängenden Wahnsinn, gegenüber dem herandrängenden Tod (wie Bernhard sie vorführte vor allem in seiner Prosa aus den sechziger Jahren), daß solche Abwehrhaltungen in einer gebundenen, um Genauigkeit, diskursive Beschreibung und Verständlichkeit bemühten, sprich: traditionellen Sprache eindringlicher darstellbar sind als in einem Sprachmedium, das verpopt oder explodiert oder bewußt translogisch strukturiert ist.

Bernhards spätere Prosa gibt sich, mag sie auch noch so schäumen von Hohn, Verzweiflung, Rhetorischem, alles in allem weit verbindlicher. Und amüsanter.

»Der Untergeher«

Es beginnt wie eine süffige, spannende Pianistennovelle. Wladimir Horowitz hat also Anfang der fünfziger Jahre in Salzburg/Leopoldskron einen Kurs gegeben, »hat all unsere Professoren null und nichtig gemacht. Aber diese fürchterlichen Lehrer waren notwendig gewesen, um Horowitz zu begreifen«. An diesem Kurs nahmen Glenn Gould teil, der Erzähler und sein Freund Wertheimer. Sehr bald hob sich Glenn Gould heraus, wurde aufregender als Horowitz selbst, »keiner spielte so wie Glenn, selbst Rubinstein, den ich immer geliebt habe, war nicht besser«.

Die Bekanntschaft, ja Freundschaft mit Glenn Gould wird für Wertheimer und den Erzähler zum (tragisch) lebensentscheidenden Ereignis. Sie beide sind zwar vorzügliche Pianisten, aber so wie er die Goldberg-Variationen oder das Wohltemperierte Klavier spielt, können sie es eben doch nicht. Darum geben Wertheimer und der Erzähler den Pianistenberuf allmählich auf. »Jährlich gehen Zehntausende Musikhochschüler den Weg in den Musikhochschulstumpfsinn und werden von ihren unqualifizierten Lehrern zugrunde gerichtet, dachte ich. Werden unter Umständen berühmt und haben doch nicht begriffen, dachte ich bei meinem Eintritt in das Gasthaus. Werden Gulda oder Brendel und sind doch nichts.«

Dies also wäre der Anfang, die Voraussetzung zweier Leidenswege hochtalentierter Nicht-Genialer. Er gehört zur Vorgeschichte, die der Erzähler monologisch referiert, während er ein Gasthaus betritt, dann im Gasthaus steht (Seite 36), die Wirtin erwartet (da sind wir schon auf Seite 76), das Gastzimmer betrachtet (Seite 110) und schließlich mit der Wirtin redet. An äußerer Handlung passiert also herzlich wenig.

Doch an Geschehnissen, über die ein eleganter, forcierter, haßerfüllter, kraftvoller innerer Monolog berichtet, mangelt es nicht: Mittlerweile ist Glenn Gould, den die beiden in Kanada aufsuchten, 50jährig gestorben, mittlerweile hat sich Wertheimer vor dem Hause seiner Schwester erhängt (die er brauchte, die er haßte, die er verachtete, weil sie einen reichen Schweizer notlösungshalber zu heiraten beschloß).

Drei Figuren: Glenn Gould, der Kräftige, Selbstbewußte, Entschiedene, freilich auch Kranke; Wertheimer, der immerfort beschuldigt, der sich immerfort entschuldigt, an seinem Reichtum leidet, in die Geisteswissenschaften und aus dem Leben flieht, weil er halt ein Untergeher ist, ein *Sackgassen-Mensch.* »Überhaupt haben solche Menschen immer nur die Wahl zwischen der einen Sackgasse und der anderen, sagte ich mir, ohne jemals aus diesem Sackgassenmechanismus herauszukommen. Der Untergeher ist schon als Untergeher geboren worden...« Und endlich der Erzähler, der sich bemüht, über Glenn Gould, künstlerische Probleme, Bücher oder die *gehaßten Essays* zu schreiben.

Haben wir es also mit einer Künstlernovelle zu tun? Mit einer Erzählung à la »Tonio Kröger«, deren Hauptsatz der Untergeher variiert (»Denn etliche gehn mit Notwendigkeit in die Irre, weil es einen rechten Weg für sie überhaupt nicht gibt.«)? Auf diese Frage läßt sich mit einem differenzierten Ja antworten. Bernhard arbeitet zwar anscheinend hauptsächlich nur mit der *Aura* berühmter Namen, bei derem bloßem Klang jeder Musikfreund, jeder Klaviermensch fasziniert hinhört, doch er geht auch über das auratische Spiel hinaus. Einfacher gesagt: zwar hat natürlich Horowitz niemals einen Kurs in Schloß Leopoldskron gegeben, zwar war natürlich Glenn Gould nie mit der Fiktion Wertheimer befreundet, zwar kann man gewiß nicht sagen, Brendel, Gulda und Gilels seien »nichts« – dennoch steckt viel erkennbare Faktizität in diesem Musikstück! Leider preist der Erzähler, der doch ein Gould-Buch plant, seinen Helden immer nur hoch, ohne mitzuteilen, *warum* Gould denn nun der Allerallerbeste sei. (Das einzige, was schön und zutreffend gesagt wird: Er spielte »von unten nach oben sozusagen, nicht wie alle anderen, von oben nach unten« ein toller Hinweis auf Glenn Goulds polyphone Begabung.) Auch sonst kommen so viele zutreffende Tatsachenbehauptungen vor, daß nicht nur die Aura der Namen, sondern einiges von ihrer Wirklichkeit in die Erzählung eingeht. So hat Glenn Gould in der Tat Bachs Goldberg-Variationen als Interpretationsaufgabe seines Lebens empfunden...

Dieser differenzierte Zusammenhang zwischen bloßem Prosa-Kunst-Spiel mit Worten oder auratischen Namen und plötzlich eingefangener heftiger Wirklichkeit, ist konstitutiv für die Untergeher-Erzählung schlechthin. Bernhards rauschhafte Haßsequenzen enthalten gleichfalls einerseits enthemmtes Wortspiel, andererseits aufblitzende Wirklichkeit. Die litaneienhaften, zornglänzenden Ausfälle gegen alles Ländliche, gegen das Musikmenschentum, gegen Wien, Salzburg, Österreich, die Schweiz, den Katholizismus, den Sozialismus, verraten maßloses Entsetzen sowie die romantisch-idealische Kraft, sich aufzuregen; und andererseits treffen sie einiges vom realen Zustand der Welt, wie sie Bernhard erscheint. Daß er den Kreisky, die Sozialisten und Salzburg nicht mag, daran läßt Bernhard ja auch dann keine Zweifel, wenn er sich gewissermaßen direkt äußert.

Hält man sich die größere Strenge der früheren Bernhard-Arbeiten vor Augen, bedenkt man, daß die artifizielle Mischung aus konjunktiv-sattem Wortspiel und wirklichkeitssattem Weltekel leicht zu einer Manier gerinnen kann, dann möchte man – manche haben es bereits getan – sich sorgen um Bernhards künstlerische Zukunft. Das könnte mit wechselnden Namen und Themen ja ewig so weitergehen. Nicht unamüsante, schwer kontrollierbare Mischung aus Maskenspiel und Todesangst.

In der Tat scheint es zwischen »Beton« (1982), »Wittgensteins Neffe« (1982) und dem »Untergeher« (1983) keine allzu große Differenz zu geben. Überall vergleichbare Konstellationen, überall Kunstobjekte, ob es nun um Haydn oder Mendelssohn (»Beton«), um Opernleidenschaft und Karajan (im vielleicht aufregendsten der drei Titel: »Wittgensteins Neffe«) oder eben um Wertheimer und Gould geht. Auch was die Ausfälle betrifft, ist natürlich vieles austauschbar. (Übrigens relativiert sich der Erzähler im »Untergeher« diesbezüglich. Er zeiht sich der Übertreibung, der »Ungerechtigkeitseigenschaft«.)

Bei näherem Hinsehen läßt sich der Vorwurf, Bernhard spinne mit immer dem gleichen Garn seine Geschichten, doch nicht ganz aufrechterhalten. In »Wittgensteins Neffe« ging es, grob gesagt, mehr um die Spannung zwischen (und die Verbindung von) sogenannter Geisteskrankheit und sogenannter Normalität. Im »Untergeher« haben wir es mit einem Künstlerstück zu tun, wo ein hochbegabter Egozentriker an den Zumutungen eines ihm mies erscheinenden Kunstbetriebs zerbricht – und daran, kein Genie zu sein. Fazit: Die Bernhard-Novellen besitzen gewiß bis zum Überdruß ihren Ton, doch eine jede von ihnen bringt auch irgend etwas prinzipiell Neues.

25. Botho Strauß

Wortmächtige Scheuheit eines sich entziehenden Ich

»Wer aber redet eigentlich in Botho Strauß' Büchern, wer ist diese Stimme, die mal als Ich-Erzähler auftritt, mal als auktorialer Erzähler, diese Stimme, die sich dann wieder auf viele Stimmen verteilt, die gelegentlich alle durcheinander reden? Wann spricht der Erzähler, wann das Personal? Und wer spricht in den Erzählern und redet in den Figuren außer dem Erzähler?« – so fragte Fritz Wefelmeyer im Botho Strauß gewidmeten »Text und Kritik«-Heft 81, und ging kritisch mit jenen Verächtern oder Lobrednern von »Paare, Passanten« ins Gericht, die alle in diesem Text, mag er auch laut Waschzettel bestehen aus »Beobachtungen, Erzählungen, Beschreibungen und Analysen«, viel zu unmittelbar ein tagebuchführendes Ich entdeckt hätten statt eines vermittelten Kunstcharakters.

Kein Wunder, daß gerade Botho Strauß solche Ich-Suche provoziert. Denn dieser Autor entzieht sich der Öffentlichkeit, die doch ein Anrecht darauf zu haben glaubt, daß ein Schriftsteller, dem sie Erfolg ermöglicht, Preise zukommen läßt, Aufmerksamkeit zuwendet, nun auch brav, eitel und gehorsam Lesungen durchführt, Dankansprachen hält, in Fernsehdiskussionen mittut, »anfaßbar« wird. Alldem verweigert sich Strauß konsequent. Er schreibt (in »Paare, Passanten«, S. 153): »Häufig hast du dich gefragt, was wohl einige Personen, die sich mit Kunst hervortun, ... dazu verleiten könnte, in die Öffentlichkeit zu treten und sich neben den rundum Beliebten aus Sport und Showgeschäft ebenfalls bekannt zu machen ... Ebenso häufig hast du für dich entschieden, daß diese Perso-

nen aus reinem Geltungstrieb und nicht zur Erfüllung eines geistigen Auftrags handeln, denn dieser könnte noch so hervorragend sein, die Idee des magazinären Allerleis würde ihn immer niederringen. (So ein Medium ist durch und durch vom Unterhaltungsauftrag schon erfüllt. Es ist immer heiter, denn ihm ist alles gleich.)«
Botho Strauß begründet sein Einsamkeitsverlangen einleuchtend subjektiv, wie ja auch die wenigen disqualifizierenden Worte übers Fernsehen kilometerlange Essays ersetzen – magazinäres Einerlei, die Verklammerung von Heiterkeit, Unterhaltungsauftrag, Gleichgültigkeit... »Wer es gewohnt ist«, erläutert Strauß, »viel für sich zu sein und seine Entscheidungen allein zu treffen, wird eine sanfte Schwächung seiner Auffassungsgabe immer dann bemerken, wenn er sich in Schutz einer Gruppe, eines beratenden Kollektivs, ja bloß einer einzelnen anderen Person begibt. (Schon zu zweit auf einer Reise: Was sieht man da alles nicht, wie verringert sich die Wachsamkeit!) Auf seiner Höhe ist so jemand nur, wenn er allein und schutzlos handelt, und jeder Blick ist eine Handlung. Von allen Seiten angreifbar, muß er sich rüsten mit schärferer Wahrnehmung, muß im Erleben schneller und genauer treffen als die Verbundenen, die die Stärkeren sind.«
Solche Botho Strauß-Zitate abzuschreiben, ist eine Lust. Die Differenzierungskunst dieser Prosa, ihre Mischung aus Wahrheitssuche, Anmut und Geistesgegenwart müßte auch diejenigen beeindrucken, die Strauß' streng-elitäre Position nicht teilen. Vielleicht ist das Botho Strauß-»Ich« – mag es sich auch unverhohlen aussprechen bei der Mitteilung solcher Erwägungen und Erfahrungen – für manche Interpreten darum mehr als nur ein umgrenzter individueller Ort, weil Strauß, ähnlich wie Adorno bei seinen »Reflexionen aus dem beschädigten Leben«, gar nicht anders kann, als auch Identitäts-Versehrendes mitreden zu lassen beim »Ich«-sagen oder beim »Er«-Erzählen: nämlich Träume, Beschwörungsformeln, Kunstverweise durch Wiederholungen, Klammern, Formen... Wie couragiert unbeeinflußt, unverschreckt Botho Strauß schreibt und sich »schutzlos« auszuliefern wagt, dafür bot 1985 sein Gedicht »Diese Erinnerung an einen, der nur einen Tag zu Gast war« ein Beispiel. Die deutschen Kritiker hatten heftig über Strauß gestritten. »Er

kann mitteilen, aber nicht darstellen, formulieren, aber nicht evozieren.« Jörg Drews ging noch weiter: er griff Strauß (und Handke) an wegen »vornehmen Tones«, »Kulturkonservativismus«, »Einfaltsromantik« und »Intellektualromantik«, ja sogar ihres *seriösen Schundes* wegen.

Aber der umkämpfte Strauß ließ sich von dem Getöse, von den Kongressen, die seinen vielgespielten Dramen und vielgelesenen Büchern galten, nicht provozieren – nicht einmal zur Vorsicht! Er lieferte sich in einem großen, persönlichen und bekenntnishaften Gedicht gewissermaßen gebunden aus. Schrieb da weder »modern« noch absichtsvoll altmodisch, sondern in einer erhobenen und erhabenen Privatsprache, gelegentlich an späten Rilke erinnernd. Natürlich gab es wieder kritische Hahnenkämpfe. Dabei ist »Diese Erinnerung an einen, der nur einen Tag zu Gast war« weder ein Geniestreich von T. S. Eliot-Rang noch eklektischer Unfug gewesen, sondern eine private, tagebuchähnliche, lyrische Übung, weniger der Öffentlichkeit als den Freunden des scheuen Autors zugedacht, damit sie auch an seinen Apokryphen Anteil nehmen könnten.

Verrückte Frage: kann er zu viel, schreibt er zu virtuos, schaden seine allzu gut gesetzten Worte dem, was sie beteuern möchten, weil aus einer geglückten Formulierung des Schmerzes »sofort etwas wie Heiterkeit aufstrahlt?«. Nun: ein Wort, das dem schadet, was es aussagen möchte, eine Formulierung, die jenes Mitgefühl mindert, das sie bewirken wollte – ein solches Wort ist eben nicht »gut« gesetzt, eine solche Formulierung gerade nicht »geglückt«. Wären solche Worte und Formulierungen nämlich wirklich gut gewählt, träfen sie ihr Ziel, aber der beeindruckte Leser lächelte gleichwohl – dann müßte für ein solches, tröstliches Paradox nicht der Botho Strauß verantwortlich gemacht werden, sondern eine abgründige Dame mit Vergangenheit. Die Kunst.

»Rumor«

»Rumor«, eine tief berührende Prosaarbeit von Botho Strauß, mit der die deutsche Literatur der achtziger Jahre beklemmend eindrucksvoll beginnt, ließe sich so beschreiben, daß ein skeptischer Literat zurückfragen könnte, was denn diesen Text eigentlich von Martin Walsers Romanen unterscheide. Vom »Sturz« oder von »Jenseits der Liebe«. Auch bei Strauß erscheint die bundesdeutsche Gegenwart als Urzeitdschungel, als verteufelte Zivilisation. Auch bei Strauß verdünnen sich die epischen Fäden manchmal zu Spinnennetzen, in denen sich rasch lauter Alpträume verfangen. Auch bei Strauß wird in jeder Lebens- oder Sterbenslage meisterhaft formuliert. Der Unterschied zu Walser? Bei alledem kaum mehr Ironie! Sondern Formulierleichtigkeit, die aber nie witzig oder aggressiv triumphiert, sondern eher mit dem Zerfall, der »Dekadenz« sanft sympathisiert. Die kein Gegenbild meint – sondern die dann am wachsten hinschaut, wenn Menschen nur mehr wie Erstorbene reagieren. Die ihre Wut in Wohllaut verwandelt und Perspektiven als Alibi bietet: Sind es nur Visionen eines Kranken?

Befund: Ein Mann und Vater kehrt zurück. Kraftvoll eigensinnige Persönlichkeit. Läßt sich im alten Betrieb sehen. Nimmt (geschieden) die plötzlich erwachsene Tochter lebhaft zur Kenntnis. Gemeinsame Reise. Tochter erkrankt. Operation. Auf die »große Weltabrechnung« folgt nun eine Auseinandersetzung zwischen Bekker und seiner Grit. Eben noch in jedem Sinn Ohnmächtige, wird endlich die Tochter zur Überlegenen, der Vater hingegen zum eigensinnig beschränkten Greis. Zum Pflegefall, dessen sich die Tochter begreiflicherweise, wenn auch mit schlechtem Gewissen, entledigt. Aber aus der Tiefe, am Ende, erschreckt er sie noch, wie Hamlets unter der Erde pochender Vater. Inzestuöse Telephonbelästigung: Grit wird den Greis wohl doch nicht so einfach loswerden können.

Zuerst erzählt Bruno Stöss, ehemaliger Kollege des aus einem pressedienstartigen Unternehmen ausgeschiedenen und dann zurückgekehrten »Helden«. Stöss berichtet von einer Party beim Chef.

Die endet so: Plötzlich (»Irgend etwas ist los. Die Leute benehmen sich immer sonderbarer.«) windet sich der eine herzzerreißend vor Kummer. Plötzlich zerreißt sich die andere ihr Kleid, »kalkweiß im ganzen Gesicht und mit einem tollwütigen Zischen im Mund... und schüttet den gehäuften Aschenbecher über ihren Haaren aus«. Denn alle sind: »Sehr entsetzte, auf den Zehenspitzen ihres Seins wippende Naturen...« und plötzlich klagen sie wie Gefolterte, schreien wie Angezündete, von nicht mehr als einem Luftzug getroffen! Oder ins Nichts einer verpaßten U-Bahn starrend wie in Gorgos Gesicht«. (Wer schreibt dem Botho Strauß das nach?) Weiter: »Diese Menschen scheinen oft nicht mehr fähig, ihrer Gattung gewöhnlichste Läufe zu bestehen und wehklagen bei kleinstem Malheur wie antike Kämpfer unter drohenden Göttern. Sie übertreiben...«

Nach Stöss (S. 1–19) berichtet jetzt Bekker selber (S. 21–50). Auf der Straße, besoffen, schaut er wie Lesages Teufel in Privathäuser und sieht lauter ganz gewöhnliche KZ's. Frauen, die brav unerschütterlich mißhandelt werden bis aufs Blut. Ihm drängen sich Alpträume auf, die wohl (leider) unvergeßlich sind: das im Sonnenlicht dampfende Stadion als sportiver Gefängnisplatz, die aus dem Mikro versöhnliche Gattinnenstimme als (erpreßte, erpresserische) Verlockung, ein Versteck zu verlassen...

Nun wird, wieder von anderswoher, über Vater und Tochter erzählt. Dann bricht leider der Krankenhausrealismus ein. Einmal braucht Strauß vier Phasen, um nach armseligen Beobachtungen wieder zu Sätzen zu finden, die seiner Sensibilität angemessen sind. Also: nicht Sensibilität werfe ich ihm vor, sondern deren gelegentliches Fehlen, auch bei allzu »literarischen« Vergleichen. Oder bei der platitüdenhaften Beschreibung vom schrecklich aufgeräumten Krankenwärter: »Man muß annehmen, daß so ein Wärter ständig vor sich selber den Gesunden herauskehren muß, weniger, um die Kranken aufzumuntern als vielmehr, um sich selber zu stärken und zu wappnen.« Etwas derart Treuherziges und Schlechtgeschriebenes läßt sich Strauß sonst auch in Rollenprosa kaum durchgehen. Ein Glück, wenn dann endlich wieder der wilde Ton zurückkehrt. Da ist ihm auf einmal, »als verungeheure sein Kind«.

Ließe sich gegen diese Kritik einwenden, daß die verschiedenen

Erzählvorgänge doch alle immer eine identische Tendenzrichtung haben? Daß da ein immer gleiches Transzendieren vom vermeintlich Normalen zum Einbruch des schlechthin Zerrissenen, des unüberhörbar Brodelnden zu beobachten sei? Der Begriff »Rumor« selber, der für alles das einsteht (S. 65, 111, 147 usw.) scheint ja schon eine solche Verbindung herzustellen. Doch genau das ist die Frage. Zugegeben: Kein leitmotivisches, taktisch schlaues Verfahren, sondern ein *episches Müssen* läßt offenbar den Autor so katastrophenfündig werden. So erfüllt von Bildern und Beobachtungen spricht diese Prosa sich aus, daß sie Schwächeres ebenso in Kauf nimmt wie Zufälliges. *Als ob es darauf noch ankäme* – scheint sie zu flüstern.

»In Gesprächen fallen dir jetzt häufig geisterhafte Gescheitheiten auf, die einer längst verblichenen Denkungsart angehören und zur veränderten Lage der Geheimnisse nichts beizutragen haben«: Das ist als charakteristischer, eine bestimmte Menschheitssekunde fixierender Fund, weiß Gott (Strauß wäre übrigens weniger auf glatten Materialismus als auf melancholischen Deismus festzulegen) einleuchtend formuliert. Und ist hier ebenso wahr wie der Haß aufs alles versteppende Fernsehen, wie die Sympathie mit den Ausflippenden, Verlorengehenden. Schade, daß Strauß so klug und so vorsichtig wurde, seine Visionen, als wären sie hilfsbedürftig, manchmal an die platten Erzählbarkeiten eines Zwei-Personen-Stückes zu verraten.

»Paare, Passanten« – Meisterstück zwischen Tagebuch und Kunstprosa

Am Anfang drei Zitate, damit von vornherein klar werde, auf welchem Niveau Botho Strauß in »Paare, Passanten« zu sehen, zu reflektieren und zu schreiben vermag, und warum dieses neue Buch ein Ereignis ist, wie in der deutschen Literatur schon lange keines mehr stattfand.

»Man sagt so leicht, wenn man die Natur würdigen will: Nichts ist mir widerlicher als die Vorstellung von einer besseren Welt. Nur weil das sogenannte Utopische inzwischen den Denkfaulen gehört. Nur weil man inzwischen begriffen hat, wieviel blutige Reste gemordeten Daseins unter diesen Fliegenden Teppich gekehrt worden sind...« (Seite 191).

Was für eine schlagende, exakte Verbindung, diese Vermischung des Märchen-Utopie-Bildes vom *Fliegenden Teppich* mit der Leidensverachtung allen verordneten Fortschritts, die *unter den Teppich kehrt!*

»›Zielstrebige Realitätsbewältigung‹ höre ich einen Sozialpädagogen sagen... Wie bedauerlich sind diese armseligen, heruntergekommenen Überzeugungen, die da munter weitersprudeln aus den Köpfen unserer Lehrer! (Die Achtundsechzigergeneration, die noch einmal Glück gehabt hat und ihre bescheidenen Gescheitheiten nun jahrzehntelang unabänderlich von bequemen Lehrstühlen verbreiten wird...)«

Im dritten unserer Anfangszitate wird voller Widerwillen eine sportive, durchtrainierte, körperlich ertüchtigte und offenbar schrecklich unerotische junge Frau beschrieben. Aber wie viele einander ergänzende (sich nicht wiederholende) Adjektive vermag Strauß da zu mobilisieren! »Ein Mädchen... kommt keuchend mit einem Springseil in der Hand die Kellertreppe herauf, vom Fitting um zehn Uhr abends. Kein Blick, kein Gruß, kein Zögern... nur der eilige Aufstieg eines ebenso biestigen wie duldsamen, eines so geschäftigen wie gleichgültigen, so unberührbaren wie verbrauchsintensiven Narzißmus; dies mit fleischlichem Schmuck versehene Trainingsgerät, dies verkörperte Desinteresse, diese Wiederaufbereitungsanlage einer sterilen Anmut, dies Markenerzeugnis aus unseren Jahrzehnten der Verwöhnung, dieser schicke, allgegenwärtige Typ der sportlich Teilnahmslosen...« (Seite 86).

In diesem Buch wird, ohne Verbiesterung und durchkalkulierte Rechthaberei, die Herrschaft des aufklärerischen, dialektischen, geist-soziologischen Denkens abgetan, beerdigt. Der Autor wirkt dabei in jedem Moment ehrlich, redlich, hochsensibel – wenn auch manchmal rauschhaft abgelenkt, von seinen erotischen Besessenheiten etwa, oder von der entdeckenden Lust des eigenen Blicks und vom Pomp des prunkenden Vortrags.

Widersprüche, Selbstwidersprüche, aus denen Strauß ein logischer Strick zu drehen wäre (*Entweder: Oder* – heißt dieser sture Versuch, empfindsames Denken vom Suchen und Tasten abzuhalten), ließen sich gewiß nachweisen. Sie sind aber nicht nur unwichtig, notfalls sogar auflösbar, sondern sie belegen eher, daß es hier einem Schreibenden emphatisch um seine Wahrheiten ging und nicht nur um Revisionssicherheiten.

Nietzsche, Jünger, Valéry, Heidegger sind hier die gelegentlich und unaufdringlich ins Denkspiel gezogenen Kronzeugen. Den großen Theodor W. Adorno, der Lehrmeister und Freund einer (meiner) ganzen Intellektuellengeneration gewesen ist, lernte Botho Strauß, 1944 in Naumburg geboren, nicht mehr persönlich kennen. Abgesehen von einer ziemlich unheimlichen Beschwörungsszene (einer »Ombra-Szene«, wie in barocken Opern, wenn die Toten aus ihrem Schattenreich erscheinen) taucht Adorno in diesem Buch nur ein einziges Mal wirklich auf. Reine Zuwendung, zugleich fundamentale Ablehnung von Adornos dialektischem Denken, mischt sich in der wichtigen Passage: »Heimat kommt auf (die doch keine Bleibe war), wenn ich in den ›Minima Moralia‹ wieder lese. Wie gewissenhaft und prunkend gedacht wurde, noch zu meiner Zeit! Es ist, als seien seither mehrere Generationen vergangen. (Ohne Dialektik denken wir auf Anhieb dümmer; aber es muß sein: ohne sie!)«

Dieses eminent eindringliche Zitat muß alle diejenigen, die Adorno noch kannten, traurig werden lassen darüber, daß ein Künstler wie Botho Strauß den Philosophen nicht mehr kennenlernen durfte. Adorno war ja nicht nur Verfasser höchst gescheiter und sensibler ästhetisch-philosophischer Texte (das kann man auch heute noch erkennen). Er war mehr. Er reagierte, im Gespräch immer wie ein Künstler, wie ein heiteres Wunderkind. Er hatte traurige, erschreckte, große Augen, die man nicht vergessen kann, wenn man einmal, gar als bewundernder Jüngerer, in sie geblickt hat. Und er war das Gegenteil eines verbiesterten oder verbissenen deutschen Philosophen: nämlich ein charmanter, ja sogar galanter Mann. Der zog junge Frauen gern ins Gespräch, der war viel zu klug, um unverständlich-intellektuell fachsimpeln zu müssen. Der bewunderte ein hübsches Kleid, eine gelungene Frisur, einen geglückten Satz. Adorno, dem alle mit Recht Eitelkeit vorwarfen, hatte einen hinreißend uneitlen Zug: er schwärmte für seine Schüler, die er überschätzte. (Bei so jemandem studiert man gern.)

Das alles kann Botho Strauß nicht wissen, aber er scheint es immerhin zu ahnen. Um so schwerer wiegt der letzte Satz des soeben angeführten Adorno-Zitats, also jene Klammer, in welcher Botho Strauß am Ende seines Adorno-Hymnus mitteilt, inwiefern ihm alle Dialektik unerträglich geworden sei: »Es muß sein: ohne sie!«

Denn das wirklich Aufregende am Buch von Botho Strauß ist nicht, daß hier etwa ein unsensibler Spätgeborener mit dem unberührten Pathos der Ahnungslosigkeit achselzuckend sagt: *Die ganze Dialektik ist eigentlich Quatsch*, sondern daß hier jemand, der offenbar noch aus dem Dunstkreis von Benjamin und Adorno kommt, sich gegen deren Denk-Bewegungen (wir wollen dergleichen nicht »Methode« nennen, weil das viel zu verwissenschaftlicht klingt) auflehnt. Botho Strauß greift weit über das diskursiv-dialektische Denken der Frankfurter Kunstsoziologie hinaus, zugleich begibt er sich zurück in eine Zeit, wo dieses Denken noch nicht selbstverständlich oder Mode oder produktive Technik war. Eben dies macht sein Buch unvergleichlich.

Elitär, nietzschehaft und keineswegs unberechtigt stellt Strauß Rangordnungen wieder her, über die man eben noch so schön demokratisch gleichberechtigt hinaus zu sein meinte. Gewitzte Kritiker und Anarcho-Essayisten führen, laut Strauß, heute naßforsch das Wort; das starr Dogmatische der Marxisten erledige sich dabei, als Dämliches, von selbst. Und solange »kein Größerer das Sagen hat, wird uns dies freche Durcheinander unterhalten«.

Da wären sie also wieder: die Wesensunterschiede zwischen Schriftstellern und Dichtern, von denen Schiller und Spengler kündeten. Auch ein (weiß Gott nicht unbegreiflicher) Anti-Intellektualismus läßt sich vernehmen. Vorbei die kritische Theorie... Weil aber alles dies nicht als Geplauder daherkommt, sondern – die Gefühlsintensität, die Betroffenheit der Sprache verrät es – Allgemeinerem repräsentativ die Zunge zu lösen scheint, darum ist das Erscheinen dieses Buches ein historisches Datum; wie große Tagebücher es meist waren.

Ernst Jüngers Tagebücher etwa sind die Antwort eines unbestechlich elitären Offiziers gewesen darauf, was die Verstrickungen einer ungeliebten Weimarer Epoche und erst recht die Nazizeit einem solchen Offizier abverlangten, bis wohin sie ihn stießen. Theodor W. Adornos »Minima Moralia« sind die Antwort eines ungemein und typisch deutschen, dem großen germanischen Expressionismus verhafteten Juden gewesen darauf, zu welchen Träumen und Alpträumen dieser Emigrant Adorno von der Zivilisation und Kulturindustrie Amerikas getrieben wurde. Max Frischs erstes Tagebuch (1946–1949) hielt sowohl dem Selbstmitleid der *geschlagenen* Deutschen wie auch der Selbstsicherheit der *unangefochtenen* Schweiz einen Spiegel vor. Einen ebenso exakten historischen Ort wie diese Tagebücher nimmt gewiß auch »Paare, Passanten« von Botho Strauß ein. Hier antwortet ein 37jähriger Schriftsteller auf eine Welt, wie sie deutscher Wiederaufbaueifer, linke Theorie, Fernsehzivilisation, der Übermut der Achtundsechziger-Generation und unsere aus alledem resultierende totale Vergangenheitslosigkeit, Traditionsverdrängung einem Schauenden im Jahr 1981 entgegenstellen. Die 200 Seiten von Strauß gehen weit über die sogenannte »Tendenzwende« hinaus.

In »Paare, Passanten« hält Strauß sich bei dergleichen, wie auch bei der längst erledigten Frage nach »engagierter« oder »ästhetischer« Poesie nur im Vorübergehen auf. Er will mehr. Er ist, man kann das seltsam finden, eine Mischung aus idealdenkendem deutschen Jüngling und exzentrischem Außenseiter, der die kritischen Haltungen des gegenwärtigen Intellektualismus preisgibt. Seine Auseinandersetzung hat gewiß ihren genauen historischen Ort. Trotzdem, oder vielleicht gar deshalb, könnte man Sätze herausstellen, die wie Hermann Hesse klingen oder wie Rilke/Proust-Funde. Das Straußsche Buch scheint, aberwitzig genug, ebenso vor dem ersten wie nach einem dritten Weltkrieg beheimatet. Seine Sensibilität schwankt zwischen 1905 und 1995.

Aber handelt es sich überhaupt um ein »Tagebuch«? Strauß vermeidet jede Gattungsangabe, und der Klappentext windet sich. Der Titel legt nahe, »Fiktion«, epische Handlung also, zu erwarten. Beobachtungen und Geschichten, die vielleicht zu einem Ganzen gerinnen. Dann stellt man (zunächst leicht enttäuscht) fest, daß keine Geschehenseinheit, kein noch so zerbrechlicher Zusammenhang die 205 Seiten umschließt. Sie haben nur einen Ort: das Bewußtsein ihres Autors.

Der Schauende als Durchschauender. Strauß unterläuft oft ein Überlegenheitsgestus, den der nüchterne Max Frisch zu vermeiden wußte in ähnlicher Situation. Reflektiert Strauß etwa programmatisch darüber, wie man aus Einzelbeobachtungen (Details eines Gesichts) Schlüsse zieht, dann erledigt er allzu rasch in einem Satz Jahrtausende: »Und man tut gut daran, wenn man an das grundsätzliche Scheitern der Physiognomiker denkt, von Aristoteles über Lavater bis hin zu den anthropologischen Experimenten im Dritten Reich, die allesamt von der richtigen Ahnung zur falschen Lehre kamen.« Wer das wohl nachprüfen, nachvollziehen könnte? (Bei Jünger oder Kassner erwartet man solche souverän zusammensaugenden Feststellungen, die weniger Abkanzelung als »Geste« meinen, schon...

Aber warum Tagebuch? In sechs Kapiteln notiert Strauß Beobachtungen über »Paare«, »Verkehrsfluß«, »Schrieb«, »Dämmer«, »Einzelne« und den »Gegenwartsnarren«. Er reflektiert diese Beobachtungen als Produkt einer Zeit, als moderne Schicksale. Er gibt sich mit dem Nachweis sozialer Zwänge nie zufrieden. Dazwischen werden Literaturzitate bedacht. Über Oshimas Film »Im Reich der Sinne« gelingen dem Autor, der Hitchcock über Brecht stellt, ein paar geradezu »klassische« Seiten – für Cineasten müßte das zum Lesebuchtext werden wie für Beethovianer das Opus-111-Kapitel in Thomas Manns »Doktor Faustus«.

Weil wir aber darüber hinaus – neben Mininovellen, nach Paar- und Paarungsbeobachtungen – immer mehr mit Zeitkritik, Überlegungen zur Situation des Gegenwartstheaters und dergleichen bedacht werden, drängt sich die Konsequenz auf, hier gehe ein Schriftsteller auf das ein, was ihm im steten Nacheinander Tag und Interesse zugetragen haben.

Freilich zucke ich als 45er-Demokrat jedesmal zusammen, wenn Strauß – ist es nur hochbegreiflicher Überdruß? – Ost und West, Kapitalismus und Totalitarismus eigentlich gleichermaßen unerträglich findet. (Wie viele, in Polen, der ČSSR, der DDR, der Sowjetunion, gäben nicht vieles für eine Differenz, die den Botho Strauß kaum mehr viel zu interessieren scheint!)
Doch gegen diesen Irrationalismus steht ein neues Begreifen des Wortes Heimat, ein eisernes Durchschauen des Fernsehschwindels, ein eminent klares Erkennen von Süchten und die oft bewunderungswürdig frei hervorbrechende Ahnung, wie lebensfördernd wirkliche Gemeinschaft, »Körperfreundschaft« (großartig Seite 16) sein können. Neben dem Irrationalismus des Botho Strauß, der die Linken ärgern und die Liberal-Konservativen provozieren müßte, steht weiter eine Perspektiven schaffende Vertrautheit mit alten Wörtern, eine hochprofessionelle Sicherheit des ästhetischen Urteils, eine trotz aller Gespanntheit noch bewahrte Einheit dieser Künstlerperson. So dürfen wir ihm und uns – gegen den Straußschen Kulturpessimismus, daß nichts mehr sich hielte, nichts »bliebe«, nichts mehr dauern könne in unserer TV-Löschkalkwelt – gratulieren. Auch 1981 wurde noch große deutsche Prosa geschrieben.

»Der junge Mann« – Roman ohne Mitte

Dieser Roman macht es dem Leser sehr schwer, obwohl er manchmal mit geradezu losgelassener, widerstandslos freigesetzter unerschöpflicher Formulierbrillanz geschrieben ist. Aber eine noch so große Fülle von Beobachtungen, Einsichten und virtuosen Synonymanhäufungen (Strauß kann eine Sache beliebig variabel neu umschreiben, ihm fallen die Formulierungen und Neologismen nur so zu, er wehrt sich kaum dagegen) beeindruckt doch immer nur punktuell. Sie kann sogar ermüdend wirken, wenn nicht auch für eine

Lebendigkeit des Werdens gesorgt ist, für eine produktive Einheit der Denk- und Symbolbewegungen. Diese Einheit entsteht hier immer nur momentweise. Traumberichte, die meist zu kurz bleiben und sich kaum mit epischem Gehalt beladen, mehrere Liebes-Episoden, die eine verborgene Strukturähnlichkeit aufweisen mögen, kulturkritische Erörterungen, die manchmal an »Paare, Passanten« erinnern – das alles bildet füreinander eher Alibi (günstigstenfalls: eine Spiegelung) als Steigerung, bietet die Darstellung eines klugen unglücklichen Bewußtseins, das sich am Ende der Episoden immer ein bißchen programmatisch zu irgendeiner angepappten Konsequenz aufrafft, welche neue Einsicht der Entwicklungsroman-Heros nunmehr erreicht habe. Eine übergeordnete epische Gemeinsamkeit, ein Zentrum, das den vielen, oft hinreißend dargestellten Episoden, Visionen, Gedanken als vereinender Hintergrund, als Gemeinsames und Beziehungschaffendes dienen könnte, fand Strauß nicht.

Natürlich existiert, über alle Anspielungen und Wiederholungen hinaus, etwas unvermeidlich Einendes: das Bewußtsein, die Sensibilität, die Subjektivität des Autors. »Man hat nur einen Ton, sein Lebtag (...) man halte ihn, so gut es eben geht und solange der Atem reicht«, heißt es beziehungsvoll. Doch das wäre eigentlich nur die Identität des schreibenden Ich, die hinter jedem literarischen Werk steckt – aber gleichwohl keineswegs auch eine zusammenhängende Identität des Textes schafft. (Sonst könnten Bücher formulierfähiger Subjektivisten ja nie mißlingen!) Pech für Strauß, und für uns, daß dieses Buch, in dem es von Allegorien und Symbolen wimmelt, sein zentrales, alles beeinflussendes, in epischen Bann ziehendes Erzählbild nicht fand. Der »Junge Mann« ist eine »Blechtrommel« – ohne eben diese. Ein »Mann ohne Eigenschaften« – aber leider auch ohne Kakanien. Ein »Zauberberg« – ohne Davos, noch im Zustand angehäufter »Betrachtungen«. Ein »Schloß«, in dem es keines gibt. Eine »Pest« ohne Oran.

Strauß muß für diesen Mangel teuer zahlen. Da die Entwicklung kaum trägt, muß er in jedem Augenblick »interessant« sein: Er schleppt denn auch Berge Prosagoldes und essayistischer Kostbarkeiten herbei, wie sie in solcher Fülle gegenwärtig nur wenige Autoren bieten können. Es wäre ein Jammer, wenn diese Dinge verlorengingen, nur weil Strauß seinen Kampf um den Roman nicht gewann. In »Paare, Passanten« war der Anspruch kleiner: da wuchsen Notizen oft zu Szenen, Bildern, zu Visionen und »Gesehenem«. Hier fahren sich die Bildungsroman-Tendenz, Traumfluchten mit psychischem Hintergrund, kluge Argumente, seltsam fremde *Bilder* und eine essaygewandte, wagemutige, dem ganz Neuen wie dem Romantisch-Innerlich-Uralt-Deutschen verbundene Kunst- und Kunstgewerbe-*Sprache* gegenseitig in die Parade. Daß da alles mit zugleich scharfem und weisem Kunstverstand gemacht ist, daß man dem Besuch beim zweiten Lesen müheloser beikommt, daß es so leicht kein Argument für und wider gibt, welches der kluge Strauß nicht auch kannte und einbaute: dies alles ist angesichts des Ranges und der Kunstfertigkeit des Poeten selbstverständlich.

Der Roman beginnt mit einer Einleitung, der man anmerkt, daß sie den Autor in Schwung bringen, ihm quasi Mut zur Erzählarbeit machen soll. Auch einige Hauptmotive, die später indirekt gestaltet (und angefochten) werden, intoniert Strauß hier bereits direkt, unrelativiert: wer die »sozialen Belange«, die »Gesellschaft« in den Mittelpunkt des Interesses stellt... »wer nur gesellschaftlich denkt«, wie »es allgegenwärtig ist«, der vergeudet seine besten Kräfte und beraubt sich... »womöglich der letzten Fähigkeiten, Gesellschaft eben gerade noch bilden zu können«. So etwas sagt heutzutage nicht jeder. Und man möchte es gern auch genauer wissen. Strauß führt es auch aus, später – und verrennt sich dabei in unvermeidliche Aporien. Auch das ebenso wichtige wie unergiebige Thema *Zeit, Zeitspaltung, Verdoppelung, Verlangsamung* wird angeschlagen.

Die eigentliche Geschichte des jungen Mannes beginnt bescheidener. Allzu bescheiden fast. Wie ein netter Theaterroman. Star-Schauspielerinnen haben ihr Vergnügen daran, den jungen Mann – als jungen Regisseur – zu blamieren. Er verhält und wehrt sich nicht allzu klug dabei, unser frisch gebackener Brillenregisseur: »Ich fand aber ihre Schmähungen ungerecht und übertrieben und wäre am liebsten heulend davongelaufen.« Heulend gleich? Du liebe Güte... So bös' sind die munteren Bühnendamen ja auch wieder nicht, daß die Aufführung zuletzt nicht noch ganz erträglich ausfiele! Ein wenig bedauert man übrigens, immer bloß etwas über den leidenden Jungregisseur zu erfahren und gar keinen Blick tun zu dürfen in die Gemüter jener Schauspielerinnen, die Leon Prachts (so heißt er) Praxisferne spüren und sich berechtigt instinktiv gegen seine bloß theoretische Überlegenheit wehren.

Letztes Kapitel: Noch einmal Showbusiness. Wiederbegegnung mit einem alten Komiker und Filmemacher namens Ossia. Ein deutscher Chaplin gewissermaßen. Der ist sehr dick geworden, aber sehr klug geblieben – und erbittet jetzt Leons dramaturgischen Beistand. Enorm konservative, sensible Sätze über Kino und Kunst. Man könnte die Kritik an diesem Roman mit lauter Zitaten aus den Gesprächen Leon/Ossia bestreiten. Einerseits sinniert Ossia: »Jede Geschichte ist ein frevelhafter Eingriff in die schöpferische Unordnung der Lebensfülle... Die einzige Ausdrucksform, die der Wahrheit nahekommt: ein Haufen Zeugs.«

Leon besteht dagegen auf hohen Konventionen, wendet sich gegen das Kino »in Händen von Zielgruppen, von Minderheiten und Miniminderheiten, von Selbstdarstellern und Tagebuchfilmern«. Dergleichen löse sich ins Unwesentliche auf. Er sucht statt dessen »die bündige Geschichte«. Man einigt sich auf etwas, »das sowohl leicht und vielseitig als auch ganz fest in seinem Kern wäre«. (Und was Botho Strauß leider im »Jungen Mann« auch nicht zuwege brachte.)

Aber wie hätte er das wohl bewerkstelligen können, wenn zwischen zwei Showbusiness-Storys (einer allzu heiter-naiven, einer klug-spekulativen, glanzvoll vorgetragenen) mehrere Episoden einander folgen, die einige Traumstrukturen gemeinsam haben, ein paar Zusammenbruchskurven und sonst gar nichts? Im »Stehenden Liebespfeil« begegnet man, verbiestert und begriffsstutzig beim ersten Hinschauen, beim zweiten auch noch, Sportlern in fast unerotischer Unbeweglichkeit. Allegorien des Wartens? Des Ersatz-Mann-, Ersatz-Frau-Seins?

Nächste Episode: Die Bankkauffrau im Walde. Sie erkennt eine Schlange Marschierender – die sich alsbald grausam selbst frißt. Sie will die Zerschlagung der Gesellschaft und des Paares verhindern. Sie hält sich im »Turm der Deutschen« auf – erschrickt begreiflicherweise vor dem Haupt des Besitzers: »Bis zu den Backenknochen war es ein Mensch; darunter aber krümmte sich das mißlaunige Maul einen feisten Hünenkarpfens.« Nackt übersteht die Frau Traumabenteuer, die der psychoanalytisch-biographischen Erkundung ähneln, die Ionesco im »Opfer der Pflicht« vorführt.

Was für Szenen! Die sich selbst fressende Schlange. Eine Händlerin, deren Bett in Himmelhöhe wuchs, sieht auf ihrem schwankenden Lager einen Greifvogel eine Kröte fressen. Eine Geliebte, erwachend im Kot. Die Geburt eines Gesichtes – erschrockene Seelen produzieren so was –, dessen eine Hälfte Baudelaire ist und dessen andere Hitler...

Strauß schildert (ohne je zu verletzen, die Grenzen herber Kunst zu sprengen) immer wieder eindringlich zarte Ekel-Sequenzen. Sie sind nur meist zu kurz, um sich als epische Geschehnisse zu entfalten und gegen Ende zu absichtsvoll pointiert, um volle beeindruckende Freiheit zu gewinnen. Besonders ausführlich erleben wir das – anti-intellektuelle, bequem ausgehaltene, pflanzenhaft harmonisch denkende und fühlende, matt-liebe und lässige – Völkchen der Syks.

Leon muß die Syks beobachten, studieren, möchte sich ihnen nähern. Die Aufsichtsbehörde, für die er berichten soll und der es gelingt, seine so reizend nette Freundin gegen ihn umzupolen, sitzt in – dreimal darf man raten – in Frankfurt also. Wo auch sonst, da doch die Frankfurter Schule, die Geist-Soziologie manchmal wie die Hauptangeklagte der Straußschen Kritik an aller Kulturkritik wirkt.

Es ist erstaunlich, wie ins Edle, Forcierte (und leicht Blamierbare) Strauß' Sprache sich ändert, wenn er von »Teilhabe« oder einem zauberischen Garten schwärmt, »in dem ich voller Beglückung einherschritt, der feinsten Konventionen teilhaftig«. Da kauert – sie hatte ja noch etwas mit Aufklärung zu tun – auch »die gute alte Ironie« in weiter Ferne, und Freund Leon stellt sich erlesene Fragen im Konjunktiv, die etwas Mystifizierendes haben, Urworte, affig, ärgerlich. »Worin aber begäben wir uns... dir kann mein Gelüst nichts anhaben; ein dunkler Mensch wird nicht, indem man mit ihm schläft, offenbarer«. (Das soll womöglich für beschwerlichen Zungenschlag stehen.)

Im Schwung des Formulierens gelingt Strauß zwar kein Roman,

aber immerhin eine Nummernoper des Vergegenwärtigens und des Widerwillens: Er vereint manchmal die fabelhaft aufsässige Wut eines K. H. Bohrer mit Handkes Stolz und Jüngers lakonischem Ton, wiederholt Shelleys »Maskenzug der Anarchie« in seiner gespenstischen Parade von Altnazi und Neureichen, läßt rasch mal aus Brechts schlimmem Geschlecht *erfinderischer Zwerge* »emsige Wichtel« werden.

Obwohl antikapitalistische und antimarxistische Abscheu sich hier paralysieren, obwohl Strauß sich sogar den ästhetizistischen Ausweg verbaut mit einer schwerlich in diesen Rahmen passenden, schönen Novelle »Die Geschichte der Almut«: Der Autor gibt sich schon Mühe, uns nicht ganz ohne Utopie zu entlassen. Anfangs nennt er die gegenwärtige bundesrepublikanische Freiheitssituation eine »glückliche Periode« deutscher Geschichte, aber bald hantiert er mit anderen Dimensionen. Wenn der dritte Weltkrieg erst mal vorbei, die Erde entleert, alles Lebendige dahin ist, so belehrt uns ein Straußscher Diskussionsredner, dann würde nämlich das »Ganze noch einmal beginnen... Nur freilich auf höherer geprüfterer Ebene, und Geschöpfe würden über Jahrmillionen sich entwickeln, die durch natürliche Anlage unbegabt zu solchen Katastrophen sind, wie wir sie heute fürchten und vorbereiten«. Mag ja sein. Im Almut-Kapitel meint der kunstgläubige Vater sogar, wenn die »Menschheit längst dahingegangen sei, sollte doch ihr bestes Teil... die Kunstwerke, von ihr übrigbleiben und vielleicht einmal zum Vorbild oder Muster für ein besseres Geschlecht dienen«.

Was für utopische Tröstungen aus dem Mund eines Autors, der die ständische Ordnung des Gestern liebt, der die Gegenwart mittlerweile als alle Erlebenskraft schwächend, lust- und interessetötend empfindet und der erst in einer Jahrmillionen späteren Zukunft eine (verdammt ferne) Rettung erahnt. Gegenüber den »herkömmlichen Machtblöcken des Heils, der Utopie vom glücklichen Naturzustand ebenso wie der von der erlösten, gerechten Weltordnung« ist Botho Strauß offenbar unanfällig wie seine Syks.

Nur eben: in die lebendige Zusammenhangform eines noch so avancierten Romans war ein solches Weltgefühl nicht umzuschmelzen. Zur klaren These war es wohl auch nicht zu versimpeln. Bloß ins schillernde, funkelnde Kaleidoskop aufklärungssatter Benommenheit ließ es sich umsetzen. Man darf wohl nicht mehr verlangen. Denn: »Unter den gegebenen Umständen ist jede ernste Überzeugung, gleich welcher Stärke und Bündigkeit, doch nur ein Wahn unter Wahnen.«

26. Reiner Kunze

Vom reinen Deutsch mancher DDR-Autoren

Es ist auffällig, merkwürdig und für die Bundesrepublik peinlich: Zahlreiche DDR-Autoren – Essayisten wie Günter de Bruyn und Gerhard Wolf, Lyriker wie Erich Arendt, Johannes Bobrowski, Peter Huchel, Reiner Kunze, Sarah Kirsch, Dramatiker wie Peter Hacks, Hartmut Lange oder Heiner Müller – sie alle schreiben ein unversehrtes, gepflegtes, ein oft »reineres« Deutsch als ihre in der Bundesrepublik aufgewachsenen oder hier seit der Gründung lebenden Kollegen. Wie mag das zu erklären sein – wobei Reiner Kunze, der seit 1977 in der BRD leben muß, seine prägenden Spracherfahrungen auch »drüben« gemacht hat...

Für diese »Gediegenheit« gibt es folgende Begründung. Gute DDR-Schriftsteller schreiben so rein, so ohne Slang, ohne, wie Huchel sagte, »Tinnef«, weil die Sprache in der DDR nicht durch die Werbephrasen der Massenmedien und durch fortwährende modische Exzesse bedroht, ja verunreinigt ist. Westdeutsche Sprache und Umgangssprache haben zu leiden durch Fernseh-Gewäsch, amüsantes Moderatoren-Gelaber, publikumswirksame Brillanzen auf tiefstem, ordinärstem Anbiederungsniveau. (Ich weiß: der Preis der Freiheit.) Unser alles wie Luft umhüllender Jargonmief der Werbung und der cleveren Unterhaltung spielt in der DDR eine geringere Rolle. Der politische Jargon, die gesellschaftswissenschaftliche Phraseologie bei den Brüdern und Schwestern im Osten – ist indessen wiederum so unattraktiv, daß alle Vernünftigen dagegen weitaus immuner sind, als es selbst der heftigste Medien-Muffel im Westen gegen die Produkte der Kulturindustrie sein kann. Darum schreiben manche DDR-Autoren ein so berührendes, gediegenes, reines Deutsch.

»Die wunderbaren Jahre«

Was für ein Buch: heiter und leicht lesbar kommt es daher, ohne jeden literarischen oder propagandistischen Schwulst, gleichwohl tiefe Betroffenheit verratend und erzeugend. Der westdeutsche Leser ist dabei keineswegs gehalten, einen zusätzlichen Sympathiebonus für Reiner Kunze aufzubringen. Daß Kunze, ein Lyriker von Rang, seit Jahr und Tag mit den DDR-Behörden Schwierigkeiten hat – »Die wunderbaren Jahre« zum Beispiel sind in der Form, in der wir sie hier im Westen lesen und »genießen« können, auf dem DDR-Buchmarkt einstweilen schwerlich denkbar –, das besagt zwar manches über die Haltung des Autors, aber nichts über seine Kunst.

Übrigens spräche es für die Langmut oder zumindest für die Klugheit der DDR-Behörden, wenn sie den international berühmten Reiner Kunze unbehelligt ließen, obwohl Kunze vom entsetzlich durchbürokratisierten, alternativelos erpresserischen DDR- und ČSSR-Alltag mehr verrät, als ein ganzer »Kürbiskern«-Jahrgang wiedergutmachen kann... Freilich wird man sich, auch wenn Kunze sozusagen nichts »passiert«, immer zugleich erkundigen müssen, ob seine Angehörigen Schwierigkeiten hatten. Jene »Sippenhaft«, über die sich westdeutsche Oppositionelle beklagen, die hier Beamte werden wollen, trifft nämlich in Diktaturen auch manchmal Angehörige Mißliebiger, die nicht in den Staatsdienst drängen...

»Die wunderbaren Jahre« – dieser Titel ist ein Zitat aus der poetisch anmutigen Übersetzung von Truman Capotes »Grasharfe«, die in den frühen fünfziger Jahren Mirl Suhrkamp und Friedrich Podzus vorlegten, und er ist zugleich Anspielung auf Baudelaires Vers von den »wunderbaren Wolken«... Reiner Kunze darf solche Verwandtschaften in Anspruch nehmen. Ihm gelingt es ohne jeden Eklektizismus, Brechts Leichtigkeit, nämlich die unwiderstehliche Anmut der

Brechtschen »Geschichten vom Herrn Keuner«, zu reproduzieren. Anekdotisch und allgemeinverbindlich zugleich richtet sich Kunzes Leichtigkeit gegen das, was diktatorischer Sozialismus seinen Opfern antut. Kunzes Prosa hat den »leichten Schritt / Der ganz Bestimmten«, wird nur eben leider nicht, wie Brechts Vers weiter meint, dabei »schrecklich den Schrecklichen« sein.

Also ein politisches Buch? Dies nur insofern, und zwar ganz unvermeidlich, als eine parteiisch-bürokratisch reglementierende Obrigkeit, die keinen Widerstand zu dulden braucht, sich ins Private mischt. Privates aber existiert auch noch in der DDR, wie es ja selbst unter Hitler existierte – siehe Brechts Szenen »Furcht und Elend des Dritten Reiches«. Kunze, auch das gehört zum Charme des Büchleins, leistet sich Schwächen. Er ist zum Beispiel total vernarrt in seine offenbar fabelhaft ungebärdige Teenager-Tochter, deren Trotzigkeiten er scheinsouverän ironisiert, bevor er das Kind dann doch väterlich stolz umarmt. Kunze, privat und beruflich mit der ČSSR verbunden, macht sich auch, und da verläßt ihn aller Humor, zum Anwalt der dortigen Säuberungsopfer.

Im übrigen aber zielen seine Anekdoten nicht auf brutale Mißstände, auf jenen offenen Terrorismus, der – soweit er überhaupt noch existiert – ja ohnehin gegen sich selber spräche. Kunze wendet sich den kleinen Schikanen zu, an die *man* sich gewöhnt (vor allem, wenn man nur gelegentlich im sicheren Port von ihnen hört). Kunze zeigt die grauenhaften Folgen der totalen Parteilichkeit des DDR-Erziehungssystems. Wer die Nazizeit noch erlebt hat, muß sich bei der Lektüre der »Wunderbaren Jahre« ununterbrochen erinnern. So wurden und werden kleine Fanatiker erzogen. So ohnmächtig begehrte und begehrt in Schule und Ausbildung der Trotz begabter Heranwachsender gegen ein System auf, das sie umklammert. Für beinahe jedes Stück aus diesem Kunze gäbe es ein analoges Gegenstück aus dem Dritten Reich zu erzählen. Doch in dem Moment, da man diese Analogie ausspricht, wird auch die Grenze der Vergleichbarkeit deutlich. Ob ein deutscher Autor 1936 ein solches Buch in der Schweiz zu veröffentlichen gewagt hätte? Und: Bautzen ist kein Vernichtungslager.

Doch daß Kunze dem täglichen Kleinfaschismus, dem nichttödlichen Terror so grimmig lächelnd nachgeht, ist wichtig genug. Selbst kluge Leute entrinnen kaum der Beeinflussung steter Parteilichkeit. (Ich erinnere mich, daß zum Beispiel der große Ernst Bloch, als ich ihn in Leipzig besuchte, verlegen fragte, ob es denn wahr sei, daß es 1960 in Nürnberg überhaupt keine Buchhandlungen mehr gäbe. Selbst er nahm an, obwohl sonst höchst oppositionell gestimmt, daß der Adenauerstaat etwas gegen die Verbreitung von Büchern habe.)

Die Großsprecherei der systematisch indoktrinierten Kinder, die bleiche Feigheit von Lehrern und Rektoren, die aus Angst lieber gleich 150prozentig überzeugt tun, das ewige Aufbegehren selbständiger Jugendlicher, aber auch Überwachung und Spitzelei: aus alledem macht Kunze seine Porträts. Dabei wird sichtbar, daß Bedrohung und Gemeinheit von außen die Bereitschaft für menschliche Solidarität zu stärken scheinen. Die *einzelnen* halten mehr zusammen. Die Familien brauchen einander mehr...

Kunze schreibt und empfindet unendlich diktaturfern. Bach und die Bibel nimmt er ernst. Zwei seiner Zitate belegen den Standort grimmig genau: »Man macht keine Revolution, indem man aufbegehrt; man macht eine Revolution, indem man die Lösung bringt.« Und einen böhmischen Brief zitiert Kunze, wo ein geschaßter Literat berichtet, daß auch sein Sohn, obwohl dieser eine Prüfung als Bester bestanden habe, »nicht einmal zur Berufsausbildung mit Abendschule zugelassen« worden sei. Dann heißt es: »Das schreit zum Himmel, und ich wünsche, erleben zu dürfen, daß der Verantwortliche dafür büßen muß.«

Nicht *reaktionär* ist Kunze, sondern er *reagiert* auf Scheußlichkeiten.

Übrigens: die einzige Versuchung für Kunze ist der Kult des Schlichten, des Kalendersspruchhaften. Aber er braucht solche alten Kräfte wohl, um sich gegen die neuen Menschen zu wehren.

»auf eigene hoffnung« –
Ahnungen und Deutlichkeiten

Als Reiner Kunzes Prosaband »Die wunderbaren Jahre« 1976 die Existenz und Arbeit dieses vorher nur in Spezialistenkreisen geschätzten Lyrikers zum poetischen Ereignis deutschsprachiger Gegenwartsliteratur machte, da traf, betraf die Reinheit von Kunzes Sprache und die Lauterkeit seines Empfindens unsere westdeutsche Öffentlichkeit wie ein Schlag. Hinzu kam Kunzes intimes Pathos in bedrängter Situation, sowie sein persönlicher Mut – dies alles schien Hoffnung, Beispiel, Modell dafür, daß im 20. Jahrhundert auch Tugenden zäh sein können. 1977 machte dann eine unvernünftige, oder eben allzu vernünftige DDR-Kulturpolitik den Lyriker zum Fall, zum Märtyrer, zum Emigranten. Kunze mußte in den Westen. Sicherlich mischte sich darum auch politisches Interesse für eine gewisse Zeit mit seinem Dichterruhm. Kunze als Propaganda-Pluspunkt. Daß sie Autoren wie Kunze nicht ertragen kann, besagt eben Wahreres über die totalitäre Starre der DDR-Bürokratie als tausend taktische Friedenskampagnen.

Nun lebt Kunze also im Westen, man zeichnet ihn mit Preisen aus, fügt ihm Wunden zu (eine Spezialität des deutschen Filmgeschäfts); Dichterakademien freuen sich seiner Mitgliedschaft. Seine erste, hierzulande entstandene literarische Arbeit ist ein Gedichtbändchen. Kurze, oft sehr kurze Texte. Nur ein Gedicht ist länger als eine Buchseite, die meisten nehmen kaum eine halbe ein. Viele wirken wie Beobachtungen, die, gerade weil sie so kurz sind, auf eine Zusammenfassung, eine »Pointe«, ein sinngebendes Wortspiel hinauslaufen müssen. Sonst blieben sie – weil ohne Handlung, Verlauf, weitschwingende Gefühlskurve – gestaltlos, skizzenhaft, Rohstoff. Ein solcher zusammenfassender Schluß kann zarte Überraschung sein, aber auch regelrechter effektsicherer »Treffer«. Etwa:

GROB
Von hundert germanisten liebt die dichtung einer
Berufen ist zum germanisten außer diesem keiner
Interpretationshilfe
Außer diesem einen
mag der autor keinen

Freilich schafft diese Nötigung zum Pointieren auch Forciertheit. Einige Gedichte bauen zu ausschließlich auf die Überzeugungskraft, die allen Sprachspielen, Wortspielen innezuwohnen scheint – wenn etwa die chauvinistischen Aggressionen von Fernsehzuschauern im Wirtshaus bei Fußball-Länderkämpfen vorgeführt werden: »Der wirt bringt bier, den gästen steht / der schaum vorm mund.« Doch liegt nicht, allgemein gefragt, der Reiz von Wortspielen mehr in ihrem Witz als ihrer Wahrheit?
Bei der Begegnung mit einem Gedicht spielen eigentlich jene so schön diskutierbaren Probleme der literarischen Technik, der angewandten Menschenkenntnis, der dramatischen Entwicklung (und so weiter) eine weitaus geringere Rolle, als es bei der Beurteilung anderer literarischer Gattungen der Fall ist. Handelt es sich um einen seriösen, anti-dilettantischen Gedichtautor, um jemanden, der sein Wortwerk beherrscht, dann muß man als Leser dem Wahrheits- oder Gefühlsgewicht von vier oder sechs sorgfältig erarbeiteten Zeilen mit der eigenen Wahrheit, dem eigenen Sprachgefühl antworten! Gedichtbeurteilung hat mit Lektorentechnik wenig zu tun: jedes Urteil beurteilt unvermeidlich auch den Urteilenden selber. Dafür ein Beispiel, dem Leser als weiterer Urteilsinstanz unterbreitet. Das letzte Gedicht des Bandes lautet:

VERTEIDIGUNG PETER HUCHELS
ODER
KRITERIUM
Auch dem vers ist's versagt,
leichter zu sein
als sein gewicht

Mich überzeugen diese drei Zeilen nicht. Es wird etwas zu viel Gewicht gelegt auf die doch recht harmlose Mehrdeutigkeits-Nuance des Wortes »Gewicht«. Schuld am Nichtgelingen trägt die anspruchsvoll pompöse Überschrift, trägt das allzu pretiöse Verbum »ist's versagt«. Kunze variiert hier lyrisch Huchels dichterstolze Selbstbehauptung (bei Vorwürfen wegen angeblicher Mühsal seiner Gedichte), nämlich Huchels Satz: »Nicht gewillt, um Milde zu bitten...« Doch indem Kunze seine naheliegende Pointe pathetisch ausbeutet, wird das Gedicht, Verzeihung, banal – zumindest ungewichtiger als Huchels Diktum.

Das Bändchen enthält einige wunderschöne, der gegenwärtigen Bedrohung mit zarter Heiterkeit antwortende Gedichte. Manche Texte scheinen nicht reich genug. Kunze prätendiert nie, er schmückt sich nicht mit Tiefem, er arbeitet konkret und ohne wichtigtuerische Cleverness mit dem Eigenen, nimmt sich Zeit – und hat sich vielleicht immer noch nicht genug Zeit gelassen. So sind die Amerika-Gedichte die auffällig schwächsten des Bandes. Was wir in den letzten Jahren literarisch und essayistisch über Amerika erfuhren, drang wohl kaum in solcher Fülle zur DDR – Kunzes Amerikabeobachtungen mögen ihm darum origineller scheinen als westlichen Lesern.

Einige Texte berühren den Leser zart, weil sie Beklemmung verraten und Scheu vor jeder Allüre: Lieber zu einfach als aufgedonnert. Daneben steht (zumal wenn Kunze seine Gedichte vorliest) ein heftiges, gleichwohl nicht den Rahmen des Individuellen überschreitendes Pathos. Und manchmal – »Wo wir wohnen« oder »Glocken allzu nah« – gelingt ihm liebende, mitmenschliche Poetenheiterkeit. Auffällig für Leser im Westen – wo Dichter zwar mit weniger offizieller »Verfolgung«, aber auch mit weniger öffentlicher Beachtung, Wichtigkeit zu rechnen haben – ist, daß Kunze sich hier immer noch oft, und gewiß nicht aus bloßer Eitelkeit, als einen »Dichter« sieht, an den die Gemeinschaft, Gesellschaft, oder ein Literaturblatt-Redakteur sozusagen dauernd »Forderungen« stellt, denen er dann aus guten Gründen nicht zu entsprechen vermag.

Diese hier nicht ohne Pathos dargebotene Haltung des *Ihr erwartet von mir... während ich doch* (etwa in »Korrektur«, »Den Literaturbetrieb fliehend«, »Entgegnung«) läge etwa einem Botho Strauß, einem Handke, einem Heißenbüttel ferner.

Manche Gedichte – dies eine Folge der Bescheidenheit des Autors, lieber karge Erfahrungen darzubieten als uneigentliche aus zweiter Hand – geben sich platterdings überdeutlich. Sie wirken wie Notizen, die eine Einsicht, ein lyrisches Material vielleicht, festhalten, aber noch nicht Lyrik sind.

Auffällig übrigens die Nähe so manchen Textes zu Arbeiten von Arnfried Astel. Dessen schönes Gedicht »Ich habe Leute / über Hölderlin / reden hören, die / mit ihm nicht / geredet hätten. / Mit denen will / ich nicht reden.« – ist dem Gestus vieler Kunze-Bekenntnisse verwandt; auch die heitere Angst vor störendem Glockenläuten verbindet diese beiden Poeten (die politisch einiges trennen dürfte). Wertvoller, haltbarer als alle »Treffer« oder in Spielworte verwandelte Beobachtungen scheinen jene Gedichte des Bandes, deren knappe Klarheit gleichwohl Ahnung und Geheimnis einschließt. Also gerade nicht das Anpassungs-Exerzitium »Erstes Geleit« oder »Passau sticht in See« (Wasser und Regen machen Kunze auffallend häufig erfinderisch, dabei stammt er aus dem Erzgebirge). Bedeutend ist vielmehr das zart-mysteriöse »Zu sterben beginnen«. Die schönsten Gedichte klingen um so rätselhafter, tiefer, lebensvoller, je häufiger man sie liest. Nichts tut ihnen mehr unrecht als jenes erste fixe »Kenn ich schon«-Achselzucken, das ihre Schein-Überschaubarkeit manchen gewitzten Zeitgenossen nahelegen dürfte. So verbirgt und ent-birgt Kunzes »Silberdistel« zugleich isolierende Beobachtung, unauffällige Allegorie und ein edles, scheues Existenzprogramm:

SILBERDISTEL
Sich zurückhalten
an der erde

Keinen schatten werfen
auf andere

Im schatten der anderen
leuchten

27. Diana Kempff

»Fettfleck«
als traumatische Schreibherausforderung

Ein weltberühmter Vater – auch wenn er nett sein sollte und meist verreist sein dürfte – ist in jedem Falle ein Über-Vater. Man kann nicht »Kempff« heißen, sich mit den verräterisch-eindeutigen zwei ff schreiben, ohne daß überall die Frage gestellt oder gedacht wird: Sind sie verwandt mit... Bei Diana Kempff bedurfte es noch eines zweiten Ansporns, einer zweiten Herausforderung, bis sie so weit war, sich gegen das Übermächtige-Gegebene zu wehren. Sie empfand sich als schrecklich dickes Kind. War der »Fettfleck«.

Dagegen scheint sie nicht gleich literarisch aufbegehrt zu haben, weil sie zu scheu war, zu introvertiert, zu verletzlich wohl auch und dekadent. Beim Abitur fiel sie durch, da ihr Deutschaufsatz stilistisch nicht genügte. Mittlerweile schreibt sie mit reichem Wortschatz, kunstfertig, zurückhaltend genau. Ihr Risiko: Manchmal wirkt die Prosa der Diana Kempff weniger als eine legitime Art der Selbsttherapie (Schreiben als Befreiung), sondern eher wie ein bedachtes Ausnutzen von Alpträumen. Unglück als Stoff für Kabinettstücke. Eine Autorin schlägt aus psychischen Grenzsituationen ihr Prosakapital. Effektvoll, doch auch seltsam unglückszufrieden. Also nicht unglücklich, sondern auf eine gefährlich stille Art unglücks-selig. Zeit und Leben dürften Diana Kempff aus diesem artifiziellen Paradiese vertreiben.

Rede auf meine »Kleist«-Preisträgerin

Am Anfang der Zuneigung, auch der literarischen Zuneigung, steht die Emotions-Gewißheit. Vielleicht sollte man, sollte ich das nicht ausplaudern, weil es so »unwissenschaftlich« klingt. Vom sogenannten Fachmann, vom Berufsleser, Berufshörer, Berufsseher möchte die Öffentlichkeit so gern glauben, daß er vernünftig und rational nachkontrollierbar seines Amtes walte. Doch denen, die – übrigens meist irgendwie empört – wissen wollen, aufgrund welcher Kriterien, mit Hilfe welcher Maßstäbe ein Urteil, eine Faszination eigentlich zustande kam, läßt sich der Prozeß leider nur sehr vage erklären, unbefriedigend, lächerlich-verworren, mystisch fast.

Wie spielt sich das denn ab? Man begegnet einem Text, lauscht einer Vorlesung, bleibt betroffen an etwas haften. So hörte ich als Juror 1979 eine Diana-Kempff-Lesung in Klagenfurt. Und dann ist es eben überhaupt nicht das kluge Konzept, das feine Niveau, das wohlkalkulierte Leitmotiv-Labyrinth oder die kulturkritische Tendenz, wodurch jene Emotions-Gewißheit entsteht, sondern etwas viel Elementareres. Ein Moment, in Sprache verdichtete Energie, läßt aufhorchen. Reine Gegenwärtigkeit stellt sich her und zugleich etwas über sie Hinausweisendes. Eine Entwicklung, deren Zwang sich wie eine Schlinge um Seele und Kehle legt und die benommen macht. Dergleichen muß nicht unbedingt von einer »schönen Stelle« verursacht werden. Obwohl wahre Schönheit – literarische und andere – sehr wohl diese Emotions-Gewißheit zu schaffen vermag, wenn eben eine Zeile, ein Vers, ein Moment dieses »Gepackt-Werden«, dieses Neugierig-gemacht-Werden, Affiziert-Werden zustande bringt, wofür mir hier, ich gestehe die Verlegenheit ein, das treffende Wort, der erledigende Begriff fehlt – falls Wort und Begriff dafür nicht überhaupt fehlen, aus gutem Grund. Übrigens: stellt diese Emotions-Gewißheit sich nicht her, dann funktionieren Lektüre, Kritik, Analyse tatsächlich ungefähr so, wie es sich der Außenstehende gewiß respektvoll, aber auch zu Tode gelangweilt, ausmalen mag: dann schaut man prüfend auf Normen, Normverletzungen, Normerfüllungen, Richtigkeiten, Korrektheiten, Absichten, Techniken, Traditionen. Behandelt mithin Texte wie tote Gegenstände.

Falls sie aber Leben enthalten sollten, hätten sie eine solche archivarische Behandlung nicht verdient – zumal wenn sie jung, wenn sie mit dem Zauber des »Zum ersten Mal« in die Welt hinaus treten. Auch darum ist die häufig vorgebrachte kluge Aufforderung, der Urteilende sollte doch gefälligst um der geistigen Sauberkeit willen erst mal seine Urteilsmaßstäbe darlegen, darum ist diese Aufforderung selber weder sehr klug noch sauber. Sondern eher dumm, und womöglich nicht ohne sanfte Heimtücke, weil man natürlich die Wirkung eines kritischen Argumentes paralysiert, wenn man es zur Folge einer Methode, einer ideologischen Zugehörigkeit, einer Richtung, einer bestimmten Erwartungshaltung, einer literarischen oder soziologischen Schule relativiert. Jemand, der lebendig zu urteilen versucht, trägt seine Maßstäbe nicht vorzeigbar, frisch geputzt oder blutbesudelt herum, wie der Sanitäter den Erste-Hilfe-Koffer... Sondern man versucht, mit aller Kunsterfahrung, Sensibilität, Neugier und Freiheit, über die man verfügt, das Maß, oder auch das Maß der Nichtigkeit eines Objektes, aus diesem herauszuholen. Über gräßlich aufgeplusterten Literaturbetrieb, Wissenschaftsbetrieb, Imponierbetrieb erheben sich solche Aktivitäten erst – wenn am Anfang Emotions-Gewißheit war. Wenn ein besonderer Satz, eine besondere Wendung, eine besondere Zuspitzung, ein besonderes Atemanhalten, Verweigern und Gewähren der Seele unwiderstehlich zuflüstern: da ist etwas, da hast du etwas gefunden, nun kannst du anfangen, zu suchen...

Diese Emotions-Gewißheit stellte sich mit zweifelloser Evidenz für mich her, als ich einigen Texten aus dem »Vorsichtigen Zusammenbruch«, so heißt das 1981 erschienene Bändchen von Diana Kempff, begegnete. Wunderbar erfüllte, überhaupt nicht aufgedonnerte oder sonstwie mystifizierte Skizzen vielfachen Endens und Verendens. Ich holte dann die Lektüre des »Fettflecks« nach, die ich vorher gescheut hatte, obwohl dieser autobiographische Roman und Erstling von Diana Kempff schon einige Zeit vorlag und sich höchst positiver Rezensionen erfreute. Doch Ende der siebziger Jahre waren sentimentale Biographien literarische Mode. Verwirrte Söhne und Töchter warfen ihren Müttern und Vätern im Bewußtsein sicherer Resonanz Lieblosigkeit vor, zuviel oder auch zu wenig strenge Autorität, falsches Bewußtsein, die Zurichtung einer erschreckend ungemütlichen Welt. Eltern erstarrten zu literarischen Klagemauern. Und zwar in einem Maße, daß ich mehr mit den geschundenen Erzeugern als den wehleidigen Kindern zu sympathisieren begann. Darum also wollte ich 1979 einfach nicht wissen, was die Tochter eines genialen und spirituellen Pianisten, eines heiteren Preußen an diesem ihrem Vater alles auszusetzen hatte.

Dann aber las ich den »Fettfleck«-Roman nach. Und bewunderte ihn beschämt als wahrhaft meisterliche Komposition kindlicher Momente des Verstehens, Mißverstehens, Sich-Fügens, fatalistischen Hinnehmens, grollenden Aufbegehrens, Allein-, Krank- und Voller-Zukunft-Seins. Da befriedigte sich nicht ein spätes Ressentiment. Sondern da war etwas Entscheidendes festgehalten über die Wirre, die Ahnungsfülle, die rasch weggeschobene Verzweiflung und die immer wieder aufbrechende Hoffnung des Jung-Seins. Unmittelbar danach erschien ein Impromptu, ein heiter intellektuelles Märchen von Diana Kempff, »Hinter der Grenze«, wo – in anmutig durchgehaltenem Parlando, irgendwo zwischen der Phantastik von »Alice in Wonderland« und Erich Kästners Geistesgegenwart – ein Science-fiction-Vernichtungskrieg dargeboten wird, den die liebenswert asozialen Lebewesen gegen die Vertreter einer massiven Realität hauptsächlich deshalb nicht verlieren, weil es sich bei alledem um den Föhn-Wachtraum eines jungen Mädchens im Zoo handelt. Das Buch vibriert von hintersinnigem, zartem, überzeugend verrücktem Witz.

Was die bisher erwähnte Produktion von Diana Kempff betrifft, so stehen wir ungefähr im Jahre 1980. – Und wenn auch über die literarische Eigentümlichkeit dessen, was bis dahin war oder später hinzukam, noch mehr zu sagen wäre: eines wird doch bereits im Augenblick deutlich: so wie literarische Zuneigung zusammenhängt mit spontaner, unorganisierbarer, schwerlich manipulierbarer Emotions-Gewißheit, so hat das Wachsen des – pathetisch gesagt – »Œuvres« der Diana Kempff überhaupt nichts zu tun mit vernünftig planendem Kalkül. Etwa mit den marktstrategischen Überlegungen des Großschriftstellers, wie er es machen, welche Lücke er besetzen, welche Zeitgeistforderung er befriedigen solle.

Als ob sie im Wortwalde nur so für sich hin ginge, als ob sie frei vor sich hin schriebe, hat Diana Kempff die Erzählweisen und Inhalte gewählt und gewechselt. Sie engagierte sich für Gedichte aus dem Haiku-Bereich, sie hatte Erfolg mit ihrer »Fettfleck«-Moment-Galerie, wo vorwurfslos genau und damit um so kritischer Verwirrungen und Einzelheiten kindlichen Reagierens und Agierens festgehalten wurden. Aber Diana Kempff dachte nicht daran, dem Erstling einen entsprechenden zweiten Roman folgen zu lassen, in dem sie, wie es ja nahe läge, sozusagen ihr Erfolgsschema perfektionierte. Statt dessen trieb sie die Heldin einer konkreten Jugend nun »Hinter die Grenze«, nämlich ins Reich fabelhafter Phantasie. Hinter alledem steckte offenkundig keineswegs jene Absicht, die hier nun doch als erfüllt, wenn eben auch nicht als planmäßig erstrebt auszugeben wäre: Diana Kempff hat damals die sture Antithese von aufklärerischer, das Allgemeine emphatisch in Frage stellender, pathetischkritischer Literatur einerseits und andererseits sogenannter postmoderner Innerlichkeits-Pflege, die auf Affirmation, auf Verniedlichen des Vergangenen und Verklären des Gegenwärtigen hinauslaufen könnte – sie hat diese lähmende Antithese dank ihrer Unbestechlichkeit und Imaginationskraft unterlaufen.

Nach der sogenannten Tendenzwende waren ja nicht so sehr die, pauschal gesagt, großen verbindlichen linken Schriftsteller unserer Gegenwartsliteratur im Nachteil und in der Flaute – sondern eher noch jene Konservativen, die es gleichwohl nicht modisch oder gar anbiedernd optimistisch meinten. Noch heute müssen Autoren wie Peter Handke, Botho Strauß, die gewisse gesellschaftskritische, vergangenheitsbewältigende Parolen aus vielen Gründen nicht mehr aussprechen zu können glauben, sich gegen den Verdacht wehren, sie seien also offenbar im Lager der Verharmloser, Nazi-Beschwichtiger, Aufklärungsgegner.

Diana Kempffs Rang besteht darin, daß sie Gefährdungen, Ängste, Daseinsängste zerbrechlicher Wesen visionär nüchtern, unsentimental, herb oder surreal heiter darstellen kann in Bildern, die immer etwas Wichtigeres als die ja wahrlich schon wichtige Privatsache transportieren. In ihren Büchern – also der Autobiographie, aber auch in den Skizzen des Zusammenbruchs, in der gefährlichen Märchenfabel von Diana im Wunderland und endlich in der Tagtraum-Fantasie »Der Wanderer« – kehrt ein Moment, variantenreich abgewandelt, immer wieder: der gefährliche, hinauszuschiebende Augenblick des Erwachens. Der Moment, da das Ich aus dem unsteuerbar Allgemeinen, dem Schlaf, tritt, seine Identität erlangt, damit auch die Fähigkeit und die Schwäche, als empirisches »Ich« etwas zu erleiden, was die Schlafträume gewissermaßen dem transzendentalen Ich zufügten.

»Fettfleck« war die Geschichte eines drüsenkranken, dicken, darum von Mitschülern und Verwandten nicht recht ernst genommenen kleinen Mädchens, das sich brav einfügen, hinnehmen wollte und später doch nicht konnte, weil noch etwas anderes, Kraftvolleres, in ihm steckte, Gott sei Dank. Doch am Anfang genügen aufgeschnappte mißverstandene Erwachsenenworte noch lange nicht für ein solches Sich-Wehren. Es klingt alles sehr sachlich, aber es klebt Blut daran.

Die Uhr schlägt. Die Kirchturmuhr schlägt. Aua. Aufstehn. Aufstehn ist nicht schön. Wo ich doch so schön geträumt hab. Von ganz blauen Inseln. Da bin ich hingeflogen. Und sie haben mich nicht gekriegt.

Die Inseln waren so blau wie Kornblumen, so blau wie Omas Stein im Ring, so blau wie Papas Augen. Und sie haben mich nicht gekriegt. Nichtmal der Lange mit den aschblonden Haaren. [...]

Die Uhr schlägt. Muß ich aufstehn. In die Schule gehn. Und es ist kalt. Weil Winter ist. Da kann man Schlittenfahrn und Schneebälle werfen. Fettfleck, du bist eine prima Zielscheibe.

Weit weg hat er gestanden. Ich konnt ihn nicht erkennen. Einen Schneeball hat er geschmissen und mich am Kopf getroffen. Ich hab geblutet. Das war ein Stein. Außen war ein bißchen Schnee dran. Weißnich, wers war. Vielleicht der Aschblonde. Der mich die Treppe runtergeschmissen hat. Einfach in mich reinge-

treten hat er. Ich bin die Treppe runtergerollt. Ich hab gedacht, mein Kopf geht ab. In der Pause war mir noch ganz dusselich. [...]
Plötzlich bin ich aufgewacht und war ganz naß. Die ham mir ne Gießkanne übern Kopf gegossen.
Ohnmächtig warste, weißte.
Dann hatten wir Singen.

»Ich glaub, ich hab Angst vor Kindern«, resümiert Fettfleck. Das Mädchen ist noch sehr jung. Versucht, Lebensrituale zu verstehen. Sagt tapfer immerfort, und zwar in einem Wort, »Kannmanixmachn«. In eine solche Welt zu erwachen lohnt nur, wenn man älter, abwehrfähiger, »vernünftiger« wird.

Faszinierend der nüchterne Ton, mit welchem hier ein in sich noch gar nicht ganz identisches Menschenwesen seine unentwickelte, dafür zu dicke Identität gegen liebe Verwandte und böse Mitschüler weniger verteidigt als durchhält.

In »Der vorsichtige Zusammenbruch« gelang Diana Kempff noch mehr. Ruhiges Entsetzen wird geschildert. Wird Bild. Eine solche Darstellung des Verfalls macht aber auch Kräfte frei. Bildet Gestalten und Energien, ohne die unser Dasein rätselloser wäre – das immer bedroht ist von Aufgedonnertem, von selbstherrlich-auftrumpfendem Gesundem, Offiziellem, Inhumanem. Das alles wird nicht »gesagt«, sondern mit erschütternder Impassibilité als Moment-Vision gestaltet. Ein schreckliches Erwachensstück heißt: »Schmetterlinge«.

Eines Morgens erwachend, früher erwachend als sonst, sehen wir neben uns liegen die Hülle der Raupe, bräunlich, matt glänzend. Von unerklärlicher Angst gehemmt, bewegen sich unsere Flügel nur zögernd, wir flüchten tiefer ins Dunkel, verkriechen uns dort, wo uns das Licht nicht trifft, und erwarten den Abend. Lange Zeit haben wir im Dämmer gelebt, immer in jenem Bewußtseinsstadium, das dem Zustand kurz vor dem Aufwachen gleicht, bewegungslos, jedoch empfindlich, behütet von der Hand des Forschers, der uns beäugt, in seinen Tabellen unser Wachstum verzeichnet, unsere Größe bestimmt. Nun kriechen wir aus. [...]

Wir haben die ansehnliche Länge von zwölf Zentimetern, unsere Fühler stehen gebündelt auf dem Kopf, ein kleines Pfauenrad, das Entzücken erregen soll. Das Neuartige an uns aber sind die Krallen am linken und rechten Vorderbein, Krallen, zusammenziehbar wie die einer Katze. Dadurch werden Flug- und Fluchtversuche unmöglich gemacht. Wir sind Schmetterlinge mit Krallen, eine exotische Züchtung, in nur wenigen Exemplaren lieferbar, vorerst, das Ergebnis langjähriger Forschung, etwas für Kenner, zähmbar, zäh und sprechbegabt.

Die Hand des Forschers zittert, sie folgt uns, während wir auf dem Schreibtisch herumkriechen, greifbereit, falls wir eine unbedachte Bewegung ausführen sollten. [...] Die Hand des Forschers prüft uns mit Daumen und Zeigefinger, wir strecken die Krallen aus, ein erster Händedruck besiegelt unseren Vertrag.

Unter einer Glasglocke dürfen wir uns tummeln, Jagd aufeinander machen, um die Krallen zu schärfen.

Nach wenigen Tagen stellt sich jedoch heraus, daß dem Wachstum der Krallen nicht Einhalt geboten werden kann, sie biegen sich aufwärts, so daß sie, einer mutierenden Eskalation zufolge, bald unsere Flügel überdecken werden. Der Versuch der Krallenkürzung führt zum Tode des Versuchsobjekts. Die Hand des Forschers zeigt sich verstimmt, was in trommelnden Bewegungen ihrer Finger zum Ausdruck kommt. Die Erschütterung auf dem Schreibtisch ist die erste Mißachtung unserer Pflege, verständlich, da die Krallen sich weiterhin unbeirrt zeigen in ihrem Wachstum. Ansätze zu neuen Krallen sind auch an den Hinterbeinen sichtbar, wie an den Fühlern. Bald werden sie einen gehörnten Panzer bilden, der uns völlig umgibt. Etwaigen Außenreizen gegenüber wird sich eine totale Unempfindlichkeit herausstellen, wir werden wieder das Aussehen haben, das wir besaßen im verpuppten Zustand. Durch die schwindende Lichtempfindlichkeit verlieren wir Eigenschaften, die zum Kauf einladen sollten, schnelles Reaktionsvermögen, beständiges Lauern aufeinander, Kampfbereitschaft. Sprechbegabter als Sittiche, wären wir ein Spielzeug, das man nicht so schnell leid wird wie Schildkröten. Nun aber...

Man wird andere Arten züchten. Die errechnete Spanne erwies sich wohl ohnehin als zu kurz für den Sammlerbedarf, selbst wenn das uneinkalkulierte Nebenmerkmal des Krallenwachstums ausgeblieben wäre, meint der Forscher, der seine Hand von uns abzieht.

Noch sind unsere winzigen Münder nicht überwachsen. Man hat uns soweit gebracht, kleine Schreie auszustoßen. Das müßte genügen.

Wie sicher, wie vornehm und kalt verzweifelt das formuliert ist! Manche Satzstellungen haben zu tun mit Uwe Johnsons Objektivismus, und wer jemals Samuel Becketts »Verwaiser« gelesen hat, diese Beschreibung eines Höllenlokals suchender, ermattender Seelen, der erinnert sich gewiß an Becketts Formulierung, daß den Suchern Brüderlichkeit »ebenso fremd sei wie den Schmetterlingen« – die als empfindungslose Insekten imaginiert und hier von Diana Kempff mit entsetzlich trauerloser Verzweiflung begabt werden ...

Nach alledem kann kaum mehr verwundern, daß im märchenhaft heiteren Katastrophen-Szenarium »Hinter der Grenze«, wo schlaue, eitle, vergnügte Tiere auch Übersetzungsprobleme besprechen, politische Phrasen veralbern, alles »Gemeinnützige verdächtig« und sogar den Feminismus entnervend finden, folgende Gesetze herrschen. »Niemand ist verpflichtet, sich zu entwickeln.« »Niemand darf im Schlaf gestört werden.« Wieder der Schlaf also. Und endlich: »Der Friede aller Wesen ist unantastbar.« »Aber den gibt's doch noch gar nicht, sagte Aha. Eben deswegen, antwortete Janus.«

Diana Kempffs einstweilen letztes Buch heißt »Der Wanderer«. Untertitel: »Fantasie« – was zumindest Schubert-Freunde nicht überrascht. Ein hermetisch verschlossenes, legendenseliges, alptraumsattes Buch. Geschrieben in zart rhythmisch ausgehörtem Stil, bedroht manchmal vom Wortrausch. Wer da träumt, geträumt wird, das ist gar nicht so leicht zu kapieren, soll es wohl auch nicht sein. Phantasie erscheint hier eher als Freibrief, denn als Zwang zur Form, die das Phantastische umgreift.

Diese Form muß man erfühlen aus der Spannung zwischen Traumsurrealität und Untergangsrealität. Enorm genau auch hier die Schilderung eines »Erwachens«. Kempff-Kenner wären enttäuscht, ihr nicht zu begegnen. Aber sie ist ja da, gleich zu Beginn – wo die Autorin aus dem exakt fixierten Gegensatz zwischen träumendem Ich und leiblichem Ich eine Prosafuge macht: die zur leibseelischen Identität führende endliche Vereinigung beider Themen stellt sozusagen das Erwachen dar, nachdem es im ersten Satz geheißen hatte: »Ich bin nicht ich, nicht nur ich, nicht ich allein, ich, der Träumer, ein willfähriger Gast in einem Gehäuse aus Knorpeln, Muskeln und Sehnen [...].« Dann erleben wir mit, wie die Realität das träumende Ich mobilisiert, aber noch lange nicht dessen Körpergehäuse. Bis

> er erwacht, um meine Stelle einzunehmen, [...]. Er ist [nämlich der Körper] nicht da für mich, ebensowenig wie ich [der Träumende] da bin für ihn, wir sind jeder für den anderen nicht existent auf unseren getrennten Wegen, erst lange nach Mitternacht begegnen wir uns im Inneren der Zeit, jeder Herzschlag treibt uns einander entgegen.

Prosa solcher Art, so taktvoll und sicher und nobel geschrieben, bedarf der Aufmerksamkeit und der konzentrierten Hinwendung gewiß mehr als alles das, was sich von selbst versteht, verkauft, was Zeitprobleme aktuellen Stils aufwirft, passioniert erzählt, von untergangsbedrohten Völkern und Kulturen berichtet.

Doch daß sie, Diana Kempff – eine verborgene Chronistin und Deuterin unserer Alpträume – als Außenseiterin ins Zentrum rückt, daß ihre diskrete Leistung mehr öffentliche Resonanz und Würdigung finde, dafür setze ich mich ein.

Diana Kempffs Kunstprosa, die Verzweiflung nicht beredet, sondern gestaltet, sei's anmutig, sei's beängstigend, kommt dieser Preis im Namen Kleists zu. Darum bin ich der Jury dieses Kleist-Preises auch sehr verbunden, daß sie mir so die Möglichkeit gab, eine Entscheidung zu fällen, wie große ausgleichende Gremien sie aller Erfahrung nach so leicht nicht fällen würden. Wem aber etwas zu viel verspielte Märchenphantastik in Diana Kempffs Œuvre steckt, als daß eine Beziehung zu Heinrich von Kleist angemessen sei, der sei daran erinnert, daß bei Kleist rätselhafte Märchenutopien als tiefster Bildgrund – Clemens Lugowski hat es meines Wissens als erster aufgedeckt – nicht nur hinter der »Penthesilea« stehen, sondern wahrlich auch hinter Homburgs Vision beim Geistersehen in preußisch-blauer Nacht, auch hinter des Käthchens von Heilbronn seliger Sicherheit, ja sogar hinter dem »Zerbrochnen Krug«, dessen Geschehnisse ein Paar namens Adam und Eve in Bewegung setzt.

Dieser Kleist-Preis des Jahres 1986, liebe verehrte Diana Kempff, ist gemeint als herzliche Anerkennung dessen, was Sie uns bisher boten und als dringlicher Ansporn für alles das, was Sie uns hoffentlich in den nächsten Jahren noch bieten werden.

Zu den Autoren

(Zusammengestellt von Sabine Zürn)

Thomas Mann, 1875–1954, erhielt 1929 den Literaturnobelpreis. Mann übersiedelte 1933 nach der Machtergreifung der Nationalsozialisten in die Schweiz, wo er bis 1939 lebte. 1936 wurde ihm die deutsche Staatsbürgerschaft aberkannt; 1938 emigrierte er in die Vereinigten Staaten. 1952 kehrte Thomas Mann in die Schweiz zurück.
Werke: Buddenbrooks. Verfall einer Familie (1901), Der Tod in Venedig (1912), Betrachtungen eines Unpolitischen (1918), Bekenntnisse des Hochstaplers Felix Krull. Buch der Kindheit (1922), Der Zauberberg (1924), Joseph und seine Brüder (Tetralogie: Die Geschichten Jaakobs, 1933; Der junge Joseph, 1934; Joseph in Ägypten, 1936; Joseph, der Ernährer, 1943), Lotte in Weimar (1939), Doktor Faustus. Das Leben des deutschen Tonsetzers Adrian Leverkühn, erzählt von einem Freunde (1947), Die Entstehung des Doktor Faustus. Roman eines Romans (1949), Der Erwählte (1951), Bekenntnisse des Hochstaplers Felix Krull. Der Memoiren erster Teil (1954).

*

Hermann Hesse, 1877–1962, gründete 1905 gemeinsam mit Ludwig Thoma die Zeitschrift »März«, reiste 1911 nach Indien und lebte ab 1912 in der Schweiz. Hesse erhielt 1946 den Literaturnobelpreis und 1955 den Friedenspreis des Deutschen Buchhandels.
Werke: Peter Camenzind (1904), Unterm Rad (1905), Gertrud (1910), Knulp (1915), Demian (1919), Klingsors letzter Sommer (1920), Siddharta (1922), Der Steppenwolf (1927), Narziß und Goldmund (1930), Das Glasperlenspiel (Schweiz 1943, Dtl. 1946), Die Gedichte (Gesamtausgabe 1947).

Ernst Jünger, 1895-1998, gehörte 1913 vorübergehend der französischen Fremdenlegion an und nahm als Kriegsfreiwilliger am Ersten Weltkrieg teil. Seit 1925 als freier Schriftsteller tätig, wurde er 1939 als Hauptmann der Wehrmacht reaktiviert und 1944 aus dem Heer entlassen. Jünger unterlag bis 1949 alliiertem Publikationsverbot. Er erhielt neben zahlreichen anderen Preisen 1959 das Große Bundesverdienstkreuz, 1970 die Freiherr-vom-Stein-Medaille, 1974 den Schillerpreis des Landes Baden-Württemberg, 1977 den Großen Goldenen Adler von Nizza und 1982 den Goethe-Preis.
Werke: In Stahlgewittern. Aus dem Tagebuch eines Stoßtruppführers. (1920), Der Arbeiter. Herrschaft und Gestalt (1932), Afrikanische Spiele (1936), Auf den Marmorklippen (1939), Der Friede. Ein Wort an die Jugend Europas und an die Jugend der Welt (Amsterdam 1945, Dtl. 1948), Strahlungen (1949), Heliopolis. Rückblick auf eine Stadt (1949), Der Waldgang (1951), Der gordische Knoten (1953), An der Zeitmauer (1959), Der Weltstaat. Organismus und Organisation (1960), Subtile Jagden (1967), Annäherungen (1970), Die Zwille (1973), Eumeswil (1977).

*

Bertolt Brecht, 1898–1956, entwarf im Zusammenhang mit seiner Kritik der bürgerlichen Gesellschaft die Theorie des »epischen Theaters«, das dem Zuschauer durch verfremdende Mittel gesellschaftliche Zustände bewußt machen und ihn zur kritischen Auseinandersetzung anregen soll. Er emigrierte 1933 nach Dänemark und 1941 über Finnland und Moskau in die Vereinigten Staaten. 1949 kehrte Brecht nach Ost-Berlin zurück, wo er mit Helene Weigel das »Berliner Ensemble« gründete. Brecht erhielt 1922 den Kleist-Preis und 1951 den Nationalpreis der DDR.
Werke: Dramen: Baal (1920), Trommeln in der Nacht (1922), Im Dickicht der Städte (1924), Mann ist Mann (1926), Die Dreigroschenoper (1928, Musik Kurt Weill), Aufstieg und Fall der Stadt Mahagonny (1929, Musik K. Weill), Der Jasager, Der Neinsager (1930, Musik K. Weill), Die Maßnahme (1939, Musik Hanns Eis-

ler), Die Mutter (1931, Musik H. Eisler), Die heilige Johanna der Schlachthöfe (1932), Die Gewehre der Frau Carrar (1937), Die Rundköpfe und die Spitzköpfe (1938), Mutter Courage und ihre Kinder (1941), Der aufhaltsame Aufstieg des Arturo Ui (1941), Leben des Galilei (1942), Der gute Mensch von Sezuan (1942), Der kaukasische Kreidekreis (1945), Herr Puntila und sein Knecht Matti (1948), Die Tage der Commune (1948). – Gedichtbände: Hauspostille (1927), Aus einem Lesebuch für Städtebewohner (1930), Svendborger Gedichte (1939). – Prosawerke: Geschichten vom Herrn Keuner (1939), Dreigroschenroman (1934), Me-ti/Buch der Wendungen (1934), Kleines Organon für das Theater (1949), Kalendergeschichten (1949), Die Geschäfte des Herrn Julius Cäsar (1957).

*

Gottfried Benn, 1886–1956, war im Ersten Weltkrieg als Militärarzt eingesetzt und war bis 1936 als Arzt in Berlin tätig. Als eine Form der Emigration wählte Benn 1936 die Reaktivierung als Militärarzt. Ab 1938 unterlag er dem Schreibverbot durch die Nationalsozialisten. Unter den alliierten Besatzungsmächten durfte er bis 1949 nicht in Deutschland publizieren. 1951 erhielt Benn den Georg-Büchner-Preis.
Werke: Gedichtbände: Morgue (1912), Fleisch (1917), Ausgewählte Gedichte (1936), Statische Gedichte (Schweiz 1948, Dtl. 1949). – Prosawerke: Ithaka (1915), Gehirne (1916), Der Ptolemäer (1949), Drei alte Männer (1949), Doppelleben (1950).

*

Max Frisch, 1911–1991, bis 1954 als Architekt tätig, war seit 1955 freier Schriftsteller. Frisch erhielt 1958 den Zürcher Literatur-preis und den Georg-Büchner-Preis, 1965 wurde er mit dem Schil-lerpreis des Landes Baden-Württemberg und 1976 mit dem Frie-denspreis des Deutschen Buchhandels ausgezeichnet.

Werke: Prosawerke: Blätter aus dem Brotsack (1940), Bin oder die Reise nach Peking (1945), Tagebuch 1946–1949 (1950), Stiller (1954), Homo Faber (1957), Mein Name sei Gantenbein (1964), Tagebuch 1966–1971 (1972), Dienstbüchlein (1974), Montauk (1975), Der Mensch erscheint im Holozän (1979), Blaubart (1980). – Dramen: Nun singen sie wieder (1946), Die Chinesische Mauer (1947), Als der Krieg zu Ende war (1949), Graf Öderland (1951), Don Juan oder Die Liebe zur Geometrie (1953), Biedermann und die Brandstifter (1958), Andorra (1961), Biographie: Ein Spiel (1967), Triptychon (1978).

*

Friedrich Dürrenmatt, 1921–1990, war 1968/69 Mitglied der Theaterdirektion in Basel und seit 1970 Berater des Zürcher Schauspielhauses. Er erhielt neben zahlreichen anderen Auszeichnungen 1986 den Ehrenpreis des Schiller-Gedächtnispreises und den Georg-Büchner-Preis.

Werke: Prosawerke: Der Richter und sein Henker (1952), Der Verdacht (1953), Das Versprechen (1958), Justiz (1985). – Dramen: Romulus der Große (1949), Die Ehe des Herrn Mississippi (1952), Der Besuch der alten Dame (1956), Die Physiker (1962), Der Meteor (1962), Der Mitmacher (1973), Die Frist (1976), Achterloo (1983).

*

Ingeborg Bachmann, 1926–1973, promovierte 1950 über die Rezeption der Existentialphilosophie Martin Heideggers. Sie gehörte ab 1952 der Gruppe 47 an und lebte seit 1953 als freie Schriftstellerin zeitweise in Rom. 1952 begann ihre Zusammenarbeit mit dem Komponisten Hans Werner Henze, für dessen Opern »Der Prinz von Homburg« (1958) und »Der junge Lord« (1964) sie die Libretti schrieb. Ingeborg Bachmann erhielt 1953 den Preis der Gruppe 47, 1964 den Georg-Büchner-Preis und 1968 den Österreichischen Staatspreis für Literatur.

Werke: Gedichtbände: Die gestundete Zeit (1953), Anrufung des Großen Bären (1956). – Prosawerke: Ein Geschäft mit Träumen (Hörspiel 1952), Die Zikaden (Hörspiel 1955), Der gute Gott von Manhattan (Hörspiel 1958), Das dreißigste Jahr (Erzählungen 1961), Malina (Roman 1971), Simultan (Erzählungen 1972), Der Fall Franza, Requiem für Fanny Goldmann (Prosatexte für den angekündigten, nicht vollendeten Roman »Todesarten«). Postum erschienen 1980 Ingeborg Bachmanns Frankfurter Vorlesungen mit dem Titel »Probleme zeitgenössischer Dichtung« (1959/60).

*

Ilse Aichinger, 1921–2016, war ab 1949 als Lektorin und als Mitarbeiterin bei der Ulmer Hochschule für Gestaltung tätig. Seit 1953 war sie mit dem Lyriker Günter Erich verheiratet. Ilse Aichin-ger erhielt 1952 den Preis der Gruppe 47, 1961 den Literaturpreis der Bayerischen Akademie der Schönen Künste und 1979 den Georg-Trakl-Preis.
Werke: Prosawerke: Die größere Hoffnung (Roman 1948), Spiegelgeschichte (1952), Knöpfe (Hörspiel 1953), Besuch im Pfarrhaus (Hörspiel 1961), Wo ich wohne (1963), Eliza Eliza (1965), Auckland (Hörspiel 1969), Der letzte Tag (Hörspiel 1973), Gare Maritime (Hörspiel 1976). – Gedichtbände: schlechte wörter (1976), verschenkter rat (1978), Meine Sprache und ich (1978), Kleist, Moos, Fasane (1987).

*

Heinrich Böll, 1927–1985, war seit 1951 freier Schriftsteller. 1972 erhielt er den Literaturnobelpreis. Böll war von 1971–1974 Präsident des internationalen PEN-Clubs. Seit 1976 gab er gemeinsam mit Günter Grass und Carola Stern die Zeitschrift »L'76. Demokratie und Sozialismus« heraus. Zu Bölls zahlreichen Auszeichnungen gehören der Georg-Büchner-Preis von 1967 und die 1974 verliehene Carl-von-Ossietzky-Medaille der Internationalen Liga für Menschenrechte.

Werke: Wo warst du, Adam? (1951), Und sagte kein einziges Wort (1953), Haus ohne Hüter (1954), Das Brot der frühen Jahre (1955), Billard um halbzehn (1959), Ein Schluck Erde (Drama 1962), Ansichten eines Clowns (1963), Entfernung von der Truppe (1964), Ende einer Dienstfahrt (1966), Frankfurter Vorlesungen (1966), Gruppenbild mit Dame (1971), Die verlorene Ehre der Katharina Blum (1974), Berichte zur Gesinnungslage der Nation (1975), Fürsorgliche Belagerung (1979), Frauen vor Flußlandschaft (postum 1985).

*

Günter Eich, 1907–1972, seit 1932 als freier Schriftsteller tätig, wurde 1939 zur Wehrmacht eingezogen und 1946 aus amerikanischer Kriegsgefangenschaft entlassen. Er gehörte zu den Gründern der Gruppe 47. Seit 1953 war er mit Ilse Aichinger verheiratet. 1950 erhielt Eich den Preis der Gruppe 47 und 1951 den Literaturpreis der Bayerischen Akademie der Schönen Künste.

Werke: Gedichtbände: Gedichte (1930), Abgelegene Gehöfte (1948), Botschaften des Regens (1955), Zu den Akten (1964), Anlässe und Steingärten (1966). – Prosawerke: Die andere und ich (Hörspiel 1951), Die Brandung von Sétubal (Hörspiel 1957), Maulwürfe (1968), Ein Tibeter in meinem Büro. 49 Maulwürfe (1970), Zeit und Kartoffeln (Hörspiel 1972).

*

Arno Schmidt, 1914–1979, wurde nach einem abgebrochenen Studium der Mathematik 1940 zur Wehrmacht eingezogen und war nach seiner Entlassung aus der Kriegsgefangenschaft als Dolmetscher, Übersetzer und freier Schriftsteller tätig. Er übertrug Werke von J. F. Cooper, Stanislaus Joyce und E. A. Poe ins Deutsche. 1964 erhielt Schmidt den Fontane-Preis und 1973 den Goethe-Preis.

Werke: Leviathan (1949), Das steinerne Herz. Historischer Roman aus dem Jahr 1954 (1956), Die Gelehrtenrepublik (1957), Kühe in Halbtrauer (1964), Zettels Traum (1970), Abend mit Goldrand. Eine Märchen-Posse (1975).

Günter Grass, 1927-2016, studierte Bildhauerei und Graphik. Seit 1955 war Grass Mitglied der Gruppe 47 und ab 1956 freier Schriftsteller. Er setzte sich seit 1961 in Wahlveranstaltungen für die SPD ein und gab ab 1976 gemeinsam mit Heinrich Böll und Carola Stern die Zeitschrift »L'76. Demokratie und Sozialismus« heraus. Neben dem Georg-Büchner-Preis und dem Fontane-Preis, erhielt er 1999 den Nobelpreis für Literatur.

Werke: Gedichtbände: Die Vorzüge der Windhühner (1956), Gleisdreieck (1960), Ausgefragt (1967), Die Schweinskopfsülze (1969), Gesammelte Gedichte (1971). – Prosawerke: Die Blechtrommel (1959), Katz und Maus (1961), Hundejahre (1963), Örtlich betäubt (1969), Der Butt (1977), Das Treffen in Telgte (1979), Die Rättin (1986). – Dramen: Noch zehn Minuten bis Buffalo (1959), Die Plebejer proben den Aufstand (1966).

*

Hans Magnus Enzensberger, 1929 geboren, promovierte 1955 über Clemens Brentano. Seit 195 7 ist er als freier Schriftsteller tätig. Enzensberger ist Herausgeber der Reihe »Museum der modernen Poesie« (1960), der Zeitschrift »Kursbuch« (seit 1965) und der Rei-he »Die andere Bibliothek« (seit 1985). Er erhielt 1963 den Georg-Büchner-Preis und 1987 den Großen Literaturpreis der Bayerischen Akademie der Schönen Künste (1987).

Werke: Gedichtbände: Verteidigung der Wölfe (1957), Landessprache (1960), Gedichte (1962), Blindenschrift (1964), Mausoleum. 37 Balladen aus der Geschichte des Fortschritts (1975), Die Furie des Verschwindens (1980). – Prosawerke: Der kurze Sommer der Anarchie. Buenaventura Durretis Leben und Tod (1972), Taube Ohren (Hörspiel 1971), Der tote Mann und der Philosoph (1978).

*

Martin Walser, 1927 geboren, promovierte 1951 mit der Dissertation »Beschreibung einer Form« über Franz Kafka. Seit 1957 ist er freier Schriftsteller. Walser erhielt 1955 den Preis der Gruppe 47, 1980 den Schiller-Gedächtnispreis des Landes Baden-Württemberg und 1981 den Georg-Büchner-Preis und die Heinrich-Heine-Plakette.

Werke: Prosawerke: Ein Flugzeug über dem Haus (1955), Ehen in Philippsburg (1957), Halbzeit (1960), Das Einhorn (1966), Fiction (1970), Jenseits der Liebe (1976), Ein fliehendes Pferd (1978), Seelenarbeit (1979), Das Schwanenhaus (1980), Selbstbewußtsein und Ironie. Frankfurter Vorlesungen (1981), Brandung (1985), Dorle und Wolf (1987). – Dramen: Eiche und Angora. Eine deutsche Chronik (1962), Überlebensgroß Herr Krott. Requiem für einen Unsterblichen (1964), Der schwarze Schwan (1964), Die Zimmerschlacht. Übungsstück für ein Ehepaar (1967), In Goethes Hand. Szenen aus dem 19. Jahrhundert (1980).

*

Uwe Johnson, 1934–1984, übersiedelte 1959 aus der DDR nach West-Berlin. 1966 ließ sich Johnson vorübergehend als Lektor in New York nieder, seit 1974 lebte er in England. Er erhielt 1971 den Georg-Büchner-Preis, 1979 den Thomas-Mann-Preis und 1983 den Literaturpreis der Stadt Köln.

Werke: Mutmaßungen über Jakob (1959), Das dritte Buch über Achim (1961), Karsch, und andere Prosa (1964), Zwei Ansichten (1965), Jahrestage. Aus dem Leben der Gesine Cresspahl (Tetralogie: I–III: 1970–73, IV: 1983), Begleitumstände. Frankfurter Vorlesungen (1980), Skizze eines Verunglückten (1982), Ingrid Babendererde. Reifeprüfung 1953 (postum 1985).

*

Peter Weiss, 1916–1982, mußte mit seiner jüdischen Familie 1934 nach Prag emigrieren, wo er die Kunstakademie besuchte. 1939 ließ sich Weiss in Stockholm nieder. Er arbeitete zunächst als bildender Künstler, veröffentlichte ab 1947/48 auch Prosagedichte.

Als erster deutscher Text erschien der »Mikro-Roman« »Der Schatten des Körpers des Kutschers« (1960). 1965 erhielt er den Lessing-Preis und 1982 postum den Georg-Büchner-Preis.

Werke: Prosawerke: Der Schatten des Körpers des Kutschers (1960), Abschied von den Eltern (1961), Fluchtpunkt (1962), Ästhetik des Widerstands (3 Bde. 1975–1981). – Dramen: Die Verfolgung und Ermordung Jean Paul Marats, dargestellt durch die Schauspielgruppe des Hospizes zu Charenton unter Anleitung des Herrn de Sade (1964), Die Ermittlung. Oratorium in 11 Gesängen (1965), Diskurs über Viet Nam (1968), Trotzki im Exil (1971), Hölderlin (1971), Der neue Prozeß (1982).

*

Johannes Mario Simmel, 1924–2009, war einer der erfolgreichsten Bestsellerautoren. Er lebte seit 1963 als freier Schriftsteller.

Werke: Mich wundert, daß ich so fröhlich bin (1949), Ich gestehe alles (1953), Gott schützt die Liebenden (1956), Es muß nicht immer Kaviar sein (1960), Liebe ist nur ein Wort (1963), Und Jimmy ging zum Regenbogen (1970), Der Stoff, aus dem die Träume sind (1971), Die im Dunkeln sieht man nicht (1985), Mit den Clowns kamen die Tränen (1987).

*

Gert Ledig, 1921–1999, Ingenieur und Dolmetscher, arbeitete seit 1957 als freier Schriftsteller.

Werke: Die Stalinorgel (1955), Vergeltung (1956), Faustrecht (1957).

*

Hans Scholz, 1911–1988, ursprünglich Maler und Musiker, war ab 1963 Feuilletonchef b eim Berliner »Tagesspiegel«. 1956 erhielt er den Fontane-Preis.

Werke: Am grünen Strand der Spree (1955), Berlin, jetzt freue dich (1960), Wanderungen und Fahrten in die Mark Brandenburg (1973-78).

*

Gregor von Rezzori, 1914-1998, war seit 1938 freier Schriftsteller und war nach dem Krieg zeitweise als Schauspieler und Drehbuchautor tätig. Er erhielt 1959 den Fontane-Preis.
Werke: Maghrebinische Geschichten (1952), Ödipus siegt bei Stalingrad (1953), Ein Hermelin in Tschernopol (1958), Memoiren eines Antisemiten (1979), Der arbeitslose König, maghrebinische Märchen (1981).

*

Alexander Kluge, 1932 geboren, arbeitete nach seinem abgeschlossenen Jurastudium als Volontär bei Fritz Lang. 1965 wurde er Dozent und Leiter des von ihm mitbegründeten Instituts für Filmgestaltung an der Hochschule für Gestaltung in Ulm. 1985 erhielt er den Kleist-Preis und 1986 den Kulturellen Ehrenpreis der Stadt München.
Werke: Prosawerke: Lebensläufe (1962), Schlachtbeschreibung (1964), Lernprozesse mit tödlichem Ausgang (1973), Neue Geschichten (1977). – Filme: Die unbezähmbare Leni Peickert (1967), Der Angriffsschlachter (1971), Der starke Ferdinand (1975, Preis der internationalen Filmkritik Cannes), Deutschland im Herbst (1978), Die Patriotin (1979).

*

Peter Handke, 1942 geboren, ist seit 1964 freier Schriftsteller. Er erhielt 1972 den Schiller-Preis, 1973 den Georg-Büchner-Preis und 1975 für das Drehbuch zum Film »Falsche Bewegung« den Bundesfilmpreis in Gold.
Werke: Prosawerke: Die Hornissen (1966), Die Angst des Tor-

manns beim Elfmeter (1970), Der kurze Brief zum langen Abschied (1972), Wunschloses Unglück (1972), Die Stunde der wahren Empfindung (1975), Die linkshändige Frau (1976), Langsame Heimkehr (1979), Die Lehre der Saint-Victoire (1980), Die Geschichte des Bleistifts (1982), Der Chinese des Schmerzes (1983), Die Wiederholung (1986). – Dramen: Publikumsbeschimpfung, Weissagung, Selbstbezichtigung (1966), Kaspar (1968), Die Unvernünftigen sterben aus (1973), Über die Dörfer (1981).

*

Thomas Bernhard, 1931–1989 studierte in Salzburg Gesang, Regie und Schauspielkunst. Seit 1957 arbeitete er als freier Schriftsteller. Neben zahlreichen anderen Preisen erhielt Bernhard 1967 den Österreichischen Staatspreis für Literatur und 1970 den Georg-Büchner-Preis.
Werke: Gedichtbände: In hora mortis (1958), Unter dem Eisen des Mondes (1958). – Romane: Frost (1963), Amras (1964), Verstörung (1967), Watten (1969), Das Kalkwerk (1970), Die Ursache. Eine Andeutung (1975), Der Keller. Eine Entziehung (1976), Der Atem. Eine Entscheidung (1978), Die Kälte. Eine Isolation (1981), Beton (1982), Der Untergeher (1983), Holzfällen – Eine Erregung (1985), Alte Meister (1985). – Dramen: Ein Fest für Boris (1970), Der Ignorant und der Wahnsinnige (1972), Minetti (1977), Vor dem Ruhestand (1979), Über allen Gipfeln ist Ruh (1981), Wittgensteins Neffe (1982), Ritter, Dene, Voss (1984).

*

Botho Strauß, 1944 geboren, war ab 1967 Mitarbeiter bei der Zeitschrift »Theater heute« und seit 1970 bei der Schaubühne am Halleschen Ufer in West-Berlin. 1977 erhielt er den Förderpreis des Landes Baden-Württemberg, 1981 den Literaturpreis der Bayerischen Akademie der Schönen Künste und 1982 den Dramatikerpreis der Stadt Mühlheim.
Werke: Prosawerke: Marlenes Schwester (1975), Die Widmung

(1977), Rumor (1980), Paare und Passanten (1981), Der junge Mann (1984) – Dramen: Die Hypochonder (1972), Trilogie des Wiedersehens (1976), Kalldeway, Farce (1981), Der Park (1983).

*

Reiner Kunze, 1933 geboren, mußte 1959 in der DDR die Universität wegen politischen Angriffen verlassen und war zunächst als Hilfsschlosser und seit 1962 als freier Schriftsteller unter großen Publikationsschwierigkeiten tätig. 1977 übersiedelte Kunze in die Bundesrepublik. Er erhielt 1981 den Geschwister-Scholl-Preis und 1984 den Eichendorff-Preis.
Werke: Prosawerke: Die wunderbaren Jahre (1976), Ergriffen von den Messen Mozarts (1981). – Gedichtbände: Vögel über dem Tau (1959), Sensible Wege (1969), Zimmerlautstärke (1972), Widmungen (1973), auf eigene hoffnung (1981), Eines jeden einziges Leben (1986).

*

Diana Kempff, 1945–2005 erhielt 1986 für ihr Gesamtwerk den Kleist-Preis.
Werke: Fettfleck (1979), Hinter der Grenze (1980), Der vorsichtige Zusammenbruch (1981), Herzzeit (Gedichte 1983).

*

Quellenverzeichnis

Dieses Quellenverzeichnis gibt darüber Rechenschaft, wann und wo diejenigen Texte erstmals erschienen sind, die nicht eigens für dieses Buch verfaßt wurden. Allerdings habe ich nur weniges ganz unverändert übernommen. Was die Änderungen betrifft, bemühte ich mich, Wiederholungen zu vermeiden, Druckfehler und andere Versehen zu eliminieren. Bei Vorträgen, die ich in jüngster Zeit (und natürlich bewußt im Hinblick auf dieses Buch) verfaßt habe, werden Ort und Jahr des Vortrags mitgeteilt.

J.K.

Sennenknabe unter Nordkaffern?: SZ 2. VIII. 1977
»Das Glasperlenspiel« – Science Fiction der Innerlichkeit: SZ 13. III. 1971
Schreckliche und wunderbare Bilder: SZ 28. III. 1970
»Die Zwille« – Alptraum von der Mühe des Werdens: SZ 30. V. 1973
»Die Maßnahme« – und die linke Angst: Neue Rundschau 1, 1973
»Ithaka« – Beglaubigt Leidensdruck den terroristischen Rausch?: Vortrag Bayerische Akademie der Schönen Künste 1986
»Stiller«: »Zeit«-Bibliothek der 100 Bücher, Frankfurt 1980
Die »Physiker« als Weltuntergangs-Libretto: SZ 23. II. 1962
»Der Meteor«: Der Monat, 1966
Prosa aus dem Nachlaß: SZ 14. IV. 1979
»Malina« – Liebe und Tod einer Prinzessin: SZ 25. III. 1971
Glanzvolle Wahrheiten – Gespräche und Interviews: SZ 14. I. 1984
Laudatio auf Ilse Aichinger: Vortrag 1988
Seine Sensibilität: In Sachen Böll. Köln 1968
»Ein Schluck Erde«: collektion theater 1962
»Gruppenbild mit Dame«: SZ 31. VII. 1971
»Frauen vor Flußlandschaft«: SZ 21. IX. 1985
Zwischen Hörspiel-Eichmaß und »Maulwurfs«-Unsterblichkeit: SZ 22. XII 1972
Streit um Witze: Die Zeit 4. X. 1968
DES SENGERS PHALL: Bargfelder Bote 1973
Gelassene Gedichte: SZ 27. IV. 1967
Der »Butt« – ein Danziger »Zauberberg«?: SZ 14. VIII. 1977
In Zukunft nur Ratten noch?: SZ 1. III. 1986
»Wartezeit« – ein ganz ungewöhnlicher Roman: SZ 31. XII. 1965
Spannende Wandlungen eines Poeten: Vortrag Bayerische Akademie der Schönen Künste 1987

»Das Einhorn«: SZ 4. IX. 1966
»Fiction«: SZ 19. III. 1970
»Seelenarbeit«: SZ 3. III. 1979
Die »Jahrestage«-Tetralogie: SZ 12. X. 1983
Das Ich und der Schmerz: SZ 28. XI. 1978
»Mit den Clowns..« und »Die im Dunkeln«...: SZ 7. X. 1987
»Die Stalinorgel«: Texte und Zeichen 2, 1955
»Am grünen Strand der Spree«: Texte und Zeichen 9, 1956
»Memoiren eines Antisemiten«: SZ 29. XI. 1979
»Schlachtbeschreibung«: SZ 6. VI. 1964
»Die Wiederholung«: SZ 1. X. 1986
»Der Untergeher«: SZ 9. XI. 1983
»Rumor«: SZ 8. III. 1980
»Paare, Passanten«: SZ 14. X. 1981
»Der junge Mann«: SZ 22. IX. 1984
»Die wunderbaren Jahre«: SZ 9. X. 1976
»auf eigene hoffnung«: SZ 5. IX. 1981
Rede auf die »Kleist«-Preisträgerin: Vortrag Weilheim 1986

Der »Klavier-Michelin« vom Virtuosen der Musikkritik

Joachim Kaiser
Große Pianisten in unserer Zeit
Piper Taschenbuch, 368 Seiten
€ 14,00 [D], € 14,40 [A]
ISBN 978-3-492-22376-8

Der »Klavier-Michelin« von Joachim Kaiser, Kritikerinstitution in Sachen Musik, ist als Standardwerk zeitgenössischer Klaviermusik unentbehrlich. Neben wegweisenden Pianisten wie Arthur Rubinstein oder Friedrich Gulda, werden junge Interpreten vorgestellt und Entwicklungen in der Klavierkunst erläutert. »Noch niemals habe ich erlebt, daß musikalische Interpretation mit derartiger Genauigkeit und Liebe zum Detail analysiert und beschrieben wurde.« (Arthur Rubinstein)

Leseproben, E-Books und mehr unter www.piper.de